郑成思教授逝世五周年纪念文集

实施国家知识产权战略若干基本问题研究

中国社会科学院知识产权中心
中国知识产权培训中心 编

知识产权出版社
全国百佳图书出版单位

内容提要

本书为纪念郑成思教授逝世五周年特别编集而成。本书围绕国家知识产权战略的实施，就商标法相关问题、著作权法相关问题、专利法相关问题、网络与知识产权保护以及制止不正当竞争与其他问题进行了深入地探讨。

责任编辑：龚　卫　　责任校对：董志英
装帧设计：麒麟书装　　责任出版：卢运霞

图书在版编目（CIP）数据

实施国家知识产权战略若干基本问题研究／中国社会科学院知识产权中心，中国知识产权培训中心编．—北京：知识产权出版社，2011.10
ISBN 978-7-5130-0853-2
Ⅰ．①实…　Ⅱ．①中…②中…　Ⅲ．①知识产权－研究－中国　Ⅳ．①D923.404

中国版本图书馆CIP数据核字（2011）第204342号

实施国家知识产权战略若干基本问题研究
Shishi Guojia Zhishi Chanquan Zhanlüe Ruogan Jiben Wenti Yanjiu
中国社会科学院知识产权中心　中国知识产权培训中心　编

出版发行：知识产权出版社
社　　址：北京市海淀区马甸南村1号　　邮　　编：100088
网　　址：http://www.ipph.cn　　邮　　箱：bjb@cnipr.com
发行电话：010-82000860转8101/8102　　传　　真：010-82005070/82000893
责编电话：010-82000860转8120　　责编邮箱：gongwei@cnipr.com
印　　刷：知识产权出版社电子制印中心　　经　　销：新华书店及相关销售网点
开　　本：880mm×1230mm　1/32　　印　　张：15.625
版　　次：2012年1月第1版　　印　　次：2012年1月第1次印刷
字　　数：453千字　　定　　价：42.00元

ISBN 978-7-5130-0853-2/D·1333（3760）

序　言

2006年9月10日，是中国的教师节，也是郑成思教授逝世的日子。郑教授是当代中国知识产权学术研究的开创者，以自己的学术研究和教学活动，培育了几代知识产权学人，影响了几代知识产权的立法者和司法者。或许是某种巧合，或许是宿命的安排，他在教师节的日子里离开了这个世界，让我们在度过每一个教师节的时候，都会想起他的学术、为人和为之奋斗了一生的事业。

当郑成思教授逝世一周年的时候，中国社会科学院知识产权中心委托周林教授汇编出版了《不灰心，不偷懒》一书，该书汇集了郑教授的同事、朋友和学生的回忆文章。当郑成思教授逝世三周年的时候，中国社会科学院知识产权中心和中国知识产权培训中心共同召开学术研讨会，收录有关商标法修订的文章，汇编出版了《商标法修订中的若干问题》。今年的9月10日是郑成思教授逝世五周年的日子。当这个日子来临的时候，中国社会科学院知识产权中心和中国知识产权培训中心商定，再次举行一个学术研讨会，纪念和缅怀这位伟大的学者。

郑成思教授在生命的最后阶段，积极参与国家知识产权战略的制定。他是国家知识产权战略制定领导小组的学术顾问，参与总体方案的设计和各个阶段的工作。同时，他还参与中国社会科学院承担的“改善国家知识产权执法体制”的研究工作。关于这个课题，他特别提出，将来一定要汇编出版相关的研究成果，以期对未来的知识产权制度建设有所助益。根据他的建议，中国社会科学院知识产权中心于2008年主编出版了《国家知识产权执法体制改革方向》一书，引起了实务界和理论界的广泛关注。

《国家知识产权战略纲要》于2008年6月由国务院公布实施。

为了落实《国家知识产权战略纲要》中的各项任务，我国还开始了对于知识产权法律的第三轮修订。其中，《专利法》的修订于2008年12月获得通过，于2009年10月开始实施。而《商标法》《反不正当竞争法》和《著作权法》的修订，也在紧锣密鼓地进行之中。这样，认真探讨国家知识产权战略实施中的问题，探讨新修订的《专利法》实施中的问题，探讨《商标法》《反不正当竞争法》和《著作权法》修订中的问题，就成了摆在我们面前的任务。

于是我们商定，以"实施国家知识产权战略基本问题"作为纪念郑成思教授逝世五周年会议的主题。同时，在9月10日郑成思教授逝世五周年的日子来临的时候，汇编出版一部有关这个主题的论文集。显然，探讨国家知识产权战略实施中的基本问题，进而探讨《专利法》《著作权法》《商标法》和《反不正当竞争法》实施和修订中的相关问题，提出解决相关问题的方案和建议，是对郑成思教授的最好纪念。建立和完善中国的知识产权法律体系，制定国家的知识产权战略，是郑成思教授为之奋斗一生的事业。作为后来者，我们应当继续他的事业，把中国的知识产权事业推向前进，为建设创新型国家贡献自己的力量。

为了能够迅速汇编和出版拟议中的论文集，我们将参会者的范围限定在"中心成员"的范围，包括中国社会科学院知识产权中心的工作人员，毕业于知识产权中心的硕士研究生、博士研究生，以及在知识产权中心工作过的博士后研究人员和访问学者。没有通知更为广泛的人员参加研讨会，我们深表歉意。

"纪念郑成思教授逝世五周年暨实施国家知识产权战略基本问题研讨会"于2011年6月10～11日在中国知识产权培训中心召开，70余人参加了会议。会议共收到论文49篇。在一天半的时间里，与会者围绕国家知识产权战略的实施，就商标法相关问题、著作权法相关问题、专利法相关问题、网络与知识产权保护，以及制止不正当竞争与其他相关问题，进行了深入讨论。

研讨会结束之后，我们精选了其中的30篇论文，准备结集出版。作为会议的组织者，我们希望文集的出版，能够进一步推动国家知识产权战略的实施，能够推动新修订的《专利法》的实施，能够推动《商标法》《反不正当竞争法》和《著作权法》的修订。同时我们也希望，能够以出版纪念文集的方式，表达我们对郑成思教授深深的怀念。

谨以此论文集的出版，纪念郑成思教授逝世五周年。

李明德

2011 年 7 月于北京

目　录

知识产权基础性法律问题研究*

李顺德**

摘要： 本文从理论与实践的结合上对知识产权的定义、知识产权法律制度、知识产权法律与公共政策的关系等3个基础性法律问题进行探讨、研究，指出在世界知识产权组织的“智力成果”说基础上对知识产权定义的“标新立异”并无什么重要学术价值；“知识产权法律体系”的提法是错误的；把知识产权法律制度说成是国家的公共政策工具，违背了法学理论基本的常识，会使法律丧失其严肃性。

2008年6月，中国颁布了《国家知识产权战略纲要》，明确提出“研究制定知识产权基础性法律的必要性和可行性”的任务。

知识产权基础性法律问题，可以分为基本理论问题和基本实践问题两部分。知识产权法律的基本理论问题，包括立法理论和执法理论；知识产权法律的基本实践问题，包括立法实践和执法实践。

知识产权基础性法律问题研究的目的，不应局限于知识产权基础性法律本身，更为重要的是应该通过对知识产权基础性法律问题的研究，梳理我国知识产权法律制度存在的问题，提出健全、完善我国知识产权法律制度的切实可行的对策性建议。

---

* 本文是作者承担的国家知识产权局2010年课题《知识产权基础性法律问题研究》部分内容的整理。

** 作者单位：中国社会科学院法学研究所。

一、知识产权的定义如何表达更为准确

对一个概念下定义，通常有两种方式，一种是内涵式的定义，一种是外延式的定义。

（一）知识产权的外延式定义

国际公约一般是从划定知识产权（IP）范围的角度来界定知识产权，即以外延的方式进行定义。

对知识产权以外延的方式进行定义，国际范围内有两个比较权威的定义，一个是世界知识产权组织（WIPO）的定义，另一个是世界贸易组织（WTO）的定义，都没有什么争议。

1967年7月14日签订、1970年4月26日生效的《建立世界知识产权组织公约》第2条第8款对“知识产权”的范围作了如下定义：

“与文学、艺术及科学作品有关的权利（指版权或著作权）；

“与表演艺术家的表演活动、录音制品和广播有关的权利（指版权的邻接权）；

“与人类在一切领域创造性活动产生的发明有关的权利（指专利权）；

“与科学发现有关的权利；

“与工业品外观设计有关的权利；

“与商品商标、服务商标、商号及其他商业标记有关的权利；

“与防止不正当竞争有关的权利；

“一切来自工业、科学及文学艺术领域的智力创作活动所产生的权利。”

到2010年12月为止，已有184个国家参加了这一公约。该公约第16条规定：“对本公约，不得有任何保留。”这表明，世界上大多数国家已经承认了对知识产权的上述定义。

《与贸易有关的知识产权协议》（TRIPS协议）第1条对“知识产权”的范围作了以下定义：

（1）版权与相关权利（copyright and related rights）；

（2）商标（trademarks）权；

（3）地理标志（geographical indications）权；

（4）工业品外观设计（industrial designs）权；

（5）专利（patents）权；

（6）集成电路布图设计（拓扑图，layout-designs [topographies] of integrated circuits）权；

（7）未披露过的信息（商业秘密，protection of undisclosed information）专有权。

到2011年6月，WTO正式成员已有153个国家和地区，正在申请、谈判的还有30多个国家和地区。世界上大多数国家也已经承认了对知识产权的上述定义。

将WTO对知识产权的定义与WIPO对知识产权的定义加以比较，不难看出两者基本上是一致的，但也存在一些差别。

从总体来讲，WIPO对知识产权的定义外延更宽一些，WTO对知识产权的定义强调的是“与贸易有关的”知识产权，至于“与贸易无关的”或“关系不大的”知识产权则没有涉及，如“科学发现权”等，但是没有涉及并不意味着就是不承认其为知识产权。

在WIPO对知识产权的定义中，商标、地理标志等都包括在商业标记中，没有一一单独列项，而在WTO对知识产权的定义中，不仅将商标、地理标志单独列项，而且在TRIPS协议中各成一节，分别包含若干条款。突出强调商标，是因为商标与贸易的关系最为密切，在所有的商业标记中商标的使用范围最广泛、最重要。突出地理标志，是以欧盟为代表的欧洲大陆国家强烈要求、通过谈判努力争取的结果，因为以地理标记保护其具有传统特色的葡萄酒、烈酒及农畜产品，对于许多欧洲大陆国家具有十分重要的经济意义。

在WTO对知识产权的定义中，增加了一些新型的知识产权保护客体，如集成电路布图设计（拓扑图）、未披露过的信息（商业秘密）等，这是在 WIPO 对知识产权的定义中没有具体规定但是可以被涵盖在 WIPO 对知识产权的定义之中的。

（二）知识产权的内涵式定义

知识产权内涵式的定义，在国际范围内可能达到数百种，没有一个全球公认的权威性的定义，具有代表性的有如下 6 种。

1."智力成果"说

这种说法来源于世界知识产权组织的《建立世界知识产权组织公约》第 2 条第 8 款对知识产权外延式的定义中的"一切来自工业、科学及文学艺术领域的智力创作活动所产生的权利"，在世界各国包括中国学术界占据主导地位。

世界知识产权组织在 1995 年出版、1998 年再版的《知识产权阅读资料》（*Intellectual Property Reading Material*）中表达为："知识产权广言之，意味着智力活动在工业、科学、文学和艺术领域所产生的合法权利。"（Intellectual Property，very broadly，means the legal rights which result from intellectual activity in the industrial，scientific，literary and artistic fields.）这一经典定义，沿用至今。❶

"知识产权指的是人们可以就人类智力所创造的成果依法享有的专有权利"。❷

"知识产权是一种私权，指对特定智力创造成果所依法享有的专有权利，或者说是以特定智力创造成果为客体的排他权、对世权"。❸

知识产权是"指基于智力的创造性活动所产生的权利"。❹

"知识产权是由于智力活动所产生的法定权利"，"知识产权是

❶ 郭寿康．知识产权法［M］．北京：中央党校出版社，2002：5.

❷ 郑成思．知识产权与国际关系［M］．北京：北京出版社，1996：2.

❸ 郑成思．知识产权——应用法学与基本理论［M］．北京：人民出版社，2005：78.

❹ 赵中学．中国大百科全书（法学卷）［M］．北京：中国大百科全书出版社，1984：751.

在工业、科学、与艺术领域智力劳动所产生的权利”。❶

“知识产权（Intellectual Property）是指自然人或法人对自然人通过智力劳动所创造的智力成果，依法确认并享有的权利”。❷

上述定义的具体表达方式有所不同，但是其实质是相同的。

2. “智力成果和商业标记”说

国际保护工业产权协会（AIPPI）在1992年4月的东京大会上，对知识产权提出了一种分类方法，将知识产权分为两大类：“创造性成果权利”和“识别性标记权利”。创造性成果权利包括7项：发明专利权、集成电路布图设计权、植物新品种权、商业秘密权（包括Know-How权）、工业品外观设计权、版权、计算机软件权。识别性标记权利包括3项：商标权、商号（厂商名称）权、其他与制止不正当竞争有关的识别性标记权。❸ 在这一分类的基础上，国内有人提出知识产权的“智力成果和商业标记”说。

“知识产权是智力成果的创造人或工商业活动中的标记所有人依法所享有的权利的统称”。❹

“知识产权是人们基于自己的智力劳动创造的成果和经营管理活动的标记、信誉而依法享有的权利”。❺

“知识产权是人们对自己的智力活动所创造的成果和经营管理活动中的标记、信誉依法享有的权利”。❻

“知识产权是一种人们就其创造的无形的非物质财产——智力成果和工商业信誉——所依法享有的权利”。❼

---

❶ 郭寿康．知识产权法［M］．北京：中央党校出版社，2002：5.

❷ 李顺德．知识产权法律基础［M］．北京：知识产权出版社，2005：9.

❸ 郑成思．再论知识产权的概念［M］//郑成思．知识产权研究（第三卷）．北京：中国方正出版社，1996：4—5.

❹ 刘春田．简论知识产权［M］//郑成思．知识产权研究（第一卷）．北京：中国方正出版社，1996：43.

❺ 吴汉东，胡开忠．无形财产权制度研究［M］．北京：法律出版社，2001：40.

❻ 吴汉东．知识产权法［M］．北京：北京大学出版社，2003：1.

❼ 王春燕．也论知识产权的属性［J］．中国法学，1996（3）95.

“知识产权是民事主体所享有的支配创造性智力成果、商业标志以及其他具有商业价值的信息并排斥他人干涉的权利”。❶

“知识产权是指在科学、技术、文化、艺术、工商等领域内，创造性智力成果的完成人或工商标志所有人依法享有的专有权利”。❷

这一类对知识产权的定义，与前一类“智力成果”说定义的区别在于强调“识别性标记”不是“智力成果”。

3. “知识产品”说

“知识产品”说来源于“知识产权的客体是知识产品”说。

“知识产权的客体即知识产品（或称智力成果），是一种没有形体的精神财富，客体的非物质性是知识产权的本质属性所在”。❸

“所谓知识产品，是人们在科学、技术、文化等精神领域所创造的产品，具有发明创造、文学艺术创作等各种表现形式”。❹

“知识产品具体地分为三类：一是创造性成果，包括作品及其传播媒介、工业技术；二是经营性标记；三是经营性资信。第一类发生于科学技术及文化领域，第二、三类产生于工商业经营领域”。❺

“知识产品概括了知识形态产品的本质含义，强调这类客体产生于科学、技术、文化等精神领域，是人类知识的创造物，明显地表现出客体的非物质性，同时，知识产品的内涵突出了它在商品生产条件下的商品属性和财产性质，概括地反映了著作权、商标权、专利权中的财产权利内容”。❻

---

❶ 张玉敏．知识产权的概念和法律特征［J］．现代法学，2001（5）103.

❷ 冯晓青，唐超华．知识产权法［M］．长沙：湖南大学出版社，2001：3.

❸ 吴汉东．知识产权法（第二版）［M］．北京：法律出版社，2007：11.

❹ 吴汉东，等．知识产权基本问题研究［M］．北京：中国人民大学出版社，2005：33.

❺ 吴汉东，胡开忠．无形财产权制度研究［M］．北京：法律出版社，2001：73.

❻ 吴汉东，等．知识产权基本问题研究［M］．北京：中国人民大学出版社，2005：34.

“所谓知识，是人类对认识的描述。知识已经是智力成果或产品，再用‘知识产品’的说法，固然不失符号学上之美感，但在逻辑上却不免有蛇足之嫌”。[1]

笔者认为，按照通常的理解，知识产品是不能与智力成果画等号的。智力成果被认为是知识产权的客体已经得到广泛承认，即使知识产权的内涵式定义多种多样，但是对于智力成果是知识产权所保护的客体，或者至少是知识产权所保护的客体之一，基本上是没有争议的，只是具体的表达方式有所不同。

在知识产权领域，版权产业、版权产品的提法已经得到广泛承认，并达成共识。早在1990年，美国国际知识产权联盟（IIPA）已利用“版权产业”的概念来计算这一特定产业对美国整体经济的贡献，并将版权产业具体划分为4类：核心类的版权产业、部分的版权产业、发行类版权产业和与版权有关的产业。

在参照美国版权产业分类的基础上，WIPO在其2003年《版权产业经济贡献调查指南》中，按照国际标准产业分类（ISIC）代码界定的版权产业也包括4类：核心类的版权产业、部分的版权产业、边缘（发行）版权产业和交叉版权产业。这一分类已经得到世界上大多数国家的认可和适用。

在版权产业的基础上产生了版权产品的概念，版权产品是指那些价值主要是由版权价值构成的产品，或者说是版权的价值占产品价值相当比例的产品，如计算机软件、影视作品、音像制品、出版物等。版权产品通常是指作品复制品的物质载体，即复制、承载、体现某个（或某些）作品的有形商品。

在版权产业和版权产品的基础上，提出了知识产权产业和知识产权产品的概念。

知识产权产品，是指那些产品价值主要是由知识产权价值构成的产品，或者说是知识产权的价值占产品价值相当比例的产品，如

---

[1] 刘春田．知识财产权解析［J］．中国社会科学，2003（4）．

计算机软件、集成电路、影视作品、音像制品、出版物等产品，通常是指某项智力成果复制品的物质载体，即复制、承载、体现某个（或某些）智力成果的有形商品。

知识产权产业一般是指版权产业。

根据上述版权产品的定义，亦可对版权产业作出以下定义，版权产业是指生产、销售、提供、利用版权产品的产业。

一般而言，“知识产品”强调的“是一种没有形体的精神财富”，“是人们在科学、技术、文化等精神领域所创造的产品，具有发明创造、文学艺术创作等各种表现形式”，强调的是其的“非物质性”，即不具备物质形态，不占有物质空间；而“知识产权产品”（包括“版权产品”）所指的主要是智力成果复制品的物质载体，即复制、承载、体现某个（或某些）智力成果的有形商品（物质产品）。

“知识产品”与“知识产权产品”具有非常密切的关系，经常相提并论，甚至往往被认为是同一概念，但是“知识产权产品”与这里所说的“知识产品”却存在本质的区别，不容混淆。在版权产品、知识产权产品概念已经被广泛认可的环境中，再提出“知识产品”的概念来取代“智力成果”，很容易产生人为的基本概念的混淆，误导公众。“知识产品”的表述很容易使人们将“智力成果”与“智力成果”的物质载体相混淆。

值得指出的是，“知识产品”“是一种没有形体的精神财富”的表述也是不确切的。知识产权所保护的客体（人类的智力劳动成果），并非一定是“没有形体”的，作为一般的美术作品（例如油画、水彩画）都是有“形”的；雕刻、雕塑艺术品既有“形”又有“体”；外观设计权保护的客体（产品的外观设计）强调必须有“形”有“体”；商标权保护的客体（商标）一般都有“形”（平面商标），也可以有“形”有“体”（立体商标）；产品专利和实用新型保护的客体通常是有“形”有“体”的产品。当然，知识产权所保护的客体（人类的智力劳动成果）也可以是无形无体的，例如，口述作品、气味商标、音响商标、商誉、作为商业秘密保护的信息、方法专利所保护的方法及用途等。这也是将知识产权归结为“无形财产权”、将“无形性”作为知识产权基本属性之一的依据之一。

4. “信息产权”说

对于知识产权的“信息产权”说，郑成思教授作过专门介绍：“‘信息产权’的理论于 1984 年由澳大利亚学者彭德尔顿教授（Michael Pendleton）在其专著、Butterworth 出版社出版的 *The Law of Industrial and Intellectual Property in Hong Kong* 一书中作了初步阐述；1987 年，我在《计算机、软件与数据库的法律保护》一书中作了全面的论述，又在当时中国专利局的《工业产权》杂志 1988 年第 3 期上撰文作了进一步展开。1989 年，当时英国牛津出版的《欧洲知识产权评论》第 7 期将该文专门翻译成英文，推荐给西方读者”。“‘信息财产’（information property）及‘知识财产’（intellectual property）与‘信息产权’及‘知识产权’是含义相同的，只是在中文里的表述不同”。“‘信息产权’指的是知识产权的扩展。这一概念突出了知识产权客体的‘信息’本质。”[1]

“将知识产权确定为一种‘信息产权’，是顺理成章的。当然正如知识只是信息的核心部分而非全部，知识产权也只是信息产权的核心部分，信息产权的范围大于知识产权的范围。另由于‘知识产权’早于‘信息产权出现’，因此可以认为信息产权是知识产权的扩展”。[2]

与此相关的是“知识产权的客体是信息”说。

---

[1] 郑成思．信息、知识产权与中国知识产权战略若干问题［J］．云南民族大学学报（哲学社会科学版），2004（6）．

[2] 郑成思．知识产权——应用法学与基本理论［M］．北京：人民出版社，2005：90．

“知识产权的客体表现为一定的信息”。[1]

“知识产权客体的本质是信息”，“信息覆盖了知识产权保护的客体，信息产权的核心仍旧是知识产权”。[2]

“知识产权保护的对象是非物质性的信息”。[3]

“知识产权的客体知识产品可以被看成是一种无形的信息。……建立知识产权制度的合理性应当解决新信息的足够生产、信息的消费者（用户）对信息的足够而且合理的分享，以及信息专有与信息自由和分享矛盾的调试等问题”。[4]

5. “知识”说

“知识产权的本质恰恰是基于‘知识’、基于人们创造构建的‘形式’或‘结构’这种被称为‘知识’的事物依法产生的权利”，“科学技术即形式，文学艺术即形式”。[5]

“知识产权的对象就是‘知识’本身。在知识产权领域，知识是指创造性智力成果和工商业标记，他们是知识产权法律关系发生的前提和基础”。[6]

“按照前述《辞海》的解释，‘知识’的现实形态就是人类全部自然科学、社会科学和文学艺术成果的总和。当今，知识浩如烟海，分类繁多。最常见的，可分为普通知识和专门知识，公有知识和专有知识。知识产权的对象属于专有知识”。[7]

“知识是人类对认识的描述，知识的普遍存在方式或本体是形

---

[1] 郑成思．民法典（专家意见稿）知识产权篇第一章逐条论述［J］．环球法律评论，2002（3）：315.

[2] 郑成思．信息、知识产权与中国知识产权战略若干问题［J］．云南民族大学学报（哲学社会科学版），2004，21（6）.

[3] 张玉敏．知识产权的概念和法律特征［J］．现代法学，2001（5）：103.

[4] 冯晓青．信息产权理论与知识产权制度之正当性［J］．法律科学，2005（4）.

[5] 刘春田．知识产权法［M］．3版．北京：中国人民大学出版社，2007：11－14.

[6] 刘春田．知识产权的对象［M］//刘春田．中国知识产权评论．（第一卷）．北京：商务印书馆，2002：124.

[7] 刘春田．知识财产权解析［J］．中国社会科学，2003（4）.

式。知识产权不是无形财产权，也不等于无体财产权”。[1]

“知识产权所说的‘知识’，是指依法保护的创造性的智力成果和工商业标记，是知识的一部分。但是，他们却具备了知识的全部特征”。[1]

“知识是‘形式’的。‘形式’是知识的本体。是知识的普遍存在方式。形，是指事物的状貌，或事物的外在或内在方式，是能感知的客观存在，是具体的、有限的”。[1]

6. “符号”说

“知识产权是基于智力创造成果、工商业标记等符号化知识所依法享有的独占其利益的权利”。[2]

“符号不仅是商业标记的构成要素，也是智力成果的构成要素，符号使知识产权的对象获得了统一的基础。不过，符号本身属于公有领域，只有利用符号形成新的组合，且组合的程度达到法律的要求时，才能成为权利的对象。所以，知识产权的对象是符号组合”。[3]

“商标与智力成果的形态都是符号”。“共同的符号形式，是商标与智力成果同属于知识产权对象的逻辑依据”。商标的符号形式不具有独立价值，它的价值来源于作为被指代物的商品或服务，“智力成果是具有独立价值的符号形式”。[4]

由此可见，虽然知识产权的定义千变万化，有多种类型，但是万变不离其宗，核心仍然是围绕着“智力成果”。

笔者认为，对于多种类型的知识产权的内涵式定义，评价孰优孰劣，其实并无太大实际意义，在世界知识产权组织的“智力成果”说定义的基础上的“标新立异”亦无什么重要学术价值。与其

---

[1] 刘春田．知识财产权解析［J］．中国社会科学，2003（4）．

[2] 金海军．知识产权私权论［M］．北京：中国人民大学出版社，2004：11.

[3] 李琛．论知识产权法的体系化［M］．北京：北京大学出版社，2005：132.

[4] 李琛．商标权救济与符号圈地［J］．河南社会科学，2006（1）．

在知识产权内涵式定义上花费精力、下工夫，还不如多研究一些现实存在的、急需解决的问题，来得更有意义。

之所以会产生如此众多的知识产权内涵式定义，分歧主要在于对知识产权保护客体的认识、表达存在歧义。

二、知识产权法是法律体系、法律法规体系还是法律制度

目前，在国内“知识产权法律体系”的提法还是比较流行的，这种提法是否正确，知识产权法是“法律体系”吗？是“法律法规体系”吗？

（一）有关法律制度的基本概念

1. 法律体系

法律体系通常是指一个国家法律的整体或者某种具有共同特征的不同国家的法律所组成的法律集合，如罗马法系、普通法系等。

法律体系（legal system）是一个国家的法、法律实践和法律意识形态的总和，主要包括3个构成因素：一是法，即国家现行法律规范体系；二是法律实践，即主管机关的具体法律活动，主要是司法实践；三是法律意识形态，即占统治地位的意识。从这一角度来说，法律体系等同于国家法律上层建筑的概念。

法律体系是由各个法律部门组成的，是一个国家各个法律部门的现行法律规范所组成的有机统一整体。

2. 法律部门

法律部门（legal branch），又称为法的部门（branch of law）或称为部门法，是根据一定标准和原则所制定的同类法律规范的总称，也是法律体系的构成单位。

划分法律部门的基本标准有两个：一个是法律调整对象，即法律所调整的不同社会关系；另一个是法律调整方法，即调整某类社会关系所需要的特殊法律手段的总和。调整同一种类的社会关系并采用同一种调整方法的法律规范的总和，可以构成一个独立的法律

部门。一个国家的法律体系通常可分为宪法、行政法、民法、刑法、诉讼法等法律部门。

3. 法律制度

法律制度（legal institution）是指调整某一类社会关系或社会关系某一方面的法律规范的总和，是构成法律体系和法律部门的基本单位之一。一般认为，它是仅次于法律部门之下的一个法律层次。

划分法律制度的基本标准只有一个，即法律调整对象。

法律体系、法律部门、法律制度、法律规范等都是法学中的专用名词，是有其特定含义的，与日常生活中从字面上对这些名词“习惯性”的理解不一定相同。例如，按照“习惯性”的理解，“法律部门”应该是指立法、司法、执法的机关、机构等单位，这与法学上的“法律部门”的含义相去甚远；按照“习惯性”理解，从逻辑关系上讲，“制度”的外延应该比“体系”更宽，法律“制度”应该包含法律“体系”，但从法学上讲恰恰相反。

一个法律部门可以包括若干个法律制度，如民商法法律部门就包括物权法、债权法、侵权法等法律制度，一个法律制度也可以存在于若干个法律部门之中，如所有权制度就涉及民商法、行政法、刑法等法律部门。

（二）知识产权法是民商法法律部门中的一个法律制度

知识产权法不是一个法律体系，也不是一个法律部门，而是民商法法律部门中的一个法律制度。这是世界上大多数国家的安排。

传统的民法一般性原则大多适用于知识产权法，如民法中的“不溯及既往原则”（有特别规定的例外）、后法优于前法、特别法优于普遍法、例外优于原则法、狭义法优于广义法、类推应用原则（法无明文规定可以援引与其性质相类似的规定作为法的补充）等都是如此。

但是知识产权法又有其特殊性，有些知识产权法涉及的问题，如版权法中作者死后的人身权、客体与权利分离存在、财产权的有限期转让、知识产权侵权认定原则等，与民商法的一般规定有所不同，用传统的民商法原则去套是行不通的。在这种情况下，不能简单地用民商法一般原则去否定知识产权的有关原则，而应该具体问题具体分析，针对知识产权法中的这些特殊问题加以认真研究，作出合理的解释和处理。

（三）中国法律体系的基本结构

目前，我国的法律体系以宪法为核心，分为法律、行政法规、地方性法规三个层次，包括宪法及宪法相关法、行政法、刑法、民商法、经济法、社会法、诉讼和非诉讼程序法等 7 个法律部门。截至 2010 年 12 月底，我国现行有效法律有 236 件，国务院行政法规 690 件，地方性法规 8 600 多件。[1]

世界上大多数国家都将知识产权法归入民法法律部门，作为其中一个独立的法律制度。

我国的《中华人民共和国民法通则》（以下简称《民法通则》）第五章“民事权利”，把“知识产权”专门作为一节（第三节）列入，并在第六章“民事责任”第一节第 118 条中专门规定了侵害知识产权的法律责任。

（四）“知识产权法律体系”的提法是错误的

知识产权法是民商法法律部门中的一个法律制度，这是我国和世界上大多数国家客观存在的现实。世界上有个别国家（如法国）制定了与民法法典相提并论的“知识产权法典”，也有少数国家（如日本）提出制定“知识产权法典”的计划，国内也有人建议将“知识产权”划为一个独立的法律部门。尽管如此，知识产权法绝不是一个“法律体系”，也不意味着知识产权法已经成为一个独立的法律部门。因此，只能说“知识产权法律制度”，那种“知识产权法律体系”的提法，从法理上说是错误的，应该予以纠正。

---

[1] 参见吴邦国在 2011 年 3 月 10 日举行的第十一届全国人大四次会议第二次全体会议上作的人大常委会工作报告。

除了“知识产权法律体系”的错误提法以外，还有“知识产权法律法规体系”的提法也是错误的。在《国家知识产权战略纲要》(以下简称《纲要》)制定的过程中，曾经多次征求意见，几易其稿，笔者对于前几稿中出现的“知识产权法律体系”的提法多次提出修改意见，建议将其改为“知识产权法律制度”，虽然以后《纲要》主要采用了“知识产权制度”的提法，但是仍然出现了“知识产权法律法规体系”的提法，一直保留到最后定稿，例如，《纲要》中“(3) 经过多年发展，我国知识产权法律法规体系逐步健全，执法水平不断提高……”。

“法律体系”是一个基本的法律概念，其外延十分广泛。“法律制度”也是一个基本的法律概念。而“法律法规体系”不是一个基本法律概念，显得有些不伦不类。从字面上理解“法律法规体系”只能包括法律、法规，不能包容行政规章及其他法律规范，既不能与“法律体系”相提并论，也不能与“法律制度”兼容并蓄。因此“法律法规体系”的概念是含糊不清的，没有准确的内涵和外延，不宜采用。

三、知识产权法律与公共政策的关系应该如何认识

(一) 法律与政策是什么关系

法学理论中一个最基本的问题就是政策和法律的关系问题。

法是国家制定或认可并得到国家强制力保证实施的行为规则体系。法是社会发展到一定历史阶段的产物，是统治阶级意志的集中反映，这一意志的内容归根结底是由一定的物质生活条件所决定的。法是一种特殊的社会规范，在执行其阶级统治职能的同时，还必须执行其社会公共职能。法具有普遍适用性，通过确定社会关系、参加者权利与义务的方式调整人们的行为。

政策是一定的阶级处理经济关系和政治关系以及国家事务的路线、方针、规范和措施的统称。有人认为，“政策是国家机关、政党及其他政治团体在特定时期为实现或服务于一定社会政治、经

济、文化目标所采取的政治行为或规定的行为准则，它是一系列谋略、法令、措施、办法、方法、条例等的总称”。[1] 这一理解显得过于宽泛，因为其将条例、法令等法律法规均包括在政策的范畴。

政策分为国家政策和政党政策。

政策按其手段特征可划分为三类，第一类是工具政策，即常用的财政、货币政策等；第二类是目标性政策，即解决经济、社会重大问题的综合政策；第三类是制度性政策，指对经济、社会行为或具体制度选择的许可或限制、禁止政策。

政策与法两者本质相同，具有一致性，在法没有明确规定的情况下，政策往往起到法的作用。但是，法与政策存在明确的主从关系，法为“主”，政策为“从”。政策必须服从法律，政策不能违背法律，而不能是法律服从政策；政策是执行法律的工具，法律不是执行政策的工具。这是法与政策两者之间最为基本的关系，也是实行“法治”防止“人治”、依法治国的基本保障，不容颠倒。

（二）什么是公共政策

1. 法学视角的公共政策

从法学上讲，公共政策是指公共秩序，也称“社会秩序”，又称“公共利益”，指为社会公共生活所必需的秩序，包括生产秩序、工作秩序、教学秩序、营业秩序、交通秩序、公共场所秩序、群众生活秩序等。

公共秩序，亦指“公共秩序保留”。

公共秩序保留是一个国际私法术语，指在根据本国冲突规范适用外国法时，如果发现该外国法的适用或适用的结果将会违反本国的根本利益（即“公共秩序”）、基本政策、道德观念，可以限制或排除该外国法适用的制度。

---

[1] 陈振明．公共政策分析［M］．北京：中国人民大学出版社，2003：43.

2. 社会学视角的公共政策

从社会学上讲，公共政策是体现公共意志、代表公共利益的政策，是作为公共权力机构的政府，为解决社会公共问题或社会矛盾、调整社会经济关系而建立的，提供给社会经济领域的行为规范、基本准则和行动指南，是政府实施宏观调控和社会管理、分配社会资源和利益、调整社会关系、解决社会问题的手段和工具。

公共政策是决定、决策的一种特殊形态，是公共权力机关的基本的活动方式或活动过程，是公共权力机关的权力意志的表现。公共问题、公共目标和公共利益是公共政策的三大要素。

公共政策是体现公共意志、代表公共利益的政策，是一种特殊的政策。

有人认为，公共政策是指“以政府为主的公共机构，在一定时期为实现特定的目标，通过政策成本与政策效果的比较，对社会的公私行为所作出的有选择性的约束和指引，它通常表现为一系列的法令、条例、规定、规划、计划、措施、项目等”[1]。这一理解过于宽泛，将制定、实施“法令、条例”等立法、执法内容统统纳入“公共政策”的范畴，把“制定法律法规”“建立包括司法裁判、行政管理、社会服务等在内的配套机制”[2] 等行为统统归结为是推行“公共政策”的活动，使“公共政策”凌驾于法律之上，成为包罗万象的一个大筐，这显然是不妥的。按照这一理解，所有的法律都可以称为是“公共政策”的工具，这就从根本上颠倒了法律与政策的主从关系，是十分荒谬的。

（三）知识产权法律制度是否是国家公共政策工具

在错误理解“公共政策”概念的基础之上，有些学者，把知识

---

[1] 吴汉东．中国应建立以知识产权为导向的公共政策体系［J］．中国发展观察，2007（5）．

[2] 吴汉东．中国应建立以知识产权为导向的公共政策体系［J］．中国发展观察，2007（5）．

产权法律制度说成是国家的公共政策工具，似乎知识产权法律制度成为可以在政府公共政策中随心所欲安排、摆布的物件，这既违背法学理论基本常识，也会使法律丧失其严肃性，是对法律的亵渎。这种观点在中国的法律语境中非常容易导致人们理解上的混乱，误导公众、误导政府，其消极后果将会随着时间的推移而日益显现。

这种观点，大概是来源于英国知识产权委员会2002年9月发布的《知识产权与发展政策的整合》中的一段论述（见“导论”“三、我们的任务”“1. 知识产权的性质”第5自然段）：“Regardless of the term used for them, we prefer to regard IPRs as instruments of public policy which confer economic *privileges* on individuals or institutions solely for the purposes of contributing to the greater public good. The *privilege* is therefore a means to an end, not an end in itself.”国家知识产权局条法司将这段文字翻译为：“不管对知识产权采用什么样的措辞，我们更倾向于把知识产权当作一种公共政策的工具，它将经济特权授予个人或单位完全是为了产生更大的公共利益。”最后一句没有翻译，可以翻译为：“因此，这种特权只是一种为达到一定目的的手段，而其本身并不是目的”。

仔细阅读原文，不难看出，这段文字的原意是：“我们更倾向于把知识产权当做一种为了产生更大的公共利益将经济特权授予个人或单位的公共政策的工具”，其中“将经济特权授予个人或单位完全是为了产生更大的公共利益”或“为了产生更大的公共利益将经济特权授予个人或单位”是对“公共政策”的具体限定，并非是泛泛地说“知识产权”是整个所有“公共政策”的工具，而是倾向于把“知识产权”视为实施一种特殊的“公共政策”的手段（或称之为工具）。这种特殊的“公共政策”就是“为了产生更大的公共利益将经济特权授予个人或单位”。为了强调这一点，该文随后特意加了一句话：“因此，这种特权只是一种为达到一定目的的手段，而其本身并不是目的”。这就是强调设置知识产权法律制度、保护知识产权只是一种手段，也可以理解为是执行“为了产生更大的公共利益将经济特权授予个人或单位”这种特殊“公共政策”的手段，而不是目的。

该部分第3自然段中还有这样一段论述：“We therefore consider that an IP right is best viewed as one of the means by which nations and societies can help to promote the fulfilment of human economic and social rights.”可以翻译为：“因此，我们认为，知识产权最好被视为一种国家和社会帮助人类实现经济和社会权利的手段。”结合这段论述也可以印证上述结论。

总而言之，这里的两段文字表达的核心意思是强调保护“知识产权”只是一种手段，而不是目的；而不是一般泛泛地强调“知识产权”是“公共政策”的工具。

但是，从上述的文字表达中，绝难得到“知识产权法律制度是国家公共政策工具”的结论。

有学者认为，知识产权制度是一个社会政策的工具，“是否保护知识产权，对哪些知识赋予知识产权，如何保护知识产权，是一个国家根据现实发展状况和未来发展需要所作出的制度选择和安排”。[1]

如果“知识产权法律制度是国家公共政策工具”的结论可以成立，那么，一个国家对知识产权法律制度的建立、设置的选择当然应该主要依据“国家公共政策”来决定，凡是不利于“自身发展”的应该不选择、不保护；凡是有利于“自身发展”的应该选择加以保护。但是，世界各国知识产权法律制度的实践证明，上述想法只能是一种美好的愿望，而绝不是现实。

现实告诉我们，一个国家对知识产权法律制度的建立、设置所作出的选择，绝非完全可以根据自身的发展状况以及未来产业的发展趋势，即所谓“公共政策”，作出制度选择和安排。在知识经济、经济全球化的大背景下，一个国家的经济、科技、文化的发展，根

---

[1] 吴汉东．政府公共政策与知识产权制度［N］．光明日报，2006－10－10．

本不可能脱离国际环境的制约和影响，特别是国际贸易环境的制约和影响，而国际贸易早已与知识产权从法律制度和国际公约的层面捆绑在一起（典型的代表就是美国贸易法的特别301条款和WTO的TRIPS协议），因此一个国家对知识产权法律制度的建立、设置所作出的选择，必然要受到国际贸易环境因素的制约和限制，特别是要受到其所参加的知识产权国际公约、所签订的双边或多边的知识产权协议的制约和限制，甚至还要受到其主要贸易对象国家知识产权法律制度的影响，并不能主要依据本国的“公共政策”来决定。

中国知识产权法律制度建立、发展的历史也充分地证明了这一点。

1992年修改《中华人民共和国专利法》（以下简称《专利法》），将所有化学发明，包括药品和农业化学物质纳入专利保护客体，将发明专利的保护期限延长为自专利申请提出之日起20年，对于专利的强制许可增加了多项限制条件；出台《药品行政保护条例》和《农业化学物质产品行政保护条例》，对符合特定条件的药品、农业化学物质提供为期7年零6个月的行政保护；颁布《实施国际著作权条约的规定》，将计算机程序按照《伯尔尼公约》的文学作品保护，相当于对著作权法作出实质性的修改。1993年，中国出台《中华人民共和国反不正当竞争法》（以下简称《反不正当竞争法》）保护商业秘密。上述立法、法律修改都是履行1992年1月17日颁布实施的《中华人民共和国政府与美利坚合众国政府关于保护知识产权的谅解备忘录》的结果，显然不是依据本国“公共政策”作出的选择。

2010年，中国对《中华人民共和国著作权法》（以下简称《著作权法》）个别条款作出的修改、对《中华人民共和国知识产权海关保护条例》（以下简称《知识产权海关保护条例》）部分条款的修改，也不是什么依据本国“公共政策”作出的选择，只是履行WTO争端解决机制裁决的结果。

以“知识产权法律制度”取代“知识产权”，提出“知识产权法律制度是公共政策工具”的观点，应该说是国内学者的创新、发展。但是，正如列宁所指出的那样，即使是真理，再向前迈一小步也可能就会变成谬论。

可以说，“知识产权制度与公共政策具有密切的关系”，但是说“知识产权制度就是一种公共政策”“知识产权制度就是一种公共政策的工具”“知识产权制度在公共政策体系中也是一项知识产权政策”，❶ 就颠倒了法律制度与政策的基本关系，也搞乱了公共政策与知识产权政策的基本关系。

将“制定法律法规，以产权形式对相关知识财产提供保护”“建立包括司法裁判、行政管理、社会服务等在内的配套机制”界定为公共政策主体的主要活动也是不恰当的，同样是曲解了法律制度与政策的基本逻辑关系。立法机关或者司法机关、行政机关的上述行为应该属于立法、实施法律或者依法行政，在立法、实施法律或者依法行政的过程中固然要有“公共政策”的考量，需要遵守和执行既定的“公共政策”，但是难以将这些行为理解为主要是执行“公共政策 ”的行为。

在知识产权法律制度的框架内，为了更好地发挥知识产权制度的效能，制定和实施知识产权政策是完全必要的。但是，这亦不能统统纳入执行“公共政策”的范畴。

在涉及公共意志、公共利益的前提下，以“政策”形式直接对知识产权进行调整、规范才属于“公共政策”的范畴。

由此，对于知识产权与公共政策的关系可以得出以下结论：

（1）知识产权是私权，知识产权法是私法，主要依据法律规范，而不是依据政策（包括公共政策）进行调整和规范；

（2）知识产权的创造、保护、运用和管理在一定条件下可以直

❶ 吴汉东．中国应建立以知识产权为导向的公共政策体系［J］．中国发展观察，2007（5）．

接关系到社会的发展和公共利益；

(3) 由知识产权制度的性质所决定，对知识产权的调整、规范不仅局限于私权、私法的领域，而且还涉及和借助于公权和公法；

(4) 借助于公权和公法调整、规范知识产权，不仅限于法律规范，也包括以政策（含公共政策）的方式进行；

(5) 公共政策的本质是为了维护国家和社会公众的利益，以公共政策的方式调整、规范知识产权，根本目的在于维护社会公众利益；

(6) 知识产权的创造、保护、运用和管理，必须保持与社会公众利益合理的平衡；

(7) 保持知识产权权利人的权利与社会公众利益的平衡，不仅限于在知识产权制度内部对于知识产权的权利限制和限制滥用，还要借助于公权和公法，包括以政策（含公共政策）的方式进行；

(8) 行政管理是以公共政策调整、规范知识产权的一种主要方式；

(9) 将知识产权法律制度称为是国家公共政策的工具，这种提法混淆了法律制度与政策的基本逻辑关系。

(四) 知识产权政策

关于知识产权政策，在《国家知识产权战略纲要》中已经有所明确。在此不再赘述。

四、战略重点

(一) 完善知识产权制度

强化知识产权在经济、文化和社会政策中的导向作用，加强产业政策、区域政策、科技政策、贸易政策与知识产权政策的衔接。制定适合相关产业发展的知识产权政策，促进产业结构的调整与优化；针对不同地区发展特点，完善知识产权扶持政策，培育地区特色经济，促进区域经济协调发展。

建立重大科技项目的知识产权工作机制，以知识产权的获取和保护为重点开展全程跟踪服务；健全与对外贸易有关的知识产权政策，建立和完善对外贸易领域知识产权管理体制、预警应急机制、海外维权机制和争端解决机制。加强文化、教育、科研、卫生等政策与知识产权政策的协调衔接，保障公众在文化、教育、科研、卫生等活动中依法合理使用创新成果和信息的权利，促进创新成果的合理分享；保障国家应对公共危机的能力。

（二）促进知识产权创造和运用

运用财政、金融、投资、政府采购政策和产业、能源、环境保护政策，引导和支持市场主体创造和运用知识产权。强化科技创新活动中的知识产权政策导向作用，坚持技术创新以能够合法产业化为基本前提，以获得知识产权为追求目标，以形成技术标准为努力方向。完善国家资助开发的科研成果权利归属和利益分享机制。将知识产权指标纳入科技计划实施评价体系和国有企业绩效考核体系。逐步提高知识产权密集型商品出口比例，促进贸易增长方式的根本转变和贸易结构的优化升级。

如同其他经济、文化和社会政策一样，知识产权政策是一种具体的政策，针对不同领域可以有不同的知识产权政策，知识产权政策本身也可以有不同的类型。知识产权政策要受到知识产权法律制度的制约和影响。

（三）国家知识产权战略与知识产权政策

知识产权法是一个国家用以保障国民就其智力创造享有法定权利，激励作者、发明者以及商家向社会提供更多智力活动成果的一项民事法律制度，属于法律的范畴。

政策是国家或政党为实现一定历史时期的任务和执行其路线而制定的活动准则和行为规范，一般比较抽象和原则。

从某种意义上说，国家知识产权战略应该说就是一个国家知识产权政策的集中体现，是基础性法律的集中、具体体现，是执行、实施国家知识产权基础性法律的总纲领和总政策。国家知识产权战略与知识产权政策这一问题的实质，仍然是法律与政策的关系。因此，在知识产权基础性法律问题研究中，必须将理清知识产权法律制度与知识产权政策的关系作为研究的重点之一。

简析知识产权立法对我国《反垄断法》适用的排除性影响

——以《反垄断法》第55条为中心

朱谢群*

摘要：符合知识产权立法规定的权利行使行为，完全排除我国《反垄断法》的适用，无论其行为人是否具有市场支配地位，亦无论该行使行为是否具有以及具有何种限制、排除竞争的效果；在知识产权—反垄断的"交界面"上，知识产权滥用是适用《反垄断法》的必要条件，其构成判断处于《反垄断法》适用判断之前，所以《反垄断法》不能成为知识产权滥用与否的判准；对于市场竞争中的知识产权行使行为，知识产权立法先行适用；《反垄断法》在知识产权领域不具有在其他私法领域中的"优越"地位。

引言

反垄断法以维护市场竞争为己任，在市场经济中具有重要的作用。"在美国，反垄断法被称为'自由企业的大宪章'，德国称之为'经济宪法'，日本则称之为'经济法的核心'。这些说法都表明了反垄断法在世界各国的重要地位"。❶ 但是，"竞争政策固然重要，但它不是国家唯一的经济政策。特别在当前经济转型时期，我国立

---

* 作者单位：深圳大学法学院。

❶ 曹康泰.《中华人民共和国反垄断法解读——理念、制度、机制、措施[M].北京：中国法制出版社，2007：2.

法者确有必要考虑很多问题”。❶

然而，在有必要考虑的诸多问题中非常突出者之一显然应当是知识产权，其原因概括地说在于“未来世界的竞争就是知识产权的竞争”，而更明确地说，则正如我国《国家知识产权战略纲要》序言中所指出的：“知识产权制度是开发和利用知识资源的基本制度。……当今世界，随着知识经济和经济全球化深入发展，知识产权日益成为国家发展的战略性资源和国际竞争力的核心要素，成为建设创新型国家的重要支撑和掌握发展主动权的关键。国际社会更加重视知识产权，更加重视鼓励创新。”由此不难认识到，知识产权及其制度对我国《反垄断法》的适用必然具有重要影响。

本文试以我国《反垄断法》第55条为中心，重点就知识产权立法对我国《反垄断法》适用性的影响作若干探讨，以求抛砖引玉。

一、论题背景概述

“在知识经济时代，如何在知识产权领域开展反垄断执法是反垄断法实施的重要组成部分，也是最为困难和最具挑战性的部分”。❷ 之所以如此，主要的原因之一应该是：“保护知识产权以激励创新和实施反垄断法以维护竞争都是现代各国重要的政策选择，但是，这两种政策之间有一个协调的问题。”❸

就这种协调而言，有学者指出：“适用于知识产权的竞争规则，要么明示要么暗示，几乎都不可避免地在这两种法律之间承认一种‘礼让’（comity）形式，尽管在不同法域的竞争规则中发展起来的

---

❶ 王晓晔．中华人民共和国反垄断法详解［M］．北京：知识产权出版社，2008：6.

❷ 杨洁，王记恒．开门纳言、充分研讨、充分提高知识产权领域反垄断执法透明度——“关于知识产权领域反垄断执法的指南”研讨会综述［J］．工商行政管理，2009（17）．

❸ 土先林．制定知识产权领域反垄断法指南的几个问题［J］．工商行政管理，2009（17）．

礼让形式各自不同。”❶ 换句话说，知识产权与反垄断规则彼此有所抑制。这种抑制的表现之一，就是“当反垄断法实际适用于知识产权的行使行为时，在上述法域（指欧美——本文注），竞争规则常常自觉地（consciously）针对知识产权独特的性质（unique nature）——针对知识产权立法。在美国，还包括知识产权的宪法基础以及知识产权在创新过程中的贡献——作出种种让步（concessions）”。❶更具体地看，美国司法部与联邦贸易委员会 2007 年 4 月发布的《反垄断执法与知识产权：促进创新与竞争》报告（以下简称“美国 2007 年报告”）中指出：“众所周知，凭借合法获得的垄断地位来行使垄断力，包括收取垄断价格，并不违反反垄断法。该原则也同样适用于基于知识产权而取得的垄断地位。”❷可见，在美国，因合法获得知识产权而取得垄断地位以及凭借此种垄断地位来行使垄断力的行为，是排除反垄断法之适用的。在欧盟，“仅仅在知识产权被其具有高度支配力的权利人不正当行使以排除市场竞争者的最极端案例中，竞争政策才保留介入以限制此种知识产权行使行为的权利。”❶由此不难看出，在欧美国家，知识产权及其制度对反垄断法的适用具有相当程度的排除性影响。

值得指出的是，欧、美乃当今世界上市场经济体制最为成熟的地区和国家，而且“竞争政策在欧共体条约中被赋予了中心地位”，❸同时，美国是反垄断法的发源地，至今“仍然是世界公认的

---

❶ Steven d. anderman. The competiton law/IP “interface”: an introductory note, in steven d. anderman (ed.) *the interface between intellectual property rights and competition*, Cambridge university Press 2007, 3.

❷ u. s. dep't of justice & fed. trade comm'n, antitrust enforcement and intellectual property rights: promoting innovation and competition (2007), 1—2.

❸ steven d. anderman and hedvig schmidt, ‘ec competition policy and iprs’, in steven d. anderman (ed.) the interface between intellectual property rights and competition, cambridge university press 2007, 71.

实施反垄断法最严厉的国家”；[1] 尤其他们“在知识产权领域进行反垄断执法方面有着丰富的经验，并在总结长期执法经验的基础上形成了一些操作性较强的执法指南。在我国，《反垄断法》的实施只有一年的时间，执法经验还不足，而在知识产权领域进行反垄断执法更是一个全新的课题”。因此，知识产权对欧、美反垄断制度与实践的种种影响，非常值得我们高度重视和认真思考。

二、我国《反垄断法》第55条之解读

我国《反垄断法》第55条规定：“经营者依照有关知识产权的法律、行政法规规定行使知识产权的行为，不适用本法；但是，经营者滥用知识产权，排除、限制竞争的行为，适用本法。”其前半句作为全称否定命题，明确地表达出知识产权立法对我国《反垄断法》适用的排除性影响。

本句规定的主体（“经营者”）未附加任何限定，从直接的字面含义看显然是一个全称概念，即应包括我国《反垄断法》第12条规定的全部经营者；而从法律规范自身内在的逻辑看，该法除在多处使用“经营者”（并于第12条中专门作出界定），还在第6条、第17条使用了“具有市场支配地位的经营者”这种表述，说明该法对这两个概念是有所区分的，前者是后者的上位概念，后者包含于前者之中。因此，基于立法文本逻辑的周延性，本句规定的“经营者”显然包含“具有市场支配地位的经营者”。这就充分表明，根据我国《反垄断法》的规定，只要是依照有关知识产权的法律、行政法规规定行使知识产权的行为，无论行为人是否“具有市场支配地位”，均排除反垄断法的适用。由此与反垄断法在其他领域的适用传统形成鲜明对照——“一种行为若由其他企业实施则可能是正常的竞争，但若由拥有市场支配地位的企业来实施就构成‘滥

[1] 王先林．知识产权与反垄断法——知识产权滥用的反垄断问题研究（修订版）[M]．北京：法律出版社，2008：15.

用'并会受到禁止"。❶可见，一般情形下，行为人有无"市场支配地位"，是反垄断法规制与否的一个重要标准，但根据我国《反垄断法》第55条规定的前半句，反垄断法面对符合知识产权立法规定的权利行使行为时，行为人有无"市场支配地位"已不能成为适用反垄断法的根据，反言之，反垄断法对"具有市场支配地位"的市场主体依照有关知识产权的法律、行政法规规定行使知识产权的行为，也不能予以规制。这一方面体现出知识产权立法对反垄断规制标准的阻却性影响；另一方面可以看到，与其他领域相比较，知识产权立法限缩了反垄断法的适用空间。

《反垄断法》第55条前半句还明白无误地表达了另一项全称判断：凡是依照有关知识产权的法律、行政法规规定行使知识产权的行为，无论是否具有限制、排除竞争的性质以及无论是否产生限制、排除竞争（甚至严重）的后果，也同样均不适用反垄断法。

当然，对此种解读存在不同的观点，例如，"通常情况下，判断知识产权滥用行为是否违反了反垄断法，遵循以下三个原则：……三是，即使行使知识产权的行为没有超出权利自身的范围，但是如果这种行为可能对市场竞争造成严重的、不应有的限制，那么对这种行为也可以适用反垄断法"。❷不难看出，该观点实际上是将有无"对市场竞争造成严重的、不应有的限制"这种后果作为判断某个行使知识产权的行为是否适用《反垄断法》——不说是唯一的也是最终的标准。按一般理解，"权利自身的范围"应当就是相关法律、行政法规规定的范围，如此，该观点可以转换表述为："即使是依照有关知识产权的法律、行政法规规定行使知识

❶ 狄特瑞希·霍夫曼．德国竞争法［M］//曹士兵．反垄断法研究．北京：法律出版社，1996：140.

❷ 曹康泰．中华人民共和国反垄断法解读——理念、制度、机制、措施［M］．北京：中国法制出版社，2007：36.

产权的行为，但是如果这种行为可能对市场竞争造成严重的、不应有的限制，那么对这种行为也可以适用反垄断法。”如果这样转换没有错误，则可以认为该观点与《反垄断法》第55条前半句不符，理由在于：

（1）《反垄断法》第55条前半句作为一个全称命题，其间“依照有关知识产权的法律、行政法规规定行使知识产权的行为”，显然包含“可能对市场竞争造成严重的、不应有的限制”，但依然属于“依照有关知识产权的法律、行政法规规定行使知识产权的行为”，因而必然同样产生“不适用本法（反垄断法）”的法律效果。

（2）从法律规则的结构看，第55条前半句中规定的行为模式只有一个要件或标准，就是“依照有关知识产权的法律、行政法规规定行使知识产权”，对此并无附加其他任何正面或反面的限定，更没有再设定包括“具有限制、排除竞争后果”在内的等其他任何要件，而针对此种行为所确立的法律效果也非常明确，就是“不适用本法（《反垄断法》）”。

（3）即使结合《反垄断法》第55条后半句（“但是，经营者滥用知识产权，排除、限制竞争的行为，适用本法”）来看，该观点也不能成立：

首先，第55条之所以分成前后两个半句，其意显然在于通过设计不同要件来区分两类性质不同的知识产权行使行为，进而提供不同法律效果，即是否适用本法（《反垄断法》）。如果立法意图是仅以有无限制、排除竞争这样的后果作为判断所有行使知识产权的行为是否适用《反垄断法》的实质性统一标准，就根本没有必要、也不应该通过前后两个半句来分立两类不同性质的行使知识产权的行为。因此，既然该条前半句中只规定了“依照有关知识产权的法律、行政法规规定行使知识产权”这一个要件，就已完全排除了只存在于后半句中的“排除、限制竞争”这一后果要件。简言之，有无“排除、限制竞争”与前半句中的知识产权行使行为是否适用“本法（《反垄断法》）”没有关系，更不会发生任何作用。

其次，该观点隐含提出的另一个问题是：能不能将“排除、限制竞争”理解为“滥用知识产权”的充分条件（即只要是“排除、限制竞争”的知识产权行使行为就必然构成“滥用知识产权”）？这样就可以将“依照有关知识产权的法律、行政法规规定行使知识产权但具有排除、限制竞争后果”的行为认定或推定为滥用知识产权，进而有可能纳入反垄断法的适用范围之内。这里暂且先搁置关于何为滥用知识产权的复杂讨论，仅就第55条规定的立法逻辑即可知答案依然是否定的。

从第55条后半句看，如果“排除、限制竞争”是“滥用知识产权”的充分条件，那么，此二者之间要么是种属关系（“排除、限制竞争”的知识产权行使行为是“滥用知识产权”之一种），要么是同一关系（“滥用知识产权”就只是“排除、限制竞争”的知识产权行使行为）。如果是种属关系，第55条后半句就应只单列“滥用知识产权”，而不应再附加后面的“排除、限制竞争”条件；如果是同一关系，那么，第55条后半句就应只单列其中之一而不应再同时规定另一个要件。因此，如果“排除、限制竞争”是“滥用知识产权”的充分条件，仅从逻辑上看，第55条后半句就不必也不应将“滥用知识产权”与“排除、限制竞争”同时并列。但是，事实上，第55条后半句明确将“滥用知识产权”与“排除、限制竞争”两个条件同时并列出来，那就只能认为该句的真实意图在于：只有“滥用知识产权”与“排除、限制竞争”二者同时具备的行为，才可适用反垄断法，或者说，“滥用知识产权”而未“排除、限制竞争”的行为以及没有“滥用知识产权”但“排除、限制竞争”的知识产权行使行为，均不适用《反垄断法》。这表明，“排除、限制竞争”并非“滥用知识产权”的充分条件（更不是充分必要条件），二者具有各自独立的内涵与外延，只在其各自外延相互交叉时，才发生适用《反垄断法》的法律效果，因此不能将所有“排除、限制竞争”的知识产权行使行为都认定或推定为“滥用知识产权”进而纳入反垄断法的适用范围之中。

从第55条前后两个半句的关系看，由于前后半句分别设定了不同要件并对应于完全对立的两种法律效果，可以看出，前后半句中各自规定的行为之间属于完全排斥的关系，没有任何交集，应该说，这样规定颇有精巧之处：虽未规定何为“滥用知识产权”——所以它仍是一个“模糊命题”❶，但至少明确了“依照有关知识产权的法律、行政法规规定行使知识产权的行为”不属于“滥用知识产权”。换句话说，根据本条规定，只要是“依照有关知识产权的法律、行政法规规定行使知识产权的行为”，就确定地不构成“滥用知识产权”。若不作此理解，第55条就有违反“排中律”这一最基本逻辑规则的风险，而且实践中也会由于其前后半句分别设定的对立法律效果而导致其无法执行。因此，第55条这种规定实际上从反面确立了判断“知识产权滥用”的决定性标准之一，对理解和掌握知识产权与反垄断法适用的关系具有重要意义。仅就此处而言，“排除、限制竞争”只在与“滥用知识产权”发生交叉时，才可适用反垄断法，因此即使与前半句中显然不属于“滥用知识产权”的行为发生交叉，也不能适用反垄断法。

最后，还有学者提出：“知识产权滥用是指知识产权人超越权利行使的法律界限，过度或不当行使权利，导致一定社会危害后果的行为。这里，构成知识产权滥用的核心要件是权利行使超越了特定的‘法律界限’，而‘法律界限’中‘法律’的广泛性以及超越不同法律所损害的法益不同，决定了知识产权滥用会受到多种法律的规范。……当某种知识产权滥用行为超越竞争法特别是其中的反垄断法所规定的‘法律界限’形成知识产权垄断时，它将受到竞争法中保护竞争自由与公平的一系列规则的制约等。”❷ 应该说，这种观点并不十分清晰，即超越了反垄断法“法律界限”的知识产权

---

❶ 李明德．“知识产权滥用”是一个模糊命题［J］．电子知识产权，2007 (10)．

❷ 吕明瑜．知识产权垄断呼唤反垄断法制度创新——知识经济视角下的分析［J］．中国法学，2009 (4)．

行使行为究竟是仅仅构成知识产权滥用还是应该再继续考察其有无排除、限制竞争的效果，然后决定是否适用反垄断法？如果是这样，那么根据第55条后半句的规定，其矛盾就在于：未考察其有无排除、限制竞争效果之前，何以能够适用反垄断法的法律界限作为评判标准？或者只要超越了反垄断法"法律界限"的知识产权行使行为就可以作为知识产权滥用直接适用反垄断法？此处的问题在于，知识产权滥用未必都适用反垄断法；如果能够直接适用，第55条后半句中即不必再列出"排除、限制竞争"这一要件。更明确地说，这种观点不清晰之处在于：超越反垄断法"法律界限"究竟是构成知识产权滥用的标准还是直接适用反垄断规制的标准？以及知识产权滥用是否可以直接适用反垄断法？其实，无论作何理解，这种观点与上一种观点并无实质差异，都在于将反垄断法作为判断知识产权行使行为的标准之一，如有超越，即应受到反垄断规制。对此前文已有分析，这里再简单重复如下：根据我国《反垄断法》第55条前半句，凡是依照有关知识产权的法律、行政法规规定行使知识产权的行为，就不适用反垄断法。也就是说，"依照有关知识产权的法律、行政法规规定行使知识产权的行为"，并不能适用反垄断法的"法律界限"（或有无排除、限制竞争的后果等——这应该也是反垄断法"法律界限"之一）来进行判断，或者即使超越，也不适用反垄断法规制。

正如全国人民代表大会法制工作委员会组织编写的《中华人民共和国反垄断法释义》一书中所指出的："依据本条（第55条）规定，经营者行使知识产权的行为，无论是自己行使还是通过许可的方式授权他人行使，无论是否对市场竞争造成了排除、限制性影响，只要是依照有关知识产权的法律、行政法规的规定进行的，就不会受到反垄断法的规制，不会被认为是垄断行为而受到处罚。"[1]

可见，根据我国《反垄断法》第55条规定的前半句，在面对

---

[1] 安建. 中华人民共和国反垄断法释义［M］. 北京：法律出版社，2007：118.

符合知识产权立法规定的权利行使行为时，反垄断法并无对此类行为的效果进行评价的机会（即反垄断法上的违法标准不适用于此类行为）或者即使进行评价也不能发生任何规制效力（即反垄断法中的法律责任不适用于此类行为）。需要强调的是，由于“反垄断法中占支配地位的违法确认原则是以行为的效果为违法的标准”，[1]因而在判断反垄断法适用与否时，相对于前文中的行为人“市场支配地位”标准，“行为效果”标准不仅覆盖范围更加广阔，而且具有近乎决定性的作用。因此，对“行为效果”标准的阻却，实际上等于不留余地地排除了反垄断法对知识产权立法规定范围内的权利行使行为的适用可能。

三、若干启示与思考

其实，在同一个法域的不同法律部门之间，彼此恪守各自规范边界本应属不言而喻的常态。但是，“反垄断法对竞争关系的调整也可以看作是在民商法的基础性调整（以契约自由为其特点）之后进行的第二次调整（以对契约自由加以必要限制、防止其被滥用为特点）”。[2] 因此，一般情形下，反垄断法适用与否的标准并不取决于特定行为是否符合其他法律（特别是合同法、公司法等私法）的规定，而取决于反垄断法自有的“行为效果”（特定行为对市场竞争所产生的积极或消极后果）等标准。这样，反垄断法在很大程度上对“民商法基础性调整”的结论就具有某种超越性效力；而且，由于很多情况下，在“民商法基础性调整”中被否定的行为不能发生当事人预期的法律效果，也就难以实际产生包括“排除、限制竞争”在内的种种经济后果，所以通常不会进入反垄断法的视野。反

---

❶ 沈敏荣．法律的不确定性——反垄断法规则分析［M］．北京：法律出版社，2001：73.

❷ 参见：王先林．知识产权与反垄断法——知识产权滥用的反垄断问题研究（修订版）［M］．北京：法律出版社，2008：58.

过来说，被反垄断法纳入评价和规制范围的恰恰可能大多是在“民商法基础性调整”中被肯定的行为——符合这些法律之规定的权利行使行为。

由此不难看到或推断出至少以下三点：

(1) 反垄断法相比较于许多民商部门法具有一定的“优越”地位，这突出地表现在对同一行为所作法律评价的效力方面，特别是如上所述，特定民商法律部门对特定行为的肯定性评价效力可能被反垄断法推翻。

(2) 反垄断法这种“优越”地位的来源或者支撑要素的核心，应该是其不同于民商法部门“个人本位”的“社会本位”以及基于此种“社会本位”所能够动用的公权力量。其公权之威不必详述，其社会本位可以理解为“反垄断法直接保护的是代表社会整体利益的竞争机制和竞争秩序”，❶“当社会利益与个体利益发生冲突时，反垄断法保护的是前者”。❷但是，实际从事竞争的市场主体通常并不能站在“代表社会整体利益的竞争机制和竞争秩序”角度上决策和行为，同时也很难对自身市场地位和行为效果作出符合反垄断执法机关标准的判断，所以往往只能依据最直接的民商法律规范作出预期和采取行动，但如此却可能最终无法通过反垄断法的检验——“同一形式和内容的法律行为由于各种情况可能是合法的，也可能是非法的”。❸这显然提高了市场竞争主体预测自身行为后果的难度，削弱了相应民商法律部门作为“法”的告示、指引、评价、预测、教育等规范作用。

(3) 再进一步看，与自身“优越”地位和“社会本位”紧密相关的“行为效果”标准，使得反垄断法“难以形成一般法律所具有

---

❶ 参见：王先林．知识产权与反垄断法——知识产权滥用的反垄断问题研究（修订版）[M]．北京：法律出版社，2008：60.

❷ 史际春，等．反垄断法理解与适用 [M]．北京：中国法制出版社，2007：2.

❸ 闵策励．联邦德国的反垄断法 [M] //王先林．知识产权与反垄断法——知识产权滥用的反垄断问题研究（修订版），北京：法律出版社，2008：61.

的有权利、义务、责任构成的规则等级体系，从而使反垄断法缺少一般法律所具有的语义逻辑性，这一方面增强了反垄断法的不确定性，另一方面也增加了反垄断法的经济性，使经济分析方法成为反垄断法必不可少的确认事实因素和行为违法性的工具”。[1]“再加上随着经济现象的不断变化，经济学理论的不断更新，‘公平交易法’的运作很难像一般法律一样，依传统的法律解释方法得出合理的结果”。[2]

知识产权作为私权，[3] 本来也面临上述问题。但是，根据前文的结论——知识产权立法规定范围内的权利行使行为完全排除了我国《反垄断法》适用的可能，因而有以下几点颇值得注意：

（1）涉及知识产权行使行为的市场竞争环境具有更高的可预测性。当事人依照知识产权法律、行政法规规定行使权利的行为，确定地不会受到反垄断法规制，由此，市场主体只需依照知识产权立法规定的单一标准进行决策和行动，而不必担心反垄断法的“二次调整”，这样就降低了当事人对自己行为法律风险的预测和评估成本，同时也增加了依法行使知识产权的激励。

（2）我国《反垄断法》对于知识产权立法并无在其他民商部门法领域中的优越地位。由于针对符合知识产权立法规定的权利行使行为，亦即被知识产权立法作出肯定性评价的特定行为，在任何条件下[4]都不能启动反垄断法的检验，更不能适用反垄断法基于自身标准所实施的规制，所以，反垄断法无从否定知识产权立法赋予该特定行为的法律效力。不严格地讲，就此可以说知识产权立法具有优先效力，但深究起来可以看到，这并不意味着知识产权立法具有

---

[1] 沈敏荣．法律的不确定性——反垄断法规则分析［M］．北京：法律出版社，2001：73.

[2] 苏永钦．经济法的挑战［M］//王先林．知识产权与反垄断法——知识产权滥用的反垄断问题研究（修订版），北京：法律出版社，2008：61.

[3] 参见 TRIPS 协议序言。

[4] 第 55 条前半句中没有任何其他限定、例外或其他要件描述，其意义正在于此。

优先效力，因为优先与否是在一个以上事物之间进行比较后的判断，而针对知识产权立法规定范围内的权利行使行为，适用反垄断法所能够产生的效力已被完全排除，只有知识产权立法单一赋予的肯定性效力——既然不存在反垄断法这一比较对象，自然也就谈不上知识产权立法具有优先效力。

但由此对有关执法机构却产生一项重要提示：在面对知识产权行使行为时，应首先适用知识产权立法，以判断该行为是否符合知识产权立法规定。若符合，则不能再进行反垄断审查；如不符合，才有机会转入反垄断审查。[1] 所以，从适用的时间顺序上看，知识产权立法确实具有优先性。这与反垄断执法传统有很大不同，因为在面对涉及其他民商部门法领域的权利行使行为时，反垄断法基于自身优越地位，不必等待甚或不必考虑该其他部门法对特定行为所作的评价而直接适用，所以不存在法律适用的时间顺序问题。换个角度看，知识产权法与反垄断法的专业性均较强，排除对符合知识产权立法规定的权利行使行为之反垄断审查，减少了反垄断执法机构的审查负担，有利于节约执法成本。

(3) 与“优先”相关的问题是，有学者提出“反垄断法对滥用知识产权限制竞争行为的优先适用”。[2] 基于前文对我国《反垄断法》第55条规则结构的分析（即前后半句分别设定了不同要件并对应于完全对立的两种法律效果，可知前半句中“依照有关知识产权的法律、行政法规规定行使知识产权的行为”与后半句中“滥用

---

[1] 对此应持谨慎态度，因为不符合知识产权立法规定的权利行使行为未必均构成滥用知识产权（进而在同时具有排除、限制竞争效果时应受反垄断法规制），很有可能是一种“法律可容许的行为，即现行法律虽然没有明确规定，但本质上与法律的要求是一致的或不违背法律要求的。在法制不健全的情况下，此类行为是大量的。”见张文显：《法哲学范畴研究（修订版）》，中国政法大学出版社2001年版，第88页。因此，有理由认为对于不符合知识产权立法规定的权利行使行为，应该再依据当时当地的知识产权政策以及知识产权基本原理进行评价。

[2] 尚明.《中华人民共和国反垄断法》理解与适用［M］. 北京：法律出版社，2007：379.

知识产权，排除、限制竞争的行为”之间属于完全排斥的关系，没有任何交集），不难发现，后半句中的行为其实已被排除在知识产权立法之外，也就已脱离本文主题，而且前文有所涉及，所以此处只作简单分析如下：

首先，依据什么标准判断“滥用知识产权”行为的构成？显然此时还不能适用反垄断法的规则，因为在断定某特定行为构成“滥用知识产权”之前，按《反垄断法》第55条后半句的规定，尚未充分成就反垄断法的适用条件——适用反垄断法的条件是：①已构成知识产权滥用；②具有排除、限制竞争效果的行为。现在第（1）项要件还未确认，怎能就“适用本法”（《反垄断法》）？当然，可以争辩说，《反垄断法》第55条后半句中的“适用本法”（《反垄断法》）仅指反垄断法律责任而不包括反垄断法适用与否的标准，但这显然过于牵强——尚未确定能否适用就开始适用，似乎不符合最基本的法治原理，而且即使如此，也与现在的规定有矛盾：反垄断法适用与规制的核心就是特定行为“排除、限制竞争”的效果，如果已据此判断构成“滥用知识产权”，就不应也不必再附加同样的要件于其后。可见，“滥用知识产权”作为适用反垄断法的前提条件，其行为构成的标准不能从反垄断法里面寻找。那么，作为知识产权与反垄断法“交界面”上最重要的概念之一，“滥用知识产权”判断的选择这时最有可能来自于知识产权法。简言之，至少从时间顺序上看，即使对于“滥用知识产权限制竞争行为”，首先适用的一般也应是知识产权法甚至可能是其他法律，但肯定不是反垄断法，否则就是对《反垄断法》第55条后半句规定的直接违反。

其次，既然知识产权法先行适用，那么，据此判定不构成知识产权滥用的那部分行为，就也因不具备第55条后半句中关于适用反垄断法的第一个要件而排除了反垄断法适用的可能。从效力角度而言，知识产权法因先行适用而对此类行为所产生的判定效力，并未留下由反垄断法予以推翻的机会，所以此种情形下，应该认为反垄断法的效力也没有优先性可言。

最后，对于依照知识产权法被判定为构成滥用知识产权的行为，至少根据上述第55条规则结构的分析，就已经意味着该行为不能受到知识产权法保护，或者说，知识产权法对此种行为已经赋予了否定性的效力，那么，如果该行为因不具有“排除、限制竞争”的效果而未受到反垄断法规制时，则不发生反垄断法上的效力，也就与此前依知识产权法而产生的否定性效力无法比较，谈不上何者优先；如果某行为已被知识产权法赋予了否定性效力，同时还具有“排除、限制竞争”的效果而应适用反垄断法规制时，那么，显然这时反垄断法要么可能因情节轻微等不予处罚，即不予规制，因而也未产生反垄断法上的效力，同样无从与在先依照知识产权法产生的否定性效力相比较，要么确实对此行为课以反垄断法律责任，即同样赋予该行为以否定性效力，那么此时知识产权法与反垄断法就同一行为所产生的的效力内容相同，依然谈不上何者更优先。

《粮食和农业植物遗传资源国际条约》实施进展状况跟踪研究

张小勇*

摘要：2001年联合国粮农组织大会通过的《粮食和农业植物遗传资源国际条约》（以下简称《国际条约》）是国际社会针对粮食和农业植物遗传资源的保护、可持续利用、获取和惠益分享等问题达成的第一个具有法律约束力的国际协议。尽管《国际条约》已于2004年6月29日正式生效，然而，《国际条约》的实施直到2006年6月管理机构第一届会议通过《标准材料转让协定》和《供资战略》等法律文件之后才全面启动起来。在国家和区域组织层面上，一些缔约方和区域性组织已经采取措施在本国和本区域实施《国际条约》确立的有关制度，特别是获取和惠益分享多边系统。在国际层面上，《国际条约》管理机构以及相关国际机构通过履行自身的职能和落实《国际条约》的要求，不断推动获取和惠益分享多边系统和《供资战略》的全面实施。经过大约4年的时间，《国际条约》的实施取得了较大的进展以及诸多显著的成果。

一、引言

《粮食和农业植物遗传资源国际条约》于2001年11月3日获得通过，并于2004年6月29日正式生效。尽管《国际条约》已经获得通过和生效，然而，由于实施《国际条约》有关制度，特别是

---

* 作者单位：中国青年政治学院法律系。

获取和惠益分享多边系统所需的《标准材料转让协定》在通过《国际条约》之时尚不具备，因此，在《国际条约》管理机构于2006年6月召开第一届会议之前，《国际条约》的实施事实上并没有全面启动起来。这种状况一直持续到2006年6月《国际条约》管理机构第一届会议召开之时。2006年6月16日，实施《国际条约》“获取和惠益分享多边系统”的法律文件——《标准材料转让协定》在管理机构第一届会议上获得通过。本届会议还通过了《供资战略》等与《国际条约》的实施紧密相关的法律文件。

《标准材料转让协定》的通过为《国际条约》获取和惠益分享多边系统的实施扫除了实质性的障碍。在这之后，一些缔约方和区域性组织着手采取不同性质的措施实施《国际条约》确立的有关制度。与此同时，《国际条约》管理机构和秘书处在行使自身职能的过程中通过回应和处理与实施《国际条约》有关的法律、技术等方面的重要问题，持续、稳步地推动《国际条约》在国际层面上的全面实施。另外，在《国际条约》的实施中扮演着重要角色的有关国际机构积极行动起来落实《国际条约》提出的有关要求，这些机构采取的措施不仅加快了《国际条约》实施的进程，而且为缔约方和其他国际机构树立了良好的示范。总体上看，《国际条约》在国家和区域层面上的实施取得了一定的进展，国际层面上的实施则取得了许多重要的成果。这些已经取得的进展和成果为《国际条约》未来的深入、全面实施奠定了坚实的基础。就作为非缔约方的我国而言，基于日后加入和实施《国际条约》的需要，非常有必要对已经取得的进展和成果进行梳理和总结，从而了解和掌握《国际条约》确立的有关制度的实施状况，并最终服务于我国在加入和实施《国际条约》中所要实现的利益。

二、《国际条约》在国家和区域层面上的实施进展状况

截至目前，《国际条约》拥有127个缔约方。其中一些缔约方已经或正在考虑采取一定的措施实施《国际条约》的有关规定。

本文选取在实施《国际条约》中有较大作为的缔约方和某些区域性组织，对其在实施《国际条约》中取得的进展进行介绍和分析。

（一）荷兰

荷兰于2005年11月18日批准了《国际条约》。此外，荷兰为《生物多样性公约》框架下的《波恩准则》（2002年）的制定和通过作出了积极的贡献。这些都反映了荷兰对于在国际层面上建立和实施遗传资源的获取和惠益分享制度的认同和支持。然而，荷兰并没有制定有关获取和惠益分享问题的国内法律制度。就《国际条约》获取和惠益分享多边系统的实施而言，荷兰采取的是行政性的实施措施，而非立法性的实施措施。2007年，荷兰推出了这样一个举措，即在获取荷兰遗传资源中心的收集品时必须使用《国际条约》管理机构已经通过的《标准材料转让协定》。2008年，荷兰通知《国际条约》秘书处其国内四个保存机构的某些收集品被纳入《国际条约》的多边系统。这些收集品分别是：荷兰遗传资源中心保存的属于《国际条约》附件一的所有收集品、内梅亨大学植物园保存的茄科收集品、北方果树学会和北荷兰果树学会保存的苹果种质收集品。另外，在获取国内原生境条件下发现的遗传资源的问题上，荷兰采取的基本上是不加规范和限制的政策。

关于惠益分享，荷兰政府认为惠益分享是获取和惠益分享制度的必要组成部分，并且支持在发展中国家的此类领域为进一步建立和实施获取和惠益分享制度所必须的能力开发活动。基于这种考虑，荷兰通过有关涉及非洲国家的项目和由荷兰遗传资源中心等机构执行的定期培训项目积极介入能力建设方面的活动。荷兰政府还与有关私人组织展开紧密的合作，从而在国内私有和公共领域中支持针对已通过的关于获取和惠益分享国际协定的意识提升活动。

就当前荷兰国内的趋势而言，由于私营部门的努力，植物育种领域逐步意识到在《生物多样性公约》和《国际条约》框架下所商定的关于获取和惠益分享的安排，私营部门因而遵守已商定的政策，但是也持有这样的观点，即以上提到的获取和惠益分享法律和法规以各种不同的方式变得不具伸缩性和难以发挥作用，以至于无法使其得到落实。针对这样的问题，不断降低对于外来种质的依赖度已被作为一种应对的策略，但是它并不符合保存和利用植物遗传资源以及公平合理分享其组成部分利用的长期性利益。[1]

（二）德国

德国于 2004 年 3 月 31 日批准了《国际条约》，并且完全支持《国际条约》的三大目标。虽然德国在 1994 年就成为《生物多样性公约》的缔约方，但德国和绝大多数欧洲国家一样至今没有制定实施《生物多样性公约》第 15 条（遗传资源的获取）及相关规定的国内法律。实际上，根据遗传资源在德国境内所处的位置的不同，在德国境内获取遗传资源的活动由《德国民法典》《联邦自然保护法》以及各州的自然保护法律等调整。因此，只要遵守自然保护、物种及其他特别保护、所有权和植物检疫方面的法规，任何人在德国都被允许采集生长在原生境条件下的植物。

作为《国际条约》的缔约方，德国延续了其先前的做法，即没有专门为《国际条约》的实施制定国内法律，它与荷兰都采取行政性的实施措施。从目前的情况来看，为了便利获取德国重要的粮食作物，一个高效和透明的程序已经得到确立。联邦政府控制下的材料正在被登记并纳入获取和惠益分享多边系统，主要的基因库正在将《标准材料转让协定》引入《国际条约》附件一所列出的作物种质的转让活动之中。2008 年 7 月，德国联邦食品、农业和消费者保护部通知秘书处，在莱布尼茨（Leibniz）植物遗传学和作物植物研究所基因库中保存的收集品和联邦栽培植物研究中心持有的草莓和苹果种质收集品（超过 10 万份）已经被纳入多边系统，并根

---

[1] 参见《荷兰第二次粮食和农业植物遗传资源状况国家报告》第 44 页以及《国际条约》秘书处网站相关信息。

据《标准材料转让协定》列出的条件而加以提供。被纳入多边系统的这些材料由德国国家粮食和农业植物遗传资源数据库进行了充分的描述，相关信息可以通过该数据库的网站获得。❶

（三）挪威

挪威于 2004 年 8 月 3 日批准《国际条约》。按照《国际条约》的要求，挪威国内的材料将被纳入获取和惠益分享多边系统之中，而且这些材料的分发将根据《国际条约》的规定，包括使用《标准材料转让协定》而进行。首先，这些规定和程序将针对北欧遗传资源中心（Nordic Genetic Resources Centre）的材料和《国际条约》附件一所列出的并且归挪威政府所有的作物遗传材料而得到实施。2008 年，北欧遗传资源中心通知《国际条约》秘书处，从 2008 年 10 月 1 日起，其所保存的属于《国际条约》附件一所列遗传资源（共计 24 713 份）已被纳入多边系统，这些材料的转让将通过《标准材料转让协定》加以安排。对于挪威而言，它也将遵照与北欧遗传资源中心相同的做法转让本国材料。在《供资战略》的实施方面，挪威政府已经决定，从 2009 年起将每年向《国际条约》惠益分享基金（管理机构根据《国际条约》第 19.3 条设立的基金）捐赠本国种子贸易年度销售额的 0.1%。这个决定可以说具有重要的示范性意义，而且显示了挪威政府对于实施《国际条约》《供资战略》所给予的有力支持。❷

（四）巴西

巴西于 2006 年 5 月 22 日批准《国际条约》。需要指出的是，巴西可能是唯一的在其实施《生物多样性公约》第 15 条及有关规定的国家立法中考虑到作为缔约方在未来实施《国际条约》需要的

---

❶ 参见《德国粮食和农业植物遗传资源状况国家报告》第 43～45 页以及《国际条约》秘书处网站相关信息。

❷ 参见《国际条约》秘书处网站相关信息以及《挪威粮食和农业植物遗传资源状况国家报告》第 48～49 页。

国家，即使《国际条约》当时尚未正式缔结。巴西关于获取和惠益分享的第 2.186－16 号临时措施（2001 年）第 19 条规定："在巴西作为缔约国的国际协定（包括有关粮食安全的协定）中便利交换的物种的某个遗传遗产成分样本的发送应当根据上述协定规定的条件而进行。"由此可见，巴西的国家立法体现出一定的前瞻性，它也反映了巴西对于《国际条约》的实施持有比较积极的态度。

自从 2006 年批准《国际条约》以来，巴西的公立机构可以使用《国际条约》管理机构已经通过的《标准材料转让协定》，以此作为转让被缔约方纳入多边系统的遗传材料的基础。然而，由于《国际条约》对巴西生效的时间并不长，《国际条约》在巴西的实施依然处于比较初级的阶段。巴西农业研究集团提供的数据显示，巴西国内有关机构或人员已经与国际农业研究中心签订了五份用于引入种质的《标准材料转让协定》，向非洲有关机构转让正在开发中的遗传材料的三份《标准材料转让协定》正在准备当中。在巴西，国家主管部门有权向公众推介《国际条约》以及为了其实施而面向公立和私立机构开展能力建设活动。农业、畜禽和粮食供应部以及环境部自 2009 年以来就期待加强上述活动。

作为直接负责保存遗传资源的公立机构，巴西农业研究集团开始与《国际条约》秘书处合作，开发和测试一个关于多边系统内可以获得的种质的在线信息系统。巴西农业研究集团遗传资源和生物技术部门被要求建立一个木薯种质活体库，以便选择收集品和相关的信息，并使它们在多边系统的框架下能够获得。2008 年，收集品得到繁殖并被置于离体组织培养之中，从而使其更易于获得。在未来几年，为了履行巴西在《国际条约》框架下承担的义务，相同的程序将被用于巴西主管部门界定为具有优先性的每一个物种。2009 年 5 月，巴西农业研究集团通知《国际条约》秘书处，其所维持的五个不同收集品的 2 377 份种质（包括 233 份玉米种质、539 份栽培水稻种质、398 份菜豆种质、900 份木薯种质和 307 份普通小麦种质）从 2009 年 5 月 7 日开始已被纳入多边系统之中，关于这些种质的基本信息和请求样本的程序不久将通过网站可以获得。[1]

（五）肯尼亚

肯尼亚于2003年5月27日加入《国际条约》。2006年，肯尼亚颁布关于遗传资源的获取和惠益分享的法律——《环境管理和协调（生物多样性和生物资源保护、遗传资源的获取和惠益分享）条例》。需要指出的是，虽然上述法律颁布于肯尼亚加入《国际条约》之后，但是，该法律主要是为了实施《生物多样性公约》第15条而制定的，并没有为《国际条约》获取和惠益分享多边系统的实施创设必要的法律空间。即使如此，作为《国际条约》的缔约方，肯尼亚承担了便利获取多边系统内的粮食和农业植物遗传资源以及分享商业化所得的惠益等义务，尤其是使用已通过的《标准材料转让协定》交换材料的义务。目前，肯尼亚的国家植物遗传资源委员会正在向《国际条约》秘书处发送通知，以便告知秘书处肯尼亚国家基因库保存的材料将被纳入多边系统。对于其他包括研究中心和大学的持有者而言，肯尼亚国家遗传资源委员会计划开展关于将材料纳入多边系统的重要性的意识强化活动。[2]

（六）区域性组织

在区域组织层面上，一些区域正在采取协调性的行动，从而实施《国际条约》获取和惠益分享多边系统。其中，阿拉伯农业发展组织在联合国粮农组织和国际生物多样性中心的支持下，在近东地区的国家开发有关实施《国际条约》及其多边系统的指南和示范立法。另一个区域性的举措是，欧洲45个国家在欧洲建立了一个保存和可持续利用粮食和农业植物遗传资源的合理的区域合作体系，这一新的体系被称为“欧洲基因库一体化体系”（A European Genebank Integrated System，AEGIS）。AEGIS是在“欧洲植物遗

---

[1] 参见《巴西第二次植物遗传资源状况国家报告》第122页以及《国际条约》秘书处网站相关信息。

[2] 参见《肯尼亚粮食和农业植物遗传资源状况国家报告》第54页。

传资源合作计划”的框架下所开发的，它促成了一个欧洲基因库的建立，该基因库包括由每个国家指定的并经筛选的样品。被指定作为欧洲基因库组成部分的材料继续由相关国家保存，但是将根据商定的质量标准加以维持，并且在欧洲范围之内和之外遵照《国际条约》所列条款和条件以及使用《标准材料转让协定》自由提供。通过以上措施，欧洲国家计划分担与粮食和农业植物遗传资源的保存和可持续利用有关的责任，并因此在欧洲开发了一个更加高效的区域体系。《国际条约》附件一所列以及未被附件一所列的材料都可能被指定为欧洲基因库的组成部分。第三个区域性的举措尚在拟订之中：太平洋地区国家已经商定，通过它们的区域性基因库——太平洋作物和树木中心（CePaCT）提供《国际条约》附件一所列材料。CePaCT 由太平洋共同体秘书处负责运转，太平洋共同体秘书处目前正在根据《国际条约》第 15.5 条与管理机构签订有关将本区域种质置于《国际条约》管理范围之下的协议。[1]

三、《国际条约》在国际层面上的实施进展状况

根据《国际条约》的有关规定，《国际条约》管理机构以及相关国际机构在《国际条约》的实施中承担着极为重要的责任。管理机构应当通过履行其职能为《国际条约》重要规定，尤其是获取和惠益分享多边系统和《供资战略》的实施作出妥当和有利于实现《国际条约》目标的安排，相关国际机构应当落实管理机构作出的有关安排，从而为《国际条约》的实施提供充分的支持。管理机构针对《国际条约》重要规定的实施作出安排以及相关国际机构对这些安排加以落实事实上构成了在国际层面上实施《国际条约》的活动。下文将就《国际条约》在国际层面上的实施进展进行介绍和分析。

---

[1] 参见《联合国粮农组织第二次世界粮食和农业植物遗传资源状况报告》（2010年）第 172 页。

（一）管理机构为《国际条约》的实施作出的安排和取得的成果

根据《国际条约》第12.4条、第13.2条和第19.3条的规定，管理机构应当通过《标准材料转让协定》和《供资战略》，并定期审查它们的实施情况。在《国际条约》通过和生效后，管理机构主要围绕《国际条约》的两大支柱，即获取和惠益分享多边系统（包括与其紧密相关的《标准材料转让协定》和第三方受益人程序）以及《供资战略》开展工作。截至目前，管理机构已经召开了三届会议，在推动上述规定和议题的实施方面取得了很大的成果。

1. 获取和惠益分享多边系统

第一，就多边系统的范围（第11条）而言，管理机构及其秘书已经或正在采取措施确定多边系统所涵盖的粮食和农业植物遗传资源以及相关的信息。

根据《国际条约》第11.2条的规定，附件一所列作物的且符合第11.2条标准的所有缔约方的粮食和农业植物遗传资源都在多边系统之中。然而，为了便利获取多边系统中的材料，必须充分了解和掌握与这些材料有关的信息。从这个意义上说，只有材料被充分和公开地进行了记录，才能认为其是有效地存在于多边系统之中。《国际条约》秘书处为此向缔约方发出通函，要求缔约方提供所有能够取得的粮食和农业植物遗传资源的信息。目前已有17个缔约方向《国际条约》秘书处提供了这方面的信息，包括可供查询的网站信息。[1] 此外，《国际条约》秘书处指出，决定粮食和农业植物遗传资源自动纳入多边系统的标准，即缔约方管理和控制以及公共领域（under the management and control of the Contracting Parties and in the public domain）有必要通过商讨和征集建议阐明其精确的含义，因为这事关多边系统所涵盖的材料的广度。

---

[1] 这17个缔约方是巴西、捷克、丹麦、芬兰、冰岛、挪威、瑞典、德国、黎巴嫩、荷兰、纳米比亚、马达加斯加、葡萄牙、罗马尼亚、苏丹、瑞士和赞比亚。

根据《国际条约》第 11.2 条的规定，缔约方请所有其他持有附件一所列粮食和农业植物遗传资源的持有者将这些资源纳入多边系统。目前《国际条约》秘书处已经收到第一个而且是迄今为止唯一的自然人或法人将其植物遗传资源纳入多边系统的直接通知，它就是，法国一个私营玉米研究和改良育种家协会和法国国家农学研究所通知《国际条约》秘书处，它们正在将 500 份玉米种群和品系收集品纳入多边系统。许多私营部门和非政府组织已经表达了将其拥有的材料纳入多边系统的愿望，但前提是必须解决在《标准材料转让协定》下与其权利和义务的解释有关的各种法律和技术问题。

根据《国际条约》第 11.5 条的规定，多边系统还包括国际农业研究磋商组织所属国际农业研究中心持有的附件一所列粮食和农业植物遗传资源非原生境收集品，以及其他国际机构持有的、附件一所列的粮食和农业植物遗传资源。目前，已经有 14 个国际机构通过与《国际条约》管理机构达成的协议，将其持有的附件一所列作物的粮食和农业植物遗传资源非原生境收集品纳入多边系统。这些国际机构的收集品构成了多边系统迄今为止已知的最大数量的材料组合。

第二，就多边系统中粮食和农业植物遗传资源的便利获取（第 12 条）而言，《国际条约》秘书正在考虑解决缔约方在提供便利获取中面临的一些法律和技术问题。

根据《国际条约》第 12.2 条的规定，各缔约方同意采取必要的法律措施或其他适当措施，通过多边系统向其他缔约方以及任何缔约方管辖范围内的自然人或法人提供获取的机会。这里的“法律措施或其他适当措施”是决定能否提供便利获取的关键所在。上文提到某些缔约方已经采取行政性的措施提供便利获取，但是，《国际条约》秘书处尚未收到缔约方所采取的法律措施的信息。管理机构指出在这一方面进一步收集信息和回答缔约方提出的有关问题的必要。

根据《国际条约》第 12.3（a）条的规定，不为非食用（饲用）的目的提供便利获取的机会，是否将多用途作物纳入多边系统以及可否提供便利获取应当决定于它们对粮食安全的重要性。《国际条约》秘书处会同一个特设咨询委员会商讨了粮食和农业植物遗传资源的非食用（饲用）用途的问题，强调了多边系统中的便利获取必须符合第 12.3（a）条规定的条件，并且指出，只要附件一所列的多用途作物在用于食用（饲用）目的时都应当按照《标准材料转让协定》进行转让，以及在从非食用（饲用）转为食用（饲用）目的时接受方有义务签订《标准材料转让协定》。

根据《国际条约》第 12.3（h）条规定，各缔约方同意在无国家法律的情况下按照管理机构可能确定的标准，提供原生境条件下的粮食和农业植物遗传资源的获取。这条规定提到的“管理机构可能确定的标准”是一个需要澄清的问题。《国际条约》秘书处正在会同特设委员会商讨第 12.3（h）条的含义，指出应当对已有的《植物种质采集和转让国际行动准则》作为临时标准而加以适用的问题给予特别的关注。

第三，就多边系统内的惠益分享（第 13 条）而言，管理机构及其秘书重点考虑了分享商业化所产生的惠益的实施问题。管理机构认为，在《标准材料转让协定》第 6.7 条和第 6.11 条规定的两种付款方式中，选择第 6.7 条规定的付款方式在一段时间内不可能出现大量付款的现象，这是因为培育一个植物品种需要很长的时间。但是，如果选择第 6.11 条规定的方式付款，拟议中的付款将会立即出现，而且是以相对而言可预见的比率。挪威宣布其将每年额外支付本国所有种子产值的 0.1%，而且挪威已经支付了第一笔年度款项，共 77 000 美元。挪威估计，如果缔约方都照此行事，《国际条约》的惠益分享基金每年可达到 2 000 万美元。另外，根据《国际条约》第 13.2（d）（ii）条，管理机构可以就付款水平进行审查。但是，由于缺少必要的信息，付款水平的审查将不得不推迟进行。

值得注意的是，《国际条约》秘书处已经在有关场合通报，

2010 年 4 月，《国际条约》惠益分享基金收到了第一笔基于遗传材料的付款，它直接来自在多边系统内所转让的材料，该材料涉及从国际玉米与小麦改良中心转让到加拿大小黑麦育种品系，最近其已经实现商业化。这是一个自愿性的付款，因为材料目前并未在专利的保护之下，也未处于限制研究、育种和培训的状态。虽然是自愿性的付款，但它提供了多边系统及其惠益分享基金正在以可预见的方式进行运转的第一个实际范例。[1]

2. 《标准材料转让协定》

第一，就《标准材料转让协定》文本的通过而言，管理机构已经在 2006 年召开的第一届会议上通过《标准材料转让协定》。

《标准材料转让协定》是《国际条约》获取和惠益分享多边系统的基础所在，它的通过对获取和惠益分享多边系统的实施具有极为关键的意义。按照《国际条约》的要求，多边系统中的材料都要根据《标准材料转让协定》由提供方转让给接受方。每份《标准材料转让协定》的缔结情况将通过秘书处向《国际条约》管理机构报告。根据已经披露的数据，每天在多边系统中有 600 多批次的遗传材料根据《标准材料转让协定》而进行转让。

第二，就《标准材料转让协定》的运作而言，《国际条约》秘书正在就缔约方和有关用户在《标准材料转让协定》的运作中提出的一些法律和技术问题展开讨论和征求建议。

某些缔约方和《标准材料转让协定》的用户提出了以下问题：因测试、照射、安全保藏，包括黑箱保藏，以及类似服务而在物理上移动材料是否构成《标准材料转让协定》和《国际条约》意义上的“转让”？如何在实践中区分《标准材料转让协定》运作中粮食和农业植物遗传资源的利用目的？当提供方为了种植的直接利用向农民和其他人提供粮食和农业植物遗传资源时，是否需要签订

---

[1] 《国际条约》秘书处官员 Kent Nnadozie 在 2010 年 8 月 31 日召开的《标准材料转让协定》和多边系统特设咨询技术委员会第二次会议上公布了这一消息。

《标准材料转让协定》？这些问题主要涉及如何界定《标准材料转让协定》下粮食和农业植物遗传资源的“转让”和“利用”的含义。

一个与正在培育的粮食和农业植物遗传资源的转让有关的问题是：当根据《标准材料转让协定》转让正在培育的粮食和农业植物遗传资源时，是否可能限制该材料向第三方的进一步转让？该问题主要涉及提供方或接受方如何行使决定转让正在培育的粮食和农业植物遗传资源的权利，以及如何理解《标准材料转让协定》第6.5条和第6.6条，以及第6.5条和第5（a）条之间的关系。

除了以上问题之外，考虑到管理机构已经通过有关《标准材料转让协定》的一些决定，例如，根据有关决定，《标准材料转让协定》提供方和接受方有义务向管理机构报告协定的签订情况，目前《国际条约》秘书处正在会同特设咨询技术委员会商讨将这些决定纳入《标准材料转让协定》，并在此基础上拟订新的《标准材料转让协定》文本的问题。

第三，就第三方受益人而言，管理机构已经在2009年6月召开的第三届会议上通过《第三方受益人程序》。

《标准材料转让协定》包含解决提供方和接受方之间可能出现的任何争端的程序。然而，分享惠益的义务对提供方不具有实际利益，而是对多边系统自身有利（原因是商业化所产生的惠益将进入多边系统的惠益分享基金）。因此，提供方在启动争端解决方面并不拥有财产利益，如果接受方没有履行其义务，而提供方又放弃或拒绝启动争端解决程序，《标准材料转让协定》所规定的分享商业化所产生的惠益的义务就无法得到实现，多边系统的运作也将受到极大的削弱。《标准材料转让协定》因而规定一个“第三方受益人”，能够在必要时启动争端解决程序，以便实现多边系统自身的利益。这就是第三方受益人及其程序意图达到的目的。

《第三方受益人程序》规定了第三方受益人的指定、范围、原则、信息、争端的友好解决、调解、仲裁、开支、报告、修订和生效等方面的问题。根据《第三方受益人程序》的规定，《标准材料转让协定》的第三方受益人由联合国粮农组织充当。关于启动争端解决所需的信息，根据《第三方受益人程序》的规定，为了启动争端解决，第三方受益人有权请求《标准材料转让协定》提供方和接收方按照协定的规定提供有关信息。关于第三方受益人程序的具体内容，根据《第三方受益人程序》的规定，该程序由三个阶段组成。首先，如果第三方受益人有理由相信，《标准材料转让协定》规定的义务没有得到遵守，应当按照《标准材料转让协定》第8.4（a）条通过谈判解决争端（即争端的友好解决）。在此过程中，第三方受益人应当以书面形式向《标准材料转让协定》双方发送一份可能未得到遵守的相关条款的信息摘要，以及发送一份通知，要求可能未遵守的一方或者双方，诚实守信地努力在通知发出6个月以内或在双方商定的任何较短的时间内解决争端。其次，如果争端未能按照上述程序得到解决，第三方受益人应着手或鼓励双方根据《标准材料转让协定》第8.4（b）规定通过双方商定的一位中立的第三方调解员开始调解程序（即调解）。最后，如果争端未能在开始调解之后6个月以内或在双方商定的任何较短的时间内得到解决，或者如果显示争端无法在信息摘要和通知发出之后12个月以内得到解决，第三方受益人可按照《标准材料转让协定》第8.4（c）条规定将争端提交仲裁，并可以按照该规定，提议从管理机构确立的名单中选择一名专家作为仲裁员。

3.《供资战略》

《供资战略》对于《国际条约》的实施相当关键。《国际条约》第18.2条规定，《供资战略》的目标是为开展本条约规定的活动而增加资金的数量，提高资金透明度、效率及效益。《国际条约》管理机构已于2006年6月召开的第一届会议上通过《供资战略》。它主要明确了《供资战略》的目的、重点、受管理机构直接控制的资源以及不受管理机构直接控制的资源等方面内容。在管理机构第二届会议上，管理机构通过了优先重点、使用管理机构直接控制的资源的资格标准和运作程序。管理机构通过的运作程序确定了管理机构直接控制的资源的使用原则、项目周期和遴选标准，同时确定，管理机构应当批准结束项目周期的支付、报告和监测程序。

自管理机构第二届会议以来，《供资战略》的实施取得了重大的进展。管理机构在 2009 年通过了一项实施惠益分享基金的战略计划，并且设定了一个五年期内达到 1.16 亿美元的目标。在筹集资金方面，挪威宣布其每年将向《国际条约》惠益分享基金捐赠本国种子销售额的 0.1%，而且已经兑现了向惠益分享基金作出的首次年度自愿捐赠，共77 000美元。目前，《国际条约》惠益分享基金已经收到了意大利（220 万美元）、西班牙（120 万美元）、瑞士、爱尔兰等国的自愿性捐款。最重要的是联合国开发计划署新近宣布，2010 年开发计划署准备捐赠1 000多万美元，许多成员国将积极参与数月后举行的捐赠宣布活动。

在使用《供资战略》所筹集的资金方面，进展也比较顺利。《国际条约》秘书处于 2008 年 12 月第一次向缔约方境内的任何政府或非政府机构征集提案，管理机构主席团于 2009 年 6 月选择并批准了第一批来自发展中国家和最不发达国家的 11 个小规模项目，惠益分享基金资助的这 11 个项目目前正在实施之中。它们都通过支持粮食和农业植物遗传资源的保存和可持续利用，以应对粮食安全和气候变化方面的挑战。《国际条约》秘书处第二次征集提案已经于 2010 年 6 月 28 日开始，到 2010 年 9 月 8 日结束，本次征集提案的重点是支持发展中国家的农民适应气候变化，根据项目的不同，拨款的上限分别为 40 万美元和 30 万美元，申请成功的提案将在 2011 年 3 月举行的管理机构第四届会议上宣布。管理机构认识到提案征集和资助活动是实施《国际条约》的一个重要步骤，这些活动充分表明，不仅多边系统中粮食和农业植物遗传资源的便利获取，而且公平合理分享利用这些资源所产生的惠益，均已进入全面运作的阶段。

（二）相关国际机构在实施《国际条约》中取得的进展

这里的“相关国际机构”就是指《国际条约》第15条提到的国际农业研究磋商组织所属各国际农业研究中心（以下简称国际农研中心）以及其他国际机构。根据《国际条约》第15条的规定，各缔约方认识到国际农研中心受托持有的粮食和农业植物遗传资源非原生境收集品对《国际条约》的重要性，各缔约方要求各国际农研中心与管理机构按第15条规定的条件就这些非原生境收集品签订协定。针对这一要求，管理机构在其第一届会议上批准了《管理机构与各国际农研中心和其他有关国际机构之间的协定》，以供国际农研中心使用，并且经适当变通后供其他国际机构使用。管理机构注意到，这些机构将按照《国际条约》第15条签订上述协定。

从目前的情况看，已经有14个国际机构与管理机构签订协定，将其持有的附件一所列作物的粮食和农业植物遗传资源纳入多边系统，并通过《标准材料转让协定》提供。这14个国际机构是：非洲水稻中心、国际生物多样性中心、国际玉米和小麦改良中心、国际干旱地区农业研究中心、国际半干旱热带作物研究所、国际热带农业研究所、国际畜牧研究所、国际马铃薯中心、国际水稻研究所、世界农用林业中心、热带农业研究与高级教育中心、非洲和印度洋国际椰子基因库、南太平洋国际椰子基因库、粮农组织/国际原子能机构联合司突变体种质库。此外，管理机构正在就签订协定的事宜与南太平洋基因库和国际可可中心基因库谈判，预计谈判在管理机构第四届会议召开前将会完成。

在管理机构第二届会议召开之前，《国际条约》秘书处为了落实第15.1（b）条所提出的要求积极展开了相关的活动。2007年7月，秘书处向国际生物多样性中心发送一封信函，请国际农研中心提交一份有关修订现有的《材料转让协定》的文件。根据国际农研中心与联合国粮农组织之间的协定，国际农研中心持有而未列入附件一的以及由其持有而在《国际条约》生效前收集的粮食和农业植物遗传资源按照上述协定的规定提供。在国际生物多样性中的协调和推动下，各国际农研中心就该问题进行了磋商，并向秘书处提交了磋商报告。

根据磋商报告，各国际农研中心明确倾向于只需要一个文件，即《标准材料转让协定》，安排它们持有的附件一的材料和附件一未包括的材料的转让。因为这将简化材料的分发程序，从而减少费用。各国际农研中心也注意到，《标准材料转让协定》第 6 条及其附件中的一些用语明确提及了《国际条约》附件一，因此，如果使用《标准材料转让协定》转让附件一未包括的材料，可以要求管理机构采用一些有关在非附件一材料场合所赋予这些用语的含义的解释或其他方面的澄清。有一个最佳的方案可供选择，即《标准材料转让协定》包含一个解释性的脚注或一系列脚注，以便表明这些规定不应当被解释为排除了使用《标准材料转让协定》转让非附件一材料，解释性脚注不应被看做对《标准材料转让协定》的修改，它们将被纳入《标准材料转让协定》的所有版本之中，从而避免了使用两个《标准材料转让协定》版本的需要。管理机构第二届会议对上述方案进行了审议，并且支持在实践中采纳该方案。各国际农研中心已于 2008 年 2 月 1 日开始使用了包含解释性脚注的《标准材料转让协定》转让非附件一材料以及附件一材料。

从管理机构批准《管理机构与各国际农研中心和其他有关国际机构之间的协定》到管理机构召开第三届会议前，各国际农研中心在使用《标准材料转让协定》转让《国际条约》附件一材料以及附件一未包括的材料和《国际条约》生效前收集的材料中取得了一定的进展。然而，国际农研中心表示，时至今日，它们在使用《标准材料转让协定》方面依然拥有有限的经验。尽管国际农研中心已经在相对短时间内使用了《标准材料转让协定》，不过，国际农研中心的印象是，随着潜在的接受方对《标准材料转让协定》条款更加的熟悉，该协定正在被更多的接受方所接受。目前并没有接受方明确拒绝根据《标准材料转让协定》接收材料。

四、结语

自从《国际条约》管理机构第一届会议召开以来，在缔约方、管理机构以及相关国际机构的努力下，《国际条约》的实施取得了许多令人瞩目的成果。然而，《国际条约》在国家层面上的实施尚未完全、充分展开，更多的缔约方应当积极参与到实施《国际条约》的活动中来，尤其是应当考虑采取一定的立法性措施实施《国际条约》确立的各项制度。在过去的几年中，《国际条约》管理机构为《国际条约》的实施确立了必要的法律框架和机制。考虑到《国际条约》本身作为一个动态性的国际协议，《国际条约》管理机构及其秘书需要不断回应和解决《国际条约》在实施过程中所出现的各种法律和技术问题。从已经取得的进展和成果来看，《国际条约》在未来得到全面、深入实施的前景值得期待，《国际条约》在确保全球粮食安全和农业可持续发展的过程中将会发挥更大的作用。

版权保护领域存在的几个深层次问题

唐广良*

摘要：《中华人民共和国著作权法》实施已经过去20个年头。单从立法历史上说，这部法律所走过的历程显然并不算长，然而作为中华民族文化发展的产物之一，这部法律所代表的法律思想及其提供的解决问题的思路则不是20年前偶然形成的。尽管如此，过去的20年还应该被视为中国著作权制度史上最重要的历史阶段，并且为该制度的下一步发展积累了相当丰富的、正反两个方面的经验。在纪念著作权法实施20周年、缅怀郑成思老师对中国知识产权法律制度建设之功绩时，我们有必要对现行著作权法律制度存在的问题进行一些深层次的梳理，以期为使其更加完备与合理作一些思想上的准备。

（一）关于版权保护目标的设定问题

版权保护的目的到底是什么？是鼓励个体创作，还是促进产业发展？这是亟需回答的一个关键问题。

现行《著作权法》第1条规定，为保护文学、艺术和科学作品作者的著作权，以及与著作权有关的权益，鼓励有益于社会主义精神文明、物质文明建设的作品的创作和传播，促进社会主义文化和科学事业的发展与繁荣，根据宪法制定该法。

根据上述法律的规定，学者们对该法立法宗旨或目标的解释通常都很简单与直观，一般认为其体现了两条原则：一是保护作品的

---

* 作者单位：中国社会科学院知识产权中心。

创作者与传播者的正当权益，调动其创作与传播作品的积极性，促进优秀作品的创作与广泛传播。二是协调作者、传播者与公众三者的利益关系，鼓励广大公众积极参加社会文化活动，提高全民族的科学文化素质，推动社会主义文化与科学事业的发展繁荣，促进社会主义精神文明与物质文明建设。❶

显然，该法将“保护作者的著作权”放在首位。在此基础上，还要保护与著作权有关的权益，鼓励有益于精神文化、物质文明建设的作品的创作和传播，促进文化和科学事业的发展与繁荣。也就是说，现行《著作权法》以保护“权利”为核心，所要实现的目标是鼓励作品的创作与传播，并最终服务于文化和科学事业的发展和繁荣。

至少从文字表面上看，这样的目标设定与该法的名称是一致的，而且与“知识产权保护”这一命题也相符合，似乎并不存在“问题”。然而过去20年的著作权保护史表明，不论是作为权利主体的作者，还是作为主要相对人的传播者，都没有从这种制度目标中获得直接的好处。越来越多的作者意识到，他们的“权利”其实并不值钱，有时反而会给他们带来许多负担和烦恼。对于那些依靠传播作品生存的人来说，由数不清的单个权利人控制的“权利”的存在随时威胁着他们的运作，并让他们没办法通过一种有效的机制获取足够的授权，因而阻碍了相关产业的正常发展。❷

虽然我们可以为这种局面的形成找到许多原因，但从根本上说，是著作权制度的目标设定存在问题，即这部法律及其背后的法

---

❶ 参考资料来源：http：//www.68tm.com/new/new331.html.

❷ 关于版权保护阻碍版权产业发展的观点随处可见。当然，多数观点并没有直接采取版权保护阻碍版权产业发展的说法，而是采用了类似于“产业发展的最大障碍是版权问题”，或者“不解决版权授权问题，产业即无法得到发展”等。参考资料可参见以下网址：http：//www.cnci.gov.cn/content/2010527/news_58069.shtml；http：//www.ce.cn/cysc/tech/07hlw/guonei/201006/04/t20100604_20406560.shtml；http：//www.e-bq.com/biz/music/2010/0409/193642.html等。

律思想都过分地强调了对“个人权利”的尊重与保护，而忽视了可能实现这些权利价值的环境的培育。而当我们在20年后回过头来再审视西方国家著作权制度时才发现，其实不论是英美法系国家，还是大陆法系国家，都是在保障社会经济均衡发展的大背景下制定与实施各项法律制度的；著作权立法当然也不会例外，都是以保护版权产业[1]的健康发展为目标，再结合本国的法律传统设计出来的一个包含多项制度安排的法律体系。相比之下，中国现行《著作权法》只是一部围绕个人权利保护而制定的法律，没有将个人权利与版权产业之间的关系梳理清楚，从而导致各方利益的失衡，并使保护个人权利的目标实际上也落空了。

（二）版权意识方面的问题

虽然经过20年的版权保护实践，版权观念与概念已经为大多数社会公众所接受，但接受的程度基本上还停留在“知道”的层面上。就可能与版权直接打交道的不同角色而言，即使自身从事文学艺术或科学领域的创作，仍有相当一部分人未能树立起自觉尊重他人的创作及权利的观念。近年来，名人及有重要社会地位的人涉嫌抄袭的事件经常见诸媒体；而大学生、研究生甚至教授抄袭甚至剽窃他人创作成果的事也并不鲜见。从使用者层面上看，各种传播媒体未经许可而使用他人作品的现象可谓比比皆是，而且有相当一部分媒体在侵权的道路上还走得理直气壮。更严重的是，包括学术界、行政管理部门及司法机关在内，社会上同情及支持未经许可使用他人作品的人士仍有相当的话语权。甚至有些至关重要的决策机关人士也认为，现阶段尚不宜“过分强调”对版权的保护。一些人士更明确表示，在数字技术环境下，允许商家未经许可使用他人作品对社会及经济发展是有利的。还有学者拿出所谓“公共领域”的

---

[1] 关于什么是“版权产业”，读者可从以下网址获得进一步的参考信息：http：//define. cnki. net/WebForms/WebDefines. aspx? searchword＝％e7％89％88％e6％9d％83％e4％ba％a7％e4％b8％9a.

概念，试图从基础理论的高度来证明，数字技术背景下的著作权保护具有扩张私人权利空间、侵蚀公共领域的嫌疑。❶

以上现象充分说明，中国社会目前还远远没有树立起尊重创作、尊重版权的意识及社会氛围。至于造成这种现状的原因，虽然无法在本文中详加分析与探讨，但笔者从总体上认为，历史上遗留下来的传统仍然是首要原因，但权利人维权成本偏高，所获救济偏低的现实则是使这种现状无法在短期内得到改变的直接原因。"版权意识"虽然是一个心理、素质及道德、伦理层面上的概念，但法律制度的强制引导及保障在这种意识的培养与维持方面所能发挥的作用也是不可忽视的。

（三）侵权盗版现象依然地存在，某些领域甚至相当猖獗

现阶段，虽然著作权法已实施多年，人们的版权意识大大提高，但侵权盗版仍是司空见惯的社会现象。尤其是随着高新技术的发展，利用互联网进行的盗版活动，特别是文字、音乐、软件、影视领域的侵权行为更是呈现出上升之势，而且手段越来越繁多，做法则越来越明目张胆。例如，各种各样的非法音乐提供网站不再满足于为网络用户下载音乐提供便利，而且还直接在其网站上提供了类似"音乐盒"等功能，向网络用户播放可获取的全部音乐，或者在用户播放本地音乐的同时为其提供同步歌词等功能。一些所谓的"数字图书馆"公司则将数百万册图书数字化后以低廉的价格向种类图书馆出售，或者通过互联网向社会公众提供。

尽管"十一五"期间我国采取了比较严厉的打击盗版行动，至2010年的"全国国民阅读与购买倾向抽样调查"显示，我国盗版物的购买率仍达到16.1%；1999～2009年进行的七次全国国民阅

---

❶ 关于公共领域及相关观点的资料可参考以下网址：http：//www.rucipr.com/ArticleView.aspx? id = 692；http：//www.chinalawedu.com/new/21604a5300aa2010/2010924majian113112.shtml；http：//blog.sina.com.cn/s/blog_4ccd4c08010009sc.html.

读调查数据来看，历年来均有八成左右的盗版出版物购买者认为“价格便宜”是导致其购买盗版的主要因素。侵权盗版行为一方面严重挫伤了民族创新精神，扰乱了市场经济秩序，破坏了公平竞争环境，严重阻碍了新闻出版、广播影视、文学艺术、文化娱乐、广告设计、工艺美术、计算机软件、信息网络等版权相关产业的发展，进而使得我国整个版权相关产业乃至国家整体的经济实力受到严重削弱；另一方面，它已经成为欧美发达国家对我经济制裁、政治施压的托辞和借口，严重破坏深化对外开放和对外经贸交流，严重影响我国的对外形象，并成为影响国家经济安全的不确定因素。

从表面上看，非法复制及传播的作品大多是社会公众可免费或者低价获得的，因而让社会上大多数人获得了好处。但笔者认为，这种现象对社会发展与进步带来的危害有可能大于好处。首先，这种做法在法律上属于公然的侵权，是严重的违法行为。这种行为如不能为法律所禁止，则表明法律的严肃性已经遭到污损和破坏。其次，这种做法剥夺了权利人利用其作品获得收益的权利，是对私权及法律应予保护的利益的严重侵害，最终将严重挫伤权利人参与创作的积极性。再次，这种做法会误导社会公众，尤其是作为数字技术主体用户的年轻公众，让他们错误地认为，无需对价即可获得想要的东西；无需付出劳动即可享受精神产品。进一步的后果极有可能是让他们自年轻甚至年少时起即错误地树立起不劳而获、不思进取的思想。另外，这种做法及现象实际上让少数不法商家在短期内迅速赚取大量非法利润，而与此同时却使那些自始即想合法经营的企业失去了生存的空间和机会，同时还会使众多从事非法经营的商家之间形成无序的甚至是恶性的竞争，最终根本无法形成正常的市场。

分析网络环境下侵权盗版严重的成因，虽然仍可在一定程度上归结为传统观念，但与尊重创作、尊重版权的意识差相比较，侵权盗版活动并非权利意识不强导致的结果。笔者认为，如果一定要在此谈意识问题，那么执法机关的意识应被认定为导致这种结果的最重要的原因。依照《中华人民共和国刑法》的规定，不论涉及何种作品，故意的、大规模的侵权活动均将构成犯罪。[1] 但时至今日，因侵犯版权而被施以刑事制裁的案例还非常少。当然，侵权成本低，被认定为侵权后需要付出的代价更低，对网络及数字技术环境下发生的大规模侵权盗版活动同样具有纵容的效果。

（四）大量作品缺乏创新性，创新能力严重不足

1. 作品数量增加明显，但质量高者不多

虽然从统计数据上看，出版物的种类及印刷册数都呈现出逐年递增的态势，而且增加值还相当可观。[2] 但是，不论是文学艺术领域，还是科学领域，真正有水平、有价值的作品至少在相对量上越来越少了。就科学领域而言，就同一题目进行的重复研究越来越多；作品中相互援引，甚至涉嫌抄袭的东西越来越多。在文学艺术领域，相同主题、相同定位的作品越来越多，为迎合目标人群阅读与欣赏口味而创作的作品越来越多。相比之下，能够用客观标准加以评价，能够经受得住历史考验的作品越来越少了。

造成这种局面的原因肯定不是可以简单归纳得出来的，但现实社会通行的“以量取胜”的评价标准难辞其咎。据悉，不论是学术界的职称晋升，还是其他行业的职位晋升，大多都会把发表与出版作品的数量作为一项核心指标。即使是日常考核，作品的数量也是极其重要的因素。另外，“以量记酬”的付酬方法也促使许多作者在作品的量上下工夫，从而在一定程度上忽视了对作品的质的追求。

---

[1] 侵犯著作权构成犯罪的案例与理论研究请参见以下网址：http：//www. 66law. cn/laws/9231. aspx；http：//www. dffy. com/blog/a/luxin/7562. html；http：//blog. sina. com. cn/s/blog _ 4c0c2a29010009l8. html；http：//www. law-lib. com/lw/lw _ view. asp? no = 7333 等。

[2] 关于出版物增长的统计数据，参见中国出版网：http：//www. chinapublish. com. cn/cbtj/dlcbtj/.

2. 作品涉嫌抄袭的比例非常高

通过任何一个网络搜索引擎输入“抄袭”一词，随便即可找到数十个网页、数百篇讨论或揭露抄袭的文献；而引入反抄袭系统或启用抄袭检测软件则已经成为高等院校、研究机构、报纸杂志不得不为的一项防治学术不端的措施。至少从各种媒体报道上看，抄袭已经成为文学、艺术及科学作品创作领域内一个普遍存在的现象及难以治愈的顽疾。

笔者认为，各种抄袭检测软件的检测结果并不能准确地反映法律意义上的“抄袭”，即未经许可在自己的作品中大量复制他人作品内容的情形，因为这类软件只能检测出一作品与现有其他作品内容的“重合”率，至于造成重合的原因是什么，如因涉及的主题相同而必须采用相同的背景资料、引述相同的规范性文本、评介相同的事件、正规的引文等。没有一个软件能够对这些情况作出合理的区分。在这种情况下，笼统地将重合率界定为抄袭率显然是不合适的。

然而媒体报道的各种涉嫌抄袭的具体事件也表明，抄袭现象的确已经相当普遍，而且涉及的领域非常广泛。更严重的是，抄袭已经不再是一种偷偷摸摸的做法，在许多情况下似乎成了一种惯例；一些人甚至使用抄袭的作品参加各种评比、竞赛活动，或者参加职称评定、资格晋升等，到了不加掩饰的程度。相对于抄袭行为本身的违法性，这种坦然的抄袭心态所反映的是一个群体整体道德水平的低下，是更加可怕的社会现实。

3. 生活阅历与创作积极性成反比

基于对本领域现状的了解，笔者认为，目前中国社会存在奇怪的现象，即随着生活阅历的增加，大多数人都呈现出创作积极性降低的趋势。按常理说，人的生活阅历越丰富，其创作能力越强，作品也越有价值。至少在科学领域，不论是自然科学，还是社会科学，中年以上的人士与青年人相比更具创作能力。但在现实生活中，中年以上学者专心从事科研及学术成果创作的人越来越少。相应地，该年龄段的人士创作的作品也越来越少了。同样的现象在文学艺术领域应当也存在。

当然，随着年龄的增加，人的精力肯定会有所下降，加之年纪越大的人在表达自己时会更加谨慎，因而与青年人在表达及创作欲望方面有所不及是正常的。但就了解到的情况来看，目前中国，中年以上的学者创作作品的积极性已经低到了一个非常值得关注的程度，即大多数中年以上学者均已不再把撰写学术著作作为主要的工作内容。

究其原因，应有以下几点：一是生活压力较大，导致学者们不得不想办法赚钱养家。而在目前的中国，相当一部分作品出版或发表时已经不能获得稿酬，甚至一部分作者还不得不为其作品的发表或出版而向出版者支付费用。二是撰写与出版学术著作对个人价值的实现帮助也不大。如今，只要愿意出钱，任何人都能出书或发文章，致使社会公众在整体上对写书与出书的评价降低。加之在当今社会，实现个体价值的途径与方式已经多样化，学者们大多已经不再将自己的名誉、地位与作品创作唯一地联系在一起。

4. 作品创作的功利性较突出

与前面两个问题相联系，在现实社会中，非因自身有创作冲动，为某种创作之外的目的而创作作品的现象已经相当普遍。如学者为职称晋升而写文章或写书，职员为职位晋升而发表作品，娱乐界人士为炒作自己而出书等。总之，作品在一定程度上已经成为某些功利目的的附属品。

就个人创作而言，真正有意义、有价值的作品应当源自个人内在的创作冲动；而这种内在的冲动又应当是建立在个人知识与经验的积累基础之上的。极端地看，个人的创作冲动应当与版权保护无关，更与金钱利益无关。一旦将创作作品当成是赚钱及晋升的手段，作品自身的“纯粹性”就会受到影响，从而被打上“功利”的印记。当然，出于功利的考虑而创作，也必然会起到刺激创作欲望与冲动的作用。就此而言，通过版权保护制度实现鼓励创作的目的肯定是没有问题的。但历史地看，能够流传于世的作品必然是凝聚了作者的思想与心智，汇聚了时代的背景与知识，反映了相关公众的愿望与诉求的精品。至于是否有版权，以及是否能够赚钱，肯定不是创作者在创作作品之前及同时考虑的问题。

综上，版权保护虽可在一定程度上起到激励创作的作用，但肯定不是最重要的因素。换言之，如果只是将激励创作作为版权保护的目标，那么这个法律存在的必要性可能就要打点折扣了。

（五）法律制度建设方面仍有许多工作要做

1. 法律制度的基础尚不够扎实

同知识产权领域的其他制度一样，版权制度是从西方国家引进到中国的。从1910年的《大清著作权律》开始，至今也不过100年的时间，而且前80年实际上并未成形。直到20世纪90年代初，仍然是在迫于西方国家压力的大背景下，《中华人民共和国著作权法》（以下简称《著作权法》）才得以颁布实施，而且法律规范中的名词、术语以及原则与规则等，大多也是从西方国家的既有法律文件抄来的。一直到今天，尊重创作、尊重版权的价值取向虽已在政策面上得到确认，但社会公众的思想与意识中还远没有形成自觉保护版权的思想。这就意味着，版权制度的在中国的建立实际上是缺乏根植于本民族文化的思想基础的。

除缺乏思想基础外，建立版权制度所需的知识储备也明显不足。反观《著作权法》起草及修订的历史，可以发现，几乎每一次研讨活动都会在一些基本的概念及术语的含义上争论不休。这说明，参与法律起草的人士尚没有在该法律条文所要使用的概念与术语的基本含义上达成共识，甚至一些直接负责法律条文撰写的人士在法律颁布实施20年后还说不清楚某些法律术语的含义。很多时候，不得不请外国专家来给中国的法律起草者们普及法律知识。尽管如此，从现行《著作权法》上看，因概念与术语含义的不清楚而导致的规范漏洞与制度缺陷还是相当明显的。

另外，五千多年的历史长河中法治观念的缺失及相应的制度建设的落后也注定了中国版权法律制度自始就会问题多多。自古以来，中国都是通过行政权力来管理国家和社会的。这种管理模式的最大特点就是“长官意志”高于一切，制度操作缺乏透明度及可预见性。但优点是具有高度的灵活性以及在长官意志支配下措施采取的及时性。在这种制度背景之下，版权法也不可避免地带有鲜明的行政管理的色彩。

2. 一些法律概念与术语的含义未搞清楚

上文已述，在中国版权法的制定与修改过程中，概念与术语含义的不清楚显示了中国版权法律制度建设过程中知识储备的不足。虽然相关部门为此开展了大量的调研与研讨，并反复征求各方面的意见，但终因负主要责任的机构及人士对有关概念与术语理解的偏差，使得法律条文中使用的概念和术语未能充分揭示法律所要解决的问题，或者未能就相关问题给出最合理的解决方案。

例如，关于“计算机软件”“民间文学艺术作品”“传播权（信息网络传播权）”“雇佣作品（职务作品、委托作品、组织作品等）”“间接行为导致的侵权（间接侵权）”等概念和术语，至今仍没有明确且说得通的权威解释。

3. 法律规范的设计不够严谨

至少从立法过程来看，中国的著作权立法借鉴了欧、美、日、澳等许多发达国家和地区，以及部分发展中国家和地区的法律规范及立法经验，理应成为一部集各国版权立法之大成的“完美”之作。然而事实上，或许正是由于在立法过程中过多地“借鉴”不同国家的立法，导致最终的法律规范不论在术语采用，还是逻辑安排上都明显带有剪裁拼接的痕迹，即不同法律条款中使用的法律术语及规范可能来自不同国家的立法例。

4. 执法体制与国际社会通行的做法存在较大差距

长期以来，中国的执法体制一直是“双轨制”，即行政与司法并行的两条执法路径。知识产权领域也不例外，而且较之其他领域更加突出，原因是中国自改革开放之初建立知识产权保护制度时起，即是以行政机关为主导的。直到今天，从法律的起草到执行，行政机关的话语权在某种程度上仍然大于司法机关。

关于现行执法体制存在的问题，在《国家知识产权战略纲要》制定过程中由中国社会科学院承担的“改善国家知识产权执法体制研究”课题报告已经作过论述与分析。在此要强调的是，现行执法体制与国际上通行的做法存在较大差距，主要表现在行政机关动用行政资源直接为“私权”提供保护上，即直接参与“侵权”的判断及救济。至于动用行政资源查处危害社会公众利益的“违法”行为，则属于行政机关应当履行的职责。另外，行政机关执法的随意性、不透明性等也使得这种程序的正当性大打折扣。当然，如何整合现有行政资源，使其工作效率更高，也是值得研究的问题。

（六）版权运用层面上的问题非常突出

1. 产业需求对版权创作的拉动效果尚不明显

虽然某些领域与环节已经呈现出过度商业化的倾向，但从总体上说，中国目前的版权事业还没有真正形成“产业化”，即文学艺术及科学作品的创作大多还属于个人创作冲动或个人功利需求推动的结果，出于对产业需求的回应而创作可供产业应用作品的情况还属少数。另外，产业界自身，包括核心版权产业在内，对作品创作环节的关注程度还非常低。近年来的观察表明，除互联网与移动通信行业及工业版权领域有自己的创作队伍，或者与创作者之间有密切的合作关系之外，其他版权产业大多没有稳定的创作团队，或者坐等作者主动投“稿”，或者到浩如烟海的文化产品市场上去随机选择比较适合自己需求的作品。

2. 学术研究与社会需要之间缺乏必要的衔接

改革开放以来，中国社会进入一个新的文化繁荣期，尤其是高等学校扩大招生规模以后，学术类作品的创作出现空前的活跃状态。传统出版业经营方式的多样化，尤其是互联网等新媒体的出现，更为学术作品的面世提供了无限多的机会与渠道。然而在越来越大的学术研究队伍中，绝大多数成员都是在自说自话，或者从事纯“理论”的研究，或者针对并非直接获取的信息进行着所谓“务实”的研究。其结果是，大多数学术成果都很难具备指导实践、用于解决实际问题的价值。

与此同时，掌握着各领域决策权的行政机关官员们又不得不身兼学者的身份，针对自身工作可能涉及的所有问题进行全方位的“研究”，以致很多领域都成长起来一批“专家型”官员，包括“专家型法官”“专家型领导”“专家型公务员”等。这样做的结果是，专业学者没有或者少有机会学有所用；行政官员则不得不花费大量时间和精力去进行学术研究，但毕竟是“兼职”研究，且缺乏基本的学术氛围与学术承继关系，不可能获得全面、准确、权威的学术成果。

3. 出版与传播领域秩序混乱，缺乏必要的引导

从表面上看，中国对出版与传播领域实施着相当严格的管理，但事实上，除具有政治敏感性及涉黄作品的出版与传播的确能够受到有效控制外，其他作品的出版与传播可谓一片混乱。仅就传统纸质出版而言，主题重复、内容低俗、错误百出的出版物随处可见，不仅造成大量的纸张浪费，还存在严重误导社会公众可能性。而在互联网及移动通信网络空间，侵权、违法、错误、欺诈等类信息更是在肆无忌惮地传播。

（七）版权工作面临的形势依然严峻

1. 国际社会对中国版权保护工作的压力仍然很大

中国近年来在知识产权保护领域取得的成绩在一定程度上得到了国际社会的认可，虽然以美国为代表的西方发达国家对中国知识产权保护不力的指责之声稍有降低，但从总体上说，发达国家对中国的知识产权保护状况依然不满，并且仍在利用各种讲坛不断地发出批评的声音。在2010年的“特别301报告”中，美国仍将中国列为重点观察国家名单的首位，认为中国的知识产权保护仍然缺乏效力，没有威慑力，盗版生意仍然兴旺。报告提供的数据称，在美国海关2009年度查获的侵犯知识产权货物中，仍有79%来自中国，比2008年的81%略有下降。该报告坚持认为，中国的鼓励“自主创新”、政府采购等补贴性质的政策对外国技术与产品的市场准入构成了实质性的障碍。另外，该报告还认为，中国利用刑事手段保护知识产权的门槛仍然过高，行政保护和刑事保护的力度不够强，互联网上的侵权以及公立图书馆提供盗版作品的现象都相当严重。在“臭名昭著的市场”（notorious markets）一节，中国的百度被列在互联网市场的首位，而且前三位均来自中国。浙江义乌小商品市场则被列在有形市场的第二位。

2. 部分国民的反知识产权情绪依然较浓

与来自国外的版权保护压力与呼声相比，国内权利人关于知识产权保护力度不够的声音只能从一些研讨会上听到，很难见诸主流媒体。与此相反的是，可以经常在不同的场合，包括一些高级别的立法、司法及行政决策讨论会上听到反对知识产权保护的声音。而在日常工作与生活中，反知识产权保护，或者反对加强知识产权保护的情绪随处都能感受得到。个别学者及官员甚至认为，中国现阶段还不适合推行知识产权保护制度。[1]

国外与国内两种截然不同的立场和态度决定了包括版权保护在内的中国知识产权保护工作必将面临十分复杂而严峻的形势。在这种形势下，明确目标、选准方向、把握节奏、定好策略，将是未来版权工作必须解决的先导性问题。

---

[1] 相关信息请参见：http：//www.kmcenter.org/html/s70/200703/26-4235.html；http：//zhidao.baidu.com/question/234879394.html；http：//www.mr699. cn/mingjia/zhuzuo.asp？id=1101&page=1.

版权制度与新媒体技术之间的裂痕与弥补*

吴伟光**

摘要：传统的版权法制度是属于新媒体技术之前的法律制度，其特征是制造稀缺、专家法律制度以及国家主权特征明显。但是新媒体的特征是媒体充裕、消费者多重角色以及作品传播的无国界化。这使得传统的版权法制度与新媒体之间产生了明显的裂痕，这种裂痕的存在导致版权权利人、新媒体与消费者之间产生了严重的紧张与冲突。目前有三种尝试来试图弥补这一裂痕，一是改造新媒体，通过技术手段使得新媒体的这三个特征得到消减或者控制；二是修改版权法，使得新的版权法适应新媒体环境；三是通过建立新的商业模式，尤其是广泛使用法定许可制度来削弱三者之间的冲突。但是，这三种尝试至今都不是非常的成功，因此，如何应对版权法制度与新媒体之间的裂痕还需要进一步研究与观察。

如果从第一部现代版权法即英国的《安妮女王法》颁布算起，[3] 版权（本文中与著作权同义）制度已经有三百年的历史了；在这三百年中版权法制度已经从一个单纯的和普通的国内私法制

---

* 本论文在《现代法学》2011 年第 3 期上已经发表，特此说明。

** 作者单位：清华大学法学院。

[3] 1709 年英国颁布了被认为是世界上第一部的版权法，《安妮女王法令》(Statute of Anne)。

度演变成在国际舞台上异常活跃的国际性重要法律制度，并成为整个知识产权制度的重要部分。另一方面，大约有三四十年历史的数字技术和互联网络技术（本文统称为：新媒体技术）却对这三百年历史的法律制度发起了严峻的挑战。版权制度在新媒体技术环境下所面临的困境以及由此所引起了两者之间的严重冲突又都困扰着几乎所有的参与者，有学者形象地认为在新媒体技术环境下，版权制度也许会被蒸发掉或者被消灭。[1] 新中国的第一部《著作权法》是在 1991 年才开始实施的，而为了加入 WTO 在 2001 年对《著作权法》的修改使得我国的版权保护水平迅速地达到了发达国家的程度，20 世纪的最后十年也是新媒体技术飞速发展和广泛应用的十年，可以说我国的著作权制度在十年之间一步进入了新媒体技术时代而跨越了发达国家几乎三百年的历史。[2] 但是，当新媒体技术对版权制度产生严重冲击时，由于这种历史经验和实践的缺失，我们有时显得迷茫和缺乏前瞻性，从

---

[1] WIPO Worldwide Symposium on the Impact of Digital Technology on Copyright and Neighbouring Rights，(Geneva：WIPO，1993)．WIPO Publication 723（E），转引自 Daniel J. Gervais，Collective Management of Copyright and Neighouring Rights in Canada：A International Perspective，http：//aix1. uottawa. ca/～dgervais/publications/collective _ management. pdf，p64.

[2] 一般认为中国历史上没有包括版权制度在内的知识产权制度，但是如果认真分析会发现我国并不是绝对地没有这一制度，而只是存在着与我国经济政治相应的版权制度。与欧洲国家不同，我国至周朝时期便已经建立了与西方国家公元 14 世纪可以匹敌的商业经济社会，但是自西汉以降其经济模式基本上是国有制，这种模式从政治和经济上抑制了商品经济的发展，而西方国家的版权制度是基于商品经济发达的制度。因此，我们可以看出我国历史上尽管没有西方式的版权制度，但是文学艺术作品仍然异常灿烂，同时这些作品作者在人格上仍然受到世代的充分尊重；也就是说他们的经济权利尽管无法通过市场交易而得到实现，但是其精神权利部分还是被充分肯定和尊重的。关于我国古代经济发展历史，请见：黄家驹．中国经济史（上）［M］．北京：新星出版社，2008.

而在理解和运用版权制度上有时显得力不从心。[1] 正如凯恩斯所说的："对思想史的研究是思想解放必经的开端。"[2] 又如版权学者阿勃拉姆斯（Abrams）所说的："支撑版权制度的本质和目的的一些前提是构成版权法的成文法和判例的决定因素，如果版权的基本哲学、价值和结构发生了变化，那么我们对于各种版权纠纷的正确解决的理解也可能要变化。"[3] 对版权历史与经济作用两个角度的研究似乎也应该是了解和解决我们现在所面临的问题的开端。

本文基于这样的目的，对版权制度从历史与经济的角度进行分析，指出其基本特征以及与新媒体技术之间存在的裂痕。本文认为传统意义上的版权制度有以下方面的特点：第一，其是建立在媒体稀缺的前提下的法律制度；第二，其是一种专家法律制度；第三，其是法域特征明显的法律制度。但是，新媒体技术使得版权制度的这三个基本特征都发生了动摇，从而严重影响了今天对版权制度的理解和实施。

---

❶ 在 2008 年上半年北京市各级法院受理的版权案件有 1743 起，其中网络版权案件以 1304 起的总量占了 75%，相比 2007 全年的 21.22%大幅上升。而 2006 年和 2005 年这一比重分别为 5.47%和 5.86%。因此有法官建议应该修改版权法。"网络版权案逐年大增法官建议修订版权法" 2008 年 10 月 24 日第一财经日报；转自凤凰网：http://media.ifeng.com/news/newmedia/other/200810/1024_4269_844952.shtml。2009 年，各级法院共审结各类民事、刑事、行政知识产权案件 36 140 件，同比上升 29.65%。其中，共审结各类知识产权民事案件 30 509 件，同比上升 29.73%。在知识产权民事案件中，审结版权案件 15 180 件，审结专利权案件 4524 件，审结商标权案件 6975 件，审结包括虚假广告等在内的各类不正当竞争案件 1287 件。见《人民法院工作年度报告》(2009)，最高人民法院，2010 年 6 月。而在这些版权案件中大多数都是与数字技术和互联网络有关的争议。

❷ 转引自：巴里．克拉克．政治经济学——比较的观点［M］．2 版．王询，译．北京：经济科学出版社，2001：25.

❸ ABRAMS HB. The Historic Foundation Of American Copyright Law：Exploding the Myth of Common Law Copyright［J］. Wayne Law Review，1983（3）.

一、版权制度的经济基础——制造稀缺

版权制度的基本经济学基础是将具有公共物品特征的智力创作成果即作品转变成可以通过市场交易的私有财产，即商品。通过商品的交易版权人可以直接或者间接获得经济收益，实现了对创作者的经济回报，并以此促进其创造活动，从而增加社会福利。[1]

（一）稀缺的媒体

尽管从经济学的角度一般认为由于作为作品的思想表达具有公共物品的特征，会产生所谓的公地悲剧的现象，因此需要国家机构的介入，即通过版权制度将其财产化（propertisation）来解决公共物品的供给不足问题。[2] 但是，实际上由于用于作品复制与传播的媒体的稀缺，作品供给必然是稀缺的，因此在消费者层面上不会产生公地悲剧问题，作品可以以商品的方式向公众提供。版权制度的产生与其说是为了解决作品提供的公地悲剧问题，不如说是作为主

---

[1] 例如TRIPS协议第7条规定："知识产权的保护与权利行使，目的应在于促进技术的革新、技术的转让与技术的传播，以有利于社会及经济福利的方式去促进技术知识的生产者与使用者互利，并促进权利与义务的平衡。"我国《版权法》（2010）第1条规定："为保护文学、艺术和科学作品作者的版权，以及与版权有关的权益，鼓励有益于社会主义精神文明、物质文明建设的作品的创作和传播，促进社会主义文化和科学事业的发展与繁荣，根据宪法制定本法。"

[2] 解决公共物品的供给不足问题可以有三种方式，一是资助（grant）；二是奖励（prize）；三是财产化（propertisation）。资助又可以分为公共资助和私人资助，公共资助便是政府的资助，通过财政税收中的分配来资助；私人资助便是私人通过资金支持某些创作活动，例如西欧直到18世纪中叶之前都是以这种方式来资助文学艺术作品的创作的；但是这种资助方式的缺点便是迫使创作者符合资助者的喜好。奖励是资助比较相似，区别是很多人竞争这一奖励；奖励的数额大得足够抵消创作的成本；获奖者获得资助；失败者失去一切，包括创作的投资；创作的成果都属于公众。Khong，Dennis W. K.，The Historical Law and Economics of the First Copyright Act. Erasmus Law and Economics Review，Vol. 2，No. 1，35-69，March 2006. Available at SSRN：http：//ssrn.com/abstract＝986202；p45.

要媒体提供者的出版商们获得更多利益的制度。这也是与《安妮女王法》产生的历史背景相一致的。

版权制度的产生与发展与媒介技术有着不可分割的关系，现代版权制度的产生是伴随着现代印刷技术的出现而出现的。[1] 而市场资本控制承载版权作品的媒体是版权制度制造稀缺的最终推动力。媒介与印刷技术的落后导致的媒介过度稀缺尤其是相对于作品更为稀缺时，从经济学的角度来说没有人会用更为稀缺的媒介来复制和传播他人的作品，因为市场的回报无法满足为了获得和维持这种稀缺的媒介所付出的代价，也就是说在这个时期，整个作品中媒介成本占据着决定地位，作品创作者无法在图书定价和获得回报中有任何的话语权。[2] 在前版权时代，除了技术落后导致媒介不足的原因之外，由于政治或者宗教等原因而导致的媒介过于集中而无法通过市场获得时，作者便无法实现作品的市场交易，这时也不会有现代意义上的版权制度诞生。例如在罗马帝国时代，其商业社会已经很发达，有关财产保护的法律制度也比较健全，但是在这样的社会中

---

[1] 例如著名版权法学者戈斯汀认为，版权一开始就是技术之子。在印刷机之前，并无任何版权保护的必要。但是，随着活字印刷使得人人都能接触文字，并且随着一些王室、贵族或者富人的赞助偏好被大众消费者越来越集中的需求所取代，就有必要采用一套法律机制，对作者、出版者与读者之间的关系作出商业性调整。保罗·戈斯汀．著作权之道——从古登堡到数字点播机［M］．金海军，译．北京：北京大学出版社，2008：22。在美国最高法院判决的 SONY CORP. OF AMER. v. UNIVERSAL CITY STUDIOS, INC.，464 U. S. 417（1984）中，也明确指出版权制度的诞生是为了应对技术的巨大变革的，新的印刷技术导致了版权法的产生。

[2] 例如学者皮特研究发现即使在古登堡印刷机发明之后的相当一段时间内，抄写员还存在了几十年，因为在印刷技术的初期，完全复制一本书相对于抄写员的抄写还是非常昂贵的；例如在 1483 年，雇佣抄写员复制一本柏拉图的《对话录》的成本只是印刷的 1/3。Yu，Peter K.，Of Monks，Medieval Scribes，and Middlemen. Michigan State Law Review，pp. 1－30，2006；MSU Legal Studies Research Paper No. 03－25. Available at SSRN：http：//ssrn. com/abstract＝897710，p12－13.

还是没有现代版权制度的痕迹。❶ 如有学者所描述的，在这个时代的第一个千年开始的时候，在罗马帝国有繁荣的图书贸易。在作坊里，昂贵买来和维持的文字奴隶们将文字誊录到纸莎草纸上，并且进行校对和改正；而其他的奴隶则将这些纸张装订成卷轴或者图书并通过书商在罗马或者地中海地区销售。在罗马时代，法律理念已经相当先进，因此不应该有大的理论障碍来阻止罗马人制定版权制度式的制度来保护出版者在将作品向图书市场中转化过程中的投资回报。而之所以没有这样的制度是因为盗版者要像其他出版者一样购买和维持昂贵的有技能的奴隶在对图书进行复制，所以由于不存在低成本和高回报的市场，盗版得不到激励。❷ 尽管在公元 3 世纪中叶之前书籍的世界已经成为罗马文明世界不可分割的一部分，写作已经被休闲阶级牢牢地占据。但是，这并不意味着作家和诗人像现在的一些人那样靠销售作品谋生和挣得版税，因为那个时候文学上报酬的主要形式还是赞助体系。❸

工业化印刷技术的出现是现代版权制度诞生和发展的基础，例如有学者指出：在 18 世纪，艺匠们总是为富人制作家具和物件，在这些物品上附上自己的风格和手艺。而从 19 世纪开始，工业化

---

❶ 学者皮特研究认为在西方现代印刷机被发明之前，图书主要是通过僧侣作为抄写员来进行复制的，这些僧侣至少是为了获得知识和净化灵魂的目的；但是在罗马时代，已经有版权理念的出现，尽管没有版权法制度存在，因为有表明已经有作者通过销售其作品而获得回报，例如西塞罗（Cicero）。但是，在公元 4 世纪之后，罗马的图书市场开始崩溃，部分原因是因为宗教势力的强大，要求人们只阅读宗教书籍，而使得图书的需求大量减少。Yu，Peter K.，Of Monks，Medieval Scribes，and Middlemen. Michigan State Law Review，pp. 1－30，2006；MSU Legal Studies Research Paper No. 03－25. Available at SSRN：http：//ssrn. com/abstract＝897710，p6－7.

❷ Geller，Paul Edward，Copyright History and the Future：What's Culture Got to Do With It？. Journal of the Copyright Society of the USA，Vol. 47，P. 209，2000. Available at SSRN：http：//ssrn. com/abstract ＝ 243115 or doi：10. 2139/ssrn. 243115，p213－214.

❸ 罗纳德·V. 贝蒂格. 版权文化——知识产权的政治经济学［M］. 沈国麟，等，译. 北京：清华大学出版社，2009：12.

过程不断通过大生产的方式将这些物品包括其他新物品大批量地提供给公众。这也是使得出现了纯艺术品和实用艺术品之分，以及对其给予版权还是专利保护的不同立法例。[1] 如学者贝蒂格（Bettig）所观察到的，虽然英国法律保护出版业行会成员的经济权利，但没有什么条文保护作者对于自己作品的权利。更重要的是，既然只有拿到许可证的印刷商和书商才能合法地复制，作者在出版自己作品的时候，在讨价还价的过程中处于一种劣势。结果是，文学商品化过程中产生的经济效益都流向了印刷商、出版商和销售商，而不是作者本人。当印刷商和出版商对古典和中世纪时代的公共作品题材占用差不多的时候，他们开始寻找新的“原创”作品来使印刷厂运作以满足扩大的阅读人群的需要，这个时候版权的重要性才开始显现。[2]

相对于图书，广播形式的媒介似乎属于充裕媒介，因为公众在绝大多数情况下都可以免费收听广播或者接收电视节目。但是，实际上广播媒介仍然属于稀缺媒介，因为无线电波的频谱是有限和稀缺，只有有限的组织或者个人才有可能获得使用某些频谱的权利，这意味着公众只能接收这些有限的广播内容，其内容、播放时间和接收地域都是有限的；唯一与图书的区别是公众一般不需要支付费用便可以接收内容，这是因为广播组织将接收公众作为商品卖给了广告商，从广告商那里获得了经济回报，在图书领域有时也可以做到这一点，例如电话簿中的黄页广告使得电话簿可以免费分发。这种不具有排他性的广播电视媒介获得收入的主要方式是广告商的支持，用有些学者的话说，在这种系统下，听众被商品化了，听众的

---

❶ Geller，Paul Edward，Copyright History and the Future：What's Culture Got to Do With It? . Journal of the Copyright Society of the USA，Vol. 47，P. 209，2000. Available at SSRN：http：//ssrn. com/abstract = 243115 or doi：10. 2139/ssrn. 243115，p233.

❷ 罗纳德・V. 贝蒂格．版权文化——知识产权的政治经济学［M］．沈国麟，等，译．北京：清华大学出版社，2009：18.

时间和注意力是广播的私有财产。广播电视工作组织因为拥有传播的手段和持有政府分配的频率的许可证而把听众商品化。然后，这些组织购买版权再传播出去，以创造一个听众群卖给广告商。❶

由于广播媒介的频率是具有排他性的稀缺资源，因此广播组织也可以像传统的出版商那样通过技术手段限制消费者获得特定的频率上的内容，从而实现公共物品的私有化。编码和解码技术便是经常被用于付费有线电视和其他订阅系统中，而数字技术的广泛应用可以做到对每一个单独节目的付费点播服务。并且又通过法律手段来严惩对这种稀缺性进行破坏的行为，例如美国在1984年的《有线电视政策法》规定，一个故意盗用有线电视信号的人可以被罚款最多1000美元或者监禁达6个月，任何盗用有线电视服务以作商业用途的人可以被罚款高达50 000美元或者监禁长达2年。❷

例如对于美国著名的Betamax案，有学者指出如同有线电视的案例一样，公共使用者在本案处理中也参与甚少。不同资本在阶级内部争斗。为了使自己的目的合法，都花言巧语称自己公众利益、言论自由和接触权。同其他每个新诞生的传播技术一样，录像机的推行者用近乎乌托邦式的言语盛赞它。但是录像机并没有显著扩展民主式的传播形式，反而如同它传播科技的先行者一样，沦落

---

❶ 罗纳德·V. 贝蒂格. 版权文化——知识产权的政治经济学［M］. 沈国麟，等，译. 北京：清华大学出版社，2009：78—79.

❷ Cable Communications Policy Act of 1984，section 5 (d) (1) Any person who willfully violates subsection (a) shall be fined not more than ＄1000 or imprisoned for not more than 6 months，or both.

(2) Any person who violates subsection (a) willfully and for purposes of direct or indirect commercial advantage or private financial gain shall be fined not more than ＄25 000 or imprisoned for not more than 1 year，or both，for the first such conviction and shall be fined not more than ＄50000 or imprisoned for not more than 2 years，or both，for any subsequent conviction.《中华人民共和国电信条例》也有这样的规定，第59条规定："任何组织或者个人不得有下列扰乱电信市场秩序的行为：(二) 盗接他人电信线路，复制他人电信码号，使用明知是盗接、复制的电信设施或者码号。"

为资本加强媒介控制的工具。[1]

(二) 稀缺的作品

作品的公共物品问题可以通过媒介的稀缺来纠正。由于媒体本身的稀缺性，这些媒体所承载的内容自然可以成为商品而在市场上有价销售；版权制度只是在这种稀缺的商品中再进行一次利益的划分，而其本身并不是制造稀缺的主要制度和保障。这也印证了我们要讨论的版权制度是一种专家制度而不是大众法律制度的理由，因为消费者始终在购买商品或者服务，而这种商品或者服务中的版权法问题与他们没有直接关系。

版权制度只是使得版权人能够在这一价值交换过程中获得一定利益，而对消费者除了价格可能增加以外，其他没有本质影响。这可以从两个历史事件再次得到证明，一是作为现代版权法诞生地的英国，其版权制度的产生并不是为了使得版权人可以通过版权向消费者征收版税，而是印刷商为了排挤竞争获得垄断利益的需要；即使没有版权制度，英国的消费者也不可能从书商那里获得免费的图书，但是却有可能因为竞争的关系而获得便宜的图书。另一个事例是我国从建国到1991年《著作权法》实施之前的四十余年的时间里，尽管没有版权法制度存在，但是图书并不因此可以免费获得。

由于媒体本身的稀缺，也使得版权制度通过制造稀缺从而产生的沉没成本也得到了较好的掩饰或者辩护。但是对作品的财产化从而实现激励创作的制度缺陷之一便是其沉没成本问题。由于通过财产化使得权利人具有了一定的排他性，从而只有支付其定价的消费者才能获得这一作品，而其他公众被排除在外；但是信息本身由于天生的非排他性，其使用的边际成本是零，这意味着向公众提供信

[1] Betamax案是指1984年美国最高法院的SONY CORP. OF AMER. v. UNIVERSAL CITY STUDIOS, INC., 464 U.S. 417. 参见：罗纳德·V. 贝蒂格. 版权文化——知识产权的政治经济学 [M]. 沈国麟等，译. 北京：清华大学出版社，2009：146.

息内容是不增加提供者的成本的，但是财产化的作品却使得一部分公众无法获得其内容，这实际上造成了公众福利的损失，[1] 某种程度上是与版权制度的增加社会福利的功利主义目标相矛盾的。尽管版权制度将作品财产化存在这一缺陷，但是由于媒体本身的稀缺性和排他性，使得这一缺陷并没有实际产生很大的负面影响。因为即使没有版权制度，承载在媒体上的作品本身也具有排他性，从而已经成为商品在买卖，版权制度从理论上会因为增加该商品的成本从而提高价格，而将一部分公众排除在获得作品的范围之外，但是这毕竟是非常小的一部分，因为版税成本在像图书这样的价格中所占比例一般不超过10％。[2]

但是，当新媒体技术使得媒体本身变得充裕之后，其已经几乎没有了排他性，那么版权制度成为创造稀缺性的唯一手段而显现出来时，其本身由于将不具有排他性的作品财产化所带来的沉没成本的负面效应便非常得明显了，这也使得版权制度在新媒体技术环境下被推到了饱受质疑的前列了。

二、版权制度的法律特征——专家法律

版权制度的另一个特征是专家法律制度，即不是一般公众经常接触或者需要详细掌握的法律制度。专家法律制度不仅仅限于版权法，例如税法也是一种专家法律，尽管我们绝大多数人都要承担纳税的义务，但是税法通过制度设计实际上并不特别需要每个公民都

---

[1] Khong, Dennis W. K., The Historical Law and Economics of the First Copyright Act. Erasmus Law and Economics Review, Vol. 2, No. 1, 35－69, March 2006. Available at SSRN: http://ssrn.com/abstract＝986202; p45.

[2] 例如在我国，作者与出版社所签订的图书出版合同中，作者的版税一般是图书价格的10％左右。在美国，学者费舍尔观察分析认为一张歌曲CD的销售价格为18美元，而其中只有4％付给了享有音乐版权人，12％付给了表演者，而这12％还是高估的，实际上很少有人能得到这样高的比例；而其他大部分则被唱片公司的管理成本和收益、市场推广费用以及唱片复制费用等所瓜分。参见：威廉·W. 费舍尔. 说话算数[M]. 李旭，译. 上海：三联书店，2008：8－9.

知道详细和复杂的税收制度和程序，而是通过税收代缴制度和专家服务来实现征税的目的。

版权制度是一种专家法律制度，意味着要求广大消费者详细了解和掌握版权制度是不现实的，也是不应该的。这要求相关立法和司法部门应该避免要求广大公众直接承担版权义务和责任的后果，否则可能会造成众多公众不可避免的违法现象。同时也提醒我们相关部门希望通过对广大公众的版权制度教育来提升其版权法律意识和知识，从而实现对版权的主动尊重和对法律的主动遵守的想法是不切实际的，可能是事倍功半的措施。❶ 版权的专家法律制度特征主要体现在以下方面：

第一，从历史上看，版权制度的产生主要是出版商为了维护自身的垄断利益的需要。这一法律制度因此与其说是作者的权利制度还不如说是为了出版商利益的制度。这意味着版权制度从制定之初便是以大出版商为权利行使主体的制度，而不是作者这些个人的法律制度。英国的《安妮女王法》的出台背景是因为当时英国的出版商协会从王室得到的垄断权行将终结，而这些出版商们希望能够继续持有这些垄断利益。为了实现这一目的，出版商便游说议会以保护作者利益的名义通过一部版权法，赋予作者以版权，然后再劝服作者将版权许可给这些出版商，这样就实现了对作品印刷的继续垄

❶ 在“南海模式”的带动下，广州、云浮也不甘落后。广州将知识产权内容纳入青少年法制教育必修科目，云浮市于 2003 年下半年在全省率先成立学校知识产权教育指导委员会，将知识产权教育列入中小学选修课计划，规定中学不少于 30 节课，小学不少于 10 节课。“南海模式”让本田老总三鞠躬“看到中国盗版光碟、图书在市场泛滥，我曾经对中国的知识产权保护状况很担忧，但现在我放心了。”去年在南海区一所小学，本田公司一位副总裁偶尔听到一位老师给学生上的知识产权课后，毕恭毕敬地向这位老师三鞠躬，说出了这番心里话，这是记者从会上听到的故事。载《广东知识产权教育从小学抓起》，本报记者贺林平，《华南新闻》(2005 年 11 月 30 日 第二版)，转引自：人民网，http：//www.people.com.cn/GB/paper49/16284/1437875.html；《常城：知识产权教育要从娃娃抓起》，中国民主促进会网站：http：//www2.mj.org.cn/mjzt/2005lh/detail.asp? EssayID=1464&subid=50.

断。而当这种垄断利益因为版权期限的届满要终止时，出版商又希望抛开版权制度的约束而寻求普通法的支持，坚称版权利益是一种普通法上的利益，与其他有形财产没有区别，因而不应该有期限限制。❶ 尽管这一诉求最终没有成功，但是我们可以看出版权制度在诞生之初以及以后的重要时间里都不是简单地保护作者利益的法律制度，而是像出版商这样的专业机构实现自己利益的法律制度，这不可避免地使得版权制度成为专业法律制度。如加拿大著名知识产权学者杰维斯（Gervais）所说的，版权是一个专业性权利(professional right)：是一个专业机构对抗另一个专业机构的权利。实际上，直到20世纪90年代版权都是针对专业机构的，或者合法的机构例如广播组织，有线公司或者发行商，或者非法机构例如盗版的磁带或者以后的唱片的制作者和发行者。在大多数情况下，这些专业机构都是对内容本身没有利益关系的中间商，(即他们可以销售鞋子或者非法的药品而不是音乐或者电影)。❷ 版权法的这种专家法律特征还可以从作者与出版商之间的关系可以看出。著名美国版权法学者布莱耶（Breyer）指出了版权法制度的这一特征：版权法上的保护不是给作者的，而是给出版商的，其来自于作者通常所赋予出版商的独家授权。在历史上，是出版商领导了有关版权立法的斗争，这使得他们可以获得排他权利。❸ 上面的所有现象都表明了如传播政治经济学家们已经证明了的，主要媒体公司和他们的

---

❶ 例如英国的 *Millar v Taylor* (1769) 4 Burr. 2303，98 ER 201；*Donaldson v Beckett*，2 Brown's Parl. Cases 129，1 Eng. Rep. 837；4 Burr. 2408，98 Eng. Rep. 257 (1774)；17 Cobbett's Parl. Hist. 953 (1813)；美国的 *Wheaton v. Peters*，33 U.S. 案。

❷ Daniel J. Gervais. "The Purpose of Copyright Law in Canada" University of Ottawa Law & Technology Journal 2.2 (2006)：315—356. p326.

❸ Stephen Breyer：The Uneasy Case for Copyright：a Study of Copyright in Books，Photocopies，and Computer Programs，Harvard Law Review，December 1970，Volume 84，Number2，p292.

主要资产，版权，被资产阶级所拥有和控制。[1] 对于这些富裕的个人和家庭来说，媒体公司和知识产权投资只不过是另一个扩张资本的途径……那些超级富人对待文化的态度就是文化只不过是另外一个投资点，而不是文化本身的价值，“音乐就像房地产，只不过你不用每两年把它粉刷一遍”[2]。

英国著名版权法学者柯尼斯（Cornish）也有这样的论断：为了应对使用者，作者和他们的产业者们在一个战壕里共同进行市场上的战斗，其目的主要是为消灭盗版者和搭便车的人从而从被许可方获得利益。但是，作者长期以来都怨恨出版商，因为后者以作者的名义行使版权但是却攫取了大部分利益。这一情形从一开始的《安妮女王法》就是这样，并且将一直是这样直到新媒体技术确实能够将创作者转变成他们自己作品的制造者和发行者。[3]

第二，从制度本身来看，版权制度不可避免地成为专家制度。版权制度是最复杂的法律制度之一，例如有关版权制度的国际公约或者条约就有若干个，其中包括《伯尔尼公约》《世界版权公约》《罗马公约》《唱片公约》，TRIPS 协议以及 WCT 和 WPPT 等，这些国际公约或者条约有些又有不同的版本，例如《伯尔尼公约》自 1886 年达成至今已经修订过 9 次，最后一次在 1979 年。这些条约或者公约之间有时又互相交叉，例如 TRIPS 协议对《伯尔尼公约》主要条款的移植以及对其的反向影响等。国际层面的这种复杂性显然会直接显现到各个成员或者成员国的立法中，例如我国在 1990 年颁布了新中国第一部《版权法》，1992 年为了加入《伯尔尼公约》而颁布了《实施国际版权条约的规定》对《版权法》中的相应

---

[1] 罗纳德·V. 贝蒂格．版权文化——知识产权的政治经济学［M］．沈国麟等，译．北京：清华大学出版社，2009：47.

[2] 罗纳德·V. 贝蒂格．版权文化——知识产权的政治经济学［M］．沈国麟等，译．北京：清华大学出版社，2009. 50－51.

[3] William R. Cornish, The Author as Risk-Sharer, Columbia Journal of Law and the Arts, Vol 26 No. 1, (2003), p2.

条款进行了修改和增加；到了2001年为了加入WTO的需要而对版权法又进行了大规模的修订，2010年为了满足WTO中中美有关知识产权争端的裁决对版权法的个别条款再次进行了增删。❶ 版权制度本身的复杂性还可以从其文本上直接体现出来，例如我国的版权中权利人便有版权人和邻接权人，版权人有十余项权利，对于不同的作品会由不同的权利组成；而且不同的权利其期限的起算点以及对权利的限制与例外都有不同，例如所谓的权利用尽原则主要适用于发行权；而对于摄影作品的版权的起算点就是作品完成之日而不是作者终生。对此特征，一个半世纪以前，美国的斯托里（Joseph Story）大法官曾经如此评价："相比其他各类在法庭上争论的案件，版权更加接近于所谓的法律的形而上学，其特征是，至少看起来可能是如此的微妙与精巧，并且有时几乎是转瞬即逝的"。❷ 版权制度是非常复杂的法律制度，对于一般公众来说是很难理解与掌握的，但是对于专业组织机构来说，因为有足够的资金和专业人员，所以其复杂性并不是一个大的问题。

由于版权制度的这种复杂性，在历史上个人也几乎很少成为这一制度中权利或者义务的直接行使者或者承担者。一个事实是在美国在上个世纪九十年代之前，几乎没有针对个人的版权侵权诉讼出现。❸ 新媒体技术的出现和广泛应用，使得从20世纪末开始到21世纪伊

---

❶ 《中华人民共和国版权法》，（中华人民共和国主席令［第二十六号］），《全国人民代表大会常务委员会关于修改〈中华人民共和国版权法〉的决定》已由中华人民共和国第十一届全国人民代表大会常务委员会第十三次会议于2010年2月26日通过，现予公布，自2010年4月1日起施行。中华人民共和国主席胡锦涛 2010年2月26日。

❷ 保罗·戈斯汀．著作权之道——从古登堡到数字点播机［M］．金海军，译．北京：北京大学出版社，2008：6.

❸ 美国学者蒂姆·吴是这样认为的；但是实际上严格意义上讲，之前有这样的案例出现，即Betamax案，该案中的一个个人被告便是利用被告索尼公司销售的机器进行私人复制的个人，但是这个被告是原告雇佣来的，并且承诺不要其承担侵权责任，因此从这一点讲Betamax案确实不是真正针对个人复制的诉讼，因为该案的主要目标是产品制造商。Tim Wu. When Code isn't Law［J］. Virginia Law Review, June 2003 (89): 135.

始，针对公众个人的版权诉讼开始不断出现并且已经达到大规模诉讼程度。例如在2003年，作为版权人组织的美国录音产业协会（RIAA）针对儿童、父母和祖父母发起了几千起的诉讼，被告无一幸免。RIAA希望法院能够帮助其完成通过市场、劝说和游说都无法完成的目标，即停止文件的分享。[1] 当这一专家法律制度需要广大消费者来理解和实施时，这合适吗？

三、版权制度的政治特征——法域特征明显的法律制度

版权法制度有很强的国家主权特征，这似乎从版权制度国际交往的一开始便清晰的表现出来。例如在以下方面证明了这种特征的存在。

第一，版权制度往往与一个国家的经济、政治和思想文化有很密切的联系，这种联系反映出不同国家的版权制度会有很大差别。例如版权制度中两大思想文化的分歧。自然权利主义关注的是作者个人的权利，认为"创造智力作品的所有人类都应有保护他们的精神和经济利益以及包括对他们作品的所有形式的使用的特别权利"。这一主张可以分解成两个部分便是人格权利部分和经济回报部分，分别对应着作者的精神权利和经济权利。自然权利的主张是文艺复兴和启蒙时代思想的产物，根据自然权利哲学，作者的权利不是由法律产生的，而是存在于人类的法律意识观念之中。自然权利主张主要表现在以法国和德国版权法为代表的欧洲大陆法系国家之中。尽管美国版权法主要是功利主义原则，但是在法院和学者对版权制度的基本功能进行分析时，自然权利的主张也不是完全的没有影响。[2]

---

[1] Ku，Raymond Shih Ray，Copyright，the Constitution & Progress (June 2004). Case Legal Studies Research Paper No. 04－8. Available at SSRN：http：//ssrn. com/abstract＝556642 or doi：10. 2139/ssrn. 556642，p1.

[2] Lucie M. C. R. Guibault. *Copyright Limitations and Contracts——An Analysis of the Contractual Overridability of Limitations on Copyright* ［*M*］. Kluwer Law International，2002：8－10.

以欧洲大陆国家为核心达成的《伯尔尼公约》自然反映出这种思想，在其前述中表明了公约的目的："本同盟各成员国，共同受到尽可能有效、尽可能一致地保护作者对其文学和艺术作品所享权利的愿望的鼓舞，承认 1967 年在斯德哥尔摩举行的修订会议工作的重要性，决定修订斯德哥尔摩会议通过的公约文本但不更动该公约文本第 1～20 条和第 22～26 条。下列签字的全权代表经交验全权证书认为妥善后，兹协议如下：……"❶ 功利主义认为版权制度的主要目的是通过鼓励新作品的创作和向社会传播来促进社会公众利益。根据功利主义思想，版权制度的目的是尽可能给更多的人带来益处，即"为最大多数人提供最大的益处"。功利主义思想主要是基于英国哲学家边沁（Jeremy Bentham）的思想，即人类的活动是尽可能的逃避痛苦并尽可能地寻求快乐。因此政府的主要功能便是遵循这种"快乐—痛苦规则"，为尽可能最大多数的人提供尽可能最大的快乐。一般认为美国版权法是这种功利主义思想的代表，并且美国宪法中明确地表示这样的主张，即版权立法是为了"促进科学和有用艺术的进步"。❷ 因此一切措施都是为了这样目的，鼓励和保护个体作者是实现公共福利的最好途径，在美国版权法中对作者的回报是第二层被考虑的价值。❸

第二，版权制度与维护本国的政治经济利益有密切关系，这种密切关系在版权制度上也反映出其法域性。例如在 19 世纪，西方世界文学艺术的中心在欧洲，尤其是以英国和法国为代表。今天大力推行知识产权国际保护的美国在当时则表现出明显的本国主义特征，其 1790 年的第一部版权法明确规定：对于非属于合众国公民

---

❶ 《伯尔尼公约》前言。

❷ 美国宪法第 1 条第 8 款："为促进科学和实用技艺的进步，对作家和发明家的著作和发明，在一定期限内给予专有权的保障。"

❸ Lucie M. C. R. Guibault. *Copyright Limitations and Contracts——An Analysis of the Contractual Overridability of Limitations on Copyright* ［*M*］. Kluwer Law International，2002：7－8.

的任何人所写作、印刷或者出版的任何地图、图表、书籍的进口或者销售，在美国重印或者出版。[1] 这实际上是授予本国出版商免费进口和发行欧洲国家的作品的权利，因为在那个时代，美国是欧洲文学艺术作品的主要进口国和消费国。之后的几十年里，美国由于受到本国印刷商和装订商的压力而一直没有加入《伯尔尼公约》，直到 1989 年 3 月才加入。美国加入《伯尔尼公约》的过程也可以看出决定版权保护的因素与其说是为了促进创作还不如说是资本的选择。在 1976 年美国版权法修改从而简化了登记程序之后，阻碍美国加入《伯尔尼公约》的唯一障碍是所谓的“生产条款”（17 U. S. C. Section 601），根据该条款，作品要想在美国得到版权保护则必须在美国或者加拿大首先出版，这一条款的受益者显然是印刷产业。因此，美国能够加入《伯尔尼公约》从而废除这一条款是因为版权产业经过很长时间战胜了印刷产业，这也表示在美国版权产业的势力已经超过了印刷产业。[2] 另一个例子是来自于美国电影产业，美国电影产业一直以来就一直因为精神权利条款而反对美国加入《伯尔尼公约》，因为他们担心这些条款将妨碍电影娱乐生产公司的正常业务，阻碍其向作者购买电影剧本且保留任何修改剧本的权利等。但是，背后的经济原因是因为当电影主要以 35 毫米和 16 毫米电影发行的时候，由于可以对其进行严格的控制并对其使用进行签约管理，所以他们并没有因为美国不是《伯尔尼公约》成员国而遭受损失。如美国电影协会副主席沃尔特曼（Norman Alterman）所说的，卫星、有线电视、录像等新科技使美国现在有必要加入该公约了。[3]

版权制度的国家主权性与其他法律制度一样本无可厚非，但是

---

❶ 保罗·戈斯汀．著作权之道——从古登堡到数字点播机［M］．金海军，译．北京：北京大学出版社，2008：151.

❷❸ 罗纳德·V. 贝蒂格．版权文化——知识产权的政治经济学［M］．沈国麟，等，译．北京：清华大学出版社，2009：209－210.

在今天由于作为信息的作品流动的无国界化，这一特征受到了严峻的挑战。

四、新媒体技术给版权制度带来的致命挑战

以上我们介绍和讨论了在传统媒体环境下版权制度的三个特征，即制造稀缺、专家法律制度和明显的法域特征。但是在新媒体技术环境下，我们发现这三个基本特征都在消失或者发生了动摇，并对版权制度产生了很大影响。对此我们在下文中一一讨论。

（一）媒体充裕

新媒体技术使得媒体变得充裕，这意味着媒体不再稀缺，公众不必再为媒介支付成本或者其成本如此之小，已经不影响公众的需求判断。[1] 新媒体技术使得信息内容的传播不但实现了多媒体形式，而且还很大程度上摆脱了频谱的束缚，因此原来只有少数人或者组织所有的广播技术现在可以做到人人拥有一个自己的网站，你可以称之为网络广播组织，因为其功能可以胜任。[2] 具体来说，媒体充裕对版权制度造成的直接挑战有四个方面：

第一，媒体的充裕使得版权制度制造稀缺的正当性受到了质疑。传统上由于媒体稀缺而造成的商品稀缺使得版权制度的这种特征可以躲藏在其后。但是，现今充裕的媒体尤其互联网络已经像光线和空气一样存在于我们身边，而版权制度似乎是要求公众主动的按照其要求闭上眼睛，掩上耳朵；可以称为“非法勿听，非法勿

---

[1] 例如一张普通的CD可有六百兆左右的存储量，意味着可以存储三百兆汉字的图书内容，其成本大约只有0.1元人民币。如果一本中文书籍是15万字，那么一张600兆容量的CD可以存储2000多本这样的书籍。

[2] 例如我国著名计算机专家吴建平介绍我国自主开发完成的下一代互联网络IPV6，其网址从IPv4的32位字节扩展到128字节，这意味着其网址数量是一个天文数字，几乎无法预见其什么时候能被用完。《专访吴建平：下一代互联网技术将开创更美好的生活》，2010年08月18日17：59：3，来源：新华网，http：//news.xinhuanet.com/eworld/2010－08/18/c_12460112.htm.

视”。这作为道德约束准则，可以大为宣传，但是当其成为具有强制约束力的法律规范时，便很难要求公众遵守了。版权制度的这一困境在十几年前便已经被一些学者所注意到，例如巴隆认为“一个人不能为了思想而得到报酬而是为了能将这些思想向现实世界中发布而得到报酬。为了所有实践的目的，价值在于转让之中而不在于所转让的思想。换句话说，保护的是酒瓶，而不是酒。现在信息进入了网络空间，思想的家园，这些酒瓶消失了”。[1]

第二，媒体充裕使得版权的实施面临很大困难。在媒体稀缺时期，版权人是和媒体提供者合作向公众提供含有版权内容的商品或者服务，因此，公众是通过购买商品或者服务来获得版权内容的，这时的消费公众实际上就是普通消费者，购买一本书和在超市购买一瓶矿泉水或者在理发店里接受一次理发没有本质区别。[2] 尽管中国古话有“窃书不算偷”一说，但是其本身恰恰说明公众观念中窃书是一种盗窃行为，与其他盗窃商品的行为没有本质区别，只是设想一个更好的理由来为其辩解而已。[3] 简而言之，在媒体稀缺时期，版权内容与媒体结合成具有排他性的商品而在市场上转让，消费者对其权属和权利边界在认识上不论从法律层面还是从道德层面都高度一致。

---

[1] John Perry Barlow. The Economy of Ideas—Selling Wine Without Bottles on the Global Net［EB/OL］.［2008-08-12］. http：//www. eff. org/～ barlow/Economy OfIdeas. html.

[2] 消费者在书店里购买图书时就是在购买一个普通商品，与版权制度没有直接关系，其适用的法律也主要是物权法，合同法或者消费者权益保护法；同样，消费者在电影院接受服务时，也是通过付款、购票和观看电影来获得服务消费，与版权制度也没有直接关系。

[3] “他们又故意的高声嚷道，‘你一定又偷了人家的东西了!’孔乙己睁大眼睛说，‘你怎么这样凭空污人清白……’‘什么清白？我前天亲眼见你偷了何家的书，吊着打。’孔乙己便涨红了脸，额上的青筋条条绽出，争辩道，‘窃书不能算偷……窃书！……读书人的事，能算偷么?’接连便是难懂的话，什么‘君子固穷’，什么‘者乎’之类，引得众人都哄笑起来：店内外充满了快活的空气。”鲁迅．孔乙己［M］//鲁迅．鲁迅全集1. 北京：人民文学出版社，1996：435.

由于媒体不再稀缺，或者说没有了排他性，在媒体上所存储和传播的版权内容便也没有了这种稀缺性和排他性，这使得在这种媒体上的版权内容已经无法成为经济学意义上的商品了，因为其公共物品特征显露无遗。但是，版权制度本身还是通过制造稀缺，通过侵权责任努力实现排他效力，来维持其实现商品交换的可能，这使得版权法律的实施变得非常困难；这如同播放露天电影，要求观众付费观看，否则要闭上眼睛一样困难。[1]如美国学者兰迪斯（Landes）和波斯纳（Posner）所说的：为了促进经济效率的目的，版权法的基本法律原理必须是，至少大致上，要使得从创造额外的作品除去由于限制对作品的获得而造成的成本和版权保护的管理成本两种损失后的利益最大化。[2]依据这一理论，很明显在新媒体环境下，限制对作品的获得而产生的成本和版权保护的管理成本急剧地增加了，那么版权法如果在传统媒体下是遵守这一原理的，那么在新媒体技术环境下就一定不符合这一原理了。

第三，媒体充裕使得消费者的角色变得模糊和不确定。在媒体稀缺时期，稀缺的媒体被出版商和广播组织等组织机构所掌握和控制，消费者的主要角色与消费其他生活物品没有区别，即支付对价来获得含有版权内容的商品或者服务。但是，新媒体技术使得广大公众可以迅速获得和使用这种媒体，而且这种媒体的存储量和传播速度都是以前的媒体所无法比拟的；这种唾手可得的充裕媒体使得本来应该是消费者的广大公众成为所谓的网民，他们既是消费者也

---

[1] 广大民众对目前的版权制度的不理解与不尊重不论是在我国还是在美国等发达国家都普遍存在着，例如美国有关民意调查显示有61%的人在下载音乐的时候并不关心其版权状态，只有31%的人表示会关心这一问题，在另一份调查中认识到在限速25英里的路上以40英里的速度超速行驶是犯罪行为的人数是认识到盗版可能是犯罪行为的两倍。Gibson，James，Once and Future Copyright. Notre Dame Law Review，Vol. 81，p. 167，2005，Available at SSRN：http：//ssrn. com/abstract=740486，p230.

[2] William M. Landes and Richard A. Posner：An Economic Analysis of Copyright Law，http：//cyber. law. harvard. edu/IPCoop/89land1. html.

是版权内容的制造者、复制者和传播者，他们本身已经具有了本来只有出版商和广播组织具有的能力和行为。

消费者角色的模糊和不确定性使得版权内容作为商品销售而获得经济回报的经济模式受到了挑战，因为这些购买版权内容的消费者会将这些作品进行复制、存储和向公众再次传播。而销售版权商品的商家只在将商品销售时一次获得经济回报；之后便再很难有回报了，尽管在法律上他们有权禁止消费者的这些行为。[1] 总而言之，媒体的充裕性破坏了长期以来形成的版权人、媒体和公众之间的销售者与消费者的关系，而这种关系是版权制度赖以存在的经济基础，由于这种关系的颠覆，使得现在的版权制度失去了经济依托而变得困难重重。[2] 稀缺被大量（mass）所代替，由于这种新的市场规则使得我们一些法律规则不再适用这种新的虚拟的现实。一些支持知识产权法的基本假设被动摇了。[3]

第四，媒体充裕使得版权制度所造成的交易成本过高的问题更加突出。当消费者可以通过简单的动作便可以得到和传播作品的情况下，版权制度严格禁止他们的这些行为，除非其得到版权人的授权。在获得授权的高成本和复制与传播作品技术上的便捷性之间所形成的鲜明对比更加突出版权授权的高成本问题。如学者布赖耶所

---

❶ 在版权法上权利用尽原则或者第一次销售原则主要是针对发行权来说的，即版权人在将其作品通过有形形式发行之后，便失去了禁止将同一有形载体所载的作品再次转让的权利；但是对于复制权和信息网络传播权，则版权人的权利不会用尽；这意味着在法律上消费者将其合法获得作品再行复制或者在网络传播都有可能侵犯版权人的权利。

❷ 例如 1992 年，在美国为了更有效地遏制盗版犯罪行为，国会将侵犯版权的犯罪由轻罪上升为重罪，其处罚最高可达 5 年监禁。参见：保罗·戈斯汀．版权之道——从古登堡到数字点播机［M］．金海军，译．北京：北京大学出版社，2008：17.

❸ 德国学者皮克特（Arnold Picot）在他的著作《网络经济》（Internet Economy）一书中认为现在网络的影响将推翻一些传统的市场规则。在传统市场中，价值取决于稀缺的概念（concept of scarcity）。而在网络经济中却是另一番景象，货物的价值随着货物传播的增加而增加。DR. Andreas Wiebe，Perspectives of European Intellectual Property Law，International Journal of Law and Information Technology，2000，8（2）：160.

指出的，这种交易成本在有组织的市场复制中并不突出，例如消费者为了获得一本书，其可以在书店简单地买到一本；在不需要得到授权的复制行为中也不突出，例如通过复印机的免费复印。[1] 但是，当一方面消费者可以轻易地复印和传播作品，而另一方面却需要得到授权时，交易成本相对太高了。[2]

总之，媒体与版权权利人共同制造稀缺来销售版权内容的时代几乎不存在了，新媒体技术成为这两百多年合作的背叛者。

（二）公众参与创作与传播

通过上面的分析我们可以发现，传统的版权法是属于机构之间的法律制度，主要是作者与出版商或者广播组织以及其他使用作品的机构之间的法律。尽管作者是自然人，但是在绝大多数情况下，作者并不直接行使自己的版权，而往往通过代理机构来进行。版权法的这种特征使得该法律是一种专家法律制度。但是新媒体技术下，这一特征有了很大的变化。由于媒体充裕，在这种环境下消费者同时也成为了版权内容的制造者、复制者或者传播者，版权人必须直接面对这些具有多重角色的消费者了，需要和他们讨论版权问题，要求他们明白并且遵守版权制度。但是，传统的版权制度是如此之复杂，以至于很多专业人员都未必很清楚，在这种情况下如何让这些公众理解并且自觉遵守这一几百年历史的法律制度便成为一个现实问题。具体来讲，版权法的公众化有以下几方面的表现：

第一，大众产生内容。符号民主化（semiotic democracy）原

---

[1] Stephen Breyer：The Uneasy Case for Copyright：a Study of Copyright in Books，Photocopies，and Computer Programs，Harvard Law Review，December 1970，Volume 84，Number2，p316.

[2] 例如在美国，1967 年的版权问题调查委员会所做的调查中发现在在复印机复印中，为了得到授权而进行复印所承担的交易成本为 5%～7%，在音乐领域其得到授权和分配版税的成本为 22%左右，在广播方面，其得到授权的成本为 13%左右。Stephen Breyer：The Uneasy Case for Copyright：a Study of Copyright in Books，Photocopies，and Computer Programs，Harvard Law Review，December 1970，Volume 84，Number2，p316.

意是一个媒体概念，指观众对于其所观看的信息并不是像沙发、土豆一样被动的接受，而是对信息的理解会与信息的发送者完全不同，在版权法中这一词是指消费者对作品的再次创作而不被动的接受。❶ 也有人称这种现象为消费者的“参与文化”（participatory culture）。❷

20 世纪在西方，文化创作越来越集中化，有限的唱片公司，电影公司和广告公司等控制了大部分的文化创作。但是新媒体技术打破了内容创作者和消费者之间的分离而是将这两者之间的界限越来越模糊化。这使得内容的消费者可以对内容进行再加工再传播，换句话说使得消费者也成了创作者。另外，新媒体技术也使得创作行为出现了新的模式，更加的合作化，少了个人化和阶层化，这种共同创作的过程会使人类变得更加集体化。❸ 这种情形在我国最近几年也有明显的出现，例如 2005 年胡戈的视频作品《一个馒头引发的血案》便是对电影《无极》的再次创作，胡戈与陈凯歌或者制片人本来是消费者和创作者的关系，但是新媒体技术却使得两者之间的界限消失了。❹ 又如个人通过 DV 拍摄各种视频作品的事业方兴未艾，并且由此催生了出了众多所谓的视频分享网站。在我国，农民自己拍电影也成为这一运动中的显著部分，如只有小学文化的

---

❶ 如学者费舍尔所指出的：新技术的最后一个潜在优势是最具有革命性的。就此而言，我们已经谈到娱乐产品“制造者”和“消费者”这些人所熟知的词汇。新技术可能会模糊这两类主体的区别，它鼓励并且能使娱乐产品的接受者对作品进行再加工和再传播——换言之，使消费者参加到作品的创作过程中来。参见：费舍尔．说话算数——技术、法律以及娱乐的未来［M］．李旭，译．上海：三联出版社，2008：18.

❷ Gasser，Urs and Ernst，Silke，“From Shakespeare to DJ Danger Mouse：A Quick Look at Copyright and User Creativity in the Digital Age”．Berkman Center Research Publication No. 2006－05 Available at SSRN：http：//ssrn. com/abstract＝909223.

❸ 费舍尔．说话算数——技术、法律以及娱乐的未来［M］．李旭，译．上海：三联出版社，2008：19－20.

❹ 胡戈．一个馒头引发的血案［EB/OL］．［2008－08－12］http：//www. ku6. com/show/qhR7da3KcakynLeZ. html.

湖南农村妇女田嫂自己做导演拍摄了DV《千里寻母记》，并且以CD和在线形式传播。❶不但产生了用户产生内容的版权法问题，也为我国的电影电视监管部门提出了新问题。❷

第二，大众复制与传播内容。在纸面媒体下，消费者购得版权作品之后一般不会进行复制和传播，至多是将图书再次转让出去。但是新媒体技术时代，消费者获得作品后对其进行复制和传播已经是非常普遍的现象了。❸这使得消费者集合了内容创作者和复制者以及传播者等多重身份，传统版权法中的版权人和出版商作为商品的提供方，消费者作为商品的使用方的格局发生了巨大的变化，消费者直接成了版权法中的权利主体和义务主体，我们似乎有两种选择，一是恢复原来的秩序，二是教育消费者掌握版权法，但是似乎两种都不可行。富勒（Fuller）认为一套法律体系中应该有八个必要条件，其中两个条件便是“清晰明白，足能理解以及具有充分的

---

❶ 中央电视台．社会记录——千里寻母记［DB/OL］．(2005－8－13)［2008－08－12］http：//news. xinhuanet. com/video/2005－08/13/content _ 3348567. htm.

❷ ［今日农民］《农民拍电影不是闹着玩》，2010－04－02，来源：大河网－河南日报农村版 转自：新华网：http：//www. ha. xinhuanet. com/xhzt/2010－04/02/content _ 19415131. htm.

❸ 例如在博客是网络用户分享和传播内容的重要工具和平台，据CNNIC的最近一期报告，我国现有博客2.31亿个，而总体网民数量截止到2010年6月为4.2亿人，这意味着，博客数量占整个网民的数量一半以上。《第26次中国互联网络发展状况调查统计报告》，http：//research. cnnic. cn/img/h000/h12/attach201007151358080. pdf；在美国的A&M RECORDS，Inc. v. NAPSTER，INC.，239 F. 3d 1004（9th Cir. 2001）案中，被告Napster音乐分享平台最高峰时在2001年6月达到2600多万用户；与此相似的我国的酷狗音乐分享网站的用户也达到7000万，这是一个通过P2P技术在终端用户之间进行音乐共享的网站；http：//www. kugou. com；而美国的YouTube视频分享网站目前每分钟就有超过24小时长的视频被上载到网站上，每天上载的视频量如果一个人24小时不停地看也要看4年。Viacom v. YouTube，Inc.，Case No. 07 CV 2103 (Southern District New York，2007).

Memorandum of Law in Support of Defendants' Motion for Summary Judgment，http：//static. googleusercontent. com/external _ content/untrusted _ dlcp/www. google. com/en/us/press/pdf/20100318 _ google _ viacom _ youtube _ memorandum. pdf.

可预测性”；[1] 如前面已经讨论的，传统的版权制度的主体主要是机构而非个人，因此即使是复杂的和专业的版权制度也不会产生很大的问题，因为这些机构不但可以得到专业的法律服务，而且往往参与到版权法制度的建设之中。

例如美国著名版权法学者利特曼（Jessica Litman）认为美国国会在一百多年里听从企业之间的妥协而制定出来的版权法即难以理解，也不公平。如果版权法主要是规范企业时，这种复杂性也能够被忍受因为企业可以有自己专门的版权法律师，但是当这种版权法适用到普通个人时，这种复杂性就产生了严重的问题。同时，这种版权法将普通人的一般行为，如私人复制以及与朋友分享作品等都定义为非法也是不公平的。因此，利特曼甚至呼吁公众不要接受这样的结果。如果有什么要改变的，应该改变的是现在的版权法而不是公众行为。[2] 其曾经评述到：国会可以继续写出一部只有版权律师才能读懂的版权法，并且承认只有商务或者行业人士才有充分的理由来遵守该法律，但是，或许我们也可以设计出这样一个法律结构，使普通的个人也能够知道、理解并且甚至承认它的公正。另外，美国版权局长彼得斯（Marybeth Peters）在 2002 年 12 月的一次午餐会上，向聚集在首都华盛顿的知识产权律师们讲话称，她希望看到为了版权所有人而简化这部法律。不过，她补充道，“恐怕它正在变得越来越像一个庞然大物”。[3]

而在司法实践中也出现了越来越多的个人作为版权侵权诉讼的

---

[1] 这八个必要条件（sine qua non）是：自此法源发布的法律必须公开制颁；清晰明白，足能理解；具有充分的可预测性；免于自相矛盾；时间上具有充分的连续性，以便人民能够据此安排彼此的关系；不要求不可能之事，不要频繁变更；执法与法律的规定一致，以便人民能够尊奉；官员的行为必须与公开制颁的规则一致。参见：丹尼斯，劳埃德．法理学［M］．许章润，译．北京：法律出版社，2007：34.

[2] Pamela Samuelson. *Toward a "New Deal" for Copyright for an Information Age*. Michigan Law Review. 2002（100）：1－3.

[3] 保罗·戈斯汀．版权之道：从古登堡到数字点播机［M］．金海军，译．北京：北京大学出版社，2008：215.

当事人的案例，这使得版权人开始直接面对广大的民众，通过对个体诉讼来维护自己的版权，显然这似乎已经陷入了人民战争的汪洋之中；而这种诉讼成本之高，时间之长使得绝大多数版权人无法真正实施自己的权利。[1] 一部无法执行的法律实际上是一部有问题的法律，因为立法上有这样一条箴言：通过一部无法执行的法律就是一项有害的政策，因为如此法律将损及人们对于可执行法律的忠诚度。[2]

（三）版权作品物流无国界化

版权法制度同其他法律制度一样有明确的主权特征，不同的国家或者地区其版权法制度也不一样，这种区别可以体现到基本理念上，也体现在具体的法律设计上。国家的法律效力基本上止于其边界。版权法制度也是这样，在一个国家内有其特殊的法律制度对其他国家并不会产生直接的和本质的影响，其中最重要的原因是因为主权国家通过对其边界的管理尤其是海关的管理而实现对承载版权内容的物流的管理与控制。

但是随着技术的发展，版权作品的传播出现了不依赖海关控制的国际化现象；这一现象从具有直播技术的通讯卫星的应用就已经出现，到了新媒体技术时代达到了顶峰。通讯卫星尽管就有国际传输的能力，但是主权国家从两个方面还可以对其进行有效地控制，即一是在来源国对经营者进行管理，例如资质要求和技术保护措施；二是在接收国则对接收装置和转播机构的控制来实现对其内容

---

[1] 例如美国录音产业协会（RIAA）在经过几年中达 35 000 个针对个人用户的侵权诉讼后，在 2008 年宣布不再进行针对个人用户的侵权诉讼，而是力争与网络服务提供商合作来解决通过 P2P 技术发生的侵权行为。Murtagh，Michael P.，The FCC，the DMCA，and Why Takedown Notices are Not Enough（November 15，2009）. Hastings Law Journal，Vol. 61，p. 233，2009. Available at SSRN：http：//ssrn. com/abstract＝1540200，p236.

[2] 保罗·戈斯汀．版权之道：从古登堡到数字点播机［M］．金海军，译．北京：北京大学出版社，2008：108.

的管理，例如我国至今还没有对民用卫星接收装置完全放开。[1] 但是对于新媒体技术，由于其应用广泛，成本低廉，存在于通讯卫星上的限制在其身上基本不存在。由于新媒体技术所造成的版权作品传播的无国界化，使得各国本来独立密封的版权法律制度和相关政策都变得国际化和一体化，即物流已经成为与版权制度独立和分立的作品传播和交易渠道，版权制度本身的主权性与作品传播的无国界化之间产生了严重矛盾。这种矛盾主要体现在以下方面：

第一，版权作品的数字化传播不再被版权人所有效控制。例如即使根据版权的地域性或者主权性特征，版权人仅仅将其作品授权给本国的使用者在互联网络上传播，但是该授权作品迅速的成为国际化，除非有有效的技术限制，世界上任何地方的网络用户都可以获得该作品，即作品的实际物流大大超过了版权人的授权范围，而传统的通过海关对有形媒体的物流规制在互联网络上失去了效力。例如 WTO 中有关货物贸易的协议和 TRIPS 协议中边境措施是实现其制度目标的主要手段，根据 WTO 规则，一个国家的反倾销和反补贴措施主要是通过边境措施来实现的，即通过关税或者其他禁止与限制进出口的措施来实现规制目的。另外，WTO 成员也有义务通过边境措施来对侵犯知识产权的物品进行进出口的限制。但是这些措施都是通过边境尤其是海关对知识产权有体物品的物流控制来实现的，当作品的传播不再需要这些有体物载体而是通过卫星以及互联网络无国界传输时，法律的国家性与物流的国际性之间的冲

[1] 例如 1993 年的《卫星电视广播地面接收设施管理规定》（国务院第 129 号令），第 2 条规定：“国家对卫星地面接收设施的生产、进口、销售、安装和使用实行许可制度。生产、进口、销售、安装和使用卫星地面接收设施许可的条件，由国务院有关行政部门规定。”第 9 条规定：“个人不得安装和使用卫星地面接收设施。如有特殊情况，个人确实需要安装和使用卫星地面接收设施并符合国务院广播电影电视行政部门规定的许可条件的，必须向所在单位提出申请，经当地县、市人民政府广播电视行政部门同意后报省、自治区、直辖市人民政府广播电视行政部门审批。”

突便有时非常的严重与麻烦。例如，有报道称微软公司认为中国市场的盗版问题每年使微软损失数十亿美元收入，❶ 但是最大的受害者应该不是微软公司而是与微软竞争的中国软件行业。因为对微软公司盗版行为的存在实际上是帮助微软公司在中国市场上实现了产品倾销的效果，其结果便是中国的竞争企业由于这种倾销效果的存在而无法通过开发和销售竞争产品获得利益，而被微软公司排挤在市场之外。❷ 对于这种后果，国家的反倾销与反补贴的海关措施失去了作用。

第二，由于数字传播的国际化，版权人在本国实施的版权政策会产生国际性后果。例如版权人仅仅将其作品许可在本国的网站上传播，但是世界范围的用户都可以登录该网站而得到该作品，除非有相应的技术保护措施。又如，如果根据一国的法律允许对某些作品在网站上以法定许可的形式使用，那么其他国家的用户也可以获得这些作品，这实际上是该国支付使用费的使用者在补贴其他国家的用户。❸

新媒体技术的无国界性特征使得其上面的信息内容可以根据用户的意愿自由传播而受到相对较小的干预。如果某一个国家或者地区的管理者例如政府对网络上的行为干预过多，从而增加了行为人

---

❶ 《微软“盗版损失论”遭中国业界炮轰》，2010 年 5 月 26 日 10：09 来源：《北京商报》，转自人民网：http：//it. people. com. cn/GB/42891/42893/11699475. html.

❷ 据报道 1988～1996 年金山公司的 WPS 办公软件占中国办公软件市场份额的 90%以上，但是微软公司的办公系统进入中国之后，由于其公司资金的雄厚以及盗版的普遍存在，用户可以几乎免费获得其办公软件，这使得 WPS 的用户很快流失；因此，尽管微软公司和金山公司都同时面临盗版问题，但是由于公司的规模和资金上的巨大差异，最终金山公司以失败告终。《金山 WPS 与微软 Office20 年之争》，2008 年 11 月 24 日。来源：中国经济周刊，转自新华网：http：//news. xinhuanet. com/fortune/2008－11/24/content _ 10404664 _ 2. htm.

❸ 例如美国学者费舍尔在其《说话算数》一书所设想的普遍实施的许可制度，其中的问题便是如果只有美国实施而其他国家不同步实施的话，如何解决其他国家公众没有支付许可费便可以获得这些作品是一个问题。

的法律或者经济成本时，这些行为人便可能选择法律或者经济成本相对较低的国家或者地区来进行网络上的活动，因为对于用户来说，经营者这种地域上的改变并不一定产生明显的影响；这好像是水流会自动地向地势低洼的地方流动一样，我们称之为互联网络上的“洼地现象”。❶ 洼地现象对于版权制度来说便意味着如果一个国家加重网络环境中的侵权责任，那么其导致的结果可能不是侵权行为的减少，而是侵权行为的转移，但是其服务对象却没有本质变化，这与有形媒介中的侵权行为不同。互联网络上的“洼地现象”使得各国对其版权的保护政策以及责任的轻重不再是独立的本国的事情，而应该从世界范围内统筹考虑，否则其结果可能是侵权行为的转移而其侵权结果却仍然存在。作品传播的无国界化也许是经济全球化过程中国家能力消失的一个更为直接和明显的体现。❷

媒体的充裕、作品创作与传播的公众参与以及信息传播的无国界化，这些新媒体技术所带来的新特征对版权法制度带来了严峻的

---

❶ 这一现象在互联网络上扫黄打非方面也表现明显，例如我国政府近年加大了打击网络色情的行动，结果是有不少色情网站都转移到了国外一些法律比较宽松的国家运营，而其服务对象却是针对国内用户的。有新闻报道：“在对网络和手机淫秽色情违法犯罪持续打击整治的情况下，网络和手机淫秽色情信息传播出现了一些新情况、新变化。其中之一便是境内淫秽网站纷纷向境外转移，不断变换网址、变换手法向境内渗透传播。2009 年公安机关破获的网络淫秽色情案件中，网站设在境外的案件占总数的 93.2%。”《破大案，捣黄网，追源头（打击手机涉黄 净化网络环境）——公安部相关负责人谈公安机关打击网络淫秽色情》，人民网：http：//paper. people. com. cn/rmrb/html/2010－01/01/nw. D110000renmrb _ 20100101 _ 15－02. htm.

❷ 许多当代学者认为在全球化时代国家在销蚀。如日本学者大前研一（Kenichi Ohmae）认为在全球经济当中，传统的民族国家变成不合自然规律的、甚至是无法忍受的交易单位。霍斯曼（Mathew Horsman）和马歇尔（Andrew Marshall）甚至认为民族国家将终结，在跨国经济中，因公司的自主运作，国家变得边缘化了。斯特兰奇（Susan Strange）则直接地指出：国家权威向上、向侧面、向下泄露，并在一些事件中干脆消失。参见：郑永年．全球化与中国国家转型［M］．郁建兴，何子英，译．杭州：浙江人民出版社，2009：15－16.

挑战，其直接结果便是传统的版权人当然也包括传统的一些邻接权人，尤其音像制品制作者与新媒体不再站在同一条船上，而是成为了对立的两个群体；而版权制度是前一个群体所一手设计出来的法律制度，后一群体作为后来者却发现很难融入前一个群体之中，于是版权制度与新媒体之间便产生了裂痕。

五、裂痕与弥补

从上面的分析可以看出，版权制度的产生和发展与当时的政治环境、经济模式和技术水平有密切的关系；传统的版权法制度的基本特征符合媒体稀缺的特征，属于专家法律制度并且与国家主权紧密联系在一起。但是这与新媒体技术环境产生了裂痕。我们面临的选择似乎也只有三种，一是改变新媒体的技术特征，使其向传统的版权法这些特征靠拢，我们可以称之为技术主导的选择；而另一种选择便是改变我们的版权法制度，设计出更为符合新媒体特征的版权制度，我们可以称之为版权法律主导的选择。第三种选择则是介于前两种选择之间，寻求一种折中或者混合的方式，我们可以称之为折中的选择。

对于第一种的技术主导的选择，技术主导的选择强调在应对新媒体技术对版权制度所产生的危机时技术的作用将是决定性的。美国的莱斯格（Lessig）教授是这一观点的支持者，即“代码以及架构就是一种法律”[1]。这一类观点在于强调通过技术手段将现在新媒体技术与传统版权特征相异化的特征纠正过来。例如对于媒体充裕问题，则通过技术手段来再次实现稀缺，即通过技术手段限制消

---

[1] 莱斯格教授认为架构就是一种法律：它决定人们能够做什么，不能够做什么。当商业利益来决定架构时，就会创制出一种私有化的法律……对代码的控制就是权力，对于网络空间的公民而言……代码……正在成为政治角逐的一个至关重要的焦点。参见：劳伦斯，莱斯格．代码2.0：网络空间中的法律［M］．李旭，沈伟伟，译．北京：清华大学出版社，2009：87－89.

费者对其获得的作品进行复制或者传播;❶ 或者通过认证方式将未授权的访问者排除在外等。❷ 这一思想在版权法中的具体体现便是通过 WCT 和 WPPT 而影响很多国家的所谓技术保护措施制度。❸

技术主导选择的观点有其优点和诱人之处。其优点是符合版权内容作为商品或者服务出售而得到经济回报的经济学基础，通过技术措施使得对版权内容的使用受到限制，并且理论上将可以根据版

---

❶ 例如 1992 年的《美国家庭录音法》(The Audio Home Recording Act of 1992) 要求所有在美国制造、销售或者进口的数字录音设备都必须包括系列复制管理系统 (Serial Copy Management System (SCMS)) 这一技术措施。SCMS 技术措施是一种阻止复制的技术措施，主要是应对数字复制磁带［digital audio tape (DAT)］这一媒介的，该措施可以阻止他人对该媒介中的内容进行再次或者后续的复制。

Copyright Law of the United States of America § 1002. Incorporation of copying controls

(a) Prohibition on Importation, Manufacture, and Distribution.-No person shall import, manufacture, or distribute any digital audio recording device or digital audio interface device that does not conform to —

(1) the Serial Copy Management System;

(2) a system that has the same functional characteristics as the Serial Copy Management System and requires that copyright and generation status information be accurately sent, received, and acted upon between devices using the system's method of serial copying regulation and devices using the Serial Copy Management System; or

(3) any other system certified by the Secretary of Commerce as prohibiting unauthorized serial copying.

❷ 例如尽管对于一个数据库来说用户增加而产生的边际成本几乎为零，但是像 www. lexis. com 以及 www. lawyee. net 等法律数据库都几乎采取了技术手段来禁止未经授权的用户使用其数据库。

❸ WCT 第 11 条关于技术措施的义务“缔约各方应规定适当的法律保护和有效的法律补救办法，制止规避由作者为行使本条约所规定的权利而使用的、对就其作品进行未经该有关作者许可或未由法律准许的行为加以约束的有效技术措施。”WPPT 第 18 条关于技术措施的义务：“缔约各方应规定适当的法律保护和有效的法律补救办法，制止规避由表演者或录音制品制作者为行使本条约所规定的权利而使用的、对就其表演或录音制品进行未经该有关表演者或录音制品制作者许可、或未由法律准许的行为加以约束的有效技术措施。”

权人的意愿而设计出多种形式的使用方式，从而实现服务或者商品价格的差异化，即通过技术手段来实现对具有公共财产特征的版权内容私有财产化；这一选择也符合消费者的行为习惯，因为在有体物中，权利人对有体物的抽象权利往往与对有体物的实际物理控制相互支持，公众熟悉并且尊重这一结构；而技术措施也实现了对版权内容的物理控制，从而符合消费者的行为习惯，又将他们恢复到了有限媒体的环境中，即通过支付成本来获得这些无法免费获得的商品或者服务。如果可以得到有效和广泛地实施，版权人将有可能得到惊人的经济回报，因为与其他商品或者服务不同，版权产品的市场可替代性较差，即其市场需求在一定价格范围可能更为刚性。❶

但是，这一选择也有致命的缺陷，首先，至今为止还没有比较安全的技术措施。我们可以注意到一些典型的技术措施都要被规避的经历，而这些技术往往都是实力雄厚的企业或者组织开发设计的，这也更加说明这些技术措施的脆弱性。例如在 2009 年的番茄

❶ 例如我们看了《山楂树之恋》的电影并不能替代对《唐山大地震》电影的观看；因此，只要能有效制造稀缺，消费者就有可能支付较好的价格来获得该商品或者服务。另外一个例子似乎更能说明这一点：当音乐版权人由于无法有效地阻止对其音乐作品在互联网络上的非法使用而无可奈何时，在无线通信领域却可以获得高额利润；手机服务中的所谓彩铃等服务由于根据其技术特征，电信服务商控制着这些音乐彩铃的提供，即手机用户如果不支付彩铃服务费便无法得到这一服务，这使得服务商可以通过技术手段有效地对用户通过彩铃服务获得音乐的控制。其结果是仅仅中国移动公司在 2009 年年度便从与音乐相关的服务中获得了 160 亿元人民币的收入。北京移动总裁王建宙认为“智慧手机和无线宽带可能会成为新的媒体，创造新的价值。他以音乐产业为例说，中移动去年仅音乐收入，就高达 160 亿元人民币，超过大陆唱片收入和电影收入的总和。他还举例说，年轻人喜爱的歌手周杰伦和中国移动已合作 7 年，累计下载量高达 5000 万次，这可能是传统唱片发行不可能达到的数字。现在不少歌手都愿意在中移动首发歌曲，透过这些新科技产品，原本可能只有 15 万的发行量，有机会变成 150 万。”《中移动为台岛带来商机》人民网记者 郑固固，2009 年 8 月 31 日 00：00 来源：人民网—《人民日报海外版》，人民网：http：//tw. people. com. cn/GB/14810/9955048. html.

花园案中，微软公司的技术措施在这一案件中几乎没有用处。[1] 在其他国家也有一些典型案例。[2] 其次，技术措施往往不符合消费者的意愿，从而影响消费者对版权作品的消费。尤其是在市场存在竞争者的情况下，往往率先实施技术措施的商家将处于不利地位，从而失去市场；例如在网站上，现在任何网站如果实施技术手段来实现音乐作品的有限和有偿提供都有可能造成用户大量流失的危险，因为其他很多网站上的音乐内容是免费自由获得。最后，广泛的技术措施的使用可能会替代版权制度所追求的目标和力图达成的平衡，将版权法制度转变成了物权法制度，即通过技术措施与合同法便可以实现版权权利人的交易目的。如英国版权学者柯尼斯所说的：数字技术世界中的作者需要能够控制接触他们作品的新

---

[1] 四川网联互动广告有限公司和被告单位成都共软网络科技有限公司合作，由共软公司总经理孙显忠指示该公司市场总监张天平和“番茄花园工作室”负责人洪磊等未经微软公司的许可，复制微软 Windows XP 计算机软件后制作多款“番茄花园”版软件，并以修改浏览器主页、默认搜索页面、捆绑其他公司软件等形式，在“番茄花园”版软件中分别加载其他多家单位的商业插件，通过互联网在“番茄花园”网站、“热度”网站发布供公众下载。《大规模软件盗版案“番茄花园”案一审宣判》，2009 年 8 月 21 日 21：10：28 来源：新华网，http：//news. xinhuanet. com/legal/2009－08/21/content_11924100. htm.

[2] 例如在 DeCSS 案中，CSS 是 DVD 复制控制协会（CCA）开发的用于限制他人对 DVD 进行复制的技术保护措施。该技术保护措施却被包括挪威少年 Jon Lech Johansen 在内的另外两个至今匿名的小组破译，并且公布了破译程序 DeCSS。在 Felton v. RIAA（IN THE UNITED STATES DISTRICT COURTFOR THE DISTRICT OF NEW JERSEY，Case No. CV－01－2669（GEB））案中，美国普林斯顿大学的著名工程师菲尔顿（Edward Felten）领导一个科研小组对 RIAA 设计的一个名为 SDMI 的视频水印技术进行研究，发现该技术有严重的缺陷，极容易被规避。于是 RIAA 以版权法中的禁止规避规定做为武器威胁菲尔顿以及其小组阻止将该成果加以公布，甚至威胁菲尔顿要将其研究的相关数学算法加以公布的学术会议，认为如果该会议允许其将成果公布便可能构成共同侵权。后来由于电子前线组织（EFF）的支持，该案可以和解，菲尔顿获得了胜利，但并不是所有的人都这样幸运。见 Electronic Frontier Fundation. Digital Rights Management：A Failure in the developed world，a danger to the developing world [R/EB/OL]．（2005－03）［2008－08－12］http：//www. eff. org/wp/digital－rights－management－failure－developed-world-danger-developing-world：8－10.

方法；通过合同和技术保护措施作者可以自己采取控制接触他们做品的措施来作为保护他们作品的第一步，然后才是版权侵权责任。❶

第二种选择是修改版权法。例如以美国学者塞缪尔森（Pamela Samuelson）为代表的学者们认为像1976年美国版权法这样的法律已经过时，并不适应新媒体技术时代。因为这些传统的版权法主要是在规范版权工业的时代所起草的，但是新媒体技术的进步使得创作和作品的传播出现了民主化趋势，将越来越多的普通人带入了版权的创作王国同时也是他人作品的直接使用者。因此我们需要一个更加简单的版权法的理由之一便是为我们所有这些创造、使用和传播版权作品的人提供一个容易理解的行为规范。❷ 美国学者查斯德（Richard H. Chused）也明确地指出现在美国的版权法已经完全不适应这种新媒体技术环境下的版权制度，他认为需要一个全新的，有效的和友好的版权法律制度，首先，考虑大量存在的多种形式的媒介以及数字形式的版权作品，必须结束这种仅通过诉讼形式来阻止非法使用的作法；其次，立法机关应该制定出灵活的法律制度来适应这些新复制技术；最后，版权权利人在这些新的管理模式的帮助下应该能够从制造复制和存储设施的制造商获得相应的版权特别费补偿，因为从实施复制行为的直接终端用户手中获得版权是不现实的。❸

但是废除版权法制度而重新建立一个新的制度既不是理性的也不是现实的，因为版权制度已经与各个国家的政治、经济和文化制度紧密地联系在一起。版权制度的理念在很多国家都是有差异的，

---

❶ William Cornish. *Intellectual Property*：*Patents*，*Copyright*，*Trade Marks and Allied Rights*. *London*：Sweet and Maxwell，1999：87.

❷ Pamela Samuelson. *Preliminary Thoughts on Copyright Reform*. [2008－08－12] http：//ssrm. com/abstract＝1002676：4－5.

❸ Richard H. Chused. *Rewrite Copyright*：*Protecting Creativity and Social Unility in the Digital age*. Israel Law Review，2005（38）：80.

而现在的有关版权的国际公约是经过长期的谈判来形成，要重新达成新的国际公约在短期内几乎是不可能的事情。这些版权产业不会愿意修改版权法来失去他们现在在版权法上的优势地位。因此塞缪尔森建议不是对现在的版权法进行修改而是制定出一个模范法，通过对已经发生的判例的理解和援引来提供一个更短的，更简单的，容易理解的以及更容易遵守的框架出来。❶ 制定出一个模范法或者原则性文件可以为版权法的改革首先提供一个平台。通过以前的经验发现模范法或者原则性文件也可以成为法院或者其他研究者的有用的资源来解释版权法中的模糊条款，将成文法适用到1976年国会制定版权法时还没有想到的情形。模范法或者原则性文件还可以展示一个理论上更好的版权法模式，可以为将来任何时候可能的版权法改革提供潜在的资料。❷

第三种选择是在现有的版权制度与新媒体技术之间的折中方案。很多学者通过对最近几年版权法的实践总结认识到通过法律诉讼的形式来强迫消费者改变其私人复制和传播的行为习惯，回到模拟技术环境中版权法的制度中来是非常困难的，因此认为更现实的解决方案是如何在不强迫改变消费者习惯的前提下实现对版权权利人的经济回报，这就是新的版税征收制度。

这种制度设计的主要优点不改变消费者目前的行为习惯而是将其合法化，这显然对于消费者来说是受欢迎的，可以随意对网络上的作品进行使用而不会有法律上和技术保护措施上的障碍；网络服务提供者和电子产品制造商也不必担心像Betamax案和Napster案那样被起诉，同时版权权利人也得到了相应的回报，使得版权权利

---

❶ Pamela Samuelson, *Preliminary Thoughts on Copyright Reform*. [2008－08－12] http://ssrm.com/abstract＝1002676：5－6.

❷ Pamela Samuelson, *Preliminary Thoughts on Copyright Reform*. [2008－08－12] http://ssrm.com/abstract＝1002676：6－7.

人、网络服务提供者和电子产品制造者以及消费者之间长期存在的紧张在很大程度上被消除；这样的制度设计也有其在道德上的优越感，因为这似乎形成了一个共同创造和共同分享的理想世界，再没有价格的歧视，没有侵权的诉讼，没有对创造的制约以及彻底解决了长期以来以稀缺为基础的经济模式。

但是其缺点也是明显的，甚至是致命的，费舍尔认为这些缺点有以下几个方面。

首先是交叉补贴以及消费者行为的歪曲，即在这种体系下受益者和承担版税的主体并不一致；音乐产业作为版权人的代表对这些建议的反应是冷漠的，因为在传统的版权制度中，版权的利益主要是被中间媒介所控制着，这些中间媒介至今还占据着主要的地位，它们并不愿意轻易地放弃他们已经取得的权利而去尝试这些新的方案，尽管现存的制度已经受到严峻的挑战。

其次，这种特别费制度会造成垄断和权力寻租现象的发生；根据这种特别费制度的设计，所有的版权权利人要放弃其全部禁的权利而只有获得报酬的权利；但是对于众多中小版权权利人，他们在这一制度中获得回报的数额和机会都会受到大的权利人的歧视和压迫，这种歧视和压迫会损害他们创作的积极性，从而严重损害这种制度的本来价值。这一点可以从公司治理中得到启示，如何保护小股东的利益一直是公司治理中的核心问题，并且至今也没有彻底解决，而这些小股东至少还有一个选择便是所谓的用脚投票，将其股份出售；对于特别费制度中的众多小的版权权利人，他们的处境比这些小股东还要艰苦，因为既没有明确的权利份额也不能用脚投票，所以版权特别费制度一直以来都不是一个特别好的制度。

最后，特别费制度的国际化障碍是致命的，这一点费舍尔也已经指出。在新媒体技术环境下，任何版权制度都需要在国际环境下考虑，即使美国全面采纳了这种特别费制度，但是如果中国和欧盟等国家都没有采纳，那么美国版权人还得利用侵权责任或者技术保护措施手段在这些国家或者地区实现其版权保护，但是美国消费者由于已经获得了许可所以将其作品在网络上跨国传输并不感觉到是违法行为，或者很难理解和很难识别是违法行为，这使得美国的版税支付者在补贴其他国家或者地区的消费者。而且这种合法和非法界限的混乱也增加了国际贸易的成本和风险，使得不论是商家还是消费者都感到无所适从。❶

而在国际范围内认可和实现统一的版权特别费制度几乎是不可能的事情。如学者们所指出的那样，在国际政治与经济环境中，囚徒困境现象还是普遍存在的。“这种参与者既想合作又想背叛的混合动机的博弈是国际政治，也是国际经济的几乎所有方面的特征。尽管参与者可能通过合作获益，但也许通过背叛（欺骗）每个人甚至获益更多；如果两个人都欺骗，那么双方都损失……因此，至少从绝对意义上说，合作的结果是使人人的境况得到改善。通过欺骗或者成功的搭便车可能增加一个人的相对收益，这在国际事务中始终具有极强的诱惑力。”❷ 这种囚徒困境现象也当然存在于国际版权制度之中，但是现在增加的一个新问题是一国的版权制度与作品的物流开始分离，即通过边境措施来控制作品的物流从而实现该国的版权政策，现在变得越来越不现实了。市场的逻辑是在最有效率、最有利可图的地方开展经济活动，而国家的逻辑是控制经济发展和资本积累的过程，以便增加本国的权力和经济福利。市场逻辑和国家逻辑之间存在着冲突。❸

---

❶ 费舍尔．说话算数——技术、法律以及娱乐的未来［M］．李旭，译．上海：上海三联出版社，2008：216－223．

❷ 罗伯特·吉尔平．全球政治经济学——解读国际经济秩序［M］．杨宇光，等译．上海：上海世纪出版集团，2006：79．

❸ 罗伯特·吉尔平．全球政治经济学——解读国际经济秩序［M］．杨宇光，等译．上海：上海世纪出版集团，2006：73．

六、结论

2010年是中国《著作权法》颁布一百周年。100年前，中国诞生了第一部版权法《大清著作权律》，开启了我国现代版权保护的先河。但是我国版权制度与我们这一时期的国家和民族一样是命运多舛，直到1990年才颁布了新中国的版权法，并且真正具有了执行力和约束力。换句话说，西方发达国家经历了300年的法律制度建设我们仅仅用了20年便完成了，历史的缺失使得我们多次失去了对这一法律制度严肃认真的思考和权衡的机会；而今天又是这一制度处于十字路口的关键时期，如何选择方向不论是对国际社会还是对我国都是一个严肃和急迫的问题。

我们可以发现，历史上在出版商等媒体主导下的版权制度是媒体稀缺环境下的法律制度，通过制造作品的稀缺从而实现作品的商品化在这一技术和经济环境下具有一定的合理性和可行性；因此在新媒体技术被广泛应用之前，这一制度还是基本可行的。如美国学者布莱耶所研究的：在图书方面，版权保护的理由不是很强，甚至在某些方面理由还比较弱。总体来说，现有的证据表明虽然我们不应该轻易的废除版权保护，但是也同样不能轻易地扩展它或者加强它。[1] 在新媒体技术环境下，当媒体从稀缺变得充裕，从区域性变得国际性，从传播的单向性变得多向性时，版权制度的这种制造稀缺、国内法特征以及控制传播渠道等特征都已经无法再和现在的技术与经济模式向一致，简单地讲版权法制度与新媒体技术之间产生了明显的裂痕。这种裂痕已经给版权权一方、信息产业和消费者造成了很大的困扰，这种困扰将严重影响相关产业的发展和消费者消费的安全性和舒适性；而如何弥补这一裂痕显然是我们必须面对的

---

[1] Stephen Breyer：The Uneasy Case for Copyright：A Study of Copyright in Books，Photocopies，and Computer Programs，Harvard Law Review，Vol. 84，No. 2 (Dec. 1970)，p283－284.

问题。[1]

第一种尝试是通过修改版权法来适应数字技术和互联网络环境。修改版权法的模式尽管已经被一些学者所提出，但是这一尝试受到很大的阻力，因为版权法从一开始便不是纯粹的法律问题而是更多的是产业政策问题；修改版权法意味着首先在国际层面上要触动已经存在两百多年的《伯尔尼公约》以及主要由发达国家掌控的TRIPS协议等，其次才能进行国内法的改革，在可预见的未来，这是尝试几乎不可能实现。第二种尝试是通过技术手段来实现版权作品的稀缺化，这一手段就目前而言是最直接的方式，因为不需要对版权制度有大的修改，权利人凭借个人私力便可以实现作品的稀缺从而达到营利目的；但是这一措施一方面受到了很大批评，因为其可能改变了版权制度不同于一般财产权制度的更为明显的增加社会福利为宗旨的功利主义主张；另一方面，技术措施本身的有效性受到了很大挑战，至今为止还没有特别好的技术措施；而偏离消费者的偏好已经增加作品本身的成本也是版权权利人所担心的问题。第三种选择是在现行的版权法制度下，通过在版权的许可与版税支付的制度上进行设计，从而弥补版权人与新媒体和公众之间的裂痕，降低作品使用的交易成本和法律风险；这一措施在某些方面已经发挥了一定的作用，但是要想在全球范围内大范围的实现还是很困难的事情，因为相对于美国，其他国家主要是美国文化产品进口国的情况，谁愿意主动采取这样的措施呢？

---

[1] 例如为了进一步解决这一问题，美国商务部、美国专利商标局和全国电信与信息管理机构等部门在2010年10月5日公开发布了《在互联网络中版权政策、创新和创造力调查》(Inquiry on Copyright，Creativity and Innovation in Internet)，其目的是向所有相关公众征询在线保护版权作品与版权法和互联网络创新之间的挑战，征询的对象包括版权权利人、互联网络服务提供商以及消费者，在分析所获得的意见的基础上，商务部等部门将发布一个报告，致力于互联网络创新与版权保护之间的国内政策与国际层面的相关作为。具体见美国商务部网站：http：//www. commerce. gov/news/press-releases / 2010/10/05/commerce-department-seeks-comment－protecting-copyrighted-works-intern.

总之，从历史上看，版权人和媒体之间的关系应该是合作共赢为主，通过合作来实现作品的创作和传播，从而实现共赢；但是，今天在新媒体技术环境下，版权人、媒体和消费者之间出现了裂痕，如何弥补这一裂痕从而实现三方合作共赢是我们相关方面临的共同难题。引用学者格斯汀的一句话作为结尾："在国际版权法这块百衲被上，既已存在一个多世纪以来复杂的版权实践，又有接连不断的新信息和娱乐技术爆炸所将带来的更大的混乱……版权法在过去那么长时间里担当了作者与读者之间的桥梁，但它能够承受由于新的信息和娱乐环境所造成的挑战吗？"[1]

---

[1] 保罗·戈斯汀．版权之道：从古登堡到数字点播机［M］．金海军，译．北京：北京大学出版社，2008：22．

计算机软件的著作权保护刍议

罗东川　原晓爽[*]

摘要： 软件巨额的开发费用和正版软件的昂贵，及复制的便利使得软件的法律保护从来没有让软件开发商满意过。如何在保护软件开发商的利益以刺激产业发展与开放软件以满足公众的使用间找到恰当的平衡点，一直是各国立法改进的目标，也是司法保护的必由之路。目前，版权保护计算机软件是世界公认的主要保护方式。本文在已有研究资料的基础上，结合执法实践，从版权保护软件的利与弊、我国著作权保护软件立法状况、我国著作权保护软件的行政、民事、刑事执法实践等方面，对软件著作权保护的现状及存在的问题略作分析，以此来表达对郑成思教授崇高的敬仰和无尽的思念。

随着数字和网络技术的兴起，人类步入信息时代。Basic 语言的问世使得人类通过软件控制计算机硬件的能力取得了前所未有的突破，而沉迷于 basic 语言的哈佛大学两个年轻人盖茨和保罗在要将计算机变成每个家庭、每个办公室最重要的娱乐和工作工具的信念导引下，开始了开发个人电脑软件的征程，也见证了软件创造财富的神话。今天，计算机软件已经成为信息产业的灵魂。

盖茨在创立微软之前就已经意识到了软件巨大的商业价值和非法复制的危害。20 世纪 70 年代早期，他在《致爱好者的公开信》

* 作者单位：中国应用法学研究所。

中，就宣称软件将会是一个巨大的商业市场，计算机爱好者不应该在未取得原作者同意的情况下随意复制电脑程序。可想而知，微软发展之路也是寻求软件法律保护之路。然而软件巨额的开发费用和正版软件的昂贵，及复制的便利使得软件的法律保护从来没有让微软及其他软件开发商满意过。

一、版权保护计算机软件世界格局的形成

在计算机软件产生之初，由于其使用主体和范围的有限性使得采取保密手段或者加密手段就可以实现防止别人非法使用和传播的目的，但是随着软件开发和应用的普及，保密和加密技术都不能筑牢防线。因此，如何变防范为预防，通过固有法律来实现对软件的保护成为投入巨额成本的软件开发商最关心的问题。为了应对“因影印和计算机等新技术的使用而带来的受版权保护作品的权属，发表及使用方面的问题”，美国国会专门建立了“关于新技术条件下享有版权作品使用的国家委员会（the Commission on New Technological Uses of Copyrighted Works，CONTU）来“尽力修正美国版权法”，最终形成了一份关于计算机软件是否可以成为宪法规定的受版权保护的“作品”的有影响的报告，且建议国会修改版权法，使计算机软件受到保护。国会最终采纳了CONTU的建议，并根据其立法意图形成了1976年版权法。[1] 但该法中并没有将软件直接规定为受版权保护的客体，却对“文字作品”做出了非常宽泛的界定。[2] 直到1980年美国国会通过修订版权法第117条，明确规定了计算机程序是版权保护的客体。CONTU的报告除了详细论证计算机的可版权性外，同时也提出了对计算机版权的限制，主要包

---

[1] Andrew Nieh ，“ Software Wars：The Patent Menace”，55 N.Y.L.Sch. L.Rev.295（2010/2011）.

[2] 李明德.美国《版权法》对于计算机软件的保护［J］.科技与法律，2005（1）.

括：一是应允许计算机软件的持有人复制这些程序，只要复制为有效使用这些程序所必须；二是如果计算机软件缺乏独创性就不能获得版权保护；三是如果该程序是实现某种思想的唯一方法那就不能认为其是一种表达而给予保护，应当将其视为一种思想。[1] CONTU 的这些建议对于我国司法实践中确定版权保护软件的范围具有借鉴意义。[2]

关于计算机程序的定义，美国版权法明确规定是指为获得某种结果而直接或间接用于计算机的语句或指令序列。在这一概念的框架内，目标代码和源代码在司法判例中均成为版权保护的软件客体。在美国的推动和影响下，到 20 世纪 80 年代，以版权方式保护计算机软件逐步被世界各国所接受。由于欧共体成员国之间对待版权保护软件司法选择的差异，使得统一欧共体版权保护软件的法律文件《计算机保护指令》于 1991 年 5 月 14 日才得以通过。指令明确了在文字作品意义上保护计算机软件。到 2000 年，欧共体所有成员国实现了对软件的版权保护。[3]

经过欧美等发达国家的艰难尝试和不断协调，1995 年 1 月 1 日生效的《与贸易有关的知识产权协议》（TRIPS 协议）第 10 条第 1 款规定，“无论以源代码或以目标代码表达的计算机程序，均应作为伯尔尼公约 1971 年文本所指的文字作品给予保护”。该规定宣告了给予计算机程序版权保护的国际统一模式的形成。之后，1996 年《世界知识产权组织版权条约》（WCT）第 4 条明确规定，计算机程序作为伯尔尼公约第 2 条意义下的文学作品受到保护。此种保护适用于各计算机程序，而无论其表达方式或表达

---

[1] 阿瑟·R. 米勒，迈克尔·H. 戴维斯．知识产权法概要［M］．周林，孙建红，张灏，译．北京：中国社会科学出版社，1998：208.

[2] 北京第一中级人民法院知识产权庭．知识产权审判实务［M］．北京：法律出版社，2000：209.

[3] 李明德，闫文军，黄晖，郃中林．欧盟知识产权法［M］．北京：法律出版社，2010：161.

形式如何。关于该条的议定声明中指出：按第 2 条的“版权保护延及表达，而不延及思想、过程、操作方法或数学概念本身”的解释，依条约第 4 条规定的计算机程序保护的范围，与《伯尔尼公约》第 2 条的规定一致，并与 TRIPS 协议的有关规定相同。至此，WCT 为各国版权法保护计算机软件提供了明确的保护范围。

二、版权保护计算机软件的利与弊

计算机软件的版权保护，最大优点在于使得软件自产生之日就得到了法律的自动保护，从国际范围看，其并不需要在各国国家注册，只要是国际版权保护公约，如伯尔尼公约的成员国，在各成员国范围内都可以自动取得保护。版权保护的期限也比较长，我国规定自然人的软件著作权的保护期为作品完成之日起，作者终生及其死亡后 50 年，法人和其他组织的的软件著作权的保护期是自作品完成之日起 50 年。另外，版权保护并不需要专利法所要求的以技术秘密的公开作为取得权利的前提。

但是，软件的版权保护也有其不可避免的缺陷，主要体现在软件的功能性特征难以得到版权保护。软件作为信息产业的灵魂，其不同于一般文学作品的实用性特征，即功能性特征，可以通过微软开发的 Windows 系列产品的在世界范围内的巨大影响给予充分地体现。计算机软件的作用是使计算机去做某些事，它具有一种直接的实用功能。[1] 功能性是计算机软件的价值所在，而单纯的功能相同难以作为软件权利人维权的依据。如在建业工程设计软件研究院诉理正软件设计研究所、原英等侵犯商业秘密一案中，涉案的原告、被告的软件均已获得软件登记，原告的软件开发在先，被告的软件开发在后，原、被告的软件功能基本相同，且被告的软件开发者原来都是原告的工作人员。但法院最后认为原告提供的证据难以

---

[1] 郑成思．知识产权论［M］．北京：法律出版社，1998：185.

证明双方的软件有实质性的相同，所以原告败诉。[1]

尽管计算机的表达服从于该软件的功能需要，但功能相同并不能在版权法上作为侵权认定的依据。版权法所保护的是软件作品的表达，即计算机程序及其有关文档，而不保护开发软件所用的思想、工艺等。TRIPS 协议第 9 条第 2 款规定：“版权保护应延及表达，而不延及思想、工艺、操作方法或数学概念之类”。我国《计算机软件保护条例》第 6 条规定：“本条例对软件著作权的保护不延及开发软件所用的思想、处理过程、操作方法或数学概念等”。事实上软件作为文字作品和功能产品的整合体，其表达和思想是融合在一起难以区分的。美国法院的几个对全世界有较大影响的计算机软件版权侵权案例就可以充分说明对计算机软件的思想与表达是多么得难以区分。[2] 但版权法只保护表达不保护思想的根本原则是不能因为计算机软件的特殊性而改变的，尽管世界范围内给计算机软件的版权保护已趋于统一，但版权法的固有属性与计算机软件的自身特性使得议题一直就存在：“版权法是计算机软件最好的保护方式吗?”

三、我国著作权保护计算机软件立法状况

我国 1990 年《著作权法》已经将计算机软件作为受保护的作品，2001 年、2010 年修订的《著作权法》均沿袭了该规定。现行《著作权法》第 2 条规定：“中国公民、法人或者其他组织的作品，不论是否发表，依照本法享有著作权。”第 3 条第（8）项明确规定计算机软件属于著作权法下“作品”的范围。

在我国专门用来调整计算机软件保护的法律法规主要包括

---

[1] 北京市第一中级人民法院知识产权庭．知识产权审判实务［M］．北京：法律出版社，2000：210.

[2] 郑成思．知识产权论［M］．北京：法律出版社，1998：194—212；孟祥娟．版权侵权认定［M］．北京：法律出版社，2001：152—154.

2001年国务院颁布的《计算机软件保护条例》；国家版权局2002年颁布的《计算机软件著作权登记办法》和中国版权保护中心2009年颁布的《计算机软件著作权登记档案查询办法》。根据上述规定，目前我国著作权保护软件主要体现如下特点：

1. 范围确定

首先从概念上明确了计算机软件包括计算机程序及其有关文档，其中程序是指为了得到某种结果而可以由计算机等具有信息处理能力的装置执行的代码化指令序列，或者可以被自动转换成代码化指令序列的符号化指令序列或者符号化语句序列；文档，是指用来描述程序的内容、组成、设计、功能规格、开发情况、测试结果及使用方法的文字资料和图表等，如程序设计说明书、流程图、用户手册等。

2. 采用软件登记制度

即软件著作权人可以向国务院著作权行政管理部门认定的软件登记机构（目前是中国版权保护中心）办理登记，软件登记机构发放的登记证明文件是登记事项的初步证明。这里需要明确的是软件著作权自开发完成之日起已经产生，已经受著作权法的保护，“登记”制度并不是给予计算机软件版权保护的必备要件，之所以采取登记制度主要是由于软件的开发完成的时间并不是非常好确定，软件著作权人在发表和转让以及维权诉讼中都需要有一个容易让人信服的产权证明，而登记制度可以使软件著作权人初步取得权利证明，在无相反证据存在的情况下，登记证书可用来确定软件形成的时间以及权利的归属，且软件登记的费用和时间成本都比较低，所以，现在几乎所有软件开发商都在完成软件开发之后就选择到软件机关登记，并取得相应的软件证书。

3. 软件公开查询制度

自然人、法人或其他组织办理了相关手续后就可以到中国版权保护中心办理软件查询工作，可以对自己拟开发的软件现有情况进行详尽地了解，但是只有软件权利人本人及司法机关工作人员可以根据需要查询涉及软件实质内容的登记资料。

四、我国著作权保护计算机软件的执法实践

在我国依据著作权法保护计算机软件的路径主要包括：行政保护路径、民事侵权保护路径和追究刑事责任保护路径。由于保护主体所承担的社会责任不同，因此这三种路径产生了不同的法律效果。作为计算机软件权利人可以根据追究侵权的目的、效果手段等择一或者同时寻求权利救济。

（一）行政保护

在世界上大多数国家采用司法保护软件著作权的情况下，我国行政保护软件却成为围堵和处罚盗版行为的主力军。行政保护主体是国家行政机关，这些机关承担着社会管理人的角色，一方面软件登记制度由行政机关实施，另一方面对于盗版软件等违法行为行政机关可以采取行政处罚等方式追究行为人的行政责任，以实现社会管理人的职责。事实上，著作权行政机关在打击盗版软件方面一直发挥着主要作用。

1992 年 5 月 1 日开始，著作权登记机关开始受理软件著作权登记，到 1997 年一共办理了 2275 件软件著作权登记。[1] 随着著作权法和软件条例的出台，软件登记制度越来越完善，其为软件开发人提供了便利的登记条件。到 2011 年 5 月 31 日，中国版权保护中心登记公告系统显示已登记在册的计算机软件数量是 33 447 件。毫无疑问，寻求软件著作权保护已经成为软件开发商的首选。

与司法被动保护不同，行政机关作为规范软件市场的管理机关，其可以通过创制科学管理制度、主动调查收集证据、积极查处盗版行为等方式实现对使用正版软件行为的引导和对侵权行为的预

---

[1] 应明，陈昭宽．我国计算机软件法律保护工作的回顾和展望［M］//刘春田，中国知识产权二十年，北京：专利文献出版社，1998：70.

防、警示和处罚功能。1994 年国家版权局制定了对侵犯著作权行为的行政处罚实施办法，试行修改后，1997 年正式发布实施。到 1997 年底，已经进行行政处罚 100 多起。随着网络的普及，2003 年 7 月 16 日，国家版权局重新修订了处罚办法，为网络环境下行政处罚案件的受理、认定和处罚提供了依据。

一般而言，使用侵权软件的行为人主要分为销售商和最终用户，其中销售商包括直接销售盗版软件的销售商和在出售的硬件产品上安装盗版软件的销售商；而最终用户分为以营利为目的使用盗版软件的最终用户和不以营利为目的的最终用户，如政府机关和家庭用户等。目前，行政机关在规范软件市场方面，管理的对象主要是销售商和以营利为目的使用盗版软件的最终用户。行政机关规范使用正版软件的行为主要包括：

一是通过制定规则，引导属于最终用户的企业使用正版软件。1995 年 8 月，国家版权局发出《关于不得使用非法复制的计算机软件的通知》，要求“任何单位在其计算机系统中不得使用未经授权的计算机软件”。1997 年，据不完全统计，全国收缴盗版软件 36 263 件。[1] 2007 年 12 月以来，我国政府对继续非法使用盗版软件的企业进行严肃查处，坚持教育和执法“两手抓”。如，2008 年 1 月，深圳市知识产权局（版权局）首次依法对当地非法使用未经授权软件的企业进行行政处罚：深圳某电子公司工程部的多台计算机上，安装了未经授权的奥多比公司的 Adobe Acrobat 软件，微软公司的 Windows、Office 软件和奥腾公司的 Protel 等软件。在依法进行了两次行政听证程序后，对其进行了罚款人民币 10 万元的处罚，并责令其立即删除侵权盗版软件。[2] 此外，政府机构使用正

---

[1] 应明，陈昭宽．我国计算机软件法律保护工作的回顾和展望 [M] //刘春田，中国知识产权二十年，北京：专利文献出版社，1998：70.

[2] 2008 年企业非法使用未经授权计算机软件案件回顾 [J]. 计算机安全杂志，2009 (1).

版软件对于软件著作权保护起着非常重要的作用，北京市预计在今年9月实现政府机关软件正版化。

二是通过严格管理，规范软件流通市场。著作权法颁布以来，严厉打击盗版行为一直是行政执法机关的主要职责之一。现代化国家的竞争是创新能力的竞争，是自主知识产权保有量和实际价值的竞争。党的十七大明确提出“实施知识产权战略”的要求。国务院于2008年6月5日发布了《国家知识产权战略纲要》（以下简称《纲要》），决定实施国家知识产权战略。《纲要》明确提出，“依法处置盗版行为，加大盗版行为处罚力度。重点打击大规模制售、传播盗版产品的行为，遏制盗版现象”。按照《纲要》要求，相关行政机关积极采取措施：如为加大知识产权保护力度，维护公平有序的市场环境，国务院办公厅印发打击侵犯知识产权和制售假冒伪劣商品专项行动方案的通知，即从2010年10月至2011年3月，在全国集中开展打击侵犯知识产权和制售假冒伪劣商品专项行动，其中，明确规定要加强市场监督管理，新闻出版（版权）部门要会同有关部门深入开展版权执法专项行动，加强对图书、软件、音像制品的市场巡查，严厉打击侵权盗版行为；为配合“第10个世界知识产权日”活动的开展，工商行政管理等相关部门相继在全国范围内开展了打击盗版软件执法行动，如成都市武侯区工商局对成都3家电脑城突击检查，现场扣押涉案电脑6台、没收盗版软件光盘1067套，如果按照微软正版产品销售价格计算，涉案金额高达80万余元。

虽然，软件行政保护取得了瞩目的成就，但是为什么侵犯软件行为仍然不能得到有效遏制呢？主要原因当然有管理机械、被动；执法人员短缺等原因，但最重要的原因是正版软件与盗版软件在价格竞争与产品质量之比上并没有太大的竞争力。在市场经济的环境下，个人道德修养的提升固然对于杜绝盗版软件行为具有影响，但是，解决问题的最终手段还是在于如何从经济层面堵住盗版之路。从经济学的角度分析，最终用户的消费水平是决定购买正版软件意识程度的决定因素，因此，使用正版软件的意识程度是与经济发展状况紧密相连。北京大学国际知识产权研究中心软件知识产权保护指数研究课题组针对软件应用最普遍、受盗版最为严重的系统软件、办公软件、杀毒软件等三类软件的使用正版意识情况进行抽样调查，调查显示，上海市的状况最好，其次是北京市、杭州市和广州市。

目前除了大力发展经济，提升最终用户购买力的终极手段外，有效减少盗版的途径只能是加大处罚力度。就如醉驾入刑一样，只有让侵权人觉得“划不来”才能让其主动放弃侵权，而上述行政管理对象都是“商人”，唯有断其利方能断其路。我们期待着行政机关能够科学量化“加大处罚”的“大”，从而有效完成规范软件市场的管理职责。

（二）民事保护

1992 年海淀法院受理第一起侵犯软件著作权纠纷案件，即北京微宏电脑软件研究所诉北京中科远望技术公司侵犯计算机软件著作权案，1993 年 2 月 23 日，法院判定被告侵权。自此，打开了软件开发商通过民事诉讼制止侵权行为之路。以北京市为例，到 1998 年，北京市共受理软件著作权纠纷案件 102 件，占全国同期受理同类案件的 90%以上。❶ 近年来，北京侵犯软件著作权民事纠纷案件有减少的趋势，经统计 2010 年全年以侵犯软件著作权为案由审理的案件只有 14 件，但随着网络的发展，著作权纠纷案件整体上升很快，如全国法院 2010 年共受理著作权案件 24 719 件，比上年增长 61.54%。❷

根据 1992 年来的司法实践，侵犯软件著作权民事纠纷案件主要存在如下问题：

---

❶ 程永顺．北京法院知识产权司法审判工作的回顾［M］//刘春田，中国知识产权二十年，北京：专利文献出版社，1998：247.

❷ 资料来源于：中国法院知识产权司法保护状况（2010 年）。

1. 法律适用统一问题

涉及盗版案件，权利人往往在不同侵权地提起诉讼，因受理法院不同，往往关系法律适用的统一问题。如微软公司就其享有著作权的 Windows XP 专业版操作系统软件（Microsoft Windows XP professional）和 Office 2003 专业版办公软件（Microsoft Office Professional Edition 2003）软件就在北京、青岛、杭州、长沙等地提起诉讼。由于各地执法水平和标准不统一，因此同类案件的处理结果有时并不相同。为了统一法律适用，北京市高级人民法院 1995 年就专门制定了《关于审理计算机软件著作权纠纷案件的几个问题的意见》，对侵犯软件著作权的管辖、证据、财产保全和先予执行、鉴定、诉讼代理人、侵权认定方法、赔偿等程序和实体问题进行了专门规定。该意见对其他地区此类案件的审理也起到了积极的引导作用。但是，如何有效统一全国同类案件的法律适用问题，依然没有很好解决。

2. 取证难问题

由于计算机软件的功能性特征，使得涉案侵权软件往往安装在硬件中共同销售，因此，举证难问题一直是困扰权利人的主要问题。如 1999 年美国微软公司诉亚都科技有限公司侵犯计算机软件著作权案，就因公证取得的证据没有对被调查人的身份的调查记录，且原告也不能提供其他证明被告系实施侵权行为主体的证据，被法院依照《民事诉讼法》第 108 条的规定，按被告不是本案的适格主体裁定驳回了起诉。[1] 还有，引起司法界、理论界和产业界广泛争论的“陷阱取证”案，就是因侵犯软件著作权的取证问题而引发的，即北大方正公司、红楼研究所诉高术天力公司、高术公司侵犯计算机软件著作权纠纷案。虽然，该案经最高人民法院改判，已使“陷阱取证”问题的争论有了一个明确的结果，但是，侵犯软件

---

[1] 罗东川，马来客．知识产权名案评析［M］．北京：经济日报出版社，2001：219.

著作权举证难的问题依然是权利人主张权利的绊脚石。

3. 侵权认定方法问题

在著作权法范围内保护软件权利，最关键问题是判断被控侵权软件是否与权利软件的独创性部分构成实质相似。在判断侵权是否成立时，首先要解决的就是涉案作品是否属于版权法保护的作品，即对涉案软件是否具有独创性做出判断。在侵犯软件著作权案件中，版权登记证明只是权利人获得著作权的初始证据，该软件是否属于著作权保护的具有独创性的作品还是待证事实，如果被控侵权人主张原告的软件不具有独创性，那么原告应当就其软件具有独创性举证。当然如果被控侵权方对该软件的可版权性并没有提出异议，法院通常按照软件登记证书推定其享有版权。接下来要做的工作是对比被控侵权产品与涉案软件是否在表达上一致，包括源程序、目标程序以及文档等。这是审理此类案件的核心部分也是最困难的部分。美国法院在实践中形成的三段论法，即“抽象法（将受版权保护与不受版权保护的内容分开）—过滤法（将不受版权保护部分过滤分离）—对比法（将受保护部分与被控侵权部分作比较）”。[1] 对于各国司法实践都产生了影响。

在我国的司法实践中，往往将涉案软件与被控侵权软件的相似性问题交由相关鉴定机构完成，但鉴定机构的专业水平的差异及提交鉴定材料的准确性等问题对于鉴定结果都具有重要影响。这方面最好的案例是刊登在最高人民法院公报的石鸿林诉泰州市华仁电子资讯有限公司侵犯著作权纠纷案。该案中，在被控侵权软件源代码加密，被告拒不提供解码的情况下，法院经原告申请对两软件是否具有相同的软件缺陷及运行特征进行了鉴定，结合两者说明书、技术指标描述等对比情况，判定侵权成立。[2] 另外，被告是否有机会接触原告的软件也是认定两软件是否相似时可以参照的

---

[1] 孟祥娟．版权侵权认定［M］．北京：法律出版社，2001：151－152.

[2] 参见：《最高人民法院公报》2009 年第 3 期，第 41 页。

因素。

4. 禁止权利滥用问题

随着软件成为每个单位和每个家庭必不可少的工作和娱乐工具，如何平衡权利人与公众利益之间的界限也是法官审理案件时必须确立的司法理念。正如最高法院在北大方正案中所指出的“尽管法律对于违法行为做了较多的明文规定，但由于社会生活的广泛性和利益关系的复杂性，法律更多时候对于违法行为不采取穷尽式的列举规定，而是确定法律原则，由法官根据利益衡量、价值取向做出判断”。法官只有在明确法律条文背后的价值取向后，才能正确适用法律，从而做出公正判决。如《计算机保护条例》第 24 条第 1 款第（3）项规定，故意避开或者破坏著作权人为保护其软件著作权而采取的技术措施的行为，是侵权行为，但是对于何为技术措施需要法院在审理案件中作出判断。在北京精雕科技有限公司诉上海奈凯电子科技有限公司著作权侵权纠纷案中，原告享有 JDPaint 软件著作权，被告享有 Ncstudio 软件著作权，两者都取得了版权登记证书，被告的 Ncstudio 软件解密了 JDPaint 软件，使得被告软件能够读取原告软件输出的 Eng 格式文件，即实现两软件的兼容。原告认为被告的解密行为侵犯了其著作权，而法院经审理最终认为原告为捆绑销售目的而对软件输出形式采取的加密行为是一种限制公平竞争的行为，该加密行为不属于著作权人为保护其软件著作权而采取的技术措施行为，被告解密后使得第三人可以在不购买原告捆绑销售的精雕机的情况下接受原告软件输出的 Eng 文件的行为不构成侵权。[1]

5. 销售商过错的认定及连带责任问题

侵权责任中的过错认定一直是一个比较难以判断的问题，也是一个容易引起争议的问题。尤其是在侵犯知识产权案件中，如何区分生产者、销售者、使用者等侵权人之间的责任是审理案件的难

---

[1] 参见《最高人民法院公报》2007 年第 12 期，第 44 页。

点。在侵犯著作权案件中，能否直接起诉销售商承担责任，经历了从无到有的过程，也引发了理论界对知识产权案件责任承担方式的讨论。[1] 随着侵权法的出台，我国对共同侵权行为的认定和承担责任的方式有了更明确的法律依据，人民法院再审理涉及共同侵权的案件时应当严格适用。如对于侵犯软件著作权的销售商责任应当根据案件具体情况作出判断，而不能在推定销售商有过错的情况下一律判定承担连带责任，有的判决书中已经认定第一被告实施了非法复制和发行行为，在其将侵权产品出售给第二被告后，第二被告再次出售的行为不侵犯复制权只是侵犯发行权的情况下，依然判令两被告对原告的损失承担连带责任的判决结果是与判决理由前后矛盾的。应当强调的是，在著作权法、软件保护条例对共同侵犯责任问题规定并不明确的情况下，人民法院在涉及共同侵权的案件中，侵权法应当是做出判决的必不可少的实体法依据。

6. 最终用户法律责任问题

此问题是软件开发商非常关注的问题，关于此问题的答案涉及软件开发商与社会公众利益的平衡问题，究竟最终用户要不要为使用侵权复制品埋单呢？存在的主要观点是：一是软件用户明知或应知使用的是侵权软件的，构成侵权，应承担法律责任。理由是《软件保护条例》第 32 条规定：软件持有人不知道或者没有合理的依据知道该软件是侵权物品，其侵权责任由该侵权软件的提供者承担。但若所持有的侵权软件不销毁不足以保护软件著作权人的权益时，持有者有义务销毁所持有的侵权软件，为此遭受的损失可以向侵权软件的提供者追偿。二是软件用户购买、使用侵权软件不应承担法律责任。理由是知识产权保护制度的基点是实现权利人利益与社会公众利益之间的平衡。根据著作权合理使用原则，公民个人为

---

[1] 罗东川．著作权司法审判中几个法律问题［M］//北京市第一中级人民法院知识产权审判庭．知识产权审判实务，北京：法律出版社，2000：155－159.

学习、研究或者欣赏，使用他人已经发表的作品，属于合理使用。《软件保护条例》第22条规定，因课堂教学、科学研究、国家机关执行公务等非商业性目的的需要对软件进行少量的复制、可以不经软件著作权人或者合法受让人的同意，不向其支付报酬。合理使用适应我国国情。三是营利单位和政府部门使用盗版软件应承担侵权责任。理由是：营利性单位使用软件，不具有文化消费的色彩，其目的是用于生产经营。其具备购买软件的能力，且利用他人的智力成果谋取利益，构成侵权。在责任的承担上，应以公开道歉为主，赔偿责任应限于其所使用的盗版软件份数的合理价格。而政府部门既是法律的制定者，也是执行者，其执行公务不应建立在损害他人利益的基础之上。故政府部门若使用盗版软件，可以视为侵权。个人购买、持有和使用盗版软件，可以视为合理使用，不构成侵权。[1]

目前，司法实践中比较一致的认识是：属于营利性使用侵权软件的经营者应当承担侵权责任，如奥多比公司（Adobe Systems Incorporated）诉广东互易科技有限公司侵权案。[2] 而政府、个人是否应当承担赔偿责任，笔者认为正如北京市政府所采取的措施一样，政府应当逐渐实现正版化，这样有利于实现软件产业的健康发展。而个人用户的问题，应当依靠市场竞争规则来实现正版化，而不是通过民事诉讼手段。360提供正版软件的经营模式应该是给软件开发商提供了一个很好的参照，网络时代，大众的选择就是软件开发商应当追求的目标，如果软件开发商仅仅将成本的收回寄托于个人消费的话，在目前的国情下是难以实现的。

---

❶ 参见：罗东川，马来客．知识产权名案评析［M］．北京：经济日报出版社，2001：226．

❷ 广东知识产权保护协会．最新知识产权典型疑难案例判解［M］．北京：法律出版社，2008：264．

7. 赔偿数额问题

关于赔偿数额的问题，自从人民法院受理侵犯知识产权案件以来一直就是难点，到今天这一问题依然没有得到解决。北京大学国际知识产权研究中心软件知识产权保护指数研究课题组的研究报告显示绝大多数侵犯软件著作权案件都是酌定赔偿。而酌定赔偿难以量化，带有太多的自由裁量色彩，这也是权利人抱怨司法保护力度不够的重要原因之一。因此，如何科学确定侵犯软件著作权案件的赔偿数额值得做更深入的调查研究。

（三）刑事保护

作为对违法行为最有力的惩罚手段，刑法保护一直是软件开发商最信赖的保护手段。“番茄花园案”为软件开发商在网络时代通过刑法保护维护自身的权利提供了现实意义的参照。[1] 但是，执法结果并没有让开发商满意。1996 年全国共受理侵犯知识产权民事案件 4051 件，而刑事案件只有 244 件。2010 年全国地方法院共新收和审结知识产权民事一审案件 42 931 件和 41 718 件，而新收的刑事案件中以侵犯知识产权犯罪判决的案件 1254 件，生效判决人数 1966 人，其中以侵犯著作权罪判决的案件 85 件，生效判决人数 142 人；以销售侵权复制品罪判决的案件 5 件，生效判决人数 10 人。[2] 这一数字与盗版量、侵犯著作权的行政处罚数字相比较是微乎其微的。

事实上，考虑到我国具体国情，刑法只将著作权法中列举的十余种侵权行为中的四种行为规定为可能判处刑罚的行为。《刑法》第 217 条规定：“以营利为目的，有下列侵犯著作权情形之一，违法所得数额较大或者有其他严重情节的，处三年以下有期徒刑或者拘役，并处或者单处罚金；违法所得数额巨大或者有其他特别严重

---

❶　参见：《最高人民法院公报》2010 年第 9 期，公丕祥．典型裁判案例［M］．北京：法律出版社，2011：10.

❷　资料来源：中国法院知识产权司法保护状况（2010 年）。

情节的，处三年以上七年以下有期徒刑，并处罚金：（一）未经著作权人许可，复制发行其文字作品、音乐、电影、电视、录像作品、计算机软件及其他作品的；（二）出版他人享有专有出版权的图书的；（三）未经录音录像制作者许可，复制发行其制作的录音录像的；（四）制作、出售假冒他人署名的美术作品的"。其中涉及侵犯软件著作权的只有第一项。而如何确定"违法所得数额较大""有其他严重情形""违法所得数额巨大"及"其他特别严重情形"留给司法实践加以解决。

在统一和完善侵犯著作权罪法律适用方面，2011 年是值得纪念的，2011 年 1 月 10 日，为解决近年来公安机关、人民检察院、人民法院在办理侵犯知识产权刑事案件中遇到的新情况、新问题，最高人民法院、最高人民检察院、公安部在深入调查研究、广泛征求各方意见的基础上，制定了《关于办理侵犯知识产权刑事案件适用法律若干问题的意见》。其中对涉及侵犯著作权罪的"以营利为目的""未经著作权人许可""发行"的认定问题，关于通过信息网络传播侵权作品行为的定罪处罚标准问题，关于多次实施侵犯知识产权行为累计计算数额问题，关于为他人实施侵犯知识产权犯罪提供原材料、机械设备等行为的定性问题，关于侵犯知识产权犯罪竞合的处理问题都作出了明确规定。希望这一司法解释的出台能够使软件等著作权刑事司法保护问题迈上新台阶。

五、结论

计算机软件版权保护的国际模式已经基本确立，但是侵犯软件著作权现象仍然在世界范围内屡禁不止，盗版问题依然是软件开发商最头疼的问题。固然，法律保护的不尽人意是造成盗版泛滥的原因之一，但是解决盗版问题的关键还是在于解决深层次的经济基础问题，一是要通过发展经济，提高居民生活水平和购买力，使更多的消费者愿意为正版软件埋单；二是软件开发商要正视盗版软件的存在，并探究深层次的原因，转变经营策略，让更多的人享受到使用正版软件的实惠。360经营模式使得更多的消费者获得了使用正版软件的便利，同时也为软件开发商创造经营新理念提供了参考。当然，法律保护手段也是保障软件产业健康发展的护航者，相信，在我国行政、民事、刑事法律保护手段不断发展和完善的过程中，软件产业发展的法律环境会越来越好。

论字体版权

张玉瑞[*]

摘要：我国版权法实施条例规定作品的构成要件有两个，即(1) 具有独创性；(2) 以某种有形形式复制。字体业者主张的字体单字仅有抽象存在，在字体软件中，并没有可单独复制的载体；这些单字只不过是字体软件的运行结果，不构成独立作品。字体指3种对象，即创作字体、字体工具、实用字体。创作字体可以构成美术作品，按照美术作品类别登记，受版权法保护。字体工具本身享有知识产权，字帖、计算机软件受版权法保护，而铅字受专利法和反不正当竞争法保护。字体工具表现的字，包括字体工具使用后产生的单字，均无版权。实用字体只在外形上是创作字体的相同或等同物，但在性质上有实用物品属性，这一属性决定了实用字体的单字，不在版权法保护范围。

自英国安娜法300年以来的世界版权法历史，没对任何国家法律和判例，对实用字体的单字，作为创作作品即美术作品，要求缴纳使用费。实用字体单字有版权的诉求与收费运动，不具法律严肃性：导致知识产权刑事犯罪追诉规定，面临修改；产生一个字，富三代的后果。

中国正处在计算机字体版权灾变前夜，方正状告宝洁开始，全国大大小小的计算机字体业者，纷纷向企业发出律师函。有多少企业接到这样律师函，恐怕单个字体业者自己也说不清。计算机字体

---

* 作者单位：中国社会科学院法学研究所。

单字“商业使用”收费，其影响面之大，远超卡拉OK收费，涉及所有中国工商企业、个体经营户，全国金额恐怕要以万亿人民币计算。最典型的情况是，路边鸡毛小店的经营者，清晨进来第一个客人是律师，说小店的招牌、菜单，严重侵犯字体企业的版权，解决方案是一笔收清今后若干年的“书法作品、美术作品使用费”。用了几种字体，就能招来几拨律师。

一、我国的知识产权有关制度，面临严重危机

（一）法院已被推到悬崖边

方正一审败诉，在二审开庭期间，字体业者以“影响字库行业前景的诉讼”为标题，发动了宣传攻势。

媒体：中国字库侵权情况愈演愈烈，但字库企业在知识产权保护上却鲜有胜诉案例。受社会各界广泛关注的方正诉宝洁侵权案一审以方正败诉告终，其败诉结果无疑使本就惨淡经营的字体设计产业雪上加霜。

字体业者：黑体、宋体、仿宋和楷体不收费，这几种字体可以满足人们日常生活中90%以上的需要，包括书籍、报纸的出版发行等商业行为。

专家：宝洁公司委托设计公司来制作洗发护发产品的外包装，然后，宝洁公司用设计公司的成果在这些产品包装上去复制“飘柔”这两个字。设计公司获得了方正公司的软件授权，但这并不意味着宝洁公司已经可以不经方正公司许可而直接出于商业性的目的，成千上万把“飘柔”这两个字去复制在其商品包装上。方正公司对“飘柔”倩体美术著作权是一种绝对权，宝洁公司没有经过许可、没有付费，这就是侵权行为。

美术作品作者：50多位字体设计师发起并签署倡议书，呼吁加强对计算机字体版权保护。根据有关统计数据，韩国字库行业年收入3000万美元；日本森泽公司字库年收入超过1亿元人民币；美国字库企业蒙纳公司已在纳斯达克上市，年收入超过1亿美元；

而在中国，大部分字库厂商因为盗版，还在为生存挣扎。国外字库厂商巨头借助资本的力量大规模扩张，香港某中文字体厂商已经被美国公司收购，日本厂商也开始侵入中国市场。我们绝不希望看到，未来充斥中国市场的，是美国、日本等外国厂商创作的“中文计算机字体”。果真如此，将是炎黄子孙的悲哀！中文字体理应由中国人自己打造！

在这样形势下，二审法院已被推到悬崖边，一旦满足了字体业者的诉求，中国的知识产权制度、建立创新型国家的国策，将陷入严重的社会危机、法律危机、声誉危机。

（二）所谓保护了中文字体，就是捍卫了中国人特有的知识产权

有关外国文字字体不构成美术作品的非理性暗示，读者可用“字体下载网”搜索，观看多姿多彩的外文创作字体，所构成的美术作品。

说“捍卫了字体的权利，就捍卫了中国人的知识产权”，这几乎是骗局了。明摆着在外国，字体业者没有二次收费权，中国的字体业者，不可能到国外去“二次收费”。如果中国有二次收费权，那么外国字体业者倒可以到中国来主张权利。交费的主体，就是广大中国的经营者了。世界上只有中国人在交这样的版税，到底是捍卫了中国人的知识产权呢，还是增加了外国人新的收费项目？每个字按年收费，费用可不低。

（三）其实是经营模式作怪

字体业者亏损、不盈利，原因在于广泛存在的字库软件盗版、网上传播行为，而不是社会商家“二次用字”没有交费。社会治理的政策应当是打击盗版，而不是着眼于这样的新营利模式：（1）字体工具销售、许可使用，收一次费用。（2）字体软件产生单字的“商业使用”，按字收费。新盈利模式对网上发行的盗版字体软件，采取不闻不问态度。因为盗版越多，单字的商业使用者就越多，其二次收费就越广泛。“权利人”先在网上令他人免费下载，在下载

页面的明显之处标明免费，在起诉前，在用户不容易发现的地方，标明收费要求，并作出解释，他人使用的都是收费版。新盈利模式扰乱社会经济、法律秩序。

二、字体版权保护范围辨析

（一）什么是字体

什么是字体，这个看似简单的问题，答案其实指向诸多对象。借用MP3的诸多解释，可说明字体的复杂性：挂在脖子上的MP3，那是一种设备；接在电脑上是硬件；电脑里面使用的MP3播放器，是一种软件；互联网上的MP3文件，是音频数据包，既不是软件也不是硬件，其播放出来是音乐。

在日常生活中，人们将以下对象科学或通俗地叫做字体：

（1）创作字体，是指在创作阶段按照一定规律、风格设计或书写的文字，可以是纯美术作品；

（2）字体工具，是指应用字体的再现、复制手段，提供给用户，可使用户根据需要，挑选复制字体中的单字。字体工具随着技术进步而进化，从字帖、铅字发展为现代计算机字库软件；实用字体，是指借助字体工具而进行社会应用的字体，如字帖上的字、印刷机铅字、打字机铅字和计算机字库软件表现的字等，实用字体不是纯美术作品，而是一种实用美术作品；

（3）实用字体在外形上是创作字体的相同、等同物，这是指实用字体与创作字体完全相同，或仅有因计算机矢量化处理，所产生的细微差别。创作字体用于计算机字库软件制作的，在数量上往往大大小于计算机字库软件表现的应用字体，因为计算机字库软件制作过程中，可以使用专门的字迹分析软件，将创作字体的几十、数百个文字衍生为全部常用字汉字。

（二）字体工具辨析

字体工具不是实用美术作品，只是表现实用美术作品的工具。铅字间接地表现了实用美术作品，这是指金属立体长方字条上的字形，是汉字的“倒影”，因此印刷时才可以印刷出正确的汉字，所以说铅字间接地表现了实用美术作品。字帖直接地表现了实用美术作品，这是指字帖虽然是字体作品演绎出来的、可大量发行的图书作品，其上的字体与书法、设计字体的字，丝毫不差；但是字帖不是实用美术作品本身，只是美术类图书。计算机字体软件并不能直接或间接地表现实用美术作品，而是通过在计算机上使用，用效果来表现实用美术作品。字体软件具有以下特点：第一，以计算机语言编写，含有整套字体的全部信息；第二，不具有显示功能和单字的挑选功能；第三，当复制到计算机中后，与计算机操作系统的图形显示系统，以及显示设备（显示器）和单字挑选设备（键盘）进行互动，可以选择、复制字体单字。

由此可见，字体软件相当于电子打字机机芯。该机芯没有显示部件和单字挑选部件，将该机芯装入电子打字机，即可实现打字功能。

（三）字体版权辨析

既然字体是指不同对象，那么就不能抽象地讨论字体的版权保护。

创作字体可以构成美术作品，按照美术作品类别登记，受版权法保护。创作字体的作者许可他人制作字体工具，流传于世，供人们复制单字的，该作者创设了新的权利，即字体工具的权利，而作者对字体工具产生之单字的权利，由此而用尽。

字体工具本身享有知识产权，字帖、计算机软件受版权法保护，而铅字受专利法和反不正当竞争法保护。字帖、铅字、计算机软件的复制、铸造、发行，使字体工具制作者取得了收入，其对字体工具表现之实用字体的正常使用，也就是实用字体产生之单字的权利，由此而用尽。

实用字体的单字无版权。实用字体只在外形上是创作字体的相同或等同物，但在性质上属于实用美术作品，不是单纯的美术作品。实用字体有双重属性，一方面有美术性，这是指作为创作字体的复制结果，起美化字体单字作用；另一方面有实用性，这是指字体工具是一种工业化生产工具，可供社会无限量地产生字体单字，作为文字来使用。字体无国标，凡字都带体，字体等于文字，而文字是人类社会生存、发展的实用品，如同食物和水一样，并非艺术作品。

实用字体的实用性，决定了在字体工具发行后，他人商业使用、个人使用、原封不动使用、变形使用、溶入他人美术作品中使用时，创作字体、字体工具、实用字体的版权所有人无权主张精神权利，包括字体单字上的署名权、字体单字不被变形使用权；无权主张经济权利，包括在字体工具销售、许可他人使用后，禁止他人复制、演绎、发行字体单字。

实用字体通过字体工具保护，仅有整体版权，指著作财产权利保护字帖、铅字、计算机字体软件的复制、发行权等；著作精神权利保护字帖、铅字、计算机字体软件直接、间接或通过使用表现之作品的署名权、修改权、保持作品完整权、演绎权等。实用字体不能分拆成为单字受到保护。

三、单字收费的荒唐性

计算机字体商业用字收费要合法化，我国版权法就必须作出调整，适应这种非常荒唐的要求。商业用字收费引起中国经济、社会大地震，将不亚于日本的海啸。版权保护上如此创新，是否能够成立，不能只听某些字体业者的，必须经过全国人民、企业、文化艺术界的政治大讨论，才能做出法律决定。“商业用字收费”是一个政治问题，不是法律问题，只有全国人民代表大会才有权决策：中国著作权法是否要开世界之先河。

这样的大事，某些字体业者诱使法院判决“二次收费理由成立”，而不经过立法，方向是不正确的。

（一）知识产权刑事犯罪追诉规定，面临修改

2011 年 1 月最新颁布的最高人民法院、最高人民检察院、公

安部、司法部《关于办理侵犯知识产权刑事案件适用法律若干问题的意见》中规定，“传播他人作品的数量合计在500件（部）以上的”应当追究刑事责任。如果计算机字库打出的“每一字都是一幅美术作品”，那么中国工商企业的法人代表都要进监狱，因为他们企业网站、产品包装、说明书、日常商业文书上，累积使用的这样美术作品，肯定大大超过了500“部”。

（二）一个字，富三代

版权法规定，保护作者的经济权利，要延伸到作者身后50年。目前主张收费的，还有一些个人混杂其中，将免费发行字体软件，说成是书法作品；说软件免费，书法作品不免费。该个人从现在起，起码有50年的自然寿命；加上版权法规定的身后50年保护；也就是说按照30年一代计算，从现在开始该个人及其儿子、孙子、重孙三代，仅出示虚构的“美术作品原稿”，对“商业使用者”就有100年的版权收费权，可以主张“实际使用者、最终受益者”的赔偿费，这是不是很吓人。

（三）合理使用规定遇到特权

版权法合理使用规定，构成社会大众、媒体、政府机关合理使用作品的法律基石，但是对字体二次收费，完全失灵。这不是因为法律不严谨，而是因为“二次收费”太荒唐。

如果认可了计算机字体软件输出的每一个字，都是一幅美术作品，《著作权法》第22条规定合理使用，不能对抗作者的署名权。中国大街上招牌、站牌、路标上，企业的商业用说明书、文件上，理论上到处都应当有字体业者的个人姓名、公司名称，成为中国知识产权保护的一道独特风景线。

同时不可以个人学习、研究或者欣赏为理由，免费用字；因为学习、研究、欣赏的不是字体本身，不可以免责。介绍评论公开发表的作品、报道时事新闻、媒体转载时事性文章时，复制了字体的，法律没有规定属于合理使用范围。除非为字体本身的教学、研究开发，学校或研究机构的其他任何使用，都应当向字体业者交费，因为版权法没有规定在这种情况下，可以不向字体业者交费。

所有上述情况中寻求合理使用的人，都不能以自己是已发生字体的“二手使用者”进行抗辩，因为您电脑上显示的、打印的，是您电脑、打字机里软件的“一手”字体。您所使用的他人已发表作品，作为电子文档，只是发出有关信息，调用了您计算机本身的字体程序。如果您计算机中没有装载某款字体，即使外来文件是用该种字体表示的，您计算机屏幕上还是不会出现该款字体；只会在您计算机中装载的字体中，随机选择一种字体进行显示。

（四）在法律上，每个人使用计算机的人，都是潜在收费对象

街上的打字社，提供印名片业务；打字社使用字体软件，生产名片；“二次收费”成功之后，名片上的每个字都是一幅美术作品，那么每个持有这样名片的人，包括正在阅读本文的人，都应当去中国著作权保护中心应当筹建的“中国字体使用费收转中心”，交一笔“书法作品使用费”。因为名片在社会商业往来中，广泛使用，其中单字肯定不是学习、研究、欣赏、课堂教学、科学研究使用，所以要交“书法作品使用费”。

您正在阅读的本文，在本人享有版权的同时，还是字体公司的5000多个“美术作品”构成的美术作品专集。作为使用者，本人必须向字体公司交版权使用费，因为本文对象不是字体的研究开发，不属合理使用范围。您如果从网上复制本文，您也必须交费，因为您的复制，需要得到美术作品作者的平行许可。

（五）导致字体业者的利益边界，延伸到每一个中国人

在“二次收费”社会中，中国人没有“国标字体”可以免费、自由使用。

1. 印刷汉字

传统印刷汉字的国标涉及定量、定音、定序和定形。与计算机字体保护有关的是定形，其解决的是不同写法的字选择取舍、错别字修改，如推荐“规诫”，废止“规戒”；推荐“靡”，废除“糜”。

“朵”字上面要写成“几”，不能写成为“乃”；吞”上面应当写成“天”，不能写成“夭”。至于诚、靡、朵、吞写成什么风格，并没有国标。[1]

《现代汉语通用字表》[2] 规范的是“汉字的字形结构、笔画数和笔顺”，[3] 其中“字形结构”即指上述“定形”内容。《现代汉语通用字表》全文用的是宋体，但并不是宋体本身的标准。也就是说《现代汉语通用字表》使用宋体，但不能阻止字体业者对有自己特点的宋体字体，主张版权。如 Windows98、2000、XP、2003 中捆绑的“中易 GB13 000.1/GBK 宋体和黑体”已经主张并经一审法院认定为享有版权保护。

2. 计算机汉字处理

新兴的计算机汉字技术有国标，仅规范汉字如何在计算机内传递，如何显示的机内国标码问题。[4] 汉字矢量字体没有国标（已有的推荐性国标亦已费止），[5] 也就是说我们日常使用的所有计算机字体，都有版权。

我国版权法的已有实践表明，某些法院对汉字书法、美术字设计，倾向采用低的独创性标准，实践中可以描述为“有差别就有版权”。这与发达国家字体保护，有相当差距。在“有差别就有版权”之下，没有特点的计算机字体单字是不存在的，因为没有一个字体

---

❶ 广州黄浦教育网．汉字“四定”［EB/OL］．［2010.10.31］http：//www.hpedu.gov.cn/Article/ShowArticle.asp? ArticleID=16164.

❷ 中国语言文字网．语言文字规范标准库［EB/OL］．［2010.10.31］http：//www.china-language.gov.cn/wenziguifan/index.htm.

❸ 国家语言文字工作委员会，中华人民共和国新闻出版署．关于发布《现代汉语通用字表》的联合通知［EB/OL］．［2010.10.31］http：//www.china-language.gov.cn/wenziguifan/shanghi/014a.htm.

❹ 百度百科．信息交换用汉字编码字符集［EB/OL］．［2010.10.31］http：//baike.baidu.com/view/25492.htm.

❺ 国家质检总局网站．废止国家标准目录［EB/OL］．［2010.10.31］www.aqsiq.gov.cn/cms/data/25/16398.pdf.

业者，认为自己的字体没有独创性。因此某些字体业者的利益边界，已经延伸到每一个中国人，使用计算机输出的普通宋体、仿宋、楷体、黑体，“每一字都是一幅美术作品”。

四、计算机字库的权利范围

（一）某些字体业者的诉求

要求“社会二次用字”可以单字收费的不同字体业者，其主张的作品对象和权利范围，可以举例、总结如下：

（1）字体软件同时还是一个美术作品集，包含有国标规定范围的有关汉字；

（2）字体软件发生的单字，是美术作品的单纯数字化，属于同一作品；

（3）字体软件发生的单字，每一幅都是一件美术作品。

运动蔓延，甚至会大量出现极端事件如“临时用字”侵权。春节期间，某饭馆C为烘托气氛，委托印字社B设计“新春快乐”春联包括图案和文字；印字社使用网络上明确说明是免费的字体。字体业者A春节过后，向法院起诉饭馆C，说是软件免费，但书法作品不免费；临时使用书法，未经许可，亦属侵犯版权，要求赔偿损失，登报道歉。

某些字体业者兴风作浪的基本手段，是将字体工具伪装成为“美术作品”；将字体工具产生的单字，伪装成创作字体；将计算机字库打出的单字，等同于创作字体起来，要求对字体工具产生的单字，作为创作字体收费。

这种逻辑，千古难寻。

（二）自古以来的字体工具

字体工具，是采用不同技术，对设计字体、书法字体的再现、复制手段，提供给用户，可使用户根据需要，挑选复制字体中的单字。字体工具随着技术进步而进化：

（1）字帖，以纸质图书为手段，再现字体，供人们临摹字体，临摹涉及字体中单字的复制；

(2) 印刷机，以油墨、印刷机等工业手段，供人们印刷，印刷涉及字体中单字的复制；

(3) 打字机，以便携机械方式，供人们打字，打字涉及字体中单字的复制；

(4) 计算机字库以计算机程序、软件为复制手段，与计算机结合成为字体工具，供人们设计、印刷，设计、印刷涉及字体中单字的复制。

(三) 字体工具，不是美术作品

铅字，指印刷机、打字机汉字字盘上，所使用的金属立体长方字条。在铅字时代，中国人使用字体，要从汉字字盘上选择单字。铅字作为字体工具，不是字体本身，不是美术作品；如果将中文打字机也算作字体工具，那么中文打字机更不是美术作品（英文打字机也同样），只是一种工业产品。

字帖是不是美术作品呢？答案是字帖是美术类图书，是美术作品的演绎作品，仍然不是美术作品本身。在我国国标之一《中国图书馆分类法》中字帖的分类纲目是：中图分类号查询 〉艺术 〉书法、篆刻 〉中国书法、篆刻 〉书法：毛笔字；硬笔字；美术字；少数民族文字；拼音文字。这说明虽然字帖上的字体，与书法、设计字体的字丝毫不差，但字帖不是美术作品，只是美术作品演绎出来的图书作品。

字帖演绎作品的性质，还可以举出很多，如雕塑艺术画册不是雕塑本身。《中国图书馆分类法》中雕塑艺术画册的分类纲目是：中图分类号查询 〉艺术 〉雕塑 〉中国雕塑作品 〉泥塑、塑像，这说明雕塑如泥塑、塑像虽然是立体造型，但是可以产生以图片、照片等手段制作的艺术类图书作品，但雕塑艺术画册并点雕塑。

(四) 计算机字库是字体工具

“计算机字库是美术作品”是出于特定软件的使用效果，产生的主观想象。软件可以有很多技术效果，如可以产生音乐效果的软件，不是音乐本身；可以产生雕塑作品感觉的激光效果软件，不是雕塑。同理刀具生产软件不是刀具，飞行导航软件不是飞机，武器发射软件不是武器。

著作权法作品的性质是法定的，不因特定使用效果而改变。字体软件的运行结果，导致与计算机结合，提供成套字体供使用，这是字体软件的使用效果，不能反过来说这种软件是美术作品。

《著作权法实施条例》第4条第（8）款，明确规定了美术作品，必须本身即有视觉效果，说白了就是人类用肉眼，可以看出是平面或立体造型的艺术作品。而引起社会讨论的计算机字库，本身是用计算机语言编写的true type格式的矢量数据文件，不具备任何人类肉眼可视的字体造型，所以不能归入任何美术作品范围。

1. 从可视性内容看，计算机字库是软件

《计算机软件保护条例》规定了计算机软件是“代码化指令序列”。而引起社会讨论的计算机字库，是以C语言等编写的true type格式的字体文件，其可视效果包括一系列英文（包括正常的语句和简写、缩写）字句、数学计算过程等。

2. 从工作原理上看，计算机字库是软件

以下是计算机字体软件的一个功能语句：

```
TableDirctory * GetTrueTypeFont (HDC hDC, DWORD &nFontSize)
{
//query font size
nFontSize=GetFontData (hDC, 0, 0, NULL, 0);
TableDirectory * pFont = (TableDirectory *) new BYTE (nFontSize);
if (pFont==NULL)
return NULL;
GetFontData (hDC, 0, 0, pFont, nFontSize);
```

```
return pFont;
}
```

3. 从使用方法、效果来看，计算机字库是软件

计算机字库这样使用：

（1）将 true type 字体文件装入个人 PC 机、手提电脑，具体来讲就是打开“控制面板”，装入“字体”文件夹；

（2）此后计算机字库可应操作者的指令，直观来讲就是敲击计算机键盘，产生带字体的单字。

计算机字库与计算机操作系统的互动，产生类似中文、英文打字机使用方法、效果，构成了《计算机软件保护条例》规定的技术效果：计算机字库提供矢量字体，使操作者或者撰写文稿，或在新创作之美术作品中，使用字体单字。计算机字库在这里的作用等同于中文打字机的中文字盘，而计算机的 CPU、操作系统、打印机等外部设备相当于打字机的机械部件。

（五）字体软件是独立作品

计算机字体是独立作品，因为具有独立的独创性、可复制性，而这些是版权保护领域中，判断新作品属性的重要标准。

1. 新的独创性

字体软件要在计算机环境中完美再现、处理字体，要解决计算机选取参数、编程本身的技术问题，其独创性表现在计算机技术上。而无论是书法还是美术字，书写、设计本身都不存在这些问题。

2. 新的复制功能

字体软件除了可以使人们欣赏字体之外，还提供了方便、快捷复制功能，单个字从理论上可以无限复制；而这一新功能，美术作品是完全不具备的。最直白的事实莫过于：任何一种美术作品，即使主张美术作品与计算机字库是同一作品的人动手，也无法使美术作品与计算机兼容，计算机不认这些美术作品。而字体软件对于计算机，可谓如鱼水。

（六）作品的单纯数字化和演绎作品的界限

事实上，在计算机时代，尤其是平面艺术作品如绘画、书法，都可以计算机数据方式存在，如书法作品的网络照片或者数字化版本。但是计算机字体软件的技术特性不同，其不仅导致字体展示，更有挑选、复制单字体的功能，是一种新的、独立的作品形态，是字体的演绎作品。

美国版权局对电子字体的有关分析历史，充分说明这一问题。1988 年 9 月美国版权局面对新技术的挑战，对电子字体作品的版权登记，首次作出回应，发布了《数字化字体版权问题的政策决定》：认为由于美国版权法明确禁止字体本身的版权保护，而同时电子字体只不过是字体的数字化，数字化没有创造性劳动，只产生固定格式的数据，所以不产生新的权利，电子字体没有版权保护。读者用 POLICY DECISION ON COPYRIGHTABILITY OF DIGITIZED TYPEFACES（有关数字化字体的版权决定）在网上搜索，即可看到美国版权局该公告的全文，该公告依据的技术基础是 bitmap type fonts 即“点阵字体”，该技术的特点是将实物字体，存储为电子字体图形上的黑、白点，如同过去报纸上用黑、白点反映的黑白照片一样。

技术在迅速发展，转眼到了 1992 年，美国版权局又发布了《产生字体之计算机程序的版权登记最终规则》（即 FINAL REGULATION REGISTRABILITY OF COMPUTER PROGRAMS THAT GENERATE TYPEFACES。可以用该英文在网上查找美国版权局该公告的全文）。该最终规则依据的技术，是 scalable type fonts 即矢量字体。矢量字体的字形通过数学方程来描述，有关函数的确定和编程，对于字体的表达有很大影响；美国版权局认为失量字体软件存在创造性劳动，因而是版权保护的单独对象。

至此，美国计算机字体的版权保护，实际上与其他发达国家水平相差无几：美国虽然认为字体本身没有版权，但是保护字体产生的演绎作品即字体软件。明确字体本身有版权的国家如英国、德国，对字体的保护与美国一样，仅保护的作为造字工具，如未经许可将字体用于生产铅字铸字，制作字体软件；并无软件产生单字的社会收费规定与实践。

五、社会商家不侵权——从侵权法角度

（一）单字构成作品，违反版权法规定

《著作权法实施条例》规定美术作品，本身应有视觉效果，应为人类肉眼可以观察的平面、立体艺术作品。而引起社会讨论的计算机字库，本身是计算机程序，不具备任何人类肉眼可视的字体造型。“计算机字库是美术作品”是出于特定软件的使用效果，产生的主观想象。软件可以有很多技术效果，如产生音乐效果的软件，不是音乐本身；产生雕塑作品感觉的激光效果软件，不是雕塑。

计算机软件是技术语言编写的文字作品，这是世界范围的专业共识，其中的字体软件怎么会是“文字作品＋美术作品”呢。

1. 版权法保护作品之构成要件的原因

我国版权法实施条例规定作品的构成要件有两个，即（1）具有独创性；（2）以某种有形形式复制。字体业者出版、发行了字体工具，指是一本字帖、一套铅字（汉字或外文字母）、一套计算机字体软件，这些可以字帖、铅字、计算机字体软件等有形形式复制，是字体业者的作品保护范围。

字体业者主张的字体单字仅有抽象存在，在字体软件中，并没有可单独复制的载体；这些单字只不过是字体软件的运行结果，所以不构成独立作品。

2. 版权法上发行行为的规定

我国版权法规定的发行，指以出售或者赠与方式向公众提供作品的原件或者复制件的行为。字体软件制作者没有发行抽象的实用字体单字，其在发行阶段销售的是字体软件，销售时并没有主张对哪个单字收费，只是到了认为他人“商业使用”某字产生效益时，字体软件制作才追上来，有选择地主张使用费损失。没有发行，就

没有经济收入，哪里来的损失，哪里来的赔偿呢？

3. 版权法“复制侵权”的规定

字体工具只是或者直接、间接，或者通过在计算机上使用，表现了实用美术作品，本身并非实用美术作品，使用字体工具产生字体单字，也没有复制全套字体，因而不侵犯字体的版权。

字体业者网站上，要求收费的合同、规定的标题，本身用的就是中易公司、长城公司等的“单字美术作品”。按照逻辑，主张收费的字体业者，本身就没有对商业使用交过什么费用。

（二）单字构成作品，动摇知识产权法基本原则

1. 是专利，还是版权

要求“社会二次用字收费”的不同字体业者，在诉讼中主张权利的方式高度一致：高举或真或假的创作字体原稿，说明商家使用的字与原稿一致；甚至不管有多大变化，都属于同一作品。这是一种专利式保护的错误思维。获得外观设计专利保护，只需向国家知识产权局申请，不需要发表、发行行为。目前中国外观设计专利采用了世界上保守的做法，为了保护表达自由，对字体甚至不授予专利权。字体业者没有专利权，其依据创作字体，到社会上收使用费的主张，不能成立。

2. 字体工具向美术作品，不存在转换关系

美术作品向字体工具，存在转换关系，指美术作品中设计得清楚、容易被人辨认的作品，用人工或靠软件辅助，提取特征，扩展、演绎成成套字体，制作成计算机字库，用于在人际文字交流中，对文字加以美化。

字体工具向美术作品，不存在转换关系。成套字体可以做成软件向社会销售，就不能称为美术作品，而只说是工具化的字体了。因为这时其已经不是个人书写作品，而是有统一风格的一套汉字字形，制成计算机软件或数据库，任何人在任何时间、地点进行使用字体软件进行输出，结果完全一样。

对这种高度统一的使用结果，如果书法家对使用结果产生的单

字，再主张书法的权利，则是试图进行字体工具向书法的回收，是违反版权法的。

3. 权利用尽问题

所谓“权利用尽原则”指权利人销售（包括收费或免费许可使用）作品之后，对著作权法没有禁止的作品使用行为、利用行为，权利人丧失了权利，表现为不得再行使权利，或者是没有权利。“权利用尽原则”又表达为“首次销售原则”，指知识产权权利人对其销售、许可的产品，丧失了知识产权，无权干预该产品的转售、使用等。

字体软件向社会发行，以及第三人对单字体的使用中存在两次权利用尽：

（1）美术作品作者设计出作品，提供给字体业者，获得了相应收入；后者制作出字体软件。此时美术作品作者对该套字体软件及其软件体现的整套美术字体，权利用尽。美术作品作者不可依据在先登记之作品版权，指控字体业者商业制作、发行软件，直接侵犯了自己在先登记之美术作品版权；或者以商业制作、发行软件为手段，帮助第三人使用软件发生之单字，所以构成辅助、间接或共同侵权；

（2）字体业者完成、发行字体软件，获得了相应收入；此时美术作品作者、字体业者对于字体软件产生之单字的使用、流通，权利用尽。美术作品作者、字体业者不可依据在先登记之美术作品作者、计算机软件的版权，指控社会第三人使用单字直接侵犯了自己在先登记之美术作品作者、计算机软件的版权。

权利用尽原则是知识产权法的普遍原则、一般常识。要想打破这样的一般原则、常识，必须有著作权法的例外规定，如：

① 卡拉 OK 收费。经词曲作者许可制作的音像制品，其销售以后，词曲作者的权利并没有用尽，其还可以向歌厅收费。这就是首次销售、权利用尽的例外，因为《著作权法》第 10 条第 1 款中明文规定了设备表演权。（现在知识产权专业界流行的称呼是“机

械表演权”，本人认为是对英文的字面翻译。而“设备表演权”是最贴切的，设备表演包括了早期的表演机械如老式放映机，包括了现代的电子技术设备，如电脑）。

② 计算机软件制作者对软件出租行为，有权进行“二次收费”，是因为《著作权法》第10条第1款之（7）项明文规定了计算机软件的出租权，软件销售以后，软件著作权人还有权禁止购买人商业出租该软件。

所有二次收费规定的原因，都是对有关作品的再利用，会影响该作品版权人的收入。卡拉OK中播放音像制品，会影响该音像制品的整体销售数量，影响音像制品制作者以及词曲作者的收入。计算机软件的出租行为，会影响该软件的整体销售数量，从而影响软件制作者的收入。

计算机字库产生的单字，没有法律规定可以二次收费，因为社会无关第三人的经营五花八门，且与字体软件制作者没有任何竞争关系，计算机字库产生的单字，不会影响字体软件的销售收入。

可以肯定地说“二次用字”收费不是民事诉讼能解决的问题，而是一个立法问题，一旦有了法律规定，社会第三人违法“二次用字”的主观违法性、行为的违法后果就一清二楚，不用曲解现有法律，达到诉讼目的。

字体业者维权的重要理由之一，就是由于中国软件盗版严重，导致字体业者收不抵支，再不将社会第三人列为收费对象，中国字体业将全军覆没。这样的理由与上述作为权利用尽之例外的二次收费合法理由，明显不同。

本人认为：这样理由，不属于权利用尽之例外的合法理由，所以不能适用权利用尽之例外。同时这样理由也是不成立的：软件盗版受害不限于字体业，别的软件行业并没有对社会第三人，二次收费的权利。广大社会第三人与字体软件销售、许可无关，他们对单字的使用，没有影响字体业者根据现有法律的合法销售收入。

因为字体业受盗版巨大损害，所以社会第三人有义务供应字体业发展需要的资金。在这样逻辑关系中，盗版传播者与字体业者的利益不但不矛盾，反而高度一致：盗版传播者不花费字体业者的成本，大力传播；设计公司有否责任，可以不问；社会第三人对所使用的单字，应当向字体业者按字数交年费。这种规范的合法性、合理性，在进行有关立法时，可以正式讨论。

六、社会商家不侵权——从合同法角度

（一）《字库软件最终用户许可协议》是对人权还是对世权

法律的基本原则是：民事权利分为对世权、对人权。对世权又可称绝对权或对物权，是对其他任何人的权利，如所有权。对人权是对特定人的权利如债权，债权人只能向特定债务人主张合同权利。

字体业者为了实现对社会“二次用字”的收费，在某些字库软件中，单方面追加了要求，即如果用于商业用途，对软件购买者这样的特定人，每字要求支付数目不菲的使用费。这种要求仅是单方面的合同要求，并非法律规定的权利：即这一要求是某个企业或个人提出的，而不是中国法律的保护“美术作品”的规定产生的后果。

《字库软件最终用户许可协议》是约束计算机字库购买者的合同，仅适用字库软件买卖者之间的关系，字体业者可以主张的是相对权、合同权、对人权。

（二）字体使用合同要求不涉及第三方

我国并没有根据双方合同追究第三人责任的制度。我国《民法通则》第116条规定：“当事人一方由于上级机关的原因，不能履行合同义务的，应当按照合同约定向另一方赔偿损失或者采取其他补救措施，再由上级机关对它因此受到了损失负责处理。”《合同法》第121条规定：“当事人一方因第三人的原因造成违约的，应当向对方承担违约责任，当事人一方和第三人之间的纠纷，依照法

律规定或者按照约定解决。”

以上是对当事人因第三人的原因违约，应当如何承担责任，我国法律的所有规定。所有规定均未赋予债权人直接向过错第三人主张赔偿的权利，这就是债权相对性的最明显的体现。

上述规定中的情况，是由于第三人原因，造成了合同一方违约。字体诉讼中被指控“二次用字”企业的情况不同，其完全没有造成他人违约。社会第三人只是设计公司所设计结果的接受者：

（1）社会第三人并没有要求使用什么工具设计、如何设计，根据合同法、侵权法，社会第三人也没有这方面的注意义务；

（2）社会第三人无法知道字体业者单方的特殊要求——追加收费，因为社会上字体很多，其他公司对字体，并没有单方面追加收费要求；

（3）我国法律仅规定了（美术作品中）字体作品载体即字体工具，禁止他人整体复制，没有规定字体工具发生的单字，也可以获得美术作品的保护。

（三）社会第三人不存在过错等侵权构成

字体业者与设计公司之间的计算机软件（或所谓“美术作品”）许可合同是什么版本，字体业者在该版本中提出了什么合乎或违反版权法的要求，以及设计公司与字体业者是否签订了“商业使用”许可合同，对这些社会第三人的经营者无从知晓——也就是说这是字体业者与设计公司之间应当用合同约定的事项，属于商业秘密，他人无法知道。

在互联网网站经营者承担共同侵权的案例中，互联网网站经营者对他人上载的违法内容，如果未尽合理注意，要承担一定责任，但这与我们讨论的问题没有可比性。

目前没有任何法律或案例说明“字体软件中的单字，是一幅美术作品”，“字体软件中的单字，享有版权法的完全保护”。社会第三人只知道字体软件有版权，不知道法律已经发展到“自己字体软件产生的单字，等于一幅美术作品”。

所以字体业者说：因为设计公司违反要求，从而“社会第三人因明知或应知设计公司违反要求”，从而使用字体软件产生的单字，就是侵权，这样逻辑在中间是不通顺的——只有明知或应知他人侵权，才有过错。而本案中涉及的是违约问题，而是否存在违约也是当事人的商业秘密，他人无法知道。

版权法判断是否侵权，适用的是民法的普通、一般侵权构成：以行为人主观过错为必要要件，有过错构成侵权，无过错不构成侵权。所谓“接触+相似-合法来源”是版权法判断侵权的最起码原则，是贯彻民法过错原则在版权保护领域中的最起码标准。仅根据字帖“版权登记”上有相同个单字，就判断社会第三人有主观过错，侵犯了“美术作品”的版权，背离了版权侵权的最起码判断标准，背离民法有关侵权行为的基本原则；跳跃了美术作品与字体、字体与字体工具、侵权责任与合同责任这一系列法律规范；并将计算机软件产生之单字的保护上升到“无过错责任原则”，是典型的滥用知识产权。

（四）社会商家的商誉，与字体业者无关

商家经营火锅城，取了名字叫做“传奇火锅”，所用了某字体业者的计算机字体。字体业者认为，商家经营火锅城的巨额利润，与其“传奇”的奇俊飘逸、仙风道骨，“火锅”的红火热辣、宾至如归，有直接或间接关系，其作品的艺术价值和实用性，不言而喻，商家理应支付年费。

字体业者出版的是计算机字体软件，整版字体中的单字按照汉字标准顺序排列，本身并没有传奇、火锅这样的组合。整版字体固然有共同是风格特征，但是说每个字都表达了奇俊飘逸、仙风道骨、红火热辣、宾至如归，恐怕不是每一个人都有这样感觉，尤其是组合成“大锅饭”“饭店着火”“千古奇冤”“坏事传千里”。

为了经营好品牌，维护自己商誉，商家要进行大量的人力物力、智力的投入，曲曲折折、起起浮浮，最终才有了一定的收入。商家自己的努力，是“传奇火锅”招牌商誉的原因。火锅业不销售美术作品，字体业者也没参与“传奇火锅”实际经营，其4件美术作品与多年来商家的利润无关。

（五）司法一小步，代替立法一大步

计算机字库在国外是有保护的，这话不假。但说国外计算机字体的保护，管到二次收费，纯属误导。英语字体有五万种、三万种之说，日文中也有很多汉字。从英国的第一部版权保护至今有300年历史；国外没有任何案例，将铅字字体、计算机字体的保护，从其本身延伸到印刷出来的单字。香港版权条例有关字体版权的规定，与英国版权法一模一样。谁说国外计算机打出的单字有版权，请他到香港打一个官司，回来做样板，否则免谈。

由于事关国计民生，世界包括中国没有任何法律敢于规定：字体软件发生的每一个单字，作为美术作品，有权禁止他人使用。因为世界范围的版权保护，没有这种需求。在中国，在字体业者推动下，某个地方法院一旦通过判决说软件收费以后，单字还要交钱，即属明明白白地修改了法律，划了时代，勇登世界版权保护强度的最高峰。

其结果只能是：在中国人只知道字体软件本身有版权的情况下，法院推行一种错误判断，即商家使用单字，有主观过错。这种结论在中国是经不起历史考验的，法律没有规定字体软件的保护，已经发展为“单字即有版权”，连专家还在争论，商家怎么会有主观过错呢。

七、字体保护的国际公约和外国法律、司法实践

字体的保护，仅到字体作为造字工具如铅字、软件、字帖的复制、发行为止，这是世界各国对自己的文字字体保护和发展，深思熟虑的结果。

以下的国际公约、各国法律均规定，社会第三人使用字体工具产生的单字体，不侵犯字体版权。笔者认为，这种各国整齐划一的规定，表现出的法律智慧是：用恰当的保护，极大地方便了文字字体的开发和利用。

人们都知道，美国版权法中既然规定：字体本身不受版权保

护，美国版权局对于单纯字体，也不给予版权登记；但是美国是英语字体的大国，其字体开发企业仍然很繁荣。原因很简单：

（1）世界各国和法律怎样行文、规定，实际上对于不指定载体、不划清保护范围的单字体，均不保护。抽象的、没有载体的单字体，没有复制权、演绎权。

（2）世界各国和法律怎样行文、规定，包括美国，对实际上有载体、划清保护范围的字体，如字帖、铅字字体、字体软件都予以保护，未经许可，均不得复制、发行和擅自演绎。字帖、铅字字体、字体软件的权利人都可以销售、许可他人使用这些字体工具。

（一）日本案例

日文字体、英文字体像汉字字体一样，是有关国家人民生活、社会经济和文化发展的重要事件，有关国家对法律保护非常谨慎。

2000 年 9 月 7 日日本最高法院对一件字体侵权纠纷上诉案，下达判决，在日本产生了巨大影响。

（原审）原告认为（原审）被告独立设计、随后销售的一套字体软件，与自己的字体相近似，提出版权法侵权之诉。认为构成了对自己字体作品的演绎。日本最高法院判决书认为（本人逐字翻译）：

印刷用字体是否属于作品，应当从这两点考虑，即与已有印刷字体相比，是否有显著特征从而独创性；和字体本身是否成为鉴赏对象，从而具备美的特性。

从这些角度观察，印刷用字体独创性虽然较低，但从实用机能角度看，如果具备一定美感，该印刷字体用于小说、论文等印刷品的出版，则需要标注字体权利人姓名，并得到其使用许可（意思是：非装饰性、描述性字体不能做得花里胡哨，否则他人难以辨认，影响其实用功能；如果将非装饰性、描述性字体作为书法保护，那么字体业者会坚持作品署名权，于是小说、论文等印刷品的出版，则需要标注字体权利人姓名，产生类似旅游景点的涂鸦效果；还要得到字体权人的许可）。

在复制作品时，又要得到字体权利人许可。

使用与已知印刷字体类似的字体，该字体的改进，亦可能难以进行。

这就与促进作品公平利用、保护作者权益、促进文化发展这样的著作权法目的产生背离。由于要发挥文字固有的信息传达功能，所以印刷字体形态必然受到一定制约。如果作为普通的作品保护，由于著作权的成立不需要审查和注册，日本又未实行著作权对社会公布制度，所以仅有微小差异的无数印刷用字体，如果都有著作权，会导致权利关系复杂、混乱。

从以上观点看本案，上诉人（原审原告）字体，是既存各种歌西克体基础上发展起来的。在“以往歌西克体没有之美术设计”同时，以“保持文字本来机能的美感、容易阅读、不求新奇的朴素字体”构想，未超出以往歌西克体之外。这说明上诉人的字体未能具备上述独创性和美的特性，从而未构成著作权法规定之作品。同时上诉人不具备独创性和美的特性的字体，也不能构成《保护文学、艺术作品伯尔尼公约》上的“实用艺术品”。

出于上述理由，日本最高法驳回上诉、维持原判（由于文件太长，无法作为注释，故作为本文附录）。

对上述案件，不同利益群体可能强调不同层面。字体的确需要保护，字体设计的确需要繁荣。字体软件制作者对字体的繁荣作出了巨大贡献，同时会有很多无奈。在中国字体软件制作者面临的特殊问题，还有大量字体软件的盗版使用。

某些字体业者于是将目光转向了众多工商企业：由于字体软件的广泛发行，大量专业设计公司用字体软件进行辅助设计，导致其客户——众多工商企业在经营中，使用了字体中的单字，表现为店名、广告、商品名称、商品标签、说明书等。

某些字体业者于是要求法律设计一种新的利润增长点：将这些单个的字作为书法作品、绘画作品进行保护，对使用者按年收取版权许可使用费。

为了达到这种新的利润增长点，在日本和中国现在都产生了

“字体缺乏法律保护”的呼声和争论。笔者建议大家浏览一下日本字体协会的网站：typo. or. jp/info/morals/moral3. html，你会发现日本字体协会有关文章《望ましいタイプフェイス法的保護のあり方：添付図》，针对日本最高法院上述判决，认为有失公平，呼吁加强对字体的保护，该文章举了一个“爱”字的例子，来说明某些字体软件制作者要求的字体保护内容：

字体软件使用中，发生的每一个字如“爱”，都是一幅作品；任何人未经许可，不得复制这个“爱”字；任何人改变了该“爱”字，也构成侵权。

日本字体协会的要求如果实现，在日本就会出现比卡拉OK收费更广泛的社会现象：“字体权利人”会向社会所有工商经营者，收取字体费。由于同类字体之间差别比较小，日本的企业可能分不清谁是权利人，权利人之间也会互相指责侵权。取得支配地位的字体业者可以利用产品在市场上的优势，起诉他人演绎侵权，障碍字体的更新换代。

这种结果是日本司法者所不愿意看到的，因此日本法院涉及字体的案例，坚持了正确的政策——对计算机用的描述性字体，即对容易辨认之字体（相对于要花时间辨认的图画字、图案字）的独创性，予以否定，认为不能与千千万万人所书写的字体有明显区别的，不构成作品。

读到这里，大家回头看日本最高法院的判决，就会知道日本最高法院为什么要这样意味深远地说，字体保护如果不加思考则“使用与已知印刷字体类似的字体，该字体的改进，亦可能难以进行”；以及其他我们看来“不是理由的理由”。

笔者认为日本最高院的判决走了另一个极端。事实上本案原告字体作为整体，应当是有版权的；而被告的字体，应当判断是不侵权。

笔者认为：对于单字体本身没有版权、不能阻止他人善意使用相同字体的原则，不同国家有自己的法律思维方式、判决道路。但是结果是一样的。

《望ましいタイプフェイス法的保護のあり方：添付図》中文翻译为《我们所希望的字体法律保护方法，带附图说明》，矛头直指上述日本最高法院判决。对照附图，加上该文章中的日文“汉字”，中国读者可以明显看出文章的含义。用“望ましいタイプフェイス法的保護のあり方：添付図”直接拷贝进行搜索引擎，即可方便地找到该文；对该文的上一级目录进行点击，可以进一步看到日本字体协会的有关主张。

（二）字体保护及国际备案的维也纳协议

《字体保护及国际备案的维也纳协议》于1973年签订，主要反映了欧洲国家的利益，是目前有关字体保护的唯一国际协议。由于生效需要13个国家签署，而自1973年至今，只有11个国家签字，所以目前仍未生效。以下是实质条款。

第7条　保护条件

（1）字体受到保护，条件是具有新颖性，或具有原创性，或同时具有新颖性和原创性。

（2）字体的新颖性和原创性，由其风格和整体外观决定，如果需要应考虑相应专业的判断标准。

以上条款说明：协议为缔约国提供了三种选择：或要求新颖性也就是与已有字体不相同、不相近似；或要求原创性即只要求是自己独立创作的；或即要求新颖性、又要求原创性。

以上条款说明：字体保护与书法保护不同，字体保护要由字体整体外观决定，在决定整体外观是否有新颖性、原创性时，不是采取用户即社会无关人的标准，而是字体业的专业标准，也就是对于字体设计者来说，某款字体是否有足够特点，达到版权保护标准。

第8条　保护内容

（1）字体保护赋予其所有人下列禁止权：

（i）未经权利人同意，出于为制作文档提供工具之目的，使用任何图形技术，无论以何技术手段或材料，对字体进行相同或微小修改之复制；

(ii) 未经权利人同意，对该复制品进行商业发行和进口；

……

(4) 取得字体的人，在通常文档制作中，制作字体的要素，不构成第（1）条（i）项中的复制。❶

以上条款说明：字体作为一种版权法上的权利，只禁止为制作文档提供工具之目的，如为制作文档提供字库软件、打字机之目

---

❶ Vienna Agreement for the Protection of Type Faces and their International Deposit

Article 8

Content of protection

(1) Protection of type faces shall confer upon the owner thereof the right to prohibit:

(i) the making, without his consent, of any reproduction, whether identical or slightly modified, intended to provide means for composing texts by any graphic technique, irrespective of the technical means or material used;

(ii) the commercial distribution or importation of such reproductions without his consent.

(2) (a) Subject to subparagraph (b), the right defined in paragraph (1) applies irrespective of whether or not the protected type faces have been known to the maker of the reproduction.

(b) Contracting States in which originality is a condition of protection are not required to apply subparagraph (a).

(3) The right provided for in paragraph (1) shall also cover any reproduction of type faces obtained by the distortion, by any purely technical means, of the protected type faces, where the essential features thereof remain recognizable.

(4) The making of elements of type faces, by a person acquiring type faces, during the ordinary course of the composition of texts, shall not be considered a reproduction within the meaning of paragraph (1) (i).

(5) Contracting States may take legislative measures to avoid abuses which might result from the exercise of the exclusive right provided under this Agreement in cases where, apart from the protected type faces in question, no other type faces are available in order to achieve a particular purpose in the public interest. The legislative measures shall not, however, prejudice the right of the owner to just remuneration for the use of his type faces. Nor shall the protection of type faces under any circumstances be subject to any forfeiture either by reason of failure to work or by reason of the importation of reproductions of the protected type faces.

的，对字体进行相同或相似的复制。

也就是说：在1973年的铅字时代，禁止未经字体权人许可，在打字机上，使用与版权字库相同、近似的铅字字体。但是并不禁止打字机的购买者，用该打字机打印自己的商业广告、信函。

在20世纪90年代计算机时代到来后，我们讨论的情况（即本文开始假设的“传奇火锅”事件）如果模拟《字体保护及国际备案的维也纳协议》来判断，结论是：

依据第8条之（4）即“取得字体的人，在通常文档制作中，制作字体的要素，不构成第（1）条（i）项中的复制”之规定，社会第三人合法购买了包含传、奇、火、锅4个字的招牌设计，并不构成“为制作字体工具之目的”，对书法字体的复制，故社会第三人使用该4个字，不构成复制字体侵权。

应当指出的是《字体保护及国际备案的维也纳协议》签署的年代，是保护铅字的年代，但是其保护的基本原则，即“字体的保护，仅涉及造字工具的生产，不干涉社会第三人的用字”，在今天对计算机字体软件，仍然不会改变。

（三）英国1988年版权、工业设计和专利法

英国版权法是世界上少有的、明确规定保护字体的版权法。其规定的方式是：在不构成侵权行为的内容中，间接规定了字体的保护。

第54节在通常文字和印刷过程中使用该字体：

（1）对字体设计所构成之艺术作品，下述行为不构成版权侵权：

（a）在通常打字、作文、排版或印刷过程中使用该字体；

（b）为上述使用而管控任何物品（如机械打字机——笔者）；或

（c）对上述使用所产生之文档、材料，进行处置；

上述物品即使侵犯了该艺术作品的版权，使用该文档、材料亦

不构成版权侵权。❶

上述规定的意思是：在通常文字和印刷过程中使用字体的，对（包含）字体设计（所构成）之艺术作品，下述行为不侵犯字体版权：

（a）在通常打字、作文、排版或印刷过程中使用该字体；

（b）为上述使用而管控任何物品（如机械打字机）；或

（c）对上述使用所产生之文档、材料，进行处置；

上述物品（如机械打字机使用的铅字字体）即使侵犯了该艺术作品（字体）的版权，使用该物品产生的文档、材料，亦不构成版权侵权。

我们假设的案例如果模拟英国 1988 年版权、工业设计和专利法来判断，结论是：

依据第 54 节“在通常文字和印刷过程中使用该字体”之例外之（1）（c）之二：“上述物品即使侵犯了该艺术作品的版权，使用该文档、材料亦不构成版权侵权”的规定，即使设计公司使用了盗版的字库软件，产生了“传奇火锅”等招牌设计，与字体软件使用无关之社会第三人，不构成版权侵权。

英国 1988 年版权法上述规定，产生于铅字字体时代。而现代的计算机字体，要按照计算机软件保护。两种保护效果是一样的，

---

❶ UK Copyright, Designs and Patents Act 1988

Typefaces

54 Use of typeface in ordinary course of printing

(1) It is not an infringement of copyright in an artistic work consisting of the design of a typeface—

(a) to use the typeface in the ordinary course of typing, composing text, typesetting or printing,

(b) to possess an article for the purpose of such use, or

(c) to do anything in relation to material produced by such use;

and this is so notwithstanding that an article is used which is an infringing copy of the work.

即字体的保护仅适用于造字工具，不干涉社会第三人对字体软件产生之单字的使用。

（四）香港版权条例

香港版权条例，沿用英国版权法，是理解英国版权法的最好注解。

《版权条例》第62节规定。

在一般印刷过程中使用字体：

（1）以下的作为并不属侵犯由字体的设计所构成的艺术作品的版权：

（a）在一般打字、作文、排版或印刷过程中使用该字体；

（b）为该等用途而管有任何物品；或

就该等用途所产生的材料作出任何事情，而尽管某物品属该艺术作品的侵犯版权复制品，使用该物品亦不属侵犯该艺术作品的版权。

（五）美国的法规和实践

《美国联邦民事规则》第37章第202节之1有关规定：以下是版权不保护，不能进行版权登记之对象的举例：

（a）语词和短语如姓名、标题、标语，家族标记或图形，印刷体装饰花边的单纯变体、笔法或色调，成分或内容的单纯表格；

（b）从书面表达或描述的具体方法中，抽象出来的构思、计划、方法、系统或装置；

（c）设计用来记录信息本身不传达信息的空白表格，如时间表、坐标纸、账目表、日记本、银行支票、记分表、地址簿、报告表、订单表等。

（d）完全由共同财产性质信息构成的作品，如标准日历、身高体重对照表、尺子、卷尺、赛事表，以及从公共文件或其他公共资源整理的清单或目录。

(e) 字体本身。[1]

这一规定说明，美国对于字体，不赋予版权法上的抽象的复制权、演绎权。但是在美国字体软件、字体外观设计，是完全受版权法、专利法保护的。而且美国版权局也明确指出，字体可以受反不正当竞争法保护。同时字体名称，在美国受商标法保护。下面用一个 15 年前美国的经典历史案例（可用 Adobe Systems Inc. v. Southern Software Inc. 在网上寻找）来说明美国字体版权保护的历程。

本案原告是著名的 Adobe Systems Incorporated 公司（Adobe）。

本案公司被告是 Southern Software，Inc. 公司（SSI）；本案个人被告是自然人 Paul King（King）。前者 SSI 是后者 King 开设之一人公司，他既是雇主，又是雇员。

本案的起因是 SSI 具体来说就是 King，在第三人协助下，使用字体编辑软件“再造”Adobe 字体，制作出 SSI 公司的 3 款字体，许可他人使用，收取软件使用费。

---

[1] 37 CFR 202.1

202.1 Material not subject to copyright.

The following are examples of works not subject to copyright and applications for registration of such works cannot be entertained:

(a) Words and short phrases such as names, titles, and slogans; familiar symbols or designs; mere variations of typographic ornamentation, lettering or coloring; mere listing of ingredients or contents;

(b) Ideas, plans, methods, systems, or devices, as distinguished from the particular manner in which they are expressed or described in a writing;

(c) Blank forms, such as time cards, graph paper, account books, diaries, bank checks, scorecards, address books, report forms, order forms and the like, which are designed for recording information and do not in themselves convey information;

(d) Works consisting entirely of information that is common property containing no original authorship, such as, for example: Standard calendars, height and weight charts, tape measures and rulers, schedules of sporting events, and lists or tables take from public documents or other common sources.

(e) Typeface as typeface.

King采用的技术方法是：将Adobe计算机字体（字库），上载到自己计算机中；然后由字体编辑软件FontMonger、Fontographer打开字库，用调整字体视觉的X轴或Y轴，以及改变横向笔画的粗细方法，使Adobe字体变形从而产生视觉差异，“创作”出SSI公司3款新字体即Key Fonts Pro product 1555、Key Fonts Pro product 2002、Key Fonts Pro product 3003。

原告于1995年8月提起本案诉讼，指控被告上述行为侵犯字体软件的版权等。

法院认定，被告字体软件与原告的，程序表达高度相似；同时被告也认可，其直接使用了原告的字体软件，这些已经满足了接触＋相似的版权侵权构成。本案的难点在于认定原告是否存在版权。被告认为美国版权法不保护字体；而原告的字体软件，只不过是其字体的数字化表现形式，同样不属于版权保护对象，因而自己不构成侵权。

本案受诉法院首先肯定了计算机软件受美国版权法保护：根据美国法典第17章第101节，计算机程序是指一套指令，其可直接或间接用于计算机，导致确定结果的发生。根据美国法典第17章第102节（a），计算机程序属于版权保护范围。

本案受诉法院接下来根据权威文件，并根据自己的判断，说明了计算机字库属于计算机软件，是创作的独立对象，而非字体的简单数字化影像。

受诉法院指出：1988年美国版权局有关政策决定认定“电子字体没有版权”，因为其数据由字体直接决定，人工进行选择和安排的余地很小，不属于计算机程序。美国版权局当时几乎认为：字体软件只是不受版权保护之字体的数字化。

受诉法院指出：1992年美国版权局最终规则改变了观点：自从政策决定问世6年以来，字体企业技术迅速进步，大量情况是在字体数字化后，来生产矢量字体软件。对于描述曲线、字体精确提示点的处理，需要智力投入；而编程水平高低，对于字体的显示、打印质量等有很大影响，美国版权局认为矢量字体存在创造性劳动，因而是版权保护的单独对象。

出于以上理由，法院认定被告侵犯了原告字体软件的版权，使本案成为美国字体作为软件保护历史上的重要案件。

八、字体专利保护的国际公约和各国法律

字体用于生产字库软件，享有版权法上软件的保护；字体用于铅字、铸字，可以申请外观设计专利保护，这些是发达国家统一的做法。中国目前知识产权保护正处于发展期，笔者也查清了字体专利保护的国际公约、有关国家法律情况。

（一）欧共体外观设计专利条例

《欧共体外观设计专利条例》是以德国外观设计专利法为蓝本设计的，经调查《欧共体外观设计专利条例》已经统一了有关欧洲国家的外观设计专利保护。

在统一之前，德国有专门的“字体设计法”，属于外观设计专利性质；在统一之后，德国专门的字体设计法已经失效。

《欧共体外观设计专利条例》保护的对象是“产品”，其中虽然明确规定包括“印刷字体”。实际上指铅字、铸字，不包括计算机软件。因为《条例》同时明确规定“产品”不包含计算机软件。

第3条　定义

本条例中：

(a)“外观设计”指产品在感观上之全部或部分外观，特别是产品本身，或其装饰之线条、外形、色彩、形状、质地、和/或材料。

(b)“产品”指所有工业或手工制品，包括可组装进复杂产品的部件，以及包装、装潢、图形标记和印刷字体，但是不包括计算机软件。

(c)“复杂产品”指由多个部件组成的产品，其中的部件可拆

卸、组装，可进行替换。[1]

第19条 共同体外观设计的权利

1. 注册共同体外观设计专利，赋予权利人使用和禁止他人未经许可使用的排他权。使用是指包括尤其是制造、许诺销售、向市场提供、进口、出口外观设计产品；或使用产品，其体现、应用了外观设计专利；或为使用目的进行仓储。[2]

这说明共同体外观设计专利，赋予禁止他人制造、销售外观设计产品的的权利；甚至可以禁止他人在生产、经营中使用外观设计产品。运用到字体的保护上，举个例子就是：某经营者购买了一台打字机，打字机使用了正版字体。根据本条规定，字体外观设计专利权人，看起来有权越过打字机的生产者，直接要求某经营者使用这台打字机，要经过字体外观设计专利权人的同意，否则就可禁止

---

[1] COUNCIL REGULATION (EC) No 6/2002 of 12 December 2001 on Community designs (consolidated version)

Section 1 *Requirements for protection*

Article 3 Definitions

For the purposes of this Regulation:

(a) "design" means the appearance of the whole or a part of aproduct resulting from the features of, in particular, the lines, contours, colours, shape, texture and/or materials of the product itself and/or its ornamentation;

(b) "product" means any industrial or handicraft item, including *inter alia* parts intended to be assembled into a complex product, packaging, get-up, graphic symbols and typographic typefaces, but excluding computer programs;

(c) "complex product" means a product which is composed of multiple components which can be replaced permitting disassembly and re-assembly of the product.

[2] Section 4 *Effects of the Community design Article* 19 Rights conferred by the Community design

1. A registered Community design shall confer on its holder the exclusive right to use it and to prevent any third party not having his consent from using it. The aforementioned use shall cover, in particular, the making, offering, putting on the market, importing, exporting or using of a product in which the design is incorporated or to which it is applied, or stocking such a product for those purposes.

其使用。然而，请看：

第 21 条　权利用尽

共同体外观设计专利赋予的权利，不及于经外观设计专利权人或其许可，已经在共同体市场上市之产品，其体现、应用了外观设计专利。[1]

这就是说，第一个经营者在经营中使用了合法购买的字体载体，如打字机或字库软件；第一个经营者用打字机或字库软件进行操作，得到了某种结果，即他们的特定作品上出现了受外观设计专利保护的字体。第二个经营者使用了特定作品，不会构成侵权，因为字体外观设计专利权人的权利，通过向第一的经营者的销售已经用尽。

（二）中国外观设计专利法与 TRIPS 协议

我国《专利法》第 11 条中，对发明、实用新型专利的保护范围，与外观设计专利保护范围，在有关经营性使用方面，有着不同规定：

发明和实用新型专利权被授予后，除本法另有规定的以外，任何单位或者个人未经专利权人许可，都不得实施其专利，即不得为生产经营目的制造、使用、许诺销售、销售、进口其专利产品，或者使用其专利方法以及使用、许诺销售、销售、进口依照该专利方法直接获得的产品。

外观设计专利权被授予后，任何单位或者个人未经专利权人许

[1] *Article* 21 Exhaustion of rights

The rights conferred by a Community design shall not extend to acts relating to a product in which

a design included within the scope of protection of the Community design is incorporated or to

which it is applied, when the product has been put on the market in the Community by the holder

of the Community design or with his consent.

可，都不得实施其专利，即不得为生产经营目的制造、销售、进口其外观设计专利产品。

从上述规定可见，外观设计专利不干涉外观设计产品的经营性使用。也就是说我国专利法比《欧共体外观设计专利条例》要宽松：欧共体外观设计专利权人有权禁止他人在生产、经营中使用侵权的外观设计产品。而在中国，外观设计专利权人不能禁止他人在生产、经营中使用外观设计产品；即使是侵权产品，也不能禁止。

中国专利法的规定，是否落后于世界潮流？不是，TRIPS有关规定说明，中国专利法与国际要求，完全吻合。

（三）与贸易有关的知识产权协议

第26条　保护

1. 受保护的工业品外观设计所有人，应有权制止第三方未经许可而为商业目的制造、销售或进口带有或体现有受保护设计的复制品或实质性复制品之物品。[1]

从上述规定可见，TRIPS协议也不干涉外观设计专利产品的经营性使用，无论是否侵权产品；我国保护方式与TRIPS协议完全吻合。

---

[1] *Article* 26

Protection

1. The owner of a protected industrial design shall have the right to prevent third parties not having the owner's consent from making, selling or importing articles bearing or embodying a design which is a copy, or substantially a copy, of the protected design, when such acts are undertaken for commercial purposes.

俄罗斯著作权集体管理制度研究

孟祥娟*

摘要：俄罗斯著作权集体管理的历史可以追溯到19世纪70年代。现行的俄罗斯著作权集体管理制度以立法的形式规定于《俄罗斯联邦民法典》中，采用两种管理模式并存的方式，即可以对会员的权利进行管理，也可经过国家的授权对非会员的权利进行管理，即延伸的集体管理，管理的范围限于法律规定。顺应新技术带来的挑战及欧共体的一体化需要，结合本国的特点，对我国的立法也有一定的借鉴意义。

一、著作权集体管理的基础

（一）著作权集体管理的意义

著作权是一种民事权利。[1] 因此，著作权原则上应由作者或其他权利人来直接行使，作者有权允许或禁止他人使用自己创作的作品。著作权人一般可以通过两种方式管理其著作权：一是个人管理，即由作者本人或其继承人或者由出版商或权利授让人行使。二是集体管理，著作权人借助于代理机构或专门机构、著作权集体管理组织，对其合法权利加以保护。

在某些情况下，个人管理方式在有效行使和保护著作权方面，表现出十分突出的局限性，甚至根本不可能。例如，每年在电视上播放的音乐作品平均为60 000部，也就是说为了取得许可需与成千上万的权利人取得联系。单独管理这些活动无论是对权利人还是

---

* 作者单位：华南理工大学法学院。

[1] 郑成思．WTO知识产权协议逐条讲解［M]．北京：中国方正出版社，2001：1.

对使用者都是不现实的，在这些情况下集体管理组织应运而生。作为作品使用者和权利人之间的桥梁和纽带，集体管理不仅有利于著作权人，也有利于作品使用者。一方面它能在统一价格的基础上就作品的使用问题与著作权人谈判，并支付相应的报酬。另一方面，它可以让使用者能以合法的方式接触大量的国内外的作品。总之，是为解决“交易成本”的问题。

（二）著作权集体管理的概念

著作权集体管理是相对于著作权人个人行使权利而言的。从著作权集体管理组织权利授权的角度来对著作权集体管理下定义，著作权集体管理就是指“代表著作权人的集体组织，授权不同的使用人使用该组织成员的作品，并收取报酬分发给著作权人的行为”。[1] 世界知识产权组织（WIPO）给“著作权集体管理制度”下的定义是：“在集体管理的框架下，权利人授权集体管理组织管理其权利，即监督相关作品的使用、与使用者谈判、以收取合适的许可费为对价发放许可，并向权利人分配许可费”。[2] 简单地说，著作权集体管理是指著作权人、邻接权人或者其他权利人授权有关组织，代为集中管理著作权、邻接权的制度。著作权人授权集体管理组织以自己的名义行使著作权，向作品的使用者发放许可证、收取使用费，然后把这些收入按一定的办法向著作权人分配。

（三）著作权集体管理产生的基础

从著作权产生的时候，著作财产权的实质是权利人的权利，使用人的义务。使用人取得作者或其他权利人相应使用作品的方式的专门的许可，与权利人进入合同的关系。在许多类似的权利

---

[1] 吴汉东．知识产权法［M］．北京：中国政法大学出版社，1999：126.

[2] WIPO：Reports-Collective Administration of Copyright and Neighboring Rights. November，1989.

结构中表演者、录音制作者、广播组织者的财产权渐渐地被确立。“许可证合同”这样的方式在所有法治文明的国家逐渐地被巩固。

但是，使用作品和邻接权客体的新的使用方式的出现，尤其在新技术条件下，以新的方式使用作品，表演、录音制品，许可的可能性与让社会成员广泛地和比较轻易地使用作品的价值之间产生矛盾，许可的可能性与应有的法律保障之间的矛盾更加明显。[1]

举一个最简单的例子：在广播电台以音乐的形式播放，每个小时可能使用近10首歌曲，其中的每一首有至少一个作曲者和一个作词的作者。所以为了保证每个小时的播放的合法性必须与作者签订10个合同。实际上这样的计算与实际情况相差甚远，因为必须还要记住表演者（歌唱者、演奏者、指挥者），录音制作者、翻译者、乐曲的改编者的权利，以及这些权利的继承人、继受人和他们委托的各种各样的代理机构、工作机构，被分开的合作作者他们享有的权利。

即使用最可接受的方案来计算，非常明确的情况下，要完成直接同每一个权利人签协议这一义务成为不可能，如此大的法律工作量对于最有成效的广播组织来说也无能为力。[2]

集体管理的目的在于当著作权的权利人和权利持有人以个人的方式实现权利成为困难的时候，为了保障著作权人和其他权利持有人的财产权利的实现。

---

❶ См. например. Туркин А. В.， Побшибихин Л. И.， Леонтьев К. Б. Лицензирование деятельности по коллективному управлению имущественными авторскими и смежными правами / / Интеллектуальная собственность. Авторское право и смежные права. 2001. №. С. 3， 4.

❷ И. А. Близнец К. Е. Леонтьев. Авторское право и смежные права. Проспект. Москва. 2009. С201.

二、俄罗斯著作权集体管理的历史

（一）俄罗期帝国时期的著作权管理制度

俄罗斯著作权集体管理制度可以追溯到19世纪70年代。在1870年，为了保护自己的著作权，剧作家们第一次联合起来，剧作家奥列格桑特拉·尼古拉耶维奇·奥斯特洛夫斯基（Александр Николаевич Островский）发起创立了“俄罗斯剧作家大会”。

1874年在此基础上俄罗斯剧作家协会成立，他的创始人是81名俄罗斯作家。包括伊万·谢尔盖耶维奇·图格涅夫（Иван Сергеевич Тургнев）、阿列格谢·卡尼斯达基诺维奇·托尔斯泰（Алексей Константинович Толстой）、尼古拉·谢米诺维奇·列斯基（Николай Семенович Леский）和许多其他的当时俄罗斯举世瞩目的人物。

关于这个协会的威望和影响有个事实可以证明：在它成立半年后收到了一封信，该信来自最古老的欧洲、法国戏剧界和音乐界作者协会，提出了要求俄罗斯缔结翻译公约的建议。此举奠定了在著作权领域俄罗斯帝国国际接触的基础。

在1875年，以作曲家尼古拉·安德烈也维奇·力米斯基·卡尼维兹（Николай Андреевичий Римский-Конвенций）为首的同意加入剧作家协会，于是该协会更名为“俄罗斯剧作家和作曲家协会”，成立了第一个全方位的集体管理著作权的著作权协会。

著名的俄罗斯法学家费德罗·尼克法拉维奇·波列瓦科（Федор Никифорович Плевако）从1887年主持了协会的法律服务，对俄罗斯帝国的集体管理制度作出巨大贡献。[1]

（二）前苏联时期的著作权集体管理制度

从俄罗期著作权制度的历史看，其管理著作权的集体管理制度的发展，在以后的时期也经历了相当复杂的道路。

---

[1] И. А. Близнец　К. Е. Леонтьев. Авторское право и смежные права. Проспект. Москва. 2009. С203.

在1904年“俄罗斯剧作家和作曲家协会”由于内部矛盾，早期统一的组织分裂为莫斯科剧作家和作曲家协会（МОДПИК）及圣彼得堡剧作家、作曲家联合会（ДРАМСОЮЗ）。1930年这些协会又重新联合为全俄罗斯剧作家和作曲家协会。

“全苏联著作权保护管理”（ВУОАП）创立于1933年，该机构在俄罗斯境内和自治辖区内有效，一定时期以来，著作权的实现，都与“全苏联著作权保护管理”（ВУОАП）这个权利保护机构的创立与活动密切相关。

“全苏联著作权保护管理”（ВУОАП）活动范围包括：

（1）经过授权征收著作权稿费，此稿费来源于戏剧作品、音乐作品和其他作品的所有形式的公开表演；

（2）支付征收来的一定数额的稿费给作家和作曲家；

（3）在出现著作权问题时给著作权人予以法律帮助。

“全苏联著作权保护管理”（ВУОАП）设有传播部，负责苏联作者戏剧作品的出版。在首都设有共和国的“全苏联著作权保护管理”总机构，在省和州设分部门，隶属于“全苏联著作权保护管理”（ВУОАП）。

“全苏联著作权保护管理”机构在1938年被改组，变为全苏联作家理事会。

在1973年苏联加入1952年《世界版权公约》（日内瓦）以后，全苏联著作权代理机构（ВААП）创立。当时所有存在的创作联合会和许多组织成为这个机构的创立者。全苏联著作权代理机构（ВААП）的出现重新在著作权的所有范围内进行统一活动。全苏联著作权代理机构（ВААП）时期，集体管理的原则被适用。该组织是垄断性的，由该组织管理各类作品的著作权。

全苏联著作权代理机构（ВААП）成为相当有威望的国家协会著作权组织。[1]

---

[1] И. А. Близнец　К. Е. Леонтьев. Авторское право и смежные права. Проспект. Москва. 2009. С202.

（三）苏联解体后俄罗斯时期的著作权集体管理制度

在1991年全苏联著作权代理机构（ВААП）被改组为著作权和邻接权国家代理机构（ГААСП）)，在1992年知识产权全俄代理机构（РАИС）出现。

俄罗斯联邦《著作权和邻接权法》在1993年8月3日生效后，意识到为了实现集体管理著作权活动，要创立非国家的非商业性的集体管理组织。

沿着这样的道路，俄罗斯的著作财产权和邻接权的集体管理制度也经过了一个持续的发展过程。

1993年10月7日发布的俄罗斯联邦第1607号总统令《关于著作权和邻接权保护领域的国家政策》撤销了知识产权全俄代理（РАИС）。

目前存在的一些俄罗斯著作权和邻接权集体管理的组织中，第一个是在1993年注册的俄罗斯作者协会（РАО），其性质是社团组织。

俄罗斯作者协会（РАО）是俄罗斯实现著作权集体管理的最大的作者协会。在电视、广播、剧院、广场音乐会和在其他情况下使用作品，当这些权利的行使依个人程序存在实际困难的时候，作者协会进行集体管理。

全俄罗斯著作权和邻接权集体管理组织的大部分是以非商业合伙的形式创立的。不仅自然人而且法人都有资格创立这样的组织。❶

（四）现行《俄罗斯联邦民法典》规定的著作权集体管理制度

2006年12月俄罗斯通过了《俄罗斯联邦民法典》第四部分“第七编智力活动成果与个性化手段权”（简称“知识产权编”），自

---

❶ И. А. Близнец К. Е. Леонтьев. Авторское право и смежные права. Проспект. Москва. 2009. С205 .

2008年1月1日起生效，完成了自1994年以来历时13年的民法典编纂进程。实现了知识产权立法的完全法典化。在《俄罗斯联邦民法典》第1242条至第1244条具体规定了著作权的集体管理制度。

俄罗斯的著作权集体管理是两种管理模式并存：即一种是通过权利人的授权，对组织中会员的权利进行管理；另一种是由国家委托授权，对所有的权利人的权利进行管理，但限于《俄罗斯联邦民法典》第1244条限定的范围，即著作权的延伸集体管理。

（五）会员制的非商业组织形式的集体管理

1. 创立

根据《俄罗斯联邦民法典》第1242条第1款规定：

著作权集体管理组织可以由权利人自己创立。但要具备以下条件：

（1）当依个人程序行使权利显现困难的所有情况；

（2）法典规定的情况，即没有权利人的同意允许使用著作权和邻接权客体，但需向他们支付报酬的情况。

“音像制品的作者、演出人员和制作人及著作权和邻接权的权利人，当他们难于以个人方式行使其权利的时候，或者在本法典允许不经相关权利人同意而使用著作权和邻接权客体并向他们给付报酬的时候，可以成立会员制的非商业组织。这些组织依照权利人授予的权限以集体方式负责对相关权利进行管理（著作权集体管理）。”[1]

集体管理组织可以由权利人根据自身的考虑，为了管理自己的不同种类的作品及不同权利来创立集体管理组织。“俄罗斯著作权集体管理组织的成立可以是为管理涉及某一类或几类著作权和邻接权，也可以是为了按特定方式使用相关客体而对著作权和邻接权进

---

[1] 《俄罗斯联邦民法典》第1242条第1款，黄道秀译，北京大学出版社，2007年版。

行管理，还可以是为了管理任何的著作权和邻接权。”❶

著作权集体管理组织无权使用其专属权许可给它管理的著作权和邻接权客体。著作权集体管理组织有权以权利人的名义或以自己的名义向法院提出请求，有权实施维护归其管理的权利所必需的其他法律行为。❷

集体管理组织自己不能实施使用向他们提供授权进行集体管理的作品和邻接权客体的行为，保证只能与使用人签订许可合同、征收费用、向权利人分配和转付报酬。❸

从法律规定可以看出，《俄罗斯联邦民法典》规定的集体管理组织，在性质上是一种非商业的社团组织。在管理模式上，即可以是分类别而成立的著作权集体管理模式，也可以是统一的综合的管理模式。在法律地位上，这些组织被赋予了不仅可以以自己的名义，而且可以以对其进行授权的权利人的名义向法院提起诉讼和完成其他法律行为。

2. 职责

（1）在集体管理组织与使用人之间可以签订以下两种合同形式之一的合同。

① 提供普通（非专有的）许可条件的许可合同，约定著作权和邻接权客体必要的使用方式，集体管理组织有权利基于与权利人的合同，与其他的集体管理组织签订合同，包括外国的或根据与所有的基于法律直接提供授权的权利人有关的授权条件实现集体管理。

② 转付报酬的合同，当作品和邻接权客体根据法典能够没有权利人的同意但需向他们支付报酬时而签订的。在这样情况下，许

---

❶ 《俄罗斯联邦民法典》第 1242 条第 2 款，黄道秀译，北京大学出版社，2007 年版。

❷ 《俄罗斯联邦民法典》第 1242 条第 5 款，黄道秀译，北京大学出版社，2007 年版。

❸ 《俄罗斯联邦民法典》第 1242 条第 4 款，黄道秀译，北京大学出版社，2007 年版。

可使用不发生，而只是实施收取报酬。

法典规定没有足够的理由禁止集体管理组织拒绝使用者同他们签订合同，以及任何有利害关系的使用者有权利要求这样的组织同他们签订与这个组织实现集体管理的所有的作品或邻接权客体及所有使用方式的合同。

如果同使用者的合同是权利人直接签订的，则著作权集体管理组织只能在该合同有明文规定的情况下经过集体管理组织可以实现收取报酬。❶

(2) 向权利人分配报酬。

集体管理组织有义务分配她收取来的报酬并按分配金额的总数转付给应得的权利人。在这样的情况下，从收取的报酬中能够扣留：

① 补偿该组织为实现收取、分配、转付报酬而支付的必要的费用；

② 根据组织章程该组织经权利人的同意并代表权利人的利益而设立的专门基金的费用。

扣除的资金的尺度对于不同的组织可能有较大的差别，首先，视那些组织实现自己的活动，满足必要的开支情况而定。还有被提供的权利人的数量，组织开始活动后持续的时间和一系列其他的因素。

法典没有确定应该为权利人分配和转付收取报酬的期限。为解决该问题应援引集体管理组织章程。

分配报酬应该由组织按实际使用著作权和邻接权客体的比例实现。关于“实际使用”的信息，集体管理组织可以从不同的来源获得——从使用者那里收到的信息资料，其他的文件资料，包括统计性质的其他资料。

---

❶ 《俄罗斯联邦民法典》第1243条第2款，黄道秀译，北京大学出版社，2007年版。

规定了集体管理组织的补充义务。在转付报酬的同时向权利人提供使用属于他们的权利、收取报酬的金额和从此数额中扣除的金额的清单。

集体管理组织为了实现自己的活动，有义务制作包含三组信息的登记簿：即关于提供给该组织的权利人的信息；关于授权给该组织管理的权利的信息；与该组织实现自己的活动有关的作品和邻接权客体的信息。

对于任何利害关系人来说获得指定的信息，只有那部分信息可能被限制——列入登记簿中的信息（个人性质的信息）没有权利人本人的同意不能泄露。除此之外，依该组织确定的程序应将这些信息提供给所有利害关系人。

在公共信息系统中应该放置的只有这样的信息——权利授权给管理组织的信息。包括著作权或邻接权客体的名称，作者或其他权利人的姓名。❶

三、俄罗斯著作权延伸的集体管理

1. 集体管理组织需要有国家的授权

获得国家授权的集体管理组织有权利管理同他签订合同的那些权利人的权利，还可以为所有其余的权利人收取报酬实现管理权，尽管集体管理组织缺少同权利人之间的任何形式的合同。❷ 任何其他的集体管理组织有权实现集体管理，但是一定是权利人专门对他们授权，代表那些权利人的利益。

为了能够在与使用人的关系中代表所有的权利所有人，集体管理组织应该获得国家的授权。

这个组织实现国家授权的程序由俄罗斯联邦政府确定。法典只是限于这样的授权：

❶ 《俄罗斯联邦民法典》第1243条，黄道秀译，北京大学出版社，2007年版。

❷ 《俄罗斯联邦民法典》第1244条第3款，黄道秀译，北京大学出版社，2007年版。

（1）应该以程序公开原则为基础，考虑到利害关系人的意见，包括权利所有人。

（2）在每一个领域中，只有一个集体管理组织可以获得国家授权，但不妨碍这个组织在此关系中同时获得几个领域的集体管理的国家授权。

2. 取得国家授权的组织有权行使未与签订合同的权利人的权利并为他们收取报酬

取得国家委托的著作权集体管理组织（受托组织），除了可以行使与权利人签订合同管理他们的权利外，还有权利行使未与签订合同的权利人的权利并为他们收取报酬。

受托组织的存在不妨碍成立其他著作权集体管理组织，包括在法律限定的实施延伸集体管理的范围内成立集体管理组织，这个集体管理组织，只有权利人依据法律规定的程序向其提供著作权管理权限时，她才能为了权利人的利益同使用者签订合同。

3. 获得国家授权的组织行使权利的范围限于法律的规定

《俄罗斯联邦民法典》第1244条第1款规定："著作权集体管理组织可以取得国家委托，从事下列领域的著作权集体管理：

（1）已经发表（有歌词或无歌词的）音乐作品和音乐戏剧作品、作品片断进行公开演出、包括转播在内的无线或有线播放的专属权；

（2）（有歌词或无歌词的）音乐作品被在音像作品中使用时，作为其作者的作曲者对这种音像作品的公开演出或无线和有线播放取得报酬的权利；

（3）造型艺术作品以及文学和音乐作品的作者手稿的追续权；

（4）录音制品和音像作品的作者，演出者和制作者对为个人目的复制录音制品和音像作品取得报酬的权利；

（5）演出者对公开演出以及录音制品无线或有线的商业播出取得报酬的权利；

（6）录音制品的制作者对公开演出以及无线或有线的商业播出取得报酬的权利。"

从以上著作权延伸集体管理的范围来看，首先是大众性地利用音乐作品和在广播、电视利用录音制品的范围，如第（1）（2）与（5）（6）项，还有“公开自由参观的地方或者有众多人数出席而不属于通常的家庭的范围的地方”；而第（3）（4）项是为了所有的权利所有人的利益，在公开转售造型艺术作品和以销售为目的的作品手稿获得报酬的情况（追续权），以及集体管理组织对为私人目的复制录音制品和音像作品征收报酬的情况。

4. 在一定条件下，权利人有权拒绝受领使用费，否认集体管理机构的授权

权利人如未与受托组织签订移转著作权管理合同，有权在任何时间完全或部分拒绝该组织对其著作权的管理，权利人应将自己的决定书面通知受托组织，如果权利人意欲拒绝受托组织管理的只是部分著作权或邻接权客体上的权利，则权利人应向受托组织提交被排除的权利或客体的清单。

自收到权利人有关通知之日起的 3 个月期限届满以后，受托组织必须将权利或客体从与所有使用者的合同中剔除，并将此信息发布到公众信息系统中，受托组织必须将依照以前的合同从使用者那里收到的报酬转付给权利人，并依照法律的规定提交使用情况报告。[1]

从理论上讲，没有签订移转管理权授权合同的权利人可以拒绝管理其权利，这可以推定事先有一个签订的合同，但合来又解除了合同。授托组织有义务根据权利人的要求将其权利或著作权和邻接权客体从与使用人签订的合同中删除并放置公共信息系统。尽管进行了删除，授权组织仍有义务向权利人支付在此之前同使用人签订合同收取的报酬，并依规定的程序向权利人提供清单。

尽管拒绝授权组织管理的程序规定地很详细，便仍存在一些问题，如在法定许可的情况下，依据法典的规定没有权利人的同意，允许使用作品和邻接权客体，但需要支付报酬的情况，删除（拒绝

---

[1] 《俄罗斯联邦民法典》第 1244 条第 4 款，黄道秀译，北京大学出版社，2007 年版。

管理权利）就没有任何意义。显然，从授权组织管理的权利或客体中删除应该在这个组织确实实施了管理权利，但没有征收应付给权利人应付的报酬时才是可能的。然而，授权的组织实现延伸的集体管理专属权利的范围却包括了转付报酬的情况。

5. 受托组织必须采取合理的和足够的措施允许依照该组织签订的许可合同和转付报酬合同有权取得报酬的权利人加入该组织

《俄罗斯联邦民法典》第1244条第5项规定了两个规则。第一个规则，具有共同的郑重声明的性质，授权组织必须采取合理的和足够的措施，确定该组织收取的转付报酬的所有的权利人的范围。第二个规则，如果法律没有不同规定，对于已经征收报酬的权利人，该授权组织有义务接收所有的有愿望的权利人成为自己的会员。

6. 受托组织在被授权的联邦行政机关监督下进行工作，受托组织的标准章程按俄罗斯联邦政府规定的程序予以批准

受托组织必须每年向被授权的联邦行政机关提交工作情况报告，并将报告在全俄信息媒体上公布，报告的形式由被授权的联邦行政机关规定。

俄罗斯联邦政府确定的授权的联邦执行权力机关实现对被授权的组织的活动进行监督。每一个被授权的组织有义务每年按规定的形式提供关于自己活动的情况报告，以及在全俄信息媒体上公布该情况报告。

除此之外，俄罗斯联邦政府批准被授权组织的示范章程。

四、俄罗斯著作权延伸集体管理制度的合理性

（一）新技术发展的必然要求

延伸集体管理制度首先在音乐作品的小权利领域获得推广，特别是在第二次世界大战后的欧洲。原因是在无线广播的条件下，常有预先不确定的剧目被大量使用，而每个使用者都是在没有同每个权利人签约的情况下使用，这无疑给延伸集体管理制度的制定留下

了空间。

随着技术的发展，在取得“海量作者”的“海量许可”方面，著作权集体管理组织无疑发挥了其独有的作用，可以说“如果没有集体管理，作者的著作权行使有一半会落空”[1]。著作权和邻接权的集体管理成为权利实现的最重要的方式之一，在多数情况下是保障合法使用作品和邻接权客体的基本方式之一。为此，作为在新的领域使用作品以实现著作权的特别模式，延伸集体管理逐渐被越来越广泛的适用。

制度的合理设计顺应了时代需要：

第一，给权利人带来益处，文化成就得到最大范围的传播。

这个制度对于权利人来说，如果他以适当的方式起作用，会有异乎寻常的益处。因为他允许权利人：

（1）对使用他们的作品和邻接权客体在个人监督缺乏可能性的情况下实现有效的监督。（任何一个代理机构或某种中介机构都不能保障实现这样的有效监督，而正常发挥职能的集体管理制度能够实现这种功能，包括考虑到在世界不同的国家相互代表利益主体的情况）；

（2）在实现自己权利的费用上达到最小化（法律的、行政的，交易的费用等）；

（3）在依个人程序使用作品报酬不能被收获的情况下，获得收入，包括超出的与此收入相联系的扣除的费用；

（4）由于集约化使用作品而获得的额外费用。由于对于使用者来说不仅最流行的，而且几乎所有的其他作品（除了从集体管理组织专门排除的作品）很容易得到，使集约化使用作品成为可能。集体管理组织的全体成员的文化成就获得最大范围的传播，在许可费用减到最低限度的情况下，减少权利实现的程序。

当然，延伸的集体管理适用的原则不是在使用被保护的著作权

---

[1] 王艺．网络传播与著作权集体管理［J］．知识产权，2000（2）．

和邻接权客体的所有情况。显然，如果缺少大众性的使用作品的情况和存在容易在使用者和权利人之间建立直接的联系的情况，就缺乏延伸集体管理适当的适用可能性。

第二，让使用者更加便利地使用更大范围的作品。

这个制度的优点对于使用者和对于公众表现为——使用者获得使用全世界相应的著作权和邻接权客体的可能性。

使用者按照与实现延伸集体管理组织的合同，获得这个组织的许可，向所有的权利人转付报酬并报告使用的作品类型和被使用的数量的信息。

集体管理组织收取、分配和转付从使用者那里收取的报酬给单独的权利人或将其转付给外国的集体管理组织，由外国的集体管理组织分配给外国的权利人（依不同国别的集体管理组织之间的相互代表协议）。这样，延伸集体管理组织的存在，为使用者自由选择作品，按自己的选择制作节目提供了可能性。

由于权利人收获了他们应得的报酬，而使用者以最小的费用获得了必要的合法的结果，在法律的基础上实现自己的活动。而且，延伸的集体管理给使用者带来了最大的利益，因为这个制度让使用者获得了最大范围的作品剧目。

在通常的以个人的方式实现著作权的情况下，使用者只能使用那些依据合同从权利人那里获得许可的作品，但是，在延伸著作权集体管理的情况下则可做相反的推定：可以无条件地使用相应类型的任何作品，除了从集体管理组织的剧目中专门排除的。[1]

（二）已有的立法例及相关实践证明了该制度的可行性

一些国家的法律中常有延伸的集体管理制度规定。例如，1993年9月27日欧盟理事会第93－83－EEC号指令：《关于版权和与版权相关权适用卫星广播和有线电视转播的规则协调》规定通过卫

---

[1] И. А. Близнец К. Е. Леонтьев. Авторское право и смежные права. Проспект. Москва. 2009. С212 .

星转播有线电视节目的情况下，主要通过集体管理组织实现著作权和邻接权的义务。因为，电视、广播的转播者在转播之前不知道电视、广播的内容，所以，不具有任何获得大量的作品作者同意使用的最小的可能性，无论是音乐、电影、剧本、造型艺术或摄影作品。❶

五、中、俄著作权集体管理制度比较分析与借鉴

（一）中、俄著作权集体管理的比较分析

1. 集体管理的范围限于财产性的“小权利”

著作权集体管理的范围都是财产性“小权利”。各国对适于集体管理的著作权之权利种类与范围均有所限制——一般均将财产性的“小权利”作为集体管理的对象

我国《著作权集体管理条例》第4条，以概括和列举两种方式限定了集体管理的权利种类，同时也强调了集体管理的必要性原则。第4条的规定可从两方面理解：第一，该条列举了适于集体管理的权利种类，即著作权法规定的表演权、放映权、广播权、出租权、信息网络传播权、复制权等。同时，这一列举具有开放性，表明适于集体管理的权利不只是这里列举的6种，其他为包含的权利也可进行集体管理。第二，该条同时概括性指出，适于集体管理的权利必须是“权利人自己的难以有效行使的权利”，包括这里列举的和没有列举的任何可能的权利类别。如汇编权等。而“大权利”则要由权利人自己行使。

俄罗斯著作权集体管理对于会员的授权的管理范围没有列举权利的范围，但限于“当他们难于以个人方式行使其权利的时候，或者在本法典允许不经相关持有人同意而使用著作权和邻接权客体并向他们给付报酬的时候”。对于受托组织，进行集体管理（延伸的

---

❶ И. А. Близнец　К. Е. Леонтьев. Авторское　право　и　смежные　права. Проспект. Москва. 2009. С215 .

集体管理）进行了列举，限于首先是大众性地利用音乐作品和在广播、电视利用录音制品被包括（法典第 1244 条第 1 款的（1）（2）与（5）（6）项）及“公开自由参观的地方或者有众多人数出席而不属于通常的家庭的范围的地方”（法典第 1270 条）。

第 1244 条第 1 款的第（3）项、第（4）项规定为了所有的权利所有人的利益，在公开转售造型艺术作品和以销售为目的作品手稿被称为追续权的情况下获得报酬的可能性。（法典第 1293 条）及集体管理组织对为私人目的复制录音作品和音像作品征收报酬。（法典第 1245 条）

2. 立法模式的不同

俄罗斯的集体管理的立法，是在民法典知识产权编中单列几条款予以规定，而我国是采用在《著作权法》进行了原则性的规定，而后采用单行立法形式予以规定。两者相比，著作权集体管理单行立法形式更有利于著作权集体管理制度的建立和完善。

3. 管理模式的不同

俄罗斯著作权集体管理制度的模式是采取设立综合性的统一机构，将各类作品著作权都包括在内的模式。我国著作权集体管理制度的模式是按作品的类别分别设立不同的著作权集体管理组织。

4. 集体管理组织的性质不同

俄罗斯著作权集体管理的组织性质，“著作权集体管理组织有权以权利持有人的名义或以自己的名义向法院提出请求，有权实施维护归其管理的权利所必需的其他法律行为”。接受国家委托的组织（第 1244 条）也有权以不定范围的权利持有人的名义向法院提出维护该组织所管理的权利之必要请求。接受国家委托的集体管理组织和作品使用者在自由协商的基础上达成协议；集体管理组织在全国是有代表性的；协议依法对非授权者有约束力；使用者可以合法地使用作品，不需要满足非会员的个别要求或受到法律制裁；非会员者有权获得报酬；在大多数情况下，非会员有权拒绝使用其作品。接受国家委托的受托组织有权以不定范围的权利持有人的名义起诉。

我国的著作权集体管理组织可以以自己的名义开展活动和参加诉讼与仲裁。

5. 集体管理授权依据不同

俄罗斯的著作权集体管理来自于两种授权管理权利人的权利，一是权利人的授权，管理的范围以法律规定和权利人授权的范围为限。另一种是国家授权，即可以管理基于权利人授权合同而授予的权利，也可以管理没有获得权利人授权的权利人的权利，管理的权利范围限于法律的规定。

俄罗斯著作权延伸集体管理，对于非会员权利的管理，要有国家的授权，对于非会员的报酬的收取，非会员的报酬主要来自两方面：第一，法律规定的非自愿许可情况，例如追续权、私人复制权等方面的报酬。这于这些报酬，法律在规定非自愿许可的同时，就规定这些报酬只能通过著作权集体管理组织主张；第二，来自广播权，表演权，特别是机械表演权等个人无法实现的所谓“小权利”的收入。

俄罗斯著作权集体管理与权利人独立行使著作权同时存在。集体管理的特别规定的存在，不能剥夺著作权人和其他权利持有人独立或通过自己的代理人（《俄罗斯联邦民法典》第182条）实现自己权利的可能性。

我国著作权集体管理要基于权利人的授权，对于权利人没有授权的，不能管理。也就是说管理的范围限于代表会员与使用人签订许可使用合同，收取、转付使用报酬，对于非会员限于依照《著作权法》关于法定许可（广播权除外）规定使用他人作品，未能向权利人支付使用费的几种情况。

我国著作权集体管理条例对于已授权给集体管理组织行使的权利，权利人是否还有权利行使没有规定。

（二）对我国的借鉴意义

1. 建立延伸著作权集体管理制度

延伸性集体管理的目的在于方便使用人取得授权许可，因为集体管理组织的会员数目是有限的，使用人需要的海量作品，不可能都在其管理的会员作品之内，而使用人一一去取得许可，又几乎不可能。

互联网高效、便利、交互、自由共享的精神与传统版权保护之间产生了巨大的冲突，而在自律守法和获取信息之间的道德平衡中，显然前者难度更大，于是网络上出现大量的“违法者”，后续创作与信息传播的法律风险增加；著作权人按照现有保护规则主张权利，但维权成本过高，期望得到的利益不能得以实现，最终权利形同虚设，法律失灵。

传统的逐一授权模式在互联网环境下受到了挑战。面对海量作品，要实现第一部作品事先获得授权再在网络上传播几乎无望。[1]

实行延伸集体管理，由集体管理组织集中向使用者发放授权，收取著作权使用费，集中收集权利人的反对声明，既能保证作者的权利真正得以维护，获得应有的报酬和尊重，也可以最大限度地满足使用者对于作品的使用，同时保证作品不违背作者意愿而得以传播，一旦收到有关通知，就告知使用者移除有关内容。

建立延伸著作权集体制度在我国存在现实的必要性。由于复制权、汇编权和信息网络传播权等涉及的作者和使用者众多，需要即时使用而获得授权的时间较长，事前取得单一授权也很难实现的，比较适合延伸性集体管理。

我国可以借鉴俄罗斯的延伸著作权集体管理制度，将延伸著作权集体管理限定于法律规定的范围，集体管理组织的管理权也可以来自于国家的授权。

---

[1] 张平．数字环境下著作权集体管理谋破困局［EB/OL］．http：//news.xinwenren.com/2009/1210/5999.html.

2. 设立综合性统一管理与分类管理并存的集体管理模式

俄罗斯著作权集体管理制度的模式是采取设立综合性的统一的将各类作品著作权都包括在内的模式。我国著作权集体管理制度的模式是按作品的类别分别设立不同的著作权集体管理组织。分类管理模式由于具备一定的垄断性，在各自的领域内具有充分的管理能力，但是在网络数字化的时代，作品的传播不光涉及有著作权集体管理作品类型的作品，还有大量没有著作权集体管理作品类型的作品，这类作品也面临着权利人个人行使权利困难而作品被大量使用的情况，所以分类的著作权管理总会导致一部分类型的作品没有集体管理组织来管理。所以笔者建议应该允许设立一种综合性的统一管理的集体管理组织来管理除分类著作权集体管理之外的作品类型的著作权。例如使用作品的广播组织或其他作品的使用者，一般情况下要和代表作者利益的集体管理机构缔结合同。实践中的困难在于，集体管理机构常常只代表一部分作者的权利，而且是一类作品的一部分作者的权利。这使得广播组织或其他作品的使用者和集体管理机构之间的合同只能解决这部分作者的权利授予问题。而其他作者作品的使用仍未落实。

3. 确立著作权集体管理组织的半官方性的法律性质

关于著作权集体管理组织的性质，随着我国 2001 年《著作权法》和 2005 年《著作权集体管理条例》的出台，著作权集体管理在性质上属于非营利性的在自愿许可的基础上建立起来的民间机构或半官方机构这一属性得以认可。在网络环境下，著作权集体管理组织的性质并未发生实质性变化。但是从我国著作权发展情况尤其是从对网络环境下著作权强化保护和管理的角度出发，更适宜建立半官方性质的著作权集体管理组织，这样可以充分发挥政府的支持作用，更好的协调作用，使政府可以充分行使监督权。

4. 构建著作权集体管理数字化平台

俄罗斯著作权集体管理在收费与分配机构上强调信息公开（在全俄公众信息网上可以查询）。

我国于2005年3月1日实施的《著作权集体管理条例》第24条作出了相应的规定："著作权集体管理组织应当建立权利信息查询系统，供权利人和使用者查询，权利信息查询系统应当包括著作权集体管理组织管理的权利种类和作品、录音录像制品等的名称、权利人姓名或者名称、授权管理的期限。"这为著作权集体管理组织设定了法定的义务，并且规定了"未建立权利信息查询系统的法律责任；在第32条中规定著作权集体管理组织应当对作品许可使用情况、使用费收取和转付情况、管理费提取和使用情况进行记录、供权利人和使用人查阅，并为权利人查阅、复制著作权集体管理组织的财务报告、工作报告和其他业务材料提供便利；在第47条中规定"负责转付使用费的著作权集体管理组织应当建立作品使用情况查询系统，供权利人、使用者查询"。这些规定为我国著作权集体管理的数字化奠定了十分必要的法律基础。

但就目前我国的著作权集体管理现状而言，仅有中国版权保护中心（http：//www. ccopyright. com. cn）提供了部分因无法联系到作者而由中国著作权使用报酬收转中心转交的稿酬查询，而没有建立一个有影响的数字版权交易系统，所以笔者认为应该建立一个著作权集体管理数字化平台。它的内容包括：(1) 著作权权利信息查询平台。该平台可以通过互联网提供著作权集体管理组织所辖会员有的著作权权利信息查询服务。这些权利信息一般包括作者名称(个人或公司)、作品名称、作品类型、权利有效期间、作品的概要、作品授权条件、作品授权费用、出版人、联络人等。任何一个著作权利用人都可通过网络方便地查找到所需要作品的相关权利信息。(2) 此平台还应是著作权在线交易平台。该平台一般应包括数字签名、授权费用、授权方式、作品下载、电子金融交易、三方认证等。(3) 数字化平台的建设需要立法的完善，故应进一步完善有关技术保护措施的规定，有关权利管理信息的规定，强化著作权集体管理机构的信息提供义务，实现政府的有效监督机制。

中美实用艺术品法律保护比较研究

刘玉洁*

摘要： 以线条、轮廓、图案、色彩等作为表达形式的外观设计，由于在构成要素与美学思想观念的表达方面与作为版权法保护客体的实用艺术品存在重合，使得外观设计在具备一定条件的情况下即可构成实用艺术品从而获得版权法的保护，由此引发了专利法与版权法在有关外观设计与实用艺术品法律保护方面的界限划分问题，而这一问题也正是在讨论有关实用艺术品的法律保护时所涉及的核心问题。因此，就有必要在讨论中美实用艺术品法律保护问题时，对实用艺术品与外观设计作相应对比分析，比较两国在有关实用艺术品与外观设计的版权法与专利法保护方面的相应法律规定与做法。事实上，中美虽然在外观设计法律保护模式的选择上基本一致，即均将外观设计纳入专利法保护范畴，同时辅之以版权法、商标法与反不正当竞争法的保护，但在专利法保护的外观设计与版权法所保护的实用艺术品之间的界限划分方面，两国的法律规定及司法实践中的具体做法却有所不同。本文首先对实用艺术品与外观设计作简要对比分析，继而分别介绍美国及中国有关实用艺术品保护的法律规定及司法实践，在此基础上，分析中美两国在实用艺术品与外观设计法律保护界限划分方面的区别，并得出中国应本着顺应自身国情、促进产业发展的原则，坚持当前外观设计与实用艺术品的不同保护条件及保护机制。

---

* 作者单位：中国社会科学院知识产权中心。

一、实用艺术品与外观设计的对比分析

（一）实用艺术品与外观设计的定义与基本特点分析

按照世界知识产权组织编写的《著作权和邻接权法律词汇》中的相应解释，实用艺术品是指“具有实际用途的艺术作品，无论这种作品是手工艺品还是工业生产的产品”。由上述定义可知，实用艺术品除了必须是艺术品外，还必须是为实际使用而创作的作品（即不能仅为观赏目的而创作）。追溯知识产权法对实用艺术品提供保护的历史，便会发现，在《保护文学艺术作品伯尔尼公约》（以下称为《伯尔尼公约》）的最早文本中，并未将实用艺术品列为版权法的保护对象。直至1948年第三次修订《伯尔尼公约》时，实用艺术品才作为“必保护”对象出现在该公约中。

《保护工业产权巴黎公约》（以下称为《巴黎公约》）仅规定了成员国应对外观设计提供法律保护的义务，[1] 对外观设计的定义及法律保护模式等具体问题均未作出明确约定。《与贸易有关的知识产权协议》（以下称为TRIPS协议）则沿袭了《巴黎公约》的做法，仍将有关外观设计的定义及法律保护模式等具体问题留给成员方在国内法层面上予以解决。正是基于上述原因，世界各国或国际组织知识产权法律中有关外观设计定义的表述也不尽相同。现行美国专利法第171条第1款将受专利法保护的“外观设计”表述为：“任何人所创作的具有新颖性、原创性及装饰性的产品外观设计，得依本法的规定及要求获得专利”[2]。较之于美国专利法中有关外观设计的定义，欧盟有关外观设计保护法律规定中的表述则更为具体，即外观设计是“由线条、轮廓、颜色、形状、质地和/或者由

---

[1] 《保护工业产权巴黎公约》第五条第5款：外观设计在本联盟所有国家均应受到保护。

[2] 美国专利法 http：//www.uspto.gov/web/offices/pac/mpep/consolidated_laws.pdf.

产品本身的材料和/或者产品装饰等特征形成的产品整体或部分外观”。我国《专利法》第2条第3款中有关外观设计的定义为：“对产品的形状、图案或者其结合以及色彩与形状、图案的结合所作出的富有美感并适于工业应用的新设计。”

上述不同国家或国际组织关于外观设计定义的具体表述虽然不尽相同，但从上述定义中，不难总结出外观设计的基本特点，即外观设计须具有新颖性、创造性与产品相结合富有美感并对产品起到装饰作用，且不得是功能性的。尤其是最后一点有关“非功能性”的要求，国际条约以及所有国家或国际组织有关外观设计法律保护的规定中均会作出明确规定。第一，关于新颖性。获得保护的外观设计应具有新颖性的要求，已在国际条约层面上达成了一致。TRIPS协议中有关外观设计保护的规定即明确对外观设计提出了新颖性要求，即：“成员方应为新的或原始的独立创造的工业设计提供保护”。第二，关于创造性。由前述关于外观设计定义的分析可知，无论是以专利法保护的外观设计，如美国、中国专利法体系下的外观设计；还是以专门法保护的外观设计，如欧盟外观设计指令与外观设计条例下的共同体外观设计，都须具备创造性或独特性，否则，即无法获得授权、注册及相应法律保护。第三，关于与产品相结合。与产品相结合应是外观设计的首要特点，即，作为知识产权法保护对象的外观设计应是针对产品或以产品为载体作出的设计。第四，关于富有美感并对产品起到装饰作用。尽管有关外观设计是否具备美感的判断难以把握，但立法上通常会对要求获得保护的外观设计作出须具备美感的要求，而这一要求又经常表现为相应的外观设计应对其所依附的产品或其外形起到装饰作用。换句话说，只要对产品或其外形起到修饰作用即能说明该外观设计具有美感，因此，外观设计法律保护中有关美感的要求通常限定在一个较低的标准。第五，关于非功能性。产品的外形既是构成外观设计专利权保护客体的要素之一，又与实用功能有着密不可分的联系，即产品外形的装饰功能与实用功能往往是“缠绕”在一起的。此双重价值功能的重叠即引发了功能性设计能否构成外观设计从而获得专利法或外观设计专门法保护的问题。事实上，关于功能性设计能否作为外观设计获得保护的问题，各国立法及实践中的做法表明，这一问题的答案不具有绝对性，即并非所有涉及功能性的外观设计都不能成为外观设计专利法或专门法的保护客体，只有完全由功能性所决定的、不存在其他可选择的表现形式的外观设计才被排除于专利法或外观设计专门法的保护范围之外。

（二）实用艺术品与外观设计之间的对比分析

《伯尔尼公约》第 2 条第 7 款涉及实用艺术品与工业品外观设计在法律保护方面的界限划分问题，但该条款并未对成员国如何划分实用艺术品与工业品外观设计的界限作出统一规定。在将实用艺术品规定为《伯尔尼公约》所保护的文学艺术作品的客体的前提下，公约并未统一要求个各成员国必须以版权法保护实用艺术品，而是作了较为灵活的规定。即各成员国亦可将实用艺术品作为外观设计予以专门保护，如成员国未将实用艺术品作为外观设计予以专门保护，则实用艺术品应被作为艺术品由版权法予以保护。实际上，外观设计的内涵要远远大于实用艺术品的内涵，这就使得实用艺术品有了划归外观设计专门法保护范畴的可能，但反过来却不成立，即不能认为所有的外观设计都属于实用艺术品，从而能够获得版权法的保护。很明显，构成版权法保护客体的仅是实用艺术品中所包含的艺术设计，然而，许多外观设计根本无法与产品相分离而不能独立构成美术作品，或其创作高度根本达不到版权法所要求的标准，从而无法构成版权法的保护客体。

本文所讨论的中美两国，在分别以版权法所保护的实用艺术品与以专利法所保护的外观设计的界限划分方面即存在区别。在美国，严格区分版权法与外观设计专利法在对实用艺术品及外观设计提供不同保护的界限，即只有符合“分离特性与独立存在”原则并单独构成美术作品的“外观设计”，即“实用品的设计”才能获得版权法的保护，无法与产品相分离的“外观设计”，如纺织品、服装的外观设计，因无法独立构成美术作品从而无法在版权局予以登记注册，并获得版权法的保护。显然，美国版权法将实用艺术品中的那部分无法与产品相分离且独立构成美术作品的“实用品的设计”排除在了版权法的保护范围之外。与美国不同，中国版权法[1]及版权保护实践中均未发展出类似“分离特性与独立存在”原则的标准，即，对于无法与产品相分离的“实用品的设计”，只要其符合版权法的原创性要求，其仍然有可能被作为实用艺术品获得版权法的保护。

二、美国实用艺术品的法律保护

（一）美国版权法中有关“实用品的设计”的法律规定

美国版权法第101条中有关“实用品”“实用品的设计”的规定表述如下：“本法所指的图形、雕刻和雕塑作品，包括平面和立体的美术品、图形作品、实用艺术品、照片、印刷和艺术复制品、地图、地球仪、图表、图解、模型与技术绘图，包括建筑方案。该类作品应当包括工艺美术品，但这只涉及工艺美术品的外形而不涉及其机械的或实用的方面；实用品的设计（the design of a useful article），当其所具有的图形、雕刻或雕塑的特征能够从物品的实用性方面分离出来，能够独立于物品的实用方面而存在，而且也只有在这种程度上，该设计才应被视为图形、雕刻或雕塑品。”该条中同时规定了“实用品”的含义，即“具有内在实用性功能的物品，而且其内在的实用性功能并非仅仅描述物品的外表或传达信息。如果某一物品是某实用品的一部分，其通常亦被视为实用品”。将上述两款规定结合起来，即可得到可获版权法保护的“实用品的设计”的完整定义，即只有当“实用品的设计”中存在的图形、雕刻与雕塑特征能够与该实用品相分离，且独立构成图形、雕刻或雕塑作品的情况下，该设计才得以获得版权法的保护。实际上，此种

---

[1] 如无特别表明，本文中“版权法”与“著作权法”等同。

情况下，版权法所保护的仍然是图形、雕刻与雕塑作品，即对符合上述“分离”与“独立存在”条件的“实用品的设计”的保护并未扩大版权法的保护范畴，亦即未创设任何新的版权保护客体。

笔者认为，美国版权法第101条的上述规定实际上即是有关“外观设计”获得版权法保护应具备的条件。依据上述规定，能够获得版权法保护的“实用品的设计”所具有的图形、雕刻与雕塑特征能够与实用品相分离，且能够作为图形、雕刻与雕塑作品而独立存在。换句话说，版权法保护“实用品的设计”的前提条件，即是要求其能够从产品中剥离出来。除此之外，还要求该“实用品设计”所具有的设计特征能够作为图形、雕刻或雕塑作品而独立存在，此时，该“实用品的设计”的实质即为脱离产品而独立存在的图形、雕刻或雕塑作品。

（二）版权法对符合“分离特性与独立存在原则”的“实用品的设计”提供保护

1.“梅泽”一案简介

1954年的梅泽（Mazer）一案即促使美国版权局从中总结出了适用于判定得以获得版权法保护的“实用品的设计”应符合的“分离特性与独立存在原则”。梅泽（Mazer）一案中[1]，原告创作了一个女性人体舞蹈造型的小雕像，并对其予以了大量复制。复制品或单独作为雕塑作品出售，或作为台灯底座与电灯、电线、接线板以及灯罩一起共同出售。且原告还依据版权法将该小雕像作为“艺术品”予以注册。被告则在未经原告授权许可的情况下，复制了小雕像且也将其作为台灯底座出售。原告据此诉被告侵犯其版权，法院判决原告的版权有效并判定侵权成立。被告不服，向最高法院提起上诉。被告在上诉中提出了这样一个问题：“在美国，当版权申请者的主要目的是将该雕像用作台灯底座，并大量出售从而实现了其主要目的时，雕像还能受到版权法的保护吗?”为回答这一问题，

---

[1] In Mazer v. Stein, 347 U.S. 201, 100 USPQ 325 (1954).

最高法院首先分析了外观设计专利法与版权法的关系。最终明确裁定，不论本案中的小雕像是否用作台灯底座，其所具有的可专利性，均不应妨碍其作为艺术品而获得版权法的保护。而无论是版权法或其他法律也均没有规定，由于某一客体是可专利的，其就不得成为版权保护的客体。即就同一客体而言，专利法与版权法对其提供的保护并不互相排斥。继而，最高法院详细分析了版权法与外观设计专利法的不同保护对象，并分别指出了两种保护对象的不同特点。即："与专利权不同，版权并未赋予被披露的艺术以专有权，版权法所保护的仅仅是思想观念的表达，而非思想观念本身。版权法保护的是原创性，而非新颖性或创造性，版权赋予权利人的仅仅是多份复制的权利。如果没有复制，就不可能构成侵犯版权。因此，被告无权禁止他人将本案中的人体雕像应用于台灯上；其仅有权禁止他人对该人体雕像的复制或对包含该人体雕像的其他物品的复制。版权注册规则第 202.8 节已清楚地将受保护的部分界定为艺术品的'形式而非其技术或实用方面'。(版权法与专利法)保护美感的区分点不在于美与实用性，而在于版权法保护的是艺术，外观设计专利法保护的则是原创的与装饰性的设计。我们无法从版权法中找出支持以下观点的条文，即，一项可获得版权法保护的客体，当其预期目的是工业应用或已经被工业应用时，其就不能获得版权注册，或使该版权注册无效。"

通过进行上述分析，最高法院得出的最终结论是，外观设计专利法对某一"设计"提供的专利法保护并不会使其丧失其依据版权法已获得的版权，即便该"设计"在产生之初即被赋予了工业应用的目的或实际上已应用于工业，亦都不会减损该"设计"可获版权保护的可能性，或使该设计的版权注册无效。梅泽一案后，版权局即根据该案的相应判决结果修改了当时的版权注册规则，加入了确认实用品的设计能否获得版权法保护的判断规则，即："如果物品的唯一内在功能是其实用性，虽然该物品是独特的并具有吸引人的外形，则其也不具有艺术品的资质。然而，如果实用物品的形状具有一些诸如艺术雕塑、艺术雕刻或艺术图形的特征，同时这些外形特征又能够从实用品中分离出来，并且能够作为艺术品而独立存在.·那么，这些外形特征即可获准注册”。上述表述即为“分离特性与独立存在原则”，这一原则后来被1976年版权法所吸纳，并被写进版权法第101条有关图形、雕刻与雕塑作品保护的法律规定中。

2. 版权法与专利法在对“实用品的设计”提供不同法律保护时的界限划分

通过分析梅泽案的具体判决结果即会清楚地发现，在对某一“实用品的设计”提供不同法律保护时版权法与专利法的具体界限之所在，即能够获得版权法保护的“实用品的设计”必须是能够与实用品或物品的实用性相分离且能独立构成图形、雕刻或雕塑作品的“设计”，正如本文前述分析的那样，此时该“设计”实质上即为作品，显然其具有版权客体的所有特征，也当然得以被获准注册从而获得版权法的保护；而如果某一“实用品的设计”与实用品交织在一起而无法构成独立的作品，则相应的设计人只能就其寻求外观设计专利法的保护。同时，版权法与外观设计专利法在保护某一“实用品的设计”时的关系是并行的，两者并不互相排斥，相应的创作者或设计人可以就其“设计”同时获得版权法与外观设计专利法的重叠保护。

三、中国实用艺术品的法律保护

（一）中国版权法对实用艺术品的法律保护

版权法保护思想观念的表达。其中的思想观念包括美学思想观念，其中的表达形式包括线条、轮廓、图案、色彩及其结合。而以线条、轮廓、图案、色彩为主要表达形式形成的作品通常称之为美术作品。中国《著作权法》第3条明确将美术作品列为其保护客体之一，即：“本法所称的作品，包括以下列形式创作的文学、艺术和自然科学、社会科学、工程技术等作品：……（四）美术、建筑作品”。《著作权法实施条例》又进一步将美术作品界定为：“绘画、书法、雕塑、建筑等以线条、色彩或者其他方式构成的有审美意义的平面或者立体的造型艺术作品”。由上述规定可知，中国版权法是明确对美术作品提供相应法律保护的。

中国《著作权法》于1990年制定。当时的《著作权法》并未规定有关实用艺术品的保护问题，且外观设计专利法中也没有关于实用艺术品保护的规定。至1992年，中国决定加入《伯尔尼公约》，就必须解决有关实用艺术品保护的问题。为此，国务院于1992年9月25日发布了《实施国际著作权条约的规定》。为履行对伯尔尼公约成员国国民的实用艺术品最低程度的法律保护义务，该规定第6条规定：“对外国实用艺术品的保护期为自该作品完成起25年。美术作品（包括动画形象设计）用于工业制品的，不适用前款规定。”上述规定出台后亦备受诟病，因为其赋予了外国人在实用艺术品保护方面以超国民的待遇。而且由于上述规定仅适用于外国人，亦不能就此认为中国已有关于实用艺术品保护的法律规定。及至2001年修订《著作权法》时删除了原有文本中第7款的规定，不再将外观设计绝对地排除在《著作权法》的保护范围之外，这就使得实用艺术品既可能因具备外观设计专利的授权要件而获得专利法的保护；也可能因符合版权法的原创性要求而获得版权法的保护，甚至这两种法律保护可以共存于同一个客体上。在随后修订的《著作权法实施条例》中，“美术作品”的范畴亦被进行了扩大解释，即“美术作品，指绘画、书法、雕塑、建筑等以线条、色彩或者其他方式构成的有审美意义的平面或者立体的造型艺术作品”。上述规定中涉及的“其他方式构成的有审美意义的平面或者立体的造型艺术作品”被指可以理解为涵盖了实用艺术品，而在法律没有相反规定的情况下，作出上述推理与理解是合理的与适当的。至此，可以认为，中国现行《著作权法》及《著作权法实施条例》虽然未就有关实用艺术品的保护作出明确规定，但由其相关条款的引申含义已可以推出其已将实用艺术品纳入其保护范畴之内。

（二）外观设计构成中国版权法语境下实用艺术品的条件

由上述关于外观设计与实用艺术品之间的比较分析可知，实用艺术品与外观设计之间具有共通性。也就是说，部分具有艺术性的外观设计同时即构成实用艺术品，从而能够获得版权法的保护。由前述分析可知，中国《著作权法》及《著作权法实施条例》对实用艺术品提供法律保护，而且并未将受专利法保护的外观设计剔除于版权法的保护客体之外。由此可以得出结论：受专利法保护的外观设计，在其符合版权法关于作品的原创性要求，或者说其包含艺术设计的情况下即构成实用艺术品，其中的艺术设计部分即可获得版权法的保护。由于中国版权法律规定中并不存在外观设计获得版权法保护时应具备的类似“分离特性与独立存在原则”的要求，因而，在中国，对于无法与产品相分离而独立构成美术作品的外观设计而言，如果其符合版权法的原创性要求，包含艺术成分，则其即可获得版权法的保护。

司法实践中已有法院就有关产品外观设计的版权法保护问题作出肯定判决。在杨英才诉张得坤等侵犯著作权纠纷案中，广州市中级人民法院认定：涉案的“树疤壶”是将造型、图案、线条、色彩的结合表现在陶瓷产品上。该产品是作者通过自己的智力劳动创作出来的，反映了作者的审美情趣，并且可以以烧制的方式进行复制，因此是具有审美意义的立体造型艺术作品。最终，该法院将“树疤壶”作为美术作品（此处的“美术作品”应理解为“实用艺术品”，因现行《著作权法》中没有关于“实用艺术品”的直接规定，因此，法院判决时只能援引有关美术作品的条款）予以了保护。[1] 在琼·保罗·戈尔捷诉汕头市佳柔精细日化有限公司侵犯著作权案中，北京市第二中级人民法院虽然没有将实用艺术品纳入我国《著作权法》规定的美术作品的范畴的文字表述，但其认定原告主张的“着紧身衣的女性上半身人体形状”和“着海魂衫的男性上

---

[1] 广州市中级人民法院（2002）穗中法民四初字第 86 号民事判决书。

半身人体形状”的两种香水瓶以及圆桶状包装盒构成实用艺术作品，并适用有关美术作品（此处有关“美术作品”的理解同上）的规定对原告的著作权给予了保护。❶

（三）中国以版权法保护实用艺术品的实践发展

1. 江苏南通对印花布花型的版权保护实践

中国当前工业发展过程中，已出现了以著作权保护实用艺术品的现象。早在1996年，国家版权局就曾批复江苏省版权局，印花布花型版权应当视同美术作品的版权加以保护。❷当时著作权行政机关就已经明确表达出用著作权保护工业产品的意思。事实上，强化著作权管理的呼声，来自于家纺市场发展的客观要求。1996年，台湾省客商东帝兴公司从台湾带来100多个美丽、新型的花型，开业一个月就赚了几千万元，在志浩市场引起了极大的轰动。然而好景不长，毫无版权意识的当地农民布商迅速盗版，台湾省客商生意一落千丈。无奈之下，东帝兴公司只好投诉到刚刚成立的南通市版权局，接到投诉后，版权局进行了认真研究，并就相关问题及时请示江苏省版权局和国家版权局，在得到国家和江苏省版权局明确指示后，南通市版权局组织相关部门前往志浩市场展开联合执法行动。这次执法行动，对两家侵权经营户作出行政处罚，由此拉开了志浩市场印花布美术作品版权管理的序幕。此后，经过大量宣传教育，志浩市场以及部分经营户的版权意识有了明显提高。1997年3月，在南通市版权局的指导和支持下，川港镇镇政府成立了志浩市场版权管理领导小组，同时组建志浩市场版权管理办公室。13年来，南通市版权局会同基层版权管理办公室，在两大市场举办了多场著作权法律法规讲座，印发著作权保护宣传品，召开经营户座谈会，与入场经营户签订“不侵权销售印花布”的责任状，组织著作

---

❶ 北京市第二中级人民法院（2006）二中民初字第7070号民事判决书。

❷ 李东生．保护一个、发展一个——著作权扮靓闽苏陶瓷印花布［N］．中国新闻出版报，2006－9－5．

权知识大赛等，以此增强经营商户版权法律意识。目前，版权保护知识已经家喻户晓，版权保护意识已经深入人心。[1]

2. 通过版权登记保护实用艺术品的合法性分析

江苏南通关于印花布花型版权保护的实践无疑是成功的，这一案例所带来的最大启示即是：知识产权保护应服从于产业发展，知识产权法律保护制度应是基于产业发展的需要而确立，并应基于产业发展的需要而不断创新、不断发展。在知识产权法律保护制度发展过程中应不断解放思想、与时俱进，适时地根据产业发展的需要调整相应法律保护模式。江苏南通关于印花布花型版权保护实例的最大创新点即是，就传统意义上属于外观设计保护范畴的印花布花型作为实用艺术品进行版权登记，寻求版权法的保护，并依据版权法进行维权救济。而权利人之所以弃专利法转而寻求版权法的保护，理由也显而易见，即印花布花型具有市场周期短的鲜明特点，其竞争优势往往就在于先行研发并投放市场的时间差上，而且此类时间差往往短至数天，此种情况下，申请周期较长的专利保护模式显然不符合现实保护需求；而版权保护模式的优势却凸显出来，版权法的保护门槛较低，作品一经完成即产生版权，权利人只须履行简便的程序就可进行相应的版权登记，以此取得其合法权利的初步证明。显然，版权保护模式更适应印花布行业的发展需要。

然而，在以版权法保护印花布花型的实践之初，包括版权局在内的行政执法机关以及知识产权学界对此保护模式的实践与发展均持怀疑态度，究其主要原因即是，如前所述，印花布花型属于传统意义上的外观设计，属于专利法的保护范畴，那么，再将其纳入版权法的保护范畴是否符合现行法律规定呢？依据本文前述有关实用艺术品与外观设计的关系以及《著作权法》对实用艺术品予以法律保护的分析，笔者认为，上述问题的答案是肯定的。即将印花布花

---

[1] 版权保护主推南通家纺业创新［EB/OL］. http：//www.sipo.gov.cn/sipo2008/mtjj/2010/201007/t20100714_525298.html，2011－3－6.

型作为实用艺术品从而纳入版权法的保护范畴是符合中国现行版权法规定的。如前所述，包含艺术设计成分的外观设计即构成实用艺术品，而在中国《著作权法》本身没有关于实用艺术品法律保护的明确规定的情况下，将外观设计视为“美术作品”并给予其版权法保护亦是实践中可采取的变通做法。具体到印花布花型这一产品外观设计而言，依据前述关于外观设计与产品间结合紧密程度的划分标准，其显然属于不可与产品相分离的外观设计，此类外观设计虽然不能构成独立存在的“美术作品”，但其依然可以被视为“实用艺术品”从而获得版权权法的保护。需要指出的是，关于外观设计获得版权法保护的条件应由一国相应立法机关或执法机关依据该国国情自主确定，因此，美国有关外观设计的版权保护实践中所确立的“分离特性与独立存在原则”并不是一个统一适用的标准，这一标准仅反映了美国立法者及法院的基本观念及立场，是否值得借鉴完全取决于借鉴国家的具体国情。事实上，在我国当前有关外观设计的版权保护实践中，并未发展出类似美国版权法中“分离特性与独立存在原则”，因此，将印花布花型纳入版权法的保护范畴不仅顺应了产业发展的需要，而且完全合法。

四、中美实用艺术品法律保护的区别

（一）中美实用艺术品法律保护应满足的不同条件

由前述分析可知，美国版权法对绘画、刻印与雕塑等美术作品与实用艺术品提供保护，且不排除对符合相应条件的“实用品的设计”即外观设计提供保护。而为了在外观设计专利法与版权法保护之间划出一条界线，美国版权法规定，实用艺术品中所包含的“设计”部分只有在能够脱离实用品，且能够独立作为绘画、图形与雕塑作品存在的情况下才能获得版权法的保护，这也正是美国司法实践中所确立的在判定是否应给予“实用品的设计”以版权法保护过程中所应遵循的“分离特性与独立存在原则”，也是实用艺术品获得版权法保护应具备的条件。

如前述分析，中国版权法中明确规定有关于美术作品的保护，结合《著作权法》及《著作权法实施条例》中的有关规定，可以得出中国版权法实际上亦对实用艺术品提供保护。至于外观设计获得版权法保护的条件，与美国的做法不同，中国版权法律规定及司法实际中均未发展出类似美国“分离特性与独立存在原则”的标准。相反，在中国，不仅有将“不可与产品相分离的外观设计”整体作为美术作品予以版权法保护的判例；而且有以版权登记形式保护纺织品花型的产业实践。也就是说，美国版权法中所确立的“分离特性与独立存在原则”显然不能在中国适用，中国当前以版权法保护某些构成实用艺术品的“外观设计”的做法不仅顺应了产业发展的需要，而且是完全符合中国现行《著作权法》的相应规定的，而这也正是中美两国在以版权法保护实用艺术品方面的最大不同。

（二）中国宜坚持自身特有的实用艺术品法律保护机制

中国现行的知识产权法律制度允许在“外观设计”这一特殊客体之上存在多项不同种类的知识产权，即外观设计专利法保护模式并不排除或限制权利人就其“外观设计”成果寻求版权法的保护。只要授权外观设计具备了实用艺术品的构成要件，其就能获得版权法的保护。也正是由于中国现行外观设计保护模式所具有的多元性与包容性，使得中国相关产业发展过程中出现了就相同“外观设计”客体选择不同知识产权部门法予以保护的现象。如前文提到的江苏南通以版权登记形式保护印花布花型的实例，这就说明，当前中国的外观设计版权法保护模式有利于满足产业发展的现实需要，因此，应予以坚持。当然，如果中国《著作权法》在有关实用艺术品的保护方面能够再前进一步，即明确将“实用艺术品”规定为其保护客体，则将会使目前的外观设计版权法保护模式更为完善与合理。

浅谈舞蹈作品的版权保护

周　林*

在中国版权法里面，舞蹈作品是跟音乐、戏剧、曲艺、杂技艺术作品并列的。《著作权法实施条例》给舞蹈作品的定义是：指通过连续的动作、姿势、表情等表现思想情感的作品。这里，法律的规定跟一般的理解是一致的，舞蹈作品不是静止的文字，而是跳动的、可视的信息。

沈培艺1993年曾推出一部自编自导自演的古典舞作品《俪人行》。根据法律的规定和一般理解，这部作品应该是由一系列连续的动作、姿势、表情等（信息）组成的。看过这部作品的观众，他们的脑海里大约还会记得那些跳动的印象："在《西出阳关》的音乐中，一个古代女子一身白衣，齐腰的长发绾在身后，迤逦拖着一袭长长的裙摆，手举一把纸伞，缓缓起舞。作品着力表现女性对于青春、生命的细腻体验，在舒缓的动作韵味里传达出一种穿行于历史时空的思考。"

沈培艺说，这个典型人物的造型，在之前的中国舞蹈作品中从没出现过。《俪人行》首演后，通过她个人晚会、电视媒体的播出，该作品获得业内及观众的好评。而后也获得新中国成立50周年经典舞蹈作品的殊荣。

但不久，沈培艺偶然在一次大型电视晚会上看到一个作品，虽然它有了新的名字，虽然它有了群舞的烘托，但是其中领舞的舞蹈形象与《俪人行》中女子的形象非常相像，同样绾着长发，同样一

---

* 作者单位：中国社会科学院知识产权中心。

袭白色长衣，同样举着伞，同样的动作风格，而它的主题也与西出阳关有关。这些都让她不由自主地联想到《俪人行》。究竟是巧合？是模仿？还是偷窃？

对于《俪人行》跟后一作品是否存在抄袭这个问题，如果仔细看过两部作品，相信不难回答。如果两部作品中的动作、姿势、表情之间相同或实质相似，彼此跳动的信息大致相同，应当就能够认定抄袭。

抽象而言，舞蹈（作品）是一类特定的信息。信息本质上是自由（流动）的。信息一经生成，无论怎样的手段，都不能再控制它。任何阻挡信息传播的企图都是徒劳的。信息交流是人与生俱来的本能和要求。舞蹈作为一类特定的信息，给人提供了一个欢娱和想象的空间。法律为舞蹈创作提供保护，是通过赋予创作者对其创作信息的支配权来实现的。创作者不能阻挡信息传播，但是，他/她有权禁止对该信息的利用。信息是自由的，而利用信息是要付出代价的。

其实，一部优秀舞蹈作品，除了有好的创意，最重要的是动作设计。创意一般不受版权法保护，只有动作设计，只有那些能够跳动的信息才受保护。在一些国家，舞蹈作品是记录在舞谱上面的。中国版权法没有这个要求。只要是具有原创性的跳动的信息，能够被人所感知，能够用某种有形形式（例如录像）复制下来，就符合受保护的条件。为了鼓励更多更好的舞蹈作品/跳动的信息的创作，法律赋予创作者控制该信息利用的权利。创作者可以从该权利获得精神和经济方面的补偿和奖励。从信息利用者角度，对他人创作信息的尊重，向创作者支付合理报酬，是确保艺术遗产不断增加，确保信息市场保持繁荣，从而造福于全人类的一个重要方面。

舞蹈作品的创作者对跳动的信息或者能够跳（动）的信息具有一种天然的敏感。他们的作品是跳动的或者是能够跳动的，这是舞蹈作品区别于文字、音乐作品最本质的地方。如果脱离开那些跳动的信息，仅仅用文字来表达，对于舞蹈作品的保护，就显得软弱，不给力。各个门类的艺术都有其特定的表现形式。音乐作品是由旋律构成的，仅仅用文字来描述某部音乐作品的美妙是不够的。美术作品也是这样，看不到具体的线条、色彩，该作品就不存在。因此，舞蹈作品作者，在文字描述以外，是否还可以舞谱的形式，进行舞蹈作品的创作呢？

还应该看到，一部舞蹈作品的成功，跟舞蹈表演者的表演分不开。一场舞蹈表演，从排练到演出，表演者要付出多少汗水！他们是用心在跳，用生命在演绎。舞蹈作品，那些跳动的信息正是通过舞蹈表演者的演绎才被注入活力，才能够被人感知，才能够打动人心。

版权制度的建立，所反映的是对艺术创作的关照。人类发展的历史经历了一个从追求物质财富，到更加注重精神产品的过程。舞蹈是艺术的一个门类，是人类精神产品的一个重要方面。物质财富的创造需要遵守一定的规则，精神产品的生产，也需要执行一套尊重原创的制度。这个制度要求，在利用他人原创的信息时，需要征求创作者的同意并支付合理报酬。也许，舞蹈作品在当下某些层面多以文字描述存在，但是，只要看过舞蹈演出的，只要是搞舞蹈这一行的，都应当会感知那些原创的跳动的信息所在。只有严格执行尊重原创的法律规则，艺术家才能够更好地驾驭那些跳动的信息，把舞跳地更加精彩。

非物质文化遗产利用中的法律问题探讨

——兼评“安顺地戏署名权案”

管育鹰*

摘要：非物质文化遗产的法律保护应解决两个主要问题：“抢救”和“利用”。民间文学艺术是面临流失的非物质文化遗产的重要组成部分，但同时也是最易被商业化利用的内容。我国目前的立法选择是通过《非物质文化遗产法》解决非遗的抢救问题；在因利用非遗而产生的民事争议问题，则是通过《著作权法》对民间文艺作品的保护间接保护民间文艺保有人的利益。因此，对因使用非物质文化遗产而产生“安顺地戏”之类的争议，应灵活适用《著作权法》才能达到对非物质文化遗产民事权益的切实保护。

2011年5月24日，离《中华人民共和国非物质文化遗产法》（以下简称《非物质文化遗产法》）实施只有一周，离我国第六个“文化遗产日”也不到20天，近年来引起关注的“非物质文化遗产维权第一案”有了初步结果：对贵州省安顺市文化局诉张艺谋、张伟平、北京新画面影业有限公司著作权纠纷案，北京市西城区人民法院作出一审判决，认为被告并没有侵犯“安顺地戏”的署名权，驳回了原告在媒体上刊登声明消除影响、停止发行该影片的诉求。

据“中国法院网”的报道，2005年，被告北京新画面影业有限公司作为出品人、张伟平为制片人、张艺谋作为编剧和导演拍摄

---

* 作者单位：中国社会科学院知识产权中心。

了电影《千里走单骑》。该影片以一堂名为《千里走单骑》的“云南面具戏”为线索并贯穿始终。但该影片所宣传的“云南面具戏”实际上是贵州省的“安顺地戏”，一项国家级非物质文化遗产。贵州省安顺市文化局作为该非物质文化遗产的管理人，以原告身份将三被告以没有在任何场合为影片中“面具戏”的真实身份正名、侵犯了“安顺地戏”的署名权为由，于2010年1月诉至法院，要求判令三被告分别在《法制日报》《中国日报（英文）》中缝以外版面刊登声明消除影响并停止发行该影片。被告以国家非物质文化遗产的相关法律规定属于行政法范畴，并不自然生成民事权利为由，不同意原告诉讼请求。2011年5月24日法院判决认为，“安顺地戏”作为国家级非物质文化遗产之一，应该给予高度的尊重与保护，这并无异议；但被告将真实存在的“安顺地戏”作为一种文艺创作素材用在影片《千里走单骑》作品中，就戏剧表演的配器及舞台形式加以一定的改动，使表现形式符合电影创作的需要，此种演绎拍摄手法符合电影创作规律。此外，被告主观上并无侵害非物质文化遗产的故意和过失，客观上也未对“安顺地戏”产生歪曲、贬损或者误导混淆的负面效果，故对原告的诉讼请求不予支持。❶

不可否认，非物质文化遗产的民事保护问题在我国仍旧是个未解的难题。即使此案发生在2011年6月1日《非物质文化遗产法》生效之后，原告也难以根据此法主张并获得法律保护，原因很简单，正如被告所说的，《非物质文化遗产法》属于行政法范畴，并不自然生成民事权利。但是，对此案涉及的民事争议，原告并没有依据非遗保护方面的行政性法律条款，而是依据《著作权法》的相关规定，因此需要分别了解和分析《非物质文化遗产法》和《著作权法》的相关规定，以及这些规定是否可以和如何适用于解决类似

---

❶ 关于案件开庭审理和判决的消息来自中国法院网（2011年6月访问）：http：//www. chinacourt. org/html/article/201005/12/408641. shtml；http：//www. chinacourt. com. cn/html/article/201105/24/452246. shtml.

此案的非遗利用中产生的民事争议的解决。

这里首先回顾一下我国《非物质文化遗产法》目前框架形成的过程。在全球化进程中，非物质文化遗产主要面临着两个方面的问题："抢救"和"利用"。关于第一个问题，在国际层面上由联合国教科文组织（UNESCO）从文化多样性、文化遗产、人权等比较宽广的范围和角度出发来推动成员国进行非物质文化遗产的保护。根据《保护非物质文化遗产公约》的要求，"保护"（safeguarding）是指确保非物质文化遗产生命力的各种措施，包括确认、立档、研究、保存、保护、宣传、弘扬、传承和振兴。目前，世界各国已经充分意识到保护人类的非物质文化遗产是普遍的意愿和共同关心的事项，必须采取有效的措施保护非物质文化遗产，欧洲各国和日、韩等国先后建立起与非物质文化遗产保护有关的、以规定相关政府部门职责为主要内容的制度。然而，关于第二个问题，即因非物质文化遗产"利用"而形成的各种复杂的法律关系应如何处理的问题，国际上并无专门的论坛，非物质文化遗产被分解为遗传资源、传统知识和民间文学艺术保护等议题且至今还在讨论中。尽管世界知识产权组织（WIPO）十多年来多次讨论了关于传统知识、民间文艺的示范性法律条款，但这一示范法仅在政策目标、价值承认等务虚的方面得到认可，其倡导为传统知识、民间文艺提供一种民事性"特殊权利"保护❶的实质性条款则至今尚未在各成员国取得一致。

在国内层面，由于我国非遗留存和利用的情况十分复杂、又无非遗民事保护立法国际经验可借鉴，力图同时解决"抢救"与"利用"问题的非遗保护的立法进程实际上是相当缓慢的。相对而言，我国关于非物质文化遗产的行政保护的立法研究和经验都比较成熟。从1998年起，文化部与全国人大教科文卫委员会在国内外立法调研的基础上，组织起草了《中华人民共和国民族民间传统文化

---

❶ 管育鹰．知识产权视野中的民间文艺保护［M］．北京：法律出版社，2006.

保护法》(草案)。后来，云南省、江苏省、贵州省、福建省、广西壮族自治区等相继颁布了民族民间（传统）文化保护的地方性行政法规，为全国性的行政性保护立法提供了有益经验。后来，借鉴《保护非物质文化遗产公约》的基本精神，《中华人民共和国民族民间传统文化保护法》(草案)，改名为《中华人民共和国非物质文化遗产保护法》(草案)(简称旧草案)。旧草案的核心内容是对非物质文化遗产的行政性保护措施，比如明确了采取认定、立档、保存、研究、宣传、弘扬、传承和振兴等措施保护非物质文化遗产，将非物质文化遗产保护纳入政府与工作规划等。

值得注意的是，尽管措辞有待商榷，旧草案考虑到了民事保护问题并做了原则性或衔接性的规定，即第 30 条："国家保护非物质文化遗产的知识产权以及该遗产基于传统知识、民间文艺所产生的其他权利，具体办法另行制定"。鉴于现实中非遗的利用方式及其带来的问题日渐增多，笔者赞同旧草案包含关于非遗民事保护问题的原则性规定，因为这一条款尽管只是原则性的，但至少可以成为解决非遗利用中可能发生的民事性纠纷的法律依据，具体措辞可改为"国家保护非物质文化遗产保有人的合法权益，防止对非物质文化遗产的不当利用，使用非物质文化遗产涉及知识产权的，适用相关法律的规定"。

不过，2010 年，我国出台了《非物质文化遗产法》(草案)(简称"新草案")。在新草案中，立法者已经放弃了在一部法律中解决以上两个问题的尝试，而转为选择只解决非物质文化遗产保护首要的问题："抢救"。这一立法抉择的变化在新草案的名称上首先体现出来，即去掉原先的《非物质文化遗产保护法》(草案)的"保护"二字变成了《非物质文化遗产法》(草案)。通读全篇内容后就会发现，新草案不仅在名称上、而且在内容上也与之前讨论的各版草案不同，最根本的一点就是增加了大量细化的行政性保护条款、删除了上述第 30 条，并简化了可能被理解为涉及民事保护的第 29 条："利用非物质文化遗产进行创作、改编、表演、展示、产品开发、旅游等活动，应当尊重其形式和内涵，不得歪曲滥用”[1]。从本质上说，新草案是一部与《文物保护法》并行的行政性法律规范，着重描述政府在非物质文化遗产保护方面的作为，不提及非物质文化遗产利用中可能产生的各种利益关系及其解决方案。

2011年2月25日，我国的《非物质文化遗产法》最终通过。仔细研读法律条文，该法在绝大部分内容采用新草案的同时，在“附则”的第44条加上了一句既有别于旧草案、又不同于新草案的民事保护衔接性条款，即“使用非物质文化遗产涉及知识产权的，适用有关法律、行政法规的规定。对传统医药、传统工艺美术等的保护，其他法律、行政法规另有规定的，依照其规定”。这样，我国立法者凭借逐渐丰富的立法经验和智慧，回避了直接在《非物质文化遗产法》中规定对民事权利的保护、间接指明了使用非遗涉及知识产权的可能性，将我国非物质文化遗产民事保护法律条款的落地问题交给了其他法律法规。

从前述我国《非物质文化遗产法》的立法过程看，由于非遗“利用”所涉及法律关系的复杂性，非遗民事保护的相关规定在几易其稿后最终没在法律中加以明确；也就是说，非遗是否享有民事性权利，这部法律并没有回答。尽管《非物质文化遗产法》明文规定“使用非物质文化遗产应当尊重其形式和内涵”，但这一条款并未指出如果使用非物质文化遗产没有尊重其形式和内涵应承担什么样的法律责任，更未指出谁可以主张、向谁主张、如何主张。因此，这一条款是没有可操作性的，仅仅是一种原则性、倡导性的。

回到“非遗保护第一案”，被告的电影作品显然利用了“安顺地戏”这一国家级非物质文化遗产。电影拍摄过程中，制片方邀请了安顺市西秀区旧州镇詹家屯村三国地戏队的詹学彦、曾玉华等8位民间艺人到云南丽江表演了《千里走单骑》和《战潼关》两场安

---

[1] 旧草案第29条被简化为“使用非物质文化遗产，应当尊重其形式和内涵。禁止以歪曲、贬损等方式使用非物质文化遗产”，成为新草案第5条。

顺屯堡地戏，最后制成的影片相关片断即由对这些表演的拍摄剪辑而成。显然，电影《千里走单骑》所称的“云南面具戏”，其中的演员、面具、演出的剧目、音乐、声腔、方言、队形动作等均来自贵州安顺地戏。被告认为，表演者是“应邀”表演的，且片尾鸣谢清单中也包括“贵州安顺三国地戏队”，不存在侵权行为。的确，从民间文艺表演者的表演者权这一民事权利的角度，被告不存在侵权行为，因为其与表演者达成了某种合意、且未违反其他法律规定。但是，起诉被告侵权的不是表演者而是原告所代表的非物质文化遗产保有人。前面分析过，《非物质文化遗产法》没有直接赋予非物质文化遗产民事性权利，那么作为非遗保有人的、“感情受到伤害”的贵州安顺人民真的无法得到任何救济吗？事实上，正如前面所介绍的，《非物质文化遗产法》最终加入的衔接性条款指明了这样一种可能性，在其他法律法规中寻求对非物质文化遗产相关民事权益的保护。即使没有《非物质文化遗产法》的这一条款，原告亦可直接依据其他法律寻求救济，实际上原告就是依据《著作权法》提起诉讼的。从案情来看，电影《千里走单骑》采用的是“安顺地戏”的曲目《千里走单骑》和《战潼关》。这两个“安顺地戏”曲目长期以来在贵州安顺屯堡传承，虽然其表演形式是通过师傅口头帮带的方式传承的，但其面具、服饰、造型、唱腔、唱词、动作等具体表现形式是相对固定的，与现代戏剧作品并没有区别，应属于《著作权法》第6条所说的“民间文学艺术作品”。利用民间文学艺术作品再创作是否可以获得《著作权法》保护，这个问题在早些年的“乌苏里船歌案”❶ 中已经遇到过和讨论过了。《乌苏里船歌》是由民间“采风”而来的。从我国文艺界长期以来的“采风”实践的成果看，“采风”而来的作品有的是民歌本身的记录、有的是基于民歌而改编的歌曲；无论是哪一种情况，都不能否认作品的

❶ 见“饶河县四排赫哲族乡政府诉郭颂等侵犯民间文学艺术作品著作权纠纷案”，北京市高级人民法院（2003）高民终字第246号民事判决书。

来源。法院最终判定《乌苏里船歌》为对赫哲族民歌的“改编”，并支持了原告赫哲人要求标明歌曲来源的请求，从而也从法律上认定了遵从文艺“创作规律”并不是侵害民间文艺传承者基本民事权利的免责理由。

“乌苏里船歌”一案的法院判决精神对于“千里走单骑案”来说应当是同样适用的。只不过前案争议的是单一完整的民间文艺改编歌曲，而《千里走单骑》电影作品是将“安顺地戏”作品作为素材贯穿始终，其使用民间艺术作品的方法更为复杂。就影片的内容来看，尽管争议的“安顺地戏”镜头时间总共并不是很长，但其并不仅仅是个简单的、一带而过、不可避免的被采用的创作素材，而是贯穿电影作品的灵魂性主题，整部电影的故事都是围绕这种古老戏曲形式展开的。可以说，从形式到内涵，电影《千里走单骑》这种对“安顺地戏”这一以民间文艺为形式的非物质文化遗产的使用都是实质性的，然而由于使用者在使用过程中自始至终误称之为“云南面具戏”，使得“安顺地戏”失去了向观众表明自己的名称或身份来源的机会。尽管电影创作者在依“创作规律”拍摄时的确并无侵权的故意，但无论从民法自愿、公平、等价有偿、诚实信用的基本原则、还是从《著作权法》确定的对民间文艺作品保护的规定来看，电影创作者也应当通过某种方式消除因对民间文艺传承者权益的忽视造成的不利影响。尽管这一义务因电影创作者本身的影响力而显得有些道义色彩，但其性质仍是符合法律的公平原则的。

如前所述，如何为非物质文化遗产建立适当可行的民事法律保护模式在我国已经讨论了相当长的时间。从目前的结果看，国家的立法选择是放弃在《非物质文化遗产法》中涉及民事权益保护问题、而将使用包括民间文艺在内的非遗产生的民事权益保护问题交给其他的立法。尤其要强调的是，非物质文化遗产种类繁多形式多样，但作为其核心组成部分的民间文艺成为商业性利用对象的可能性最大。事实上，笔者认为，如果要谈非物质文化遗产的民事权益保护或涉及知识产权的问题，有可能具体落实《非物质文化遗产法》第44条之“使用非物质文化遗产涉及知识产权的，适用有关法律、行政法规的规定”条款的，目前仅有民间文学艺术的保护。

关于民间文学艺术相关民事权益的法律保护，我国有一条最相关的法律条款预留了今后的立法空间，即前面提到的1990年通过的《著作权法》之第6条“民间文学艺术作品的著作权保护办法由国务院另行规定”。值得肯定的是，尽管《著作权法》的这一规定是原则性的、具体的保护办法至今没有出台，但在我国民间文艺创作向来十分活跃、创作作品涉及各方利益关系比较复杂的背景下，这一条款使得现实生活中许多民间文艺的再创作者（相当一部分是传承人）的权利得到了保障。[1] 不过笔者认为，这一条款虽然与本文所讨论的非物质文化遗产组成部分的民间文艺紧密相关，但它是针对基于民间文艺产生的新作品——民间文艺作品、而不是针对民间文艺本身的。这也是依据这一条作出的我国唯一关于民间文艺的案件“乌苏里船歌案”至今仍未获得各界全面认同的根本原因。即使我国《著作权法》第6条的立法原意是要为民间文艺提供民事性保护依据，但就目前各界的认识来说，著作权与WIPO等国际论坛上讨论的特殊权利是不同的，将“民间文学艺术作品”等同于民间文艺本身可能会引起一定的困扰。

民间文艺的保护虽然重要，但如前所述，我们已经没法在《非物质文化遗产保护法》的下位法规中制定《民间文学艺术保护条例》了。因此，我国目前的立法选择是依据《著作权法》第6条制定《民间文学艺术作品著作权保护条例》（简称《条例》）来迂回对民间文学艺术的保护作出规定。应该说，本着迅速地、最大限度地有效解决民间文艺保护问题的出发点，利用《著作权法》第6条的规定可以作为一种权宜之计。事实上，在当代现实生活中用得最多

---

[1] 如郭宪剪纸案：北京市第一中级人民法院民事判决书（2000）一中知初字第48号；赵梦林京剧脸谱案：北京市第二中级人民法院（2002）二中民初字第4095号民事判决书；白秀娥剪纸案：北京市高级人民法院（2002）高民终字第252号民事判决书。

的，或者说商业化可能性最大的，正是那些根据民间文学艺术演绎而来的作品。不过，应当明确的是，制定《民间文学艺术作品著作权保护条例》的主旨不是简单地重复《著作权法》的内容，相反更多的应该是对此类作品的商业化使用进行规范，由此致力于解决《著作权法》中不甚明确的问题。笔者认为，《条例》的主要作用是确立以下能保护民间文艺相关民事权益的条款，如："根据民间文学艺术改编的作品，作者依法享有著作权，但应当注明出处、不得对其进行歪曲和损害"；"对民间文学艺术作品进行商业化使用，如复制、出版、广播、公开表演、向公众传播、发行、拍摄和录制等，使用者除了与著作权人达成一致外，还应该向民间文学艺术的权利代表人或者主管民间文学艺术作品使用的国家机关交纳一定的民间文学艺术使用费，作为相应主体民间文学艺术的发展基金"；"违反以上规定而改编或使用民间文学艺术作品的应承担相应的民事责任"等。

从国家版权局 2009 年提供的《条例》草案看来，以上内容基本得以体现。因此，该草案实际上是通过规范民间文艺作品的使用来达到事实上对民间文艺本身提供保护的作用。从具体内容来看，其本质是对民间文艺作品权利人及使用人的义务作出明确规定，以确保民间文学艺术"受益人"的利益。应该说，单就民间文学艺术而言，已经通过的《非物质文化遗产法》可以提供 UNESCO 模式的行政性保护，而这一《条例》草案则提供了一种 WIPO 模式的民事性特殊权利保护。

虽然《条例》在实际上可能起到的作用与笔者所期望的基本一致，但是，这一立法选择仍有理论上的缺陷：非物质文化遗产意义上的民间文学艺术与《著作权法》所说的"民间文学艺术作品"、"特殊权利"与"著作权"毕竟不是一回事。这种立法依据上的困惑，可能会使《条例》讨论和通过的过程受阻，即使通过，其后在实施的过程中也将产生种种疑问。因此，尽管《条例》详细地对民间文艺、受益人、商业利用人和作品著作权人、受益人的权利义务关系以及惠益分享的具体规则作了规定，但一旦受到置疑，推问民间文艺持有人的这种特殊权利来源于何种基本法律，则可能难以自圆其说。

笔者曾主张民间文艺的特殊权利保护制度的立法依据是《宪法》[1]，后来也曾主张在《非物质文化遗产保护法》中明确这种权利以便使民间文艺的民事性保护理顺成章，但这一思路目前看来已经行不通。不过至少在中心内容上，笔者赞同《条例》所设立的符合中国国情的民间文艺保护模式。在此意义上，尽管这一模式的推行结果尚待考察，《条例》仍是目前可行性最大的弥补我国非遗民事性保护法律规则缺失的立法对策选择。

与世界上任何发展中国家一样，我国的原生态民间文艺不但面临急剧消逝的，也面临着在信息时代被有技术和资金保障的域外人任意复制、利用甚至被歪曲，而创造和传承该民间文艺的传统族群却得不到任何回报的问题。在文化成为商品的今天，不制定民间文艺的使用及产生的利益分配规则以解决其创造者或保有者与利用者和获利者之间的关系问题，必然引起其创造者或保有者的不满和异议，不利于民间文艺保护事业的发展，也不符合法律的公平原则。尤其在《非物质文化遗产法》通过之后非物质文化遗产的保护日益受到重视的今天，长期以来基于将民间文艺视为免费资源、漠视民间文艺传承者利益建立起来的文艺“创作规律”是该与时俱进地作出调整了。对因使用非物质文化遗产而产生“安顺地戏”之类的争议，应灵活适用《著作权法》才能达到对非物质文化遗产民事权益的切实保护。

---

[1] 管育鹰．知识产权视野中的民间文艺保护［M］．北京：法律出版社，2006．

论搜索、链接服务提供行为的侵权构成要件

芮松艳*

摘要： 搜索、链接服务提供行为不属于直接侵权行为，其仅在符合特定要件的情况下，构成共同侵权行为。在共同侵权的认定要件中，最为复杂的是主观应知的认定。搜索、链接服务提供者是否为主观应知，要结合搜索链接方式以及搜索链接服务提供者的主观认知义务予以具体判定。

依据《信息网络传播权保护条例》（简称《条例》）第 23 条以及《侵权责任法》第 36 条的规定可知，搜索、链接服务提供行为并不构成对信息网络传播权的直接侵犯，其仅是起帮助作用的共同侵权行为。实践中，对于搜索、链接服务提供行为侵权具体要件的认定，一直存在分歧。本文将尝试对这一问题予以探讨。笔者认为，在同时满足下列要件的情况下，可以认定搜索、链接服务提供行为构成共同侵权行为。

一、被链接的内容网站实施了直接侵权行为，即实施了未经权利人许可传播作品、表演、录音录像制品的行为

搜索、链接服务提供行为系起帮助作用的共同侵权行为，而非直接的侵权行为，此种行为构成共同侵犯信息网络传播权行为的前提应是有直接的侵犯信息网络传播权的行为存在。如果被链接网站

---

* 作者单位：北京市第一中级人民法院知识产权庭。

传播作品、表演、录音录像制品的行为未构成直接侵权行为（如该传播行为已获权利人的许可或该网站即为权利人的网站等），则搜索、链接服务提供行为构成共同侵权行为的前提将不存在，其行为不会构成共同侵权。

如在德都公司所诉三七二一公司侵权案中，被告所链接的页面系原告自已网站，而非侵权网站的页面，该案中不存在未经许可传播网页内容的直接侵权行为，因此，原告主张被告网站以链接的方式通过传播其作品（即原告网站的页面内容）构成对其信息网络传播权的侵犯的主张，法院未予支持。[1]

二、该搜索、链接服务“直接”链接到具体的侵权作品、表演或录音录像制品

不同类型的搜索、链接服务行为对于被链接内容的传播均会起到一定程度的帮助作用，但并非起到“任何程度”帮助作用的搜索、链接服务行为均可以认定构成共同侵权，关键还要看其是否具有“直接的”关联关系。判断是否具有直接关联关系，应以该搜索、链接服务提供者是否可以单独停止特定服务对象的搜索、链接服务为原则。如可以停止，则可以认定二者具有直接关联关系，否则将不能得出此结论。

以“浅层链接”中的“相关页面链接”与“首页链接”[2] 这两种形式为例，除非权利人主张的是网页的著作权，否则，前者通常应被认定与被链接内容具有直接指向关系，但后者则无法作出这一

[1] 见北京市第二中级人民法院（2006）二中民终字第12666号民事判决书。

[2] 浅层链接系指设链网站所提供的链接服务直接将用户指引到被链接网站上，用户在被链接网站的页面下获得相应内容。浅层链接所指向的既可以是被链接网站的“首页”，亦可以是用户所欲获得的“相关具体内容”的页面。浅层链接系相对于深层链接而言，深层链接是用户在不脱离设链网站的网页页面即可获得被链接网站中的相关内容的一种链接方式，因该链接的提供并未脱离设链网站的页面，因此用户无法认知到该网站提供的是链接服务。

认定。原因在于，对于前者而言，用户可依据设链网站的链接指引直接获得被链接内容，同时，在该被链接内容构成侵权时，搜索、链接服务提供者亦完全可以单独停止对这一特定内容的链接。但对于后者而言，因网站的首页上通常并不会载有具体的作品、表演或录音录像制品，而仅是提供该网站具体内容的索引或摘要，因此，如果仅因这一索引或摘要所对应的内容构成侵权而要求搜索、链接服务提供者停止对被链接网站首页的链接，则其停止的将不仅是对侵权内容的链接，同时还必然会伤及无辜。

之所以要求搜索、链接提供行为构成侵权需满足“直接”链接到具体的侵权作品、表演或录音录像制品这一要件，主要基于三方面考虑：首先，从学理上讲，民法中“视教唆人及帮助人为共同侵权行为人，须客观对于结果须有相当因果关系”[1]。即教唆与帮助行为是否会构成共同侵权，要看其与直接侵权行为及后果的联系程度，只有达到相当联系程度的情况下，才可以认定其构成共同侵权。如果搜索、链接服务提供行为与被链接的内容间并无“直接”的指向关系，则无法认定该行为对于直接侵权的损害结果具有相当因果关系。其次，从现有《条例》的规定看，搜索、链接服务提供者所承担的是断开与侵权的作品、表演、录音录像制品的链接的法定义务，这一断开链接的义务显然应理解为“仅”断开与具体的作品、表演、录音录像制品的链接，而只有具有“直接”指向关系的情况下，才可能尽到这一义务。最后，从承担责任的后果看，如果认定不具有“直接”指向关系的链接构成侵权，则其如停止此链接，必然会导致被链接页面中其他未侵权内容的链接亦被断开，这一后果将会伤及无辜。

司法实践中在对搜索、链接服务提供行为的侵权判断中，亦会考虑此要件。

如在武汉回归公司诉百度公司的侵权案中，原告系涉案软件的

---

[1] 史尚宽．债法总论［M］．北京：中国政法大学出版社，2000：175.

著作权人，被告百度网站在用户搜索的情况下提供了指向青岛博智公司网站“首页”的链接，首页上虽载有被控侵权软件的“文字介绍”，但“未提供”在线使用或下载行为。原告主张被告的链接行为已构成帮助侵权，对此法院认为“被告提供对青岛博智公司网站首页链接的行为未构成帮助侵权”[1]。

三、搜索、链接服务提供者主观上为“明知”或“应知”

依据《条例》第23条规定可知，搜索链接服务的提供者承担共同侵权责任的主观要件为“明知或应知”，即“明知或者应知所链接的作品、表演、录音录像制品侵权”。《侵权责任法》第36条对这一主观要件亦予以认可。[2]

1. 搜索、链接服务提供者的注意义务与监控（或审查）义务

在对搜索、链接服务提供者主观过错予以认定时，首先应解决的问题是确定搜索、链接服务提供者应负有的法定义务，即其是负有事后的注意义务，还是负有主动的监控（或审查）义务。对于同一个涉案内容，如果认定其负有监控（或审查）义务，则其有义务主动接触被链接的内容，因此，如果依据该行业从业人员正常的认知能力足以认识到该内容系侵权内容，则“只要”该内容在被链接网站中“出现”，即可认定搜索、链接服务提供者主观具有过错。但如果其仅承担事后的注意义务，则除非有证据证明其主观明知被链接网站提供了该内容且其构成侵权，否则只有在其可能接触到被链接的内容的情况下，才可能认定其主观上有过错，而非只要该内

---

[1] 见北京市海淀区人民法院（2007）海民初字第22956号民事判决书。

[2] 虽然《侵权责任法》第36条中所使用的措辞为“知道”，即“网络服务提供者知道网络用户利用其网络服务侵害他人民事权益，未采取必要措施的，与该网络用户承担连带责任”，但全国人大法工委编著的《侵权责任法释义》作了如下解释，“‘知道’可以包括‘明知’和‘应知’两种主观状态”。（参见：王胜明．中华人民共和国侵权责任法释义［M］．北京：法律出版社，2010：195.）

容出现在被链接网站中即可认为搜索、链接服务提供者主观具有过错。(对于过错的认定将在下文中详述)

虽然现有法律规定中对于包括搜索、链接服务提供行为在内的网络服务提供行为提供者所应负有的义务并无明确规定，但《信息网络传播权保护条例释义》中对此作了如下表述，“要求网络服务提供者对传输或者链接的作品、表演、录音录像制品是否侵犯著作权及其相关权利而进行实质性判断，或者对传输的作品、表演、录音录像制品或者搜索到的作品、表演、录音录像制品是否存在权利上的瑕疵先行作出判断和筛选是不现实的”[1]。此外，《侵权责任法释义》中亦指出“在起草过程中，有意见提出，网络服务提供者……只要其网络服务中存在侵权信息，就应当承担侵权责任。我们认为……提供技术服务的网络服务提供者承担无过错责任可能使其承担过重的义务，远超出其所能够承受的范围，不仅危及网络行业的正常发展，最终将损害社会公共利益”[2]。由此可知，上述法律的立法者均不认同网络服务提供者负有主动事先的监控或审查义务。对此，主流的学术观点亦持此意见。[3] 由此可知，搜索链接服务提供者并不负有监控义务，而仅负有事后的注意义务。

司法实践亦通常认为网络服务提供者所承担的系注意义务，[4]并认为“基于网络技术的特殊性，不能仅因为网站存储或出现了侵

---

[1] 张建华．信息网络传播权保护条例释义［M］．北京：中国法制出版社，2006：76.

[2] 王胜明．中华人民共和国侵权责任法释义［M］．北京：法律出版社，2010：195.

[3] 王迁．Viacom 诉 YouTube 案：“红旗”何时飘扬？——兼评此案对我国视频分享网站的影响［J］．中国版权，2010（3）.

[4] 如在索尼诉阿里巴巴案中，法院认为，阿里巴巴公司“未删除与涉案歌曲录音制品有关的其他搜索链接，怠于尽到注意义务、放任涉案侵权结果的发生的状态是显而易见的。应当认定阿里巴巴公司主观上具有 过错”。见北京市高级人民法院（2007）高民终字第 01239 号民事判决书。

权作品，就认定提供了存储空间的该网络服务提供者要承担侵权责任”。[1] 当然，亦有案件中有不同做法，为网络服务提供者设定了相对较高的义务，但并非普遍做法。

2. “明知”与“应知”的具体含义

“明知”与“应知”均系指搜索、链接服务提供者对于被链接的作品、表演、录音录像制品是否侵权的一种主观状态。“明知”系指搜索链接服务提供者明确知晓被链接内容为侵权内容。“应知”则系指虽无证据证明搜索链接服务提供者确切知晓被链接内容构成侵权，但依据其所具有的认知能力及所负有的注意义务，其应当意识到该被链接内容构成侵权。

从具体案件中所反映出的情况看，在对搜索、链接服务提供者主观明知或应知的具体理解中，以下几点应值得注意：

首先，搜索链接提供者作为共同侵权行为人主观明知或应知的性质与网络内容提供者作为直接侵权行为人主观过错的性质有本质不同。前者系对“他人”行为性质的认知，即搜索链接提供者认识到被链接网站所提供的作品、表演、录音录像制品构成直接侵权。后者则是对“自己”行为是否构成侵权的认知，即网络内容提供者对于其实施的对作品、表演、录音录像制品的信息网络传播行为是否构成侵权的认知。

其次，被链接网站是否“许可”他人链接或“何种条件”下许可链接不影响搜索、链接服务提供者主观明知或应知的认定。

有些案件中，权利人会以其未“允许”他人对自己网站设链[2]或他人在设定链接时未符合其主张的链接条件[3]为由主张被告提供链接的行为构成侵权。上述主张显然均无法成立。这一方面是考虑到无论现有的法律法规，还是行业惯例均未赋予被链接网站这一权

---

[1] 见上海市高级人民法院（2008）沪高民三（知）终字第62号民事判决书。

[2] 见北京市高级人民法院（2007）高民初字第1201号民事判决书。

[3] 见北京市朝阳区人民法院（2006）朝民初字第5939号民事判决书。

利。另一方面是因为互联网的特性在于互联互通，不同网站之间设立链接不仅是互联网发展的核心前提，亦符合绝大多数网站以及网络用户的意愿。如要求链接之前需经过许可或仅能在被链接网站声明的限制条件下进行链接显然有悖互联网的基本宗旨以及网络用户的根本需求。而如果一些网站不允许其他网站对其进行链接，其并非无所作为，其可以通过在TCP/IP协议等行业技术规范中对于选项的设置以达到禁链的目的。

3. “明知”的具体认定

“明知”系指搜索、链接服务提供者对于被链接内容构成侵权明确知晓的主观状态，其通常应符合如下要件：明确知晓被链接的“哪些”具体内容构成侵权；明确知晓被链接内容侵犯了“哪个”主体的权利。

鉴于主观明知具有如此之高的认定标准，因此，其对证据有严格要求。实践案件中的明知证据通常系权利人发出的侵权通知。但应注意的是，并非权利人发出通知即可认定搜索、链接服务者为主观明知，还应看其是否符合其他要件。如果该侵权通知无法使搜索、链接服务者对侵权内容进行准确定位，从而无法明确知晓哪些被链接内容构成侵权，或者被链接内容本身并不构成对权利人信息网络传播权的侵犯，则均无法认定搜索、链接服务提供者主观为明知。

4. “应知”的具体认定

搜索、链接服务提供者主观应知的认定并不以其是否明确知晓每个被链接的内容侵犯哪个“特定”权利人的权利为标准。只要其能够意识到被链接内容系未经许可传播即可，至于其未经“哪个”具体权利人的许可则在所不论。否则，在搜索、链接服务提供者并不具有审查或监控义务，不可能知晓每个被链接内容所涉及的特定主体的情况下，这一要求将会使得客观上无法认定搜索、链接服务提供者主观上为应知，进而其构成侵权的主观要件实质上变成“明知”。有案件中认为，认定链接服务提供者主观应知的前提之一是其知晓所链接的歌曲侵犯了“哪个”主体的权利。[1]该案中设定的主观应知的认定标准似过高。

搜索、链接服务提供者主观“应知”的认定在司法实践中分歧最大亦最为复杂。笔者认为，如符合下列要件通常可以认定搜索、链接服务提供者主观上为应知：

（1）搜索、链接服务提供者客观上具有“接触”到被链接的侵权作品、表演、录音录像制品或与之相关信息的可能性。

前文已提到，搜索、链接服务者的主观过错系基于对被链接者实施的直接侵权行为的主观认知。因通常而言，只有在接触到被链接者的侵权行为的情况下，才可能对于该内容是否构成侵权具有认知，故认定搜索链接服务者具有主观过错的前提条件应为其客观上具有接触的可能性。

因搜索、链接服务提供者承担的系事后的注意义务，因此其对侵权内容是否具有接触的可能性需要视链接的具体情况而定。

通常而言，如链接服务提供者提供的是“主动链接”，即其主动对于被链接信息进行了编辑整理，设置了各种栏目或傍单等，（如一些搜索引擎设置有“电影金曲”“热点推荐”等榜单），则可认定其对于侵权内容具有接触的可能性。因为此类栏目或榜单等通常系网站编辑在对现有被链接网站的信息进行筛选的结果，[2]而即便相关栏目中的信息可能系由程序自动生成而非网站编辑人工编辑（如有些网站中的“歌曲 TOP100”等），但鉴于设链网站的编辑会进行网站网页的日常维护，而此类栏目信息所载页面系位于提供链接网站而非被链接网站，网站编辑当然会对载有这些信息的网页予

[1] 见北京市第一中级人民法院（2008）一中民初字第 5034 号民事判决书。

[2] 如在华纳诉世纪悦博案中，被告提供制作了涉案歌曲的链接列表，每首歌曲对应的被链接网站数目不同，最多的为 10 个，最少的为 2 个（见北京市第一中级人民法院（2003）一中民初字第 12189 号民事判决书）。考虑到互联网的海量特性，在未被筛选的情况下，涉案歌曲被链接网站数量必然会远远多于被告网站中的链接网站数量。因此该案中可合理推知被告对被链接网站进行了筛选。

以维护，因此，上述情况下均当然可以认定链接服务提供者对此具有接触的可能性。

但如果搜索、链接服务提供者提供的仅系“被动链接”（即基于用户的搜索指令而提供相应搜索结果的链接），则此时搜索、链接服务提供者无法预知用户的搜索指令，而依据该搜索指令而产生的搜索结果及相应链接亦系由程序自动生成，不涉及人工因素，因此设链网站的编辑通常无法接触到被链接内容，不具有接触的可能性，无法对被链接内容是否侵权作出判定。实践中，有案件亦是从这一角度认定被动链接不可能构成共同侵权。

如在泛亚公司诉百度公司的案件中，原告系通过用户在搜索框中进行搜索的方式获得的涉案歌曲，对此法院认为，“被告事先无法判断用户将键入什么关键词、要求提供什么服务。基于这种服务的技术、自动和被动等性质，即使被告施予与其能力所及的注意，也难以知道其所提供服务涉及的信息是否侵权”❶。

（2）主观上认识到被链接的作品、表演或录音录像制品系未经权利人许可而传播，即对于直接侵权行为具有认知能力（义务）。

1）主观过错与侵权认知能力（义务）的关系。

无论是主观明知还是应知的认定，均应以行为人对于侵害后果可以预见为前提，因只有对行为后果的侵权属性具有“认知能力”时，行为人才可能预见到其侵害后果，故行为人对行为侵权属性是否具有认知能力是判断主观过错的重要前提。应注意的是，这一认知能力并非以某一特定行为人所具有的认知能力为准，而系对这一类主体所应具有的认知能力的一种法定要求，相当于罗马法中良家父的注意。❷ 因民法基本原理认为，“当事人存在过错与否，判断

---

❶ 见北京市高级人民法院（2007）高民终字第00118号民事判决书。

❷ 史尚宽先生指出，“抽象的过失，谓欠缺日常生活必要之注意。罗马法称为良家父之注意……民法仅称过失，多指抽象的过失（轻过失）而言。侵权行为之过失，亦系如此”。（参见：史尚宽．债法总论［M］．北京：中国政法大学出版社，2000：116.）

的基本标准是其是否达到了应当达到的注意程度。如果他达到了应当达到的注意程度就没有过错，反之则有过错”[1]，故认定搜索、链接服务者具有何种“认知能力”，实质上为认定其应具有何种注意程度，抑或其应具有何种“认知义务”。鉴于此，笔者认为，由上述分析过程可以合理导出如下结论，即如果搜索、链接服务提供者未尽到其应有的认知义务，则可以认定其主观上具有过错。

2）侵权认知义务的具体认定。

① 主动链接、被动链接与侵权认知义务的认定。

搜索、链接服务提供者认知义务的确定取决于其所实施的具体搜索、链接服务方式，在前文中已提到的链接分类中，对于认知义务具有决定性影响的是“主动链接”与“被动链接”这一分类。

如果搜索、链接服务提供者提供的是“被动链接”服务（如搜索引擎的空白搜索框搜索），则应认定其对于被链接“内容”的侵权情况不具有认知义务。因“被动链接”系基于用户的指令而提供的链接行为，该链接服务的提供完全基于技术而形成，服务提供者在服务过程中未主动实施任何与具体内容的链接行为，因此，链接服务提供者仅需承担与这一被动的技术提供行为相匹配的认知义务即可。相对这一行为，链接服务提供者的侵权认知义务仅限于对于“技术”本身的认知，而不涉及“内容”。具体而言，如果在现有环境下，已可以成熟地使用一种技术，将合法与非法的内容予以甄别过滤，则应认定链接提供者对此有认知义务及能力，并有义务使用这一技术避免侵权风险。如果其未尽到这一义务，仍提供无法甄别侵权情况的链接技术，则应认定其具有过错。但在目前尚未出现此类技术、链接服务提供者仅具有注意义务且“技术中立原则”被普遍接受的情况下，显然不应对链接服务提供者提出与其实施的具体行为并不匹配的认知要求。这也就意味着，如果搜索引擎公司仅提供空白搜索框搜索，则在现有技术条件下，基本上可以排除“主观

---

[1] 张新宝．侵权责任法［M］．北京：中国人民大学出版社，2005：72．

应知”的认定。

但“主动链接”则不然，此类服务提供者对于其主动链接的具体内容具有认知义务。实践中，很多搜索、链接网站均提供针对“特定”类型内容的搜索链接，如“影视”“mp3”等，而在其项下又会设置各种分类、榜单等，如“TOP100”“热门电影”等。因这些分类、榜单等均由网站编辑所设置，其中所涉被链接内容系由网站主动提供给用户。故这一设置具体“内容”链接的行为使得搜索、链接服务提供者相应具有对这些被链接内容侵权状况的认知义务。

这一做法在一些案件中有详细体现。如在优度诉迅雷案中，迅雷公司在其网站上开通了专门的影视频道，针对影视资源的下载提供搜索服务，并特别就热门影片的搜索和下载提供快捷通道，围绕影片下载提供深层链接服务。对此，法院认为，“鉴于被告提供搜索链接服务的特定性，其对链接下载影视作品合法性的注意义务应当高于一般搜索引擎”。[1]

② 主动链接情况下认知义务的具体认定。

在已认定主动链接服务提供者对于其主动链接的具体内容具有认知义务的情况下，随之而来应解决的问题是，其应具有“何种程度”的认知义务，这一问题是实践中最复杂的问题之一。

导致这一复杂性的根本原因在于现有网络环境下合法传播与非法传播并存的局面。现有网络环境下，权利人逐渐开始利用这一网络传播方式，自行或授权他人在网络中传播其内容。因此，目前的网络环境中现在是合法传播与非法传播并存的局面，很多案件中法院亦注意到了这一点，如在泛亚诉百度案件中，法院指出“所搜索、链接的内容既可能是侵权的，也可以是公有领域的信息，或者是经权利人许可传播的不侵权的内容”。[2] 在环球诉搜狐案件的判

---

[1] 见上海市浦东新区法院（2007）浦民三（知）初字第69号民事判决书。

[2] 见北京市高级人民法院（2007）高民初字第1201号民事判决书。

决中亦有类似表述。[1]

这一局面的存在是否会造成链接服务提供者客观上无法对于被链接内容是否侵权具有认知，从而导致最终无法认定其主观应知，在实践中有不同观点。有些案件中，法院认为，因搜索、链接服务提供者无能力辨别合法传播与非法传播，因此对于被链接内容是否侵权行为不具有认知能力，主观上不具有过错。如在涉及 mp3 主动链接的源泉诉百度案件中，[2] 以及涉及迅雷电影搜索的案件中，法院亦采用了基本相同的观点。[3]

笔者认为，上述作法虽具有一定的合理因素，但如果在案件中完全以此为原则，则必然会导致对于“主动链接”服务提供者设定的认知义务（或注意义务）与“被动链接”并无区别这一客观结果。这一结果的出现将不仅有失公平，亦有悖于民法理论中要求依据行为等因素的不同而设定不同的注意义务这一基本原理。原因在于，相对于“被动链接”而言，“主动链接”的内容通常系经过网站编辑精心挑选，具有较好的受众基础以及更强的针对性，同时亦会对权利人造成更大的损害，并为搜索、链接服务提供者带来更多的收益。在此情况下，要求“主动链接”服务提供者承担与“被动链接”服务提供者相同的义务，显然有失公平。

鉴于此，“主动链接”的提供者原则上应尽到“更高”的认知义务，而对于如何确认这一“更高”的程度，在现有网络环境下，考虑到不同性质的内容合法传播的可能性及链接提供者认知侵权的经营成本，可以在一定情况下要求“主动链接”的提供者“对于主动链接的内容是否来源于合法传播的网站有所认知，从而尽可能设置对于合法传播的网站的链接，除非这一要求为搜索链接服务提供

---

[1] 见北京市第一中级人民法院（2008）一中民初字第 5034 号民事判决书。

[2] 见上海市第一中级人民法院（2009）沪一中民五（知）初字第 23 号民事判决书。

[3] 见广东省深圳市南山区人民法院（2009）深南法知民初字第 78 号民事判决书。

者增加了不合理的负担”，否则，应认定其未尽到合理义务，主观上具有过错。

链接服务提供者获得合法传播网站的授权情形，通常可以分如下情形处理：

情形一：权利人“主动告知”网络授权情况。

如果权利人主动向搜索、链接服务提供者告知其网络授权情况，则其有义务在主动设置链接时仅链接到合法传播的网站。否则，应认定其主观上具有过错。

情形二：权利人未主动告知合法授权情况，主动链接的内容是热映期间的电影作品。

对于热映期间的电影作品，搜索、链接服务提供者应避免对其设置主动链接，否则应认定其主观上具有过错。原因在于，正规发行的影视作品，尤其是通过院线放映的电影作品，通常具有较大的商业投资，而收回投资的主要方式在于院线的放映收入，因此，就行业惯例而言，即便电影作品的著作权采用网络传播的方式，在院线放映期间，其亦不可能许可网站进行网络传播，[1] 否则会大大影响其票房收入。鉴于此，对于院线播放期间的电影作品，可以合理推定该期间内网站所播放的均系未经许可。作为提供主动链接的搜索、链接服务提供者对此当然知晓，在此情况下，其有义务禁止在此期间禁止对于该类电影作品的任何链接。否则，应推定其主观有过错。实践中亦多采用这一做法。[2]

情形三：权利人未主动告知合法授权情况，主动链接的内容是电视作品、热映期以外的电影作品、音乐作品等内容。

---

[1] 如在优度诉迅雷案中，优度公司从影片《伤城》著作权人处获得信息网络传播权，但双方合同中约定“在约定的网络上线日期前，优度公司仅可以行使网络传播权人和网络传播权收益权人的维权权利，而不得擅自传播影片”。由此可见，在热映期间优度公司无权对该影片进行网络传播。（见上海市浦东新区人民法院（2007）浦民三（知）初字第69号民事判决书。）

[2] 见上海市浦东新区人民法院（2007）浦民三（知）初字第69号民事判决书。

对于上述内容，如果搜索、链接服务提供者主动设置了链接，则其有义务对于“哪些网站有权对该内容进行网络传播”有所了解，从而尽可能地保证其主动链接的网站系合法传播的网站，否则应认定搜索、链接服务提供者主观上具有过错。了解合法传播的网站的渠道可以是主动向相关权利人了解，亦可以主动向相关行业协会（如美国电影协会、国际唱片业协会等）或集体管理组织（如中国电影著作权协会、中国音乐家著作权协会等）了解，当然亦可以通过一些公开的信息予以了解（实践中一些行业协会或权利人本身均有信息公开的网站）。

一些案件中法院即赋予了搜索、链接服务提供者这一认知义务。在优度诉暴风网际案件中，被告提供的系对涉案影片的主动链接行为，对于被告的该行为，法院认为，网站“对所提供的视频文件传播是否具有合法性负有认知判断义务”。❶

应注意的是，这一义务并不意味着对于此类盗版严重的内容，只要链接到侵权网站必然认定其主观上具有过错。这一义务只是要求搜索、链接服务提供者尽可能在其能力可以达到的范围内了解合法传播的网站的情形，但如果其所主动链接的此类内容的权利人，既未有在公开的渠道公开其网络授权情况，搜索、链接服务提供者亦无法获得与该权利人的联系，或虽可以与权利人联系，但权利人并不予以配合，则此时针对该具体内容而言，应认定搜索、链接服务提供者已尽到其所应尽到的合理的了解义务，即便链接到非法传播的网站，亦无法认定搜索、链接服务提供者主观具有过错。

对于此类内容，之所以赋予搜索、链接服务提供者主动了解的义务，系考虑如下因素：

首先，从目前的网络环境看，在网络传播的各种类型中，对于影视作品以及音乐作品的网络盗版情况严重，目前针对搜索、链接服务所发生的纠纷中，基本主要针对上述两类作品，搜索、链接服

---

❶　见北京市西城区人民法院（2009）西民初字第8636号民事判决书。

务提供者对此当然知晓。这一情况应引起搜索、链接服务提供者的重视，认识到其所链接的网站中绝大多数均为盗版网站。

其次，对于上述内容而言，搜索、链接服务提供者具有了解合法传播的网站的客观可行性。正规发行的影视作品虽可能将网络传播作为作品的使用方式之一，但其商业运作特点使得其通常仅会选择有限的几家网站作为网络传播网站，同时对于传播方式亦可能有所限制，以避免影响权利人从其他传播渠道中获得的收益。而对于音乐作品而言，虽然情况相对较为复杂，会存在一些网络歌手或中小公司的歌手许可他人免费传播其作品的行为，且许可的网站数量较多。但经过调查可以发现，搜索、链接服务提供者所“主动”设置链接的歌曲，通常并不属于上述情况，而均系知名度很高或相对较高的歌手，[1] 而这些歌手所属的唱片公司通常系国际唱片业协会的会员单位，或国内较大型的唱片公司，而其演唱的歌曲的权利一般亦属于这些唱片公司。对于这些权利人而言，其虽亦会采用网络传播的方式，但其所选择的合法传播的网站极其有限（如从国际唱片业协会网站公开的信息中可以看出，其所授权的合法传播的网站仅有 12 家[2]）。鉴于上述歌曲的权利人比较集中，且通常有行业协会，而其所授权的网站的数量亦通常较少，因此，对于此类作品而言，搜索、链接服务提供者具有了解合法传播的网站的客观可行性。

情形四：权利人未主动告知，主动链接的内容是文字作品、摄影作品、图片作品及其他类型内容。

对于文字作品、摄影作品以及美术作品而言，则难以赋予搜索、链接服务提供者了解合法传播网站相关信息这一义务，对于此

---

[1] 如在源泉诉百度案中，涉案歌手张韶涵、范玮琪［见上海市第一中级人民法院（2009）沪一中民五（知）初字第 23 号民事判决书］。在华纳诉世纪悦博案中，涉案歌手为郑秀文［见北京市高级人民法院（2004）高民终字第 01303 号民事判决书］。

[2] http：//www. pro-music. org/Content/GetMusicOnline/stores-asia. php.

类内容而言，通常应考虑案件中的特定事实以判断搜索、链接服务提供者是否具有过错。

之所以采用这一做法，系考虑到现实中不仅很多网络用户会将其自行创作的文章、照片或图片等上传至网络与网友共享，一些正规出版的出版物的权利人亦经常会许可不同的网站对其出版物全文传播，实践中对于此类作品的网络传播方式很常见，且散见于众多的网站。因此，在对此类内容的网络传播中，很难认定合法传播与非法传播的比重。同时，因为此类作品的创作通常并不需要过高的物质设备条件，权利人数量众多且分散，因此即便认为搜索、链接服务提供者有义务向权利人了解授权情况，客观上亦不具有有效渠道，从而给搜索、链接服务提供者带来过重的负担，不具有可操作性。鉴于此，对于此类内容，即便搜索、链接服务提供者确实提供了上述内容的主动链接，且其具有接触该内容的可能性，亦难以认定其主观上具有过错，还要考虑案件中的其他情况予以认定。

四、小结

网络著作权案件中如何认定搜索链接服务提供者的侵权责任，一直以来均是学术界及实务界关注的焦点，随着网络技术的发展以及权利人商业模式的变化，这一行为的侵权认定愈发复杂。但无论其如何发展变化，侵权认定所应遵循的基本原则及其应符合的要件并无不同，我们唯一应做的仅是将现有的规则适用于不断变化的行为方式中，从而得到公平合理的处理结果。

版权法上的转承责任研究

刘家瑞*

摘要：在我国版权司法和理论界，间接责任作为网络服务商归则原则的重要性日益体现，但对其中某些基本问题的认识并不一致。所以本文试图对版权间接责任中的转承责任制度进行一些系统研究，包括转承责任的法律渊源和实践意义以及具体案件中常有争议的“监督侵权的权利和能力”“直接经济利益”等构成要件。结合各国经典判例，本文进一步分析转承责任的实践运用，并提出对我国建立转承责任制度的若干建议。

一、前言

与人类历史上众多信息技术一样，数字网络技术的产生为版权人带来机遇的同时，也带来了前所未有的挑战：首先，数字技术在降低信息传输成本方面是一把双刃剑，它既有利于版权人的商业经营，也同时扩大了侵权者的范围。数字时代的“版权海盗”不再需要厂房和设备，任何有能力购买电脑和网络服务的用户，都可以轻而易举的对版权作品进行复制和传播。其次，数字技术不但会导致侵权行为的普遍化，而且会加剧侵权行为对版权人的损害后果。任何网络用户如果将版权作品非法上载到互联网上，短短几分钟内就可传遍世界各地，并且被下载作品的用户再次传播，如此连锁反应给版权人将带来无法弥补的损失。

---

* 作者单位：同济大学法学院。

版权人为了维护其在网络世界的合法权益，已经采取了种种措施，包括敦促立法修改、开发技术保护措施以及进行版权诉讼等等。在近年来诸多版权判例中，版权人的权利要求对象，不再是直接侵权的网络用户，而是网络技术平台的提供者。版权人的这种诉讼策略主要是出于执法效率的考虑。与网络用户比较起来，网络技术提供者的确是版权执法更有效的目标。在许多情况下，技术提供者是企业、公司等商业组织，他们数量相对较小，便于查找和取证；而且，商业组织有更加充实的经济能力，更有可能满足版权人的诉讼请求。正因为如此，各国版权界对间接责任的研究方兴未艾，相关判例更是层出不穷。虽然我国的司法实践和学术研究集中于网络环境下的版权间接责任问题，但复杂网络问题的解决无不取决于基本理论的正确理解和适用。在实际案例中，引起最大争议的并最终左右案件结果的，往往是对“监督侵权的权利和能力”及“直接经济利益”等基本概念的解读。所以，本文试图对这些基本问题进行一些抛砖引玉式的研究，为进一步探索纷繁复杂的网络案件扫除一些理论障碍。

版权间接责任主要包括帮助侵权和转承责任两种形式：帮助侵权是指当事人在知悉直接侵权行为的情况下，向直接侵权人提供诱导、指使或者其他实质性帮助的行为；转承责任是指当事人在具有监督直接侵权行为的权利和能力的同时，又从直接侵权行为中获得直接经济利益，即使没有知悉直接侵权行为，仍然要对直接侵权行为承担法律责任。❶ 限于篇幅，本文着重论述转承责任，而帮助侵权已另文探讨。❷

---

❶ 郑成思．版权法（修订本）[M]．北京：中国人民大学出版社，1997：211．薛虹．网络时代的知识产权法 [M]．北京：法律出版社，2000：218．李明德，许超．著作权法 [M]．北京：法律出版社，2003：225. See Paul Goldstein, Copyright: Principles, Law and Practice § 6.1 (Aspen Law & Business, 1996); Nimmer on Copyrights § 12.04 (Matthew Bender & Co.; 1997).

❷ 刘家瑞．论版权间接责任中的帮助侵权 [J]．知识产权，2008 (6).

二、转承责任的渊源和意义

转承责任（Vicarious Liability），也称为替代责任，代位责任或者代理责任等，[1] 是指监督人因为与被监督人的某种关系，为被监督人的侵权行为或其他可诉行为承担法律责任。[2] 在现今多数国家的侵权法体系中，转承责任最为常见的适用领域是，雇主对雇员在雇佣范围内的侵权行为承担连带责任，所以转承责任也常常被称为“雇主责任”[3]。在英美法国家，转承责任根植于代理法中的“归责于上”（Respondent Superior）原则，即本人（Principal）对代理人（Agent）在授权代理范围内的所有行为，包括缔约行为和侵权行为，都要承担法律责任[4]。所以，英美法上的转承责任基本上是一种严格责任，不管本人或雇主是否具有主观过错，只要代理人或雇

---

[1] 关于转承责任的称呼，参见王利明著《侵权行为法归则原则研究》，中国政法大学出版社 1992 年版，第 138 页；关于替代责任的称呼，参见张民安著《过错侵权责任制度研究》，中国政法大学出版社 2002 年版，第 386 页；关于代位责任的称呼，参见于敏著《日本侵权行为法》，法律出版社 1998 年版，第 213 页；关于代理责任的称呼，参见史尚宽著《债法总论》，中国政法大学出版社 2000 年版，第 188 页。替代责任、代位责任或代理责任的称呼，似乎暗示着“雇主”代替或代理“雇员”承担了本应由后者承担的责任。然而这种暗示可能会产生理论上的混淆。虽然转承责任起源于代理法，但是代理法却将“雇主”视为“本人”，而将直接侵权的“雇员”视为“代理人”。所以，转承责任实际上表达的是，“雇员”代替“雇主”侵权，而不是“雇主”代替“雇员”承担责任。所以为了防止歧义，本文采“转承责任”的用法。

[2] 转承责任也可称为转承侵权（Vicarious Infringement），参见《布莱科法律词典》：Bryan A. Garner，Black's Law Dictionary，West Group（St. Paul，Minn.，2000）．转承责任在许多国家主要针对的是，无论当事人本身是否有过错，都要为他人的侵权行为承担责任；而“侵权”二字在我国往往会习惯性的与“过错”联系起来，所以本文不使用“转承侵权”的称呼，以避免歧义。

[3] 张新宝．中国侵权行为法［M］．北京：中国社会科学出版社，1998：158.

[4] 参见美国《第二次代理法重述》第 212～246 条。

员在特定范围内的行为构成了侵权，前者就必须对受害者承担责任。[1] 在大陆法国家内部，转承责任是否为严格责任存在一些分歧。例如，《法国民法典》以及受其影响的比利时、希腊、葡萄牙和荷兰等国的民法典将转承责任规定为严格责任，无论雇主对雇员的选任或监督是否存在过错，都要对后者在雇佣范围内的侵权行为承担连带责任。[2] 而《德国民法典》则规定，受害者虽然可以根据雇员的侵权行为向雇主提出赔偿请求，但如果雇主能够证明在对雇员的选任和监督上没有过错，则可以免于承担责任。德国法的规定实际上是一种过错推定原则。[3] 有民法学者指出，一些原本在立法上追随德国采取过错推定原则的大陆法国家，近些年也开始在司法实践中强化雇主的举证责任，实际上已经逐步向法国法和英美法上的严格责任靠拢，典型的例子是西班牙和中国台湾地区[4]。

众多国家（包括大陆法国家）的转承责任，使得无过错的第三人为直接侵权人承担侵权责任，从表面上看似乎违背了侵权法上的自己责任和过错责任原则。但是，转承责任制度并非直接出于传统侵权法“错与罚”的考虑，而是出于对整个社会福利的

---

[1] 王泽鉴．民法学说与判例研究（一）［M］．北京：中国政法大学出版社，1997：2. See also Lucy H. Holmes, Making Waves in Statutory Safe Harbors: Reevaluating Internet Service Providers' Liability for Third-Party Content and Copyright Infringement, 7 Roger Williams U. L. Rev. 215, 228 (2001) ("Direct and vicarious copyright infringers are subject to strict liability for their offenses, regardless of their intent or knowledge at the time of the violation."); Irina Y. Dmitrieva, I Know It When I See It: Should Internet Providers Recognize Copyright Violation When They See It?, 16 Santa Clara Computer & High Tech. L. J. 233, 236 (2000) ("Direct and vicarious liability are examples of strict liability, which do not take into consideration the element of knowledge.").

[2] 参见《法国民法典》第1384条。又见：克雷斯蒂安、冯、巴尔．欧洲比较侵权行为法［M］．张新宝，译．北京：法律出版社，2002：233.

[3] 参见《德国民法典》第831条。

[4] 王泽鉴．民法学说与判例研究（一）［M］．北京：中国政法大学出版社，1997：12.

考虑。转承责任在版权法上的立法目的主要体现在以下两个方面：

第一，转承责任能够激励比权利人更有能力监督侵权的第三人，积极参与对侵权行为预防和制止，从而更有效的减少侵权行为对权利人和社会造成的损失❶。转承责任在理论上并不会必然导致无辜者代人受过；相反，大多数国家规定，第三人在向权利人承担责任之后，有权向直接侵权人追偿。由此可见，转承责任的目的不是在第三人和直接侵权人之间分配侵权责任，而是在第三人和权利人之间分配"追究侵权"的责任。一些第三人因为与直接侵权人特殊的关系，例如委托关系或合作关系等等，可以通过便捷的预防措施减少侵权发生的概率，或者通过较低的成本及时制止侵权的继续，所以他们预防和制止侵权的效率要远远高于直接受到侵害的权利人。将侵权的损失首先分摊在他们头上，可以激励他们有效的预防和追究侵权行为，从而大大降低了整个社会的执法成本。

第二，转承责任将侵权损失分配到更有能力对其进行承受和消化的第三人，从而更有效的分散侵权行为对整个社会带来的风险。❷ 在版权法领域，一些经济能力较小的个人和中小企业的侵权行为，就可轻易对权利人造成巨额经济损失。在这种情况下，如果直接侵权人的经济能力远远不足以满足权利人的赔偿请求，权利人即使获得了有利的法律判决，也无法弥补因侵权遭受的损失。为了减轻侵权对权利人的冲击，转承责任将侵权风险分配到经济承受能力和分散风险能力比权利人更好的第三人身上。首先，这些第三人从侵权行为中获得了直接经济利益，因而其承受损失风险的能力也

---

❶ See Matt Jackson, One Step Forward, Two Steps Back: An Historical analysis of Copyright Liability, 20 Cardozo Arts & Ent. L. J. 367, 392 (2002).

❷ See Polygram Int'l Publishing, Inc. v. Mevada/TIG, Inc., 855 F. supp. 1314, 1325 (D. Mass. 1994).

就相应较强。其次，第三人如果承担了侵权损失，可以将其计入生产经营的成本，通过提高市场交易价格，将风险分散到直接侵权人和其他从侵权行为中获益的消费者身上。再次，如果潜在侵权人是因为与第三人的业务关系而获得了直接侵权的机会，那么第三人可以在业务关系中密切监督交易对象的财务状况，甚至事先审查其财务能力，从而通过挑选财务状况良好的交易对象来减轻赔偿不能的风险。

三、版权法上转承责任的构成要件

侵权法学界在习惯上将转承责任的主要条件列为三项：第一，存在直接侵权行为；第二，直接侵权人与责任人有“雇佣关系”；第三，直接侵权人的行为属于“雇佣范围”。但是值得注意的是，转承责任中“雇佣”一词的涵义，不能够望文生义的解释成为劳动法上的劳动关系或者雇佣关系；在当代侵权法上，转承责任的适用范围远远超出了通常意义上的雇佣关系。

特别是在版权法领域，转承责任的“雇佣关系”实际上指代着一种控制监督的权利和能力，而“雇佣范围”意味着直接侵权人的行为与转承责任人的经济利益有直接关系。下文将转承责任的这两个要件进行详述。

1. 监督侵权的权利和能力

转承责任通常要求责任人与直接侵权人之间具有“雇佣关系”，但是这里的“雇主－雇员”（Master-Servant）与一般劳动法上的“雇主－雇员”（Employer-Employee）有着显著的区别。判断转承责任的决定因素不是任何明示或默示的雇佣合同关系，而是“雇主”对“雇员”的侵权活动是否具有控制监督的权利和能力。例如，美国《第二次代理法重述》将转承责任中的“雇员”定义为“受聘请处理他人事务，且其处理事务的活动受他人控制的人”；同时它明确指出，这里的所谓“聘请”并不要求任何合同关系或经济关系，有时一些非正式的关系，例如车主许可他人驾驶自己的汽车，也可构成转承责任中的“雇佣”[1]。此外，在侵权法传统上，历来有所谓“雇员”与“独立缔约人”（Independent Contractor）的区分；转承责任仅仅适用于前者的侵权行为，而不适用于后者。“雇员”与“独立缔约人”都是被聘请处理他人的事务的人，但是两者的关键区别在于前者处理事务的活动会受到他人控制监督，而后者则不然[2]。在大陆法系国家，转承责任中的“雇主”和“雇员”两个词汇，同样仅仅是在相当模糊的意义上使用，其涵盖范围大大超越了严格意义上的劳动法关系。正如德国学者巴尔指出的，转承责任的关键因素是“对他人之授权行为的监督”，而是否有雇佣合同、委托是否为固定长期的以及提供服务是否有报酬，都与转承责任的确立没有直接关系。[3]由此可见，转承责任所指的“雇佣关系”应作广义理解，不仅包括狭义的劳动法关系，而且包括其他含有监督控制因素的业务关系。而在版权法上，转承责任的首要条件更是被直接定义为“监督侵权的权利和能力”。

转承责任要求责任人对潜在侵权人的活动具有监督的权利和能力，实际上与转承责任的立法目的息息相关。正如上文所述，转承责任的立法目的之一在于建立一种激励机制，激励比普通权利人更有能力预防和制止侵权的第三人参与维权，以降低维权的社会成本。可以看出，“监督侵权的权利和能力”要件正是这一立法目的

---

[1] 参见美国《第二次代理法重述》第220条及其解释。实际上在英美法的转承责任中，“雇员”要件的认定方式也被称之为“控制原则”（Control Test），因为其考虑重心正是在于责任人是否能够在处理事务过程中有效监督潜在侵权人，从而尽量减少社会损失的发生。See Alan O. Sykes, The Economic of Vicarious Liability, 93 Yale L. J. 1231, 1261 (1984).

[2] See W. R. Cornish, Intellectual Property: Patents, Copyright, Trade Marks and Allied Rights (Sweet & Maxwell, 4th ed. 1999), para. 2－9.

[3] 参见：克雷斯蒂安、冯、巴尔．《欧洲比较侵权行为法》，张新宝，译．北京：法律出版社，2002：233. 在各国民法中，对所谓“雇员”的称呼并不统一，例如“执行助手”“执行辅助者”“被使用人”“代表”和“代理人”等；“雇员”实际上至多只能涵盖转承责任的大多数情况。

的直接体现。

不仅如此，转承责任的立法目的还有助于加深我们对“监督侵权的权利和能力”要件涵义的理解。在司法实践中，有的判例将“监督侵权的权利和能力”绝对化的理解为“防止”或“杜绝”侵权的权利和能力[1]；于是，如果被告能够证明自己已经尽全力防止侵权发生，或者证明即使尽全力防止侵权发生，侵权行为还是难以避免，就可以主张其没有“防止”该侵权的能力，从而免除转承责任。这种解释实际上将传统的严格责任模式转化成为过错责任或过错推定责任模式。但是，这种解释与转承责任的立法目的并不完全符合。[2]

首先，转承责任的立法目的不仅包括激励适当的第三人参与预防和制止侵权，而且包括更有效的分散侵权行为对社会造成的损失风险。过错责任也许可以有效激励第三人采取合理注意，但是在侵权行为实际发生的时候，如果第三人通过举证无过错免责，权利人就只能单独承受侵权造成的损失。因此，过错责任在特定领域中，无法像严格责任那样有效的起到分散社会风险的作用。[3]

其次，转承责任将预防和制止侵权的成本由权利人转移至某些第三人，不是因为后者能够彻底杜绝任何侵权的发生（因为这往往

---

[1] See, e.g., A&M Records, Inc. v. Napster, Inc., 114 F. Supp. 2d 896 (N. D. Cal. 2000), aff'd in part, rev'd in part, 239 F. 3d 1004, 1023 (9th Cir. 2001).

[2] 当然，如果当事人明知或者有理由知道侵权行为的发生，却怠于行使合理监督的义务，往往会构成帮助侵权。

[3] 有些人也许会指出，严格责任可能会对当事人监督侵权行为产生某种反作用力，因为无论当事人是否尽心尽力的监督和管理，都有可能承担侵权责任。但事实并非如此，当事人如果积极监督潜在侵权人的活动，就会减少侵权发生的概率，也就同时减少了自己承担侵权责任的概率。所以严格责任与过错责任一样，能够激励当事人提供合理注意。但是过错责任无法像严格责任那样，有效的分散侵权行为对社会造成的损失风险；而这正是有人主张转承责任为严格责任的重要原因之一。See Michael W. Carroll, Disruptive Technology and Common Lawmaking: A Brief Analysis of A&M Records, Inc. v. Napster, Inc., 9 Vill. Sports & Ent. L. J. 5, 25-29 (2002).

不切实际)，而是因为后者预防制止侵权的效率更高，更能够节省社会成本。所以，对“监督侵权的权利和能力”的解释不应该是绝对的，而是与权利人和其他社会一般人相比较而言的。即使第三人不能在绝对意义上杜绝侵权发生，但是只要其与普通权利人相比，能够显著的降低侵权发生概率，或者更及时的制止侵权继续等等，激励这些人积极参与维权就已经能够达到降低社会成本的目的。

再次，“监督侵权的权利和能力”不仅包括“事先”监督，而且包括“事后”监督。所谓“事先”监督，主要是指通过技术或管理的手段，事先预防侵权行为的发生，例如舞厅对乐队即将演出的曲目进行审查，删除其中可能侵权的部分。所谓“事后监督”，主要是指在侵权行为发生时能够迅速发现，并且有效制止侵权的继续，例如跳蚤市场管理者在市场上巡视，一旦发现盗版可以将贩卖者清除出场。第三人只要比一般权利人有效率优势，无论是“事先”还是“事后”的监督，都可以减少侵权行为造成的社会成本，所以都符合转承责任的根本目的。[1]

最后，在现实生活中，人们有能力事先杜绝的侵权行为实际上十分有限。这不仅因为当代社会人与人在民事关系中完全平等，人们通常无权强制他人的行为；而且由于科学技术和社会分工的发展，人们在技术上也很难充分控制他人的行为。即使是在长期适用转承责任的传统雇佣关系领域，雇主在很多情况下也难以绝对防止雇员的侵权行为。如果将转承责任的要件解释为“事先防止”侵权行为的权利和能力，大部分雇主也可以通过主张缺乏“防止”能力

---

[1] See Angela R. Dean, Note, Expanding the Doctrines of Vicarious and Contributory Copyright Infringement: Fonovisa, Inc. v. Cherry Auction, Inc. Targets the Primary Distribution Channels for Counterfeit Merchandise, 4 Vill. Sports & Ent. L. J. 119, 141 (1997). 实际上，通过“事后监督”来及时有效的发现和制止侵权，本身就会对潜在侵权人产生一种威慑作用，从而间接的达到“事先”减少侵权发生概率的作用。

来免责。这样一来，转承责任在实践中的适用余地就几乎丧失殆尽了。

长期的版权法实践也表明，版权界的主流观点基本上支持转承责任为严格责任，而不是过错责任。例如，一些转承责任的经典判例明确指出，只要被告具有监督侵权的权利和能力，并且与侵权行为具有直接利益联系，被告就应当承担侵权责任，法院不考虑被告是否知道或者有理由知道侵权行为的发生。[1] 不仅如此，在一些判例中，被告实际上已经明确指示过直接侵权人去申请版权使用许可，甚至为其预先提供了版权许可费用，违背指示的侵权行为还是会使被告承担转承责任[2]。这些判例说明，当事人尽力避免侵权发生但却没有成功，不能够作为转承责任的抗辩理由。

此外值得注意的是，“监督侵权的权利和能力”包括“法律权利”和“实际能力”两个方面。“法律权利”是指当事人采取预防和制止侵权的行动，必须获得法律的授权；转承责任不能为了保护版权人的利益，强迫当事人违反法律规定，从事侵犯他人的隐私权、干扰他人正常生产经营、或者违反与他人之间协议的行为。当事人获得监督侵权的“法律权利”的最便捷方式，是与潜在侵权人或其他利害关系人事先签订协议，授权当事人为了保护版权的目的，可以从事原本侵权或违约的行为，例如在协议中保留因对方侵犯版权单方终止合同的权利。[3] 实践中，许多法院正是将权利保留

---

[1] See, e. g., Shapiro, Bernstein & Co. v. H. L. Green Co., 316 F. 2d 304, 307 (2d Cir. 1963); Fonovia, Inc. v. Cherry Auction, Inc., 76 F. 3d 259, 262 (9th Cir. 1996).

[2] See W. R. Cornish, Intellectual Property: Patents, Copyright, Trade Marks and Allied Rights (Sweet & Maxwell, 4th ed. 1999), para. 11－18; Famous Music Corp. v. Bay State Harness Horse Racing, 423 F. Supp. 341, 342 (D. Mass. 1976).

[3] 这里可能会产生的疑问是，由于转承责任以监督侵权的法律权利为要件，是否会导致有些人为了推卸责任，故意在协议中放弃一切监督侵权的法律权利。不过，这种顾虑在实践中很可能是多余的。本文将结合实例，在有关网络服务商间接责任的部分对此进一步阐述。

条款的签订，作为被告有能力监督侵权的重要证据。[1] 但是，当事人要真正行使协议中保留的法律权利，还必须具有发现和制止侵权的实际能力，而不仅仅是停留在理论或文字上。法院在确定当事人能否在实践中有效的发现和制止侵权时，必须对诸多因素进行综合考虑，包括：当事人的技术能力，当事人的版权专业能力，潜在侵权人的数量，潜在侵权作品的数量，侵权行为的隐蔽性等。

2. 直接经济利益

传统转承责任通常要求直接侵权人的侵权行为必须发生在所谓的“雇佣范围”之内。在早期的侵权法判例学说中，对“雇佣范围”判定主要取决于责任人或直接侵权人的主观意图。换句话说，如果直接侵权行为是按照责任人授权指示的意图进行，或者至少是直接侵权人主观上为了责任人的利益所进行，那么该行为就会被视为处在“雇佣范围”之内[2]。近些年来出于社会利益的需要，对“雇佣范围”的解释有逐步扩大的趋势；即使直接侵权人的行为未经责任人授权也不是出于增进责任人利益的目的，只要在客观上与责任人的经济利益有直接关系，该行为在实践中也往往被视为属于“雇佣范围”。例如船员酒后滋事破坏了船坞，或者油桶搬运工抽烟点燃了汽油，这些出于行为人私利的侵权活动在传统理论中原本不适用转承责任，但是在当代判例中，由于他们与整个企业的经营业务密切相关，也被归入企业需要承担责任的“雇佣范围”。[3]

可以看出，“雇佣范围”的扩张解释来源于转承责任关于分散侵权损失风险的立法目的。首先，当事人为了谋取自身经济利益，

---

[1] See See Polygram Int'l Publishing, Inc. v. Mevada/TIG, Inc., 855 F. supp. 1314, 1325 (D. Mass. 1994); Fonovia, Inc. v. Cherry Auction, Inc., 76 F. 3d 259, 262 (9th Cir. 1996).

[2] 参见：史尚宽．债法总论［M］．北京：中国政法大学出版社，2000：190.

[3] 参见：李仁玉．比较侵权行为法［M］．北京：北京大学出版社，1996：211. See Richard A. Epstein, Cases and Materials on Torts, p 416 (Aspen Law & Business, 7th Edition, 2000).

扩大了自己的经营规模，从而给社会带来了更大的侵权风险，所以获益者应当协助受害者和整个社会来分散侵权损失。[1] 其次，由于转承责任人从侵权活动中获得直接经济利益，而版权人却因为侵权遭受损失，所以责任人对侵权损失的承受能力要大于一般版权人。再次，由于转承责任人与侵权活动的直接利益关系，他们一般具有放任侵权活动的趋势，所以法律更应当激励这部分人积极参与维权。正因为如此，在版权法上，转承责任的要件通常直接被归纳为“从侵权中获得直接经济利益”。

此外，要求责任人与侵权活动有直接利益联系，也是对转承责任适用范围的适当限制，对潜在侵权人和广大消费者合法权益的保护。[2]如果责任人能够从他人对版权作品的利用中获益，它在监督侵权时，就不太会采取过激手段，因为妨碍作品正常利用也就妨碍了自己的获利渠道。相反，如果责任人不能从作品的利用中获益，却仍然对它适用转承责任，则它在采取监督侵权措施时，就不太会考虑该措施是否过度限制作品正常使用，因为过度限制并不会影响其经济利益。以商场与出租柜台的关系为例。设想第一种情况，商场向柜台经营者收取的租金为柜台经营收入的一定比例。由于柜台未经授权播放音乐以招徕顾客，商场被追究转承责任。这时，商场一方面希望避免侵权责任，另一方面又不希望因停止播放而影响自己的经济利益，可能采取的对策是自己或者督促柜台向版权人寻求授权。设想第二种情况，商场向柜台经营者收取的租金为按时间计算的固定费用，与柜台的经营状况没有关系。这时，商场一旦因柜台播放音乐被追究转承责任，其对策很可能是全面禁止柜台播放音乐。这种措施对商场来说，既没有直接影响其收入，而且在成本上

---

[1] 参见：王泽鉴. 民法学说与判例研究（一）［M］. 北京：中国政法大学出版社，1997：2.

[2] See generally Assaf Hamdani, Who’s Liable for Cyberwrongs? 87 Cornell L. Rev. 901（2002）.

比寻求授权要小的多；但是对于柜台而言，则丧失了通过合法音乐播放获取利润的渠道，而对于消费者而言，也被剥夺了享受更好购物环境的机会。所以，“直接经济利益”要件，在实践中能起到安全阀作用，防止转承责任对他人合法权益产生过度干涉。

四、转承责任的实践分析

在版权司法实践中，转承责任案件很多时候与场所提供者相关。其中涉及的主要问题是，如果侵犯版权的活动发生在某些特定场所，例如出租商务楼、歌舞厅、影剧院和百货商场等，那么向直接侵权人提供这些场所的第三人应当如何承担间接责任。这些传统判例对网络侵权案件也具有极大的参考价值，虽然数字时代的侵权场所已经由房屋变成 BBS、P2P 或视频分享网站等网络虚拟平台。

1. “房东/舞厅”区分原则和转承责任

一些学者和法官根据版权法实践，在转承责任方面总结出了“房东与舞厅”的区分原则，将典型的非转承责任案件归纳为“房东”类型，而将典型的转承责任案件归纳为“舞厅”类型，从而凭借与这两种典型的比较对照，来界定某个场所提供者是否承担转承责任。[1]

所谓“房东”类型，主要涉及的是单纯的房屋或场地出租人，无论是出于家庭个人使用目的，还是出于商业利用目的，可归为“房东”类型的当事人包括出租公寓经营者，商务写字楼经营者，企业厂房租赁者等。如果场所的承租人在场所内从事直接侵犯版权的活动，“房东”类型的出租人一般不需要承担转承责任。[2]“房东”类型免于转承责任，主要是由于其两个方面特征：

第一，出租人一旦将场所交付给承租人，便基本上放弃了对场

---

[1] See Shapiro, Bernstein & Co. v. H. L. Green Co., 316 F. 2d 304, 306 (2d Cir. 1963); Gershwin Publishing Corp. v. Columbia Artists Management, Inc. 443 F. 2d 1159, 1162 (2d Cir. 1971); Sony Corp. of America v. Universal City Studios, Inc., 464 US 417 (1984).

[2] See Deutsch v. Arnold, 98 F. 2d 686 (2d Cir. 1938); Fromont v. Aeolin, 254 F. 592 (S. D. N. Y. 1918).

所的管理和控制。[1] 在租赁期间内，无论是场地的占有、使用或者经营，都由承租人独立进行。即便出租人在租赁协议中保留对场所使用进行监督的权利，或者保留因对方侵权行为终止协议的权利，但是这些约定缺乏实际操作性。首先，对他人占有控制的场所进行频繁检查，会带来大量的时间和精力等成本消耗，对于仅仅收取固定租金的出租人来说，往往会超出其经济承受能力。其次，对他人的房间或厂房的检查，很可能会产生侵犯隐私权和侵犯商业秘密的问题，所以这种条款受到大多数承租人的反对，在市场中难以推行。由此可见，出租人对承租人在场所内的侵权活动没有监督控制的权利和能力，不符合转承责任第一个要件。

第二，出租人往往单纯按照租赁时间收取固定租金，这些费用计算不会随着承租人侵权活动的密度，或者随着承租人经营状况的好坏而发生浮动。所以，出租人的经济利益与承租人的侵权活动没有直接关系，不符合转承责任第二个要件。[2]

所谓"舞厅"类型，主要是指与舞厅类似的提供音乐演奏或者其他版权作品演出的经营性娱乐场所，他们包括提供各种戏剧和音乐作品演出的剧院和音乐厅，以及提供背景音乐的酒吧、饭店和宾馆等。在这些场所进行的作品表演中如果存在侵犯版权的情况，即使表演不是由场所经营者直接提供，而且由独立的乐队、剧团等演出团体提供，场所经营者也往往需要承担转承责任。[3]

娱乐场所"监督侵权的权利和能力"，主要体现在他们对于演出活

---

[1] 一些出租人也会对场所的供水、供电和维修等提供持续的服务，但是这些附属服务在实践中并不能构成对场所日常使用或经营的真正控制。

[2] 当然，如果侵权活动为承租人带来丰厚的收益，承租人就不会有付不出房租的风险，这对于出租人来说也是一种利害关系。不过，这种利害关系过于牵强，过于间接，不符合转承责任的"直接"经济利益的要求。See Paul Goldstein，Copyright：Principles，Law and Practice § 6.1（Aspen Law & Business，1996）.

[3] See Dreamland Ball Room v. Shapiro，Bernstein & Co.，36 F.2d 354（7th Cir. 1929）；KECA Music，Inc. v. Dingus McGee's Co.，432 F. Supp. 72（W. D. Mo. 1977）；Famous Music Corp. v. Bay State Harness Horse Racing，554 F. 2d 1213（1st Cir. 1977）.

动广泛的参与和管理：第一，为了保障演出利润，或者保持自己的风格和定位，场所经营者往往会对将要表演的作品内容进行一些审查和筛选；第二，即使有些娱乐场所对作品内容不加任何审查筛选，但是由于他们要负责演出活动的宣传推广，也会有机会较早并且较详细的了解表演内容；第三，由于整个作品演出在娱乐场所自己管理控制的场地上进行，他们一旦发现侵权行为，可以及时制止侵权的继续。

在“直接经济利益”方面，“舞厅”类型可以再分成两种子类型：对于舞厅、剧院和音乐厅而言，音乐和戏剧等作品的表演能够吸引大量顾客前来欣赏，而顾客购买的门票是这些场所经营者的主要收入来源；对于酒吧、饭店、宾馆等场所而言，他们往往不会就音乐表演单独向顾客收费，所以从表面上看，他们与表演之间的经济联系似乎没有剧院或音乐厅来得直接。但是常识告诉我们，即使是在这些不收门票的场所，聘请他人进行音乐表演同样是为了盈利目的。音乐表演能够创造良好的消费环境，以招徕更多顾客，这些顾客虽然不能带来门票收入，却能够消费大量的酒水和食品等其他服务。所以，这些场所的营业收入也可以说与版权作品的利用息息相关。

当然，现实生活中的版权案件不可能全部像“房东”或“舞厅”类型那样泾渭分明，有许多案件的事实介乎于“房东”和“舞厅”之间，往往无法直接套用这两种类型来认定转承责任。在这种情况下，我们必须对转承责任的构成要件进行细致分析，进而判断该案件到底更倾向于“房东”，还是更倾向于“舞厅”。这些相对骑墙的案件包括商场对于出租柜台的责任，展会以及市场对于摊位的责任等。

2. 商场的转承责任

商场可能承担转承责任的情况，较常见的是出租给他人经营的柜台被指控贩卖盗版产品[1]。商场对于出租柜台的监督能力基本上介乎于“房东”和“舞厅”之间。与“房东”相比，商场将其柜台

---

[1] See generally Shapiro, Bernstein & Co. v. H. L. Green Co., 316 F. 2d 304 (2d Cir. 1963).

出租给其他经营者之后，仍然保留着对整个商场的管理和控制，所以并非是纯粹的场地出租者。与“舞厅”相比，“舞厅”在某个特定时段需要同时监督的表演者一般只有少数一两家，而商场需要同时监督的出租柜台往往要有十几家乃至几十家。

然而，在预防和制止侵权活动方面，商场对于出租柜台仍然具有一定的监控手段。首先，为了保障商场的整体商誉，商场有权制定一系列规章制度，要求柜台经营者和其员工必须遵守。其次，由于柜台的经营活动在商场之内进行，所以商场完全有权利和能力派人对其进行巡查和管理，及时纠正柜台员工的违规行为。再次，商场往往有权力要求柜台经营者，调整违反规章制度或者有其他不当行为的员工。最后，柜台在销售产品时，消费者往往是通过商场的收银台进行付款，并且开具商场发票。一旦商场发现柜台有侵权行为，可以通过留置相关款项，起到制止或威慑侵权的作用。

所以，在出租柜台侵犯版权的情况下，商场一般都可以符合“监督侵权的权利和能力”要件，只要他们与侵权活动有直接经济利益联系，就有可能构成转承责任。实践中，许多商场会从柜台的营业额或利润中提取一定的比例作为管理费。[1] 于是，侵权活动在帮助柜台业绩的同时，也为商场带来直接经济利益。正如一些判例所指出，对直接从侵权中获利的商场施加转承责任，有助于防止商场规避版权法；如果商场对出租柜台的侵权行为不承担任何责任，有些不良商家很可能故意将商场分割成无数独立核算的柜台经营，通过放任柜台进行盗版交易，一方面为商场赚取高额利润，另一方面逃脱版权法的惩罚。[2]

---

[1] 比例分成在日常生活中除了可称为管理费，也有可能被称为租赁费、手续费、许可费、服务费或者营业留成等。这些不同的具体名目并不重要，重要的是其实质均为商场获得的收入与柜台经营状况成正比。

[2] See Shapiro，Bernstein & Co. v. H. L. Green Co.，316 F. 2d 304，309（2nd Cir. 1963）.

3. 展会与市场的转承责任

展会和市场的转承责任问题似乎比商场出租柜台更为棘手。展会，即商业展览会，有时也称博览会或展销会等，其主要功能是在相同的时间和相同的地点将众多的商家积聚在一起，让他们通过各自设立的摊位，面向大众进行产品的推广和销售。展会组织者经常会遇到的困惑是，如果参展商家的摊位擅自进行侵犯版权的活动，组织者本身是否会受到侵权责任威胁。市场（例如跳蚤市场和自由市场）的经营模式与展会基本一致，只不过市场摊位贩卖的产品有很大部分为二手货，光顾市场的顾客多为普通消费者，而不是商家。由于问题的相似性，以下对于展会的讨论基本适用于市场，本文不再另行赘述。

在监督侵权的权利和能力方面，展会甚至比商场遇到更多的困难。首先，如果说一个商场的出租柜台可以达到几十个，展会通常可容纳成百上千家摊位，[1] 这就大大增加了巡查监督的难度。其次，展会对摊位经营管理的控制比商场对出租柜台的控制更为松散，参展摊位所有的交易活动，包括产品交付和对价支付，均由摊位独立完成，组织者一般不进行任何干预。但是在另一方面，展会组织者并不仅仅是向参展商家出租摊位的“房东”，他们还提供一些展会顺利举行所必须的组织和管理活动，例如，组织者负责展会的宣传和推广，所以对参展摊位的设置模式和经营品质会有一定要求；组织者通常将对摊位的各种要求制定成规章制度，对于违反这些规章制度的参展商家，展会享有单方决定逐出会场的权利；组织者一般都会派人在展厅内进行巡查，监督参展摊位对规章制度的执行情况；组织者还要负责维持整个会场的秩序，并且解决摊位之间或摊位与顾客之间的纠纷。

---

[1] 例如美国的“室内装修”展览会的摊位有100多个，而“COMDEX”计算机博览会的参展商家可以达到2000家以上。See Artist Music, Inc. v. Reed Publishing, Inc., 1994 WL 191643 (S. D. N. Y. 1994); Polygram Int'l Publishing, Inc. v. Mevada/TIG, Inc., 855 F. supp. 1314, 1316 (D. Mass. 1994).

由于展会问题的复杂性和特殊性，我们无法一概而论的界定所有展会都构成或者不构成转承责任，而只能就具体案情进行具体分析。在判断展会对摊位侵权是否承担转承责任时，首先需要着重考虑摊位侵权行为的具体形式。与展会有关的侵犯版权行为，一般体现为非法播放音乐作品和贩卖盗版产品两种形式，而展会对于这两种侵权形式的监督能力是有所不同的。

就展会摊位播放音乐而言，由于其主要目的是招徕顾客，所以音乐播放场所基本上是展会的开放空间。在这种情况下，无论展会的规模有多大，无论播放音乐的摊位数量有多少，展会管理人员只要在会场进行简单巡视，就可以察觉音乐播放以及了解音乐具体内容。巡查人员发现音乐播放之后，可以向摊位索取版权许可证明，并且可以与版权人进行核对；所以，巡查人员不需要具有复杂的专业知识，就可以发现未经授权的音乐播放，进而及时制止侵权的继续。由此看来，对于侵犯音乐作品表演权的活动，展会是有一定能力进行监督和控制的。

如果参展摊位贩卖盗版产品，展会对此进行监督的难度要比播放音乐更大一些。首先，许多摊位在展会场所内部仅仅陈列一些宣传资料和样品，或者仅仅与顾客达成书面意向，而真正的大宗商品交付是在展会之外，所以展会根本无法实际审查贩卖商品的版权状况。即使盗版产品在展会中当场交易，其版权状况必须在商品拆封之后，通过阅读、观看或者使用才能够鉴别。对摊位进行挨家挨户的拆封检查，与在公开场合聆听音乐表演相比，实际操作的成本和难度都要大的多。在专业水平方面，监督贩卖盗版也比监督音乐播放要求更高。展会一般通过核查版权人许可协议，便可以判断音乐播放是否经过授权。但是，在书籍或音像制品销售方面，由于版权法上的权利穷竭原则[1]，除了出版商需要版权人的直接许可，分销

---

[1] “版权穷竭”，也称“版权一次用尽”，关于该原则的详细解释，参见：郑成思．版权法（修订本）［M］．北京：中国人民大学出版社，1997：257.

商和零售商即使是合法经营，也不需要版权人的直接许可。巡查人员在鉴定盗版时，无法单凭许可协议的有无来作出任何结论。[1]

所以，在摊位贩卖盗版产品的情况下，展会是否具有“监督侵权的权利和能力”，必须结合实际进一步考虑。与此相关的判断因素主要可归纳为以下三个[2]：第一，展会的规模。显而易见，展会的参展摊位越多，占地面积越大，审查潜在盗版产品的成本就越高。第二，贩卖盗版的规模和性质。如果说展会的规模与监督难度成正比，而贩卖盗版的规模则与监督难度成反比。设想在某个展会中，有1/3甚至1/2以上的摊位都在贩卖盗版产品，展会将难以抗辩它没有能力察觉如此规模的侵权活动。另外，如果盗版产品粗制滥造，而且价格不合理得低廉，即使普通人也一望便知是盗版，展会的审查难度也会相对较低。相反，在品质和价格上与正版基本一致的盗版，往往会超出许多展会组织者的识别能力。第三，展会的专业性。如果展会为综合性（例如工业博览会）或者仅仅涉及与版权关系较远的领域（例如建筑材料博览会），在判定“监督侵权的权利和能力”时，应当考虑到其专业能力的不足。相反，如果展会专业性较强，而且主题是与版权密切相关的商业领域，例如音乐、影视和计算机等，那么处理日常版权事宜应该是组织者必须具备的基本素质。尤其是对于上述领域常见多发的盗版形态，展会以缺乏专业知识的理由作为抗辩，则不会令人信服。以上三个因素均无法单独作为标准判断“监督侵权的权利和能力”要件，法院在处理类似案件时，应该将这些因素综合考虑。

在“直接经济利益”方面，上文提及的获利方式主要有三

---

[1] See Artists Music, Inc. v. Reed Publishing, Inc., 1994 WL 191643 (S. D. N. Y. 1994).

[2] See Adobe Systems Inc. v. Canus Productions, Inc., 173 F. Supp. 2d 1044, 1054 (2001).

种：向顾客收取门票，提供餐饮等附加服务，与直接侵权人进行收入分成。就展会而言，他们一般向参展摊位按时间收取固定租金，其数额不与摊位经营状况挂钩。此外，展会大量提供餐饮等附加服务的情况，在实践中也较少见。所以，展会是否与侵权行为有直接利益联系，主要取决于侵权行为能否带来更多的门票收益。我们知道门票收益一般与顾客的数量成正比。而不同的侵权方式，既音乐表演或贩卖盗版，对顾客的吸引力也会有所不同。

音乐表演最直接的目的就是提高展览项目的吸引力，以赢得更多的顾客关注，所以它与展会的门票收入有着当然的关系。就利用音乐招徕顾客而言，展会与舞厅并没有本质区别。在这种情况下，版权人要主张展会从侵权中获得“直接经济利益”，不需要证明究竟播放多少音乐才能吸引直接顾客，或者究竟多少数目的顾客是被音乐吸引而来的；只要证明展会存在音乐表演，而且向参观顾客收取门票，便可以完成举证责任。

贩卖盗版则与音乐表演不同，前者的行为目的和实际效果都不是直接带给顾客感觉享受，也无法起到改善服务氛围的作用。[1] 所以，盗版产品对顾客产生的吸引力以及对门票收入的影响，都没有音乐表演那么直接和明显。如果展会中只含有少量盗版产品，而且品质和价格上与正版产品难以区分，版权人就很难证明这些盗版确实增加了展会的吸引力。然而常识告诉我们，如果展会的产品品种丰富，或者整体价格低廉，却能够对很多顾客产生一定吸引力。因此，虽然不是任何盗版活动都可为展会增加门票收入，但是如果盗版销售在整个展会项目中占有相当大的比例，而且价格相当低廉，以至于实质性地影响了参展产品的品种数量和整体价格，一部分顾

[1] 当然，如果摊位出于促销目的，在展会现场播放盗版音乐或影碟的样品，可以起到直接招徕顾客的效果。但是，这里的问题也不再是非法销售盗版，而是前面已经提到的非法表演。

客就会不可避免的受到盗版产品的吸引。所以，在判断贩卖盗版与展会门票收入的关系时，我们也应当综合衡量展会的规模，以及侵权活动的规模和性质。

总之，展会的转承责任可以基本上总结为：如果摊位的直接侵权行为是公开的版权作品表演，而且展会对公众收取门票，一般应当认定其构成转承责任；如果摊位的直接侵权行为是贩卖盗版产品，即使展会收取门票，是否构成转承责任也必须根据展会的规模，侵权行为的规模和性质以及展会的专业性等因素来综合考虑；最后，如果展会仅仅按时间向摊位收取固定租金，而不收取门票和其他费用，则一般不应当承担转承责任，除非版权人可以证明，展会通过纵容侵权来吸引租户或收取更高的租金。

五、网络服务商的转承责任

网络服务商为用户提供了各类信息上载的平台或场所，例如BBS论坛、P2P文件共享和视频分享网站等。然而，一旦用户上载的内容侵犯版权，这些网络服务商将不可避免地面临与侵权场所有关的转承责任。如果网络服务商有权利和能力监督用户侵权内容的上载，而且从侵权中获得直接经济利益，就有可能与侵权用户承担连带责任。由于问题的相似性，上文关于商场、展会和市场的论述，在很大程度上也可适用于网络服务商。当然，网络技术的迅猛发展也会带来一些独特问题。

就转承责任中的“监督侵权的权利和能力”要件而言，网络服务商首先必须具有控制侵权行为的实际能力，而不仅仅是理论上的能力。该实际能力主要包括发现侵权和制止侵权两个方面：

第一，网络服务商是否能够主动发现用户的直接侵权行为，往往取决于三个技术因素的综合考虑：首先，与网络服务商传输的信息量有关。显而易见，如果网络系统中同时传输的信息量越大，发现侵权的难度就越高。[1] 其次，与传输信息在网络服务商系统中存储的时间有关。如果传输信息的存储时间越短，传输速度越快，监督侵权的难度也就越大。[2] 再次，与被传输信息本身的技术特点有关。如果信息传输被用户加密，文件名称或标签也无法反映出所含内容，网络服务商一般难以发现其中的侵权文件。[3] 相反，如果文件含有“数字指纹”等技术保护措施，便于在网络上跟踪和查找，则能够帮助网络服务商充分监督侵权行为。

第二，网络服务商在发现侵权之后，还必须具有制止侵权的能力，才可能实施有效的监督。例如，在早期 P2P 案件中，被告多采取集中型文件共享技术（如 NAPSTER），所有文件的搜索和连接必须通过中央服务器，而且用户必须登录账号之后才能使用。[4] 由于这些网络服务商有能力删除侵权内容，或者终止侵权用户账号，最终被法院认定为构成转承责任。然而，新一代的 P2P 服务多采取分散型文件共享技术（如 GROKSTER），所有功能（包括文件搜索和传输等）均由用户端软件独立完成，而不需要集中服务器的介入，网络服务商也无法控制传输内容或用户账号。分散型 P2P 的技术功能并不比集中型 P2P 更先进，其发展轨迹基本上是

---

❶ See Niva Elkin-Koren, Copyright Law and Social Dialogue on the Information Superhighway: the Case against Copyright Liability of Bulletin Board Operators, 13 Cardozo Arts & ent. L. J. 345, 379 (1995).

❷ See Scott K. Pomeroy, Promoting the Progress of Science and the Useful Arts in the Digital Domain: Copyright, Computer Bulletin Boards, and Liability for Infringement by Others, 45 Emory L. J. 1035, 1062 (1996).

❸ 实践中，有些网络服务商为了推卸版权责任，主动为传输的侵权信息加密。无论这种行为是否构成转承责任，法院仍然可以通过“恶意无视”（willful blindness）原则追究其帮助侵权责任。如果被告知道侵权行为正在发生（或者非常怀疑侵权行为正在发生，如果不采取特殊的回避措施就会彻底获得事实真相），于是主动采取措施不让自己获得侵权事实的所有信息，这种回避行为恰恰证明了被告主观上的过错。See In re: Aimster, 334 F. 3d 643 (7th Cir. 2003).

❹ See A&M Records, Inc. v. Napster, Inc., 114 F. Supp. 2d 896 (N. D. Cal. 2000), aff'd in part, rev'd in part, 239 F. 3d 1004 (9th Cir. 2001).

为了规避版权法上的转承责任。[1]

网络服务商在监督侵权时，除了应具有实际能力，还应具有法律权利。换句话说，如果监督侵权必然会导致网络服务商违反法律，侵犯他人合法权益，那么再要求其承担转承责任就显得不尽合理。这里涉及的法律问题主要有以下三个方面：

第一，网络服务商的监督行为是否会违反与网络用户签订的服务协议。例如服务协议中规定，网络服务商不得以任何理由擅自查看用户的私人传输信息，或者不得以任何理由擅自中止合同履行。在这种情况下，网络服务商审查侵权信息内容，或者制止侵权信息进一步传播，可能就会构成违约。所以，许多法院认为，网络服务商在服务协议中明确保留审查用户行为或者中止用户账号的权利，是证明网络服务商有权利和能力监督侵权行为的有力证据。[2]

第二，网络服务商的监督行为是否会违反个人隐私。许多国家对个人隐私都有特别的法律保护，例如美国的《1986 年电子通讯隐私法》[3]。根据该法律，传输服务提供者故意将私人信息透露给指定接收人之外第三方，或从事其他任何干扰私人信息传输的行为，都可能构成侵犯他人隐私权，并承担民事责任乃至刑事责任。互联网中许多信息传输，例如电子邮件和网上聊天，都属于私人信息范畴，受到隐私权法律的保护。所以，如果强迫电子邮件经营者主动审查侵权信息，可能会将他们推入版权法制裁和隐私权法制裁

---

[1] See MGM Studios, Inc. v. Grokster, Ltd. 545 U. S. 913 (2005). 耐人寻味的是，被告的技术手段并没有使其逃脱侵权责任，法院最终认定被告构成诱导侵权(Inducement)。

[2] See, e. g., Religious Tech. Ctr. v. Netcom On-Line Communication Servs., Inc., 907 F. Supp. 1361, 1375 (N. D. Cal. 1995); A&M Records, Inc. v. Napster, Inc., 114 F. Supp. 2d 896 (N. D. Cal. 2000), aff'd in part, rev'd in part, 239 F. 3d 1004, 1023 (9th Cir. 2001).

[3] See the Electronic Communications Privacy Act of 1986, Pub. L. No. 99－508, 100 Stat. 1848 (Codified in Scattered Sections of 18 U. S. C.).

的两难境地。

第三，网络服务商的监督行为是否会违反与技术保护措施相关的法律。现今许多网络用户在传输文件时，出于保护隐私权或者保护版权的目的，往往对传输文件采取一些加密措施，以防止指定接收人之外的其他人窃取传输文件的内容。国际版权界对加密等技术保护措施的法律性质基本上已经达成共识。例如，《世界知识产权组织版权条约》规定："缔约各方应规定适当的法律保护和有效的法律补救办法，制止规避由作者为行使本条约所规定的权利而使用的、对就其作品进行未经该有关作者许可或未由法律准许的行为加以约束的有效技术措施"[1]。许多国家已经将版权条约的这一原则实施到国内立法中。[2] 因此，网络服务商如果为了审查加密文件中的侵权信息，破坏或者规避了加密技术措施，就可能造成在维护一项版权的同时，违反了另一项版权法规定的尴尬场面。在这种情况下，我们似乎应该将网络服务商视为无监督侵权的法律权利，而不应该强迫他们违法规避技术保护措施。

有人也许会指出，由于转承责任以监督侵权的法律权利为要件，是否会导致有些网络服务商为了推卸责任，故意在服务协议中放弃一切审查和制止侵权的法律权利？然而，这种顾虑在实践中很可能是多余的。首先，许多网络服务商保留审查用户信息和终止用户账号的权利，恰恰是为了符合网络监管方面的强行性法律要求；根据这些规定，网络服务商有义务预防和制止黄色反动等违法信息的传播[3]。其次，网络服务商保留法律权利，也是出于某些商业利

---

[1] See "WIPO Copyright Treaty (1996)", Article 11.

[2] 参见我国《网络信息传播权保护条例》第 4 条。See also 17 U.S.C. § 1201; Directive 2001/29/EC of the European Parliament and of the Council of 22 May 2001 on the harmonisation of certain aspects of copyright and related rights in the information society ("EU Copyright Directive of 2001"), Article 6.

[3] 参见《互联网信息服务管理办法》第 15 条。

益的考虑❶。例如，一旦用户拖欠服务费用，网络服务商可以通过终止用户账号进行自我救济。又如，电子商务和网上交友等专门性网站，必须对用户上载的信息进行适当的审查和删减；否则，充斥的无关信息和垃圾广告会降低网站的整体品质，减少网站的吸引力。总之，由于法律要求和利益驱动，理性的网络服务商不太会轻易放弃审查和终止侵权的法律权利，哪怕这意味着要承担一些转承责任的风险。

就转承责任的另一个要件"直接经济利益"而言，通常要求网络服务商的收入与侵权行为的数量或后果成正比。例如，如果网络服务项目（包括网站支持和网络接入等）的收费，按照商业用户（如经营性网站）的营业额或者利润的一定比例来计算，或者按照最终用户上载或下载的信息量来收费，这就应当视为有"直接经济利益"。

然而，近年来的版权判例逐步倾向于，即使网络服务商仅按照服务时间（月或年）向用户收取固定费用，甚至不收取任何费用，在特殊情况下也有可能与用户的侵权行为建立直接利益联系。❷ 该立场主要有以下三种不同的理论解释：

第一，网络用户因为侵权行为获得了经济利益，从而更有能力支付网络服务费用，而且更有能力承受费用的上涨，这就构成了对网络服务商的直接利益联系。❸ 这一观点的问题在于，网络用户的侵权行为不一定都会为自己谋取经济利益。经验告诉我们，许多个

---

❶ See Scott K. Pomeroy, Promoting the Progress of Science and the Useful Arts in the Digital Domain: Copyright, Computer Bulletin Boards, and Liability for Infringement by Others, 45 Emory L. J. 1035, 1070—1071 (1996).

❷ See, e. g., Fonovisa, Inc. v. Cherry Auction, Inc., 76 F. 3d 259, 261—62 (9th Cir. 1996); A&M Records, Inc. v. Napster, Inc., 114 F. Supp. 2d 896 (N. D. Cal. 2000), aff'd in part, rev'd in part, 239 F. 3d 1004, 1023 (9th Cir. 2001).

❸ Alfred C. Yen, Internet Service Provider Liability for Subscriber Copyright Infringement, Enterprise Liability, and the First Amendment, 88 Geo. L. J. 1833, 1850 (2000).

人用户在BBS或P2P系统中上载图片、音乐或视频等，只不过是出于个人兴趣或为了交流思想，并不向其他下载用户收取任何费用。其次，侵权行为保证网络用户支付能力、从而使网络服务商受益的因果分析，本身就有些牵强。版权界普遍认为，房屋出租者如果仅仅收取固定房租，就与房客的侵权行为没有直接利益联系。[1]但是依照上述观点，只要侵权行为使得侵权者更有钱支付对价，任何人向侵权者提供任何商品或服务，大到房屋汽车，小到针头线脑，都从侵权行为获得了直接经济利益。由此可见，这种观点会导致“直接经济利益”的概念过于宽泛，涵盖了许多本不应该承担转承责任的正常经营者。

第二，网络服务商怠于监督侵权行为，并借此在市场上建立起纵容侵权的“声誉”，从而对潜在侵权者构成吸引力，为网络服务带来了更多的客源。这种“直接经济利益”对于有些专门针对版权作品的网络服务可能会适用，例如软件下载或者音乐交换网站。这些网站上传播的内容如果没有经过版权人的授权，其中大部分都会构成侵权，所以他们的经营状况，很可能与用户的侵权上载行为发生直接关系。[2]网络服务业务除了传播侵权内容之外，如果没有其他实质性合法用途，那么对潜在侵权人的吸引力当然是其直接经济利益所在。但是，对于许多综合性网络服务商（尤其是网络基础设施和网络接入提供者）来说，他们的服务既可以用于侵权活动，又具有大量的实质性合法用途，与侵权的“直接利益联系”并不明显。在大多数情况下，用户对于网络基础设施的选择，往往与地域和价格有很大关系，[3]能否进行侵权行为并不是主要考虑因素。的

---

[1] See Shapiro, Bernstein & Co. v. H. L. Green Co., 316 F. 2d 304, 306 (2d Cir. 1963).

[2] See, e. g., A&M Records, Inc. v. Napster, Inc., 114 F. Supp. 2d 896 (N. D. Cal. 2000), aff'd in part, rev'd in part, 239 F. 3d 1004, 1023 (9th Cir. 2001).

[3] 网络用户一般会选择当地的宽带服务商上网，例如北京用户选择网通，上海用户选择中国电信，因为当地服务商有价格和维护的优势。

确有些用户会不时利用网络进行非法音乐交换等侵权活动，但他们也会利用网络进行获取信息和交流思想等合法活动。由于许多网络用户合法使用网络的时间要远远超出侵权使用的时间，很难推断如果不是出于侵权目的他们就不会购买网络接入服务，也很难推断侵权目的与网络服务商的经济利益有直接联系。

第三，网络服务系统中存在侵权文件（例如免费软件或音乐），本身就会吸引大量网络用户光顾，从而提升该服务的受欢迎程度。这里必须强调的是，网络服务的访问量或知名度，与网络服务商的经济利益之间，必须通过某种商业经营模式才能建立起直接联系。最为直接的经营模式就是，向每一个访问用户收取类似于门票的访问费用。相对隐蔽一些的经营模式包括：在网络服务中加载广告[❶]，通过知名度扩大广告收益；通过网络服务搜集客户信息，例如浏览习惯和内容偏好等，将这些信息用于其他商品的销售，或者直接卖给其他需要这些信息的公司。如果一个网络服务项目没有真正的经营模式，例如仅仅出于兴趣建立的个人网站，即使因为侵权信息获得再高的知名度，也不太可能从中获得任何直接经济利益。

六、我国版权法上的转承责任

我国《信息网络传播权保护条例》第 22 条规定的避风港免责要件中，包含“未从网络用户提供的内容中直接获得经济利益”的条款，似乎体现了转承责任的归责要件之一。但是，条例中的规定显然没有确立转承责任制度，也不会对网络服务商的经营模式产生实质影响。首先，该规定只涉及了转承责任的“直接经济利益”要件，而不涉及“监督侵权的权利和能力”要件。其次，该规定仅仅

---

❶ See, e.g., Fonovisa, Inc. v. Cherry Auction, Inc., 76 F.3d 259, 261－62 (9th Cir. 1996); Mary Ann Shulman, Comment, Internet Copyright Infringement Liability: Is an Online Access Provider More Like a Landlord or a Dance Hall Operator?, 27 Golden Gate U. L. Rev. 555, 599 (1997).

是避风港的免责要件，即使当事人不符合该要件，无法享受避风港保护，也不一定构成侵权；法院仍然要根据法律现有的归则原则来判断侵权与否，而我国民事立法中的转承责任规定正处在一个逐步完善的过程中。

在2010年7月1日以前，我国民事立法中可以找到的与转承责任有关的内容，主要包括两项："企业法人对它的法定代表人和其他工作人员的经营活动，承担民事责任"；[1]"个体工商户、农村承包经营户、合伙组织雇用的人员在进行雇用合同规定的生产经营活动中造成他人损害的，其雇主是当事人"。[2]这两项规定与真正意义上的转承责任制度相差甚远。首先，上述规定中的责任人是从事经营活动的企业法人、个体工商户、农村承包经营户和合伙组织。然而，转承责任的责任主体与之相比要广泛的多，只要当事人对直接侵权具有监督的权利和能力，无论是否为从事经营活动的商家，都有可能承担转承责任。其次，上述规定将责任适用限定在"雇用合同规定的生产经营活动"范围之内，但转承责任的适用范围要广泛的多。只要当事人与直接侵权行为具有直接利益联系，即使直接侵权活动超出了雇用合同范围，甚至没有任何明示或默示雇用合同的存在，当事人也可能因此承担转承责任。再次，上述规定虽然指出企业法人要对其工作人员的经营活动承担民事责任，却没有说明是侵权责任，还是民事法律行为（如合同）产生的责任。有学者认为，该民事责任仅仅指的是后者，而不包括侵权责任，所以它与转承责任毫无关系[3]。最后，上述规定仅仅涉及当事人对他人的行为承担民事责任，却没有明确当事人应当与直接行为人一起承担连带责任，这也不符合转承责任的法律性质。总之，以上种种缺

---

[1] 参见《民法通则》第43条。

[2] 参见最高人民法院《关于适用〈中华人民共和国民事诉讼法〉若干问题的意见》第45条。

[3] 张民安．过错侵权责任制度研究［M］．北京：中国政法大学出版社，2002：387.

憾实际上恰好印证了许多侵权法学者的看法，既当时的民法体系中根本找不到对转承责任的明文规定。❶

2010 年 7 月 1 日开始，我国的《侵权责任法》正式生效，其中对转承责任有了更加明确的规定："用人单位的工作人员因执行工作任务造成他人损害的，由用人单位承担侵权责任"；"个人之间形成劳务关系，提供劳务一方因劳务造成他人损害的，由接受劳务一方承担侵权责任"。❷ 这些条文与之前的法律规定相比，有了明显地改进：首先，转承责任的主体不再限制于从事经营活动的商家，任何"单位"和"个人"都有可能承担转承责任。其次，转承责任的适用范围定为"执行工作任务"或"劳务"，在文义上明显比之前的"雇用合同规定的生产经营活动"要更加宽泛些，也更加便于司法部门根据实际情况灵活适用。我国司法部门完全可以借鉴德国和美国的成功经验，在解释"工作或劳务关系"时，不拘泥于劳动雇佣合同的存在与否，而是将其与"对他人之授权行为的监督"以及"直接经济利益"联系在一起，从而确立更加符合实际的转承责任制度。

转承责任的缺失会留下版权法上的漏洞，这点在我国司法实践中得到了较为清晰地体现。在"美国博库公司诉北京讯能公司和香港汤姆公司"案中，❸ 原告是一家网络出版商，拥有相关文学作品的电子版权。被告之一的"香港汤姆有限公司"（简称"汤姆公司"）是一家提供综合信息的门户网站，它将网站中的文学欣赏栏目"文学频道"的设计和制作，全部委托给了另一家规模较小的网络公司"今日视点文化事务发展中心"（简称"今日视点"）。而今日视点通过直接网络链接的方式，将自己经营的"今日作家网"的

---

❶ 参见：杨立新．侵权法论［M］．长春：吉林人民出版社，1998：401．张民安．过错侵权责任制度研究［M］．北京：中国政法大学出版社，2002：389．

❷ 参见《中华人民共和国侵权责任法》第 34 条和第 35 条。

❸ 参见"美国博库股份有限公司诉北京讯能网络有限公司和香港汤姆有限公司"，北京市第二中级人民法院（2001）二中知初字第 13 号。

一些内容设定为汤姆公司文学频道的主要内容。原告发现汤姆公司文学频道中出现了其享有版权的作品，且未经原告授权，于是原告将汤姆公司诉至法院。但是法院最终认为，汤姆公司文学频道上显示的侵权文章，实际上存在于今日视点网站的服务器中，而汤姆公司的网站仅仅建立了链接。由于汤姆公司没有直接提供侵权文章，除非其在接到版权人侵权通知之后仍然不删除链接，汤姆公司不承担任何侵权责任。

这一判决结果有可能会对网络实践带来一些负面影响。如果网络服务商自己经营相关栏目，无论是否知悉侵权内容的存在，都要对侵权内容承担严格责任；但是根据上述判决，网络服务商完全可以将这些栏目分包给注册资本较小的公司，甚至是自己设立的子公司，通过放任这些小公司侵权来达到规避严格责任的目的。这些网络服务商对于分包的小公司有完全的控制能力和权利，而且他们从侵权内容传播中能够获得点击量等直接经济利益。但是，只要他们刻意回避小公司的经营细节，以达到回避“知悉”要件的目的，至少在收到侵权通知之前，可以通过小公司的有限责任（并且通过分包合同中的免责条款）逃避巨额侵权赔偿。由此可见，我国版权立法上应当考虑引入完善的转承责任制度，以弥补网络服务商通过“委托”他人侵权来规避法律责任的漏洞。

美国网络版权引诱侵权责任探析

——以P2P案件为视角

孙 雷*

摘要： 版权引诱侵权责任在美国是普通法中的概念。自Grokster案后，引诱侵权之诉成为版权人在网络空间进行维权的重要手段，版权引诱侵权责任理论也随之得到发展与充实，但目前在故意引诱行为的认定上还没有形成合理统一的标准，引诱侵权责任与“实质性非侵权用途”原则的关系还有待进一步明晰，与“避风港”原则的关系也缺乏明确合理的定位。美国版权引诱侵权责任在司法适用过程中出现的一些问题，值得我们研究和思考。

一、源起及概况

在网络技术居于世界领先地位的美国，涉及新型网络技术的版权案件频繁发生，其中最为困扰司法者的是关于网络服务提供者的案件。在这些案件中，网络服务提供者本身并未直接从事侵权行为，但它们与直接（事实）侵权行为（通常是网络用户实施）之间存在着某种联系，经常为直接侵权人扮演着“媒介”的角色，处于从属地位。法官们在适用传统版权从属侵权责任（secondary liability）理论处理这些案件时倍感压力，因为这一理论通常要求他们对网络技术本身是否侵权进行回答，在网络技术发展与版权保

* 作者单位：全国人大教科文卫委员会。

护两者间作出抉择，而这恰恰是法官们历来谨慎对待的问题。❶ 于是，法官们开始尝试从普通法的过错责任理论中探索有效机制，以期协调版权保护与网络技术发展的关系，引诱侵权责任正是在这种背景下进入版权领域。

Grokster 案开版权案件适用引诱侵权责任之先河。美国最高法院在该案中提出，“某人传播设备，旨在促发该设备的侵权性使用，清楚明白地展示该意图，或者采取积极措施去鼓励侵权……那么就要为使用该设备的他人之侵权行为承担责任”。❷ 自该案后，引诱侵权责任理论被法院适用到一些网络版权案件中，成为判断当事人应否承担侵权责任的重要依据。尤其要提及的是，引诱侵权责任在 Grokster 案中虽然是对 P2P 软件提供者（设备提供者）所提出，但目前已经被适用到 P2P“种子”搜索等信息定位工具提供者和其他网络服务提供者的案件中。❸

在 Grokster 案中，美国最高法院提出了版权引诱侵权责任适用的若干标准，构建了版权引诱侵权责任机制的基本框架，但那只是一个雏形，许多具体问题并没有在该案中得到回答和解决。随着引诱侵权之诉的不断提出，引诱侵权责任的构成要件及其与帮助侵权责任、实质性非侵权用途原则、避风港原则的关系等问题逐渐暴露出来，法官们针对这些问题提出了意见，在司法实践中充实了版权引诱侵权责任理论。

---

❶ 例如：MGM Studios, Inc. v. Grokster, Ltd. 案的上诉审法院采用“实质性非侵权用途”原则对案件进行了审理，认定涉案软件具有实质性非侵权用途，被告不构成侵权。See, 380 F. 3d 1154 (C. A. 9 Cal 2004).

❷ MGM Studios, Inc. v. Grokster, Ltd., 125 S. Ct. 2764 (2005), at 2775.

❸ 2009 年 12 月，美国加利福尼亚州中区法院对 Columbia Pictures Industries, Inc. v. Gary Fung. 案作出简易判决，认定涉案的“种子”搜索网站引诱侵权责任成立。See, Order Granting Plaintiffs' Motion for Summary Judgment on Liability, CV 06－5578 SVW (C. D. Calif), text from http://www.lexisnexis.com. 其他涉及信息定位工具提供者引诱侵权责任的案件如 Perfect 10, Inc. v. Amazon. com, Inc. 案，该案审理法院认定被告不承担引诱侵权责任。See, 487 F. 3d 701 (9th Cir 2007).

需要明晰的一个问题是，在 Grokster 案之前，法官们在有些版权案件中使用过“引诱侵权”的概念，但并没有真正适用过“引诱侵权责任”[1]。当今美国版权领域适用的引诱侵权责任实际上源于专利制度。美国最高法院在 Grokster 案中明确提出，“既然 Sony 案采用了专利法中的普通商品原则作为版权避风港的模板，那么引诱侵权规则同样也适用于版权领域”。[2] 该案所引用的认定 Grokster 公司故意引诱他人侵权的案件全部是专利案件。[3] 版权引诱侵权责任源于专利领域这一观点在国外有关著述中也能够得到印证。[4]

二、版权引诱侵权责任构成要件

在版权领域，引诱侵权责任属于从属侵权责任。传统意义上的版权从属侵权责任包括帮助侵权责任和替代侵权责任两个子项。总的来讲，帮助侵权责任的构成要件有二：一是当事人知道直接侵权行为，二是当事人引诱、促成直接侵权行为发生或者为他人实施直接侵权行为提供了实质性帮助。[5] 替代侵权责任的构成要件如下：一是当事人有权利并且有能力监管直接侵权人的行为；二是当事人

---

[1] 美国联邦第 2 巡回上诉法院在帮助侵权责任的经典之作 Gershwin Pub，Corp. v. Columbia Artists Management，Inc. 案中提出，“某人知道侵权行为，诱使、促成侵权行为的发生或者为侵权行为提供了实质性帮助，就是帮助侵权人” see 443 F. 2d 1159（CA2 1971），at 1162.

[2] Supra note 2，at 2780.

[3] Ibid，at 2779，2780.

[4] Eg. Evan F. Fitts，“Inducement Liability for Copyright Infringement is Born：the Supreme Court Attempts to Remedy the Law's Broken Leg with a Cast on the Arm”，Missouri Law Review，vol. 71，pp768-786；Tal Kedem，“Secondary liability for actively inducing patent infringement：which intentions pave the road?” William and mary law review，2006，vol 48，1465－1496.

[5] Gershwin Pub，Corp. v. Columbia Artists Management，Inc.，443 F. 2d 1159（CA2 1971）.

从直接侵权行为中获利。[1]

如果单从字面上理解，版权引诱侵权责任似应归入帮助侵权责任这一门类，但目前在这一问题上存在着认识上的分歧。在Grokster案中，美国最高法院使用了“引诱性帮助侵权”的概念。[2] 在Grokster V中，审理法院也明确指出引诱侵权是帮助侵权的一个分支。[3] 但也有学者指出，自引诱侵权责任在版权领域适用后，版权从属侵权责任实际上包含了三个分支：引诱侵权责任、帮助侵权责任和替代侵权责任，之所以将引诱侵权责任单列是因为其只要求当事人故意引诱他人实施侵权行为，而并不要求当事人在知道直接侵权行为发生的情况下为直接侵权行为提供帮助。[4] 在近期司法实践中，有法院将当事人知道直接侵权行为发生作为其具有引诱他人侵权故意的一个证明（详见下文）。

本文认为，引诱侵权责任的落脚点在于追究具有引诱他人侵权故意并将其付诸实施者的责任。在引诱侵权责任理论中，引诱行为与直接侵权行为有先后之分：先有引诱，后有直接侵权行为。当事人应当知道其故意引诱行为会导致直接侵权行为的发生，但在他实施引诱行为时还并没有真正发生直接侵权行为。所以，直接侵权行为的发生不应是引诱侵权责任的一个要件。从另一角度来看，引诱行为及其所导致的直接侵权行为，都不是瞬间的事，通常具有持续性。在这些行为持续过程中，引诱侵权人极有可能知道直接侵权行

---

[1] Shapiro, Bernstein. & Co. v. H. L. Green Co., 316 F. 2d 304 (2d Cir. 1963).

[2] “One infringes contributorily by intentionally inducing or encouraging direct infringement”, supra note 2, at 2776.

[3] Metro-Goldwyn-Mayer Studios, Inc. v. Grokster, Ltd., 518 F. Supp. 2d 1197 (C. D. Cal. 2007), at 1227. Grokster案历经数审。在国外一些著述中，将该案的初审、上诉审和最高法院审分别称为Grokster Ⅰ、Grokster Ⅱ和Grokster Ⅲ，经最高法院判决之后（发回重审）后续审理的两个案件分别称为Grokster Ⅳ和Grokster Ⅴ，Grokster Ⅳ在下文中也会提及。

[4] Raymond Nimmer, “Inducing copyright infringement”, http://www.ipinfoblog.com/archives/37-print.html.

为是否发生。如果引诱侵权人知道直接侵权行为已经发生，仍然继续实施引诱行为，这就证明了其希望发生直接侵权行为的后果，明显具有引诱他人侵权的故意。因此，知道直接侵权行为发生应是证明当事人具有引诱他人侵权故意的一个辅助证明，但不应是证明引诱侵权责任成立的要件。引诱侵权责任应当属于独立于传统帮助侵权责任的一个概念。在版权引诱侵权责任的来源地专利领域，引诱侵权与帮助侵权也是相互独立的概念。[1]

从近期司法实践来看，版权引诱侵权责任的构成要件如下：一是直接侵权行为发生；二是当事人故意引诱他人侵权（当事人具有引诱他人侵权的故意并通过某些行为将这种故意付诸实施）。

（一）直接侵权行为发生

在 Grokster 案中，美国最高法院指出，“引诱侵权理论要求有设备使用者事实侵权的证据，就本案来讲，（设备使用者）是指软件使用者。”[2] 此后的有关网络版权案件中，法官们在适用引诱侵权责任时都是首先解决是否存在直接侵权行为这一问题。

版权引诱侵权责任中所称的直接侵权行为实施者，往往是指某一设备或者服务的用户，但它所指的直接侵权通常并不是说某一特定的用户侵权，而是指用户这一整体侵权。在 Grokster 案中，美国最高法院认定该案直接侵权的规模庞大，并特别指出，“即使被告没有引诱某一特定的侵权行为，仍然要承担责任”[3]。在 Grokster Ⅳ案中，StreamCast 公司要求原告举出用户直接侵权的具体事例，但法院认为，原告只要证明被告诱发了直接侵权行为就已经足够，没有必要去举出用户侵权的具体事例。[4] 实际上，无论是引诱侵权责任，还是其他从属侵权责任，它们所要真正解决的是版权人与网

---

[1] See, 35 U.S.C. § 271 (b), (c) (2005).

[2] Supra note 2, at 2769.

[3] Ibid, at 2782.

[4] MGM Studios, Inc. v. Grokster, Ltd., 2006 U.S. Dist. LEXIS 73714, at 58.

络服务提供者间的关系这一问题，用户的直接侵权行为只是处理这种关系的媒介。对版权人来讲，他们并不是真正想与用户为敌，而是想借用户直接侵权行为这个铺垫来追究网络服务提供者的责任。美国法院在适用版权引诱侵权责任时把用户作为一个整体对待，从宏观上确定用户是否侵权而并不针对某一具体用户，这样就可以避免面对用户个体是否承担侵权责任这一敏感问题。在版权引诱侵权责任的来源地专利领域，引诱侵权责任的适用也不需要证明特定用户侵权。❶

根据美国版权从属侵权责任理论，直接侵权行为必须发生美国。网络浩瀚，没有国界。在有些引诱侵权之诉中，被告住址并不在美国，其用户也不只限于美国，这就引出了法院如何认定直接侵权行为发生地的问题，Fung 案就是其中一例。此案中，被告和其所经营的网站位于加拿大，审理此案的加利福尼亚州中区法院对此指出，被告自己的材料表明其 25%的用户系美国用户，而且原告一项针对 400 个下载地址的调查表明其中有 50%的下载是位于美国的计算机用户所为，侵权行为确实在美国发生，并在此基础上认定被告要为发生在美国的直接侵权行为承担引诱侵权责任。❷ 可以看出，美国引诱侵权责任中所指的直接侵权行为发生在美国，并不是指所有直接侵权行为都必须或者主要发生在美国，而是说有直接侵权行为在美国发生即可。

（二）当事人故意引诱他人侵权

版权引诱侵权责任的理论基础在于普通法中的过错责任，而故意引诱他人侵权则是被告具有过错的一种表现形式。司法实践中，美国法院主要是从以下行为中推知被告具有引诱他人侵权的故意，从而证明其主观上具有过错，承担侵权责任。

---

❶ Supra note 12.

❷ Order Granting Plaintiffs'Motion for Summary Judgment on Liability, CV 06－5578 SVW (C. D. Cal), text from http: //www. lexisnexis. com, p21.

1. 传播引诱他人侵权的信息

这是美国最高法院在Grokster案中所设定的证明被告具有引诱他人侵权故意的一个依据，在此后适用引诱侵权责任的网络版权案件中被广为采用，但目前何种信息具有引诱他人侵权的性质还依赖法官的自由裁量。

在Grokster案中，被告通过广告和发邮件等行为，主动散布自己的产品是Naspster软件替代品的信息，美国最高法院认为它这是在故意传播引诱他人侵权的信息，同时指出用户是否接收到这些信息并不影响其性质的认定。❶ 需要注意的是，美国最高法院的这一主张是建立在Naspster公司已经被终审裁定为侵权的基础上。Grokster公司所散布的上述信息之所以被认定为具有引诱他人侵权的性质，是因为Grokster公司想方设法地散布信息对Naspster软件进行“挂靠”，美国最高法院并没有认定Grokster公司所传播的其他信息具有引诱侵权的性质。但在有些网络版权案件中，审理法院“开创性”地提出了某些信息具有引诱侵权的性质，其中不乏值得探讨之处，本文以下主要结合美国“种子”搜索第一案Fung案对相关问题加以分析。

(1) 榜单。

被告网站上有“美国票房前20名电影”的榜单，榜单上的电影名称链接到介绍该电影的网页上，这些网页包含有“上传流”(upload torrent) 的链接，用户借此可以上传相应的电影，被告网站还创设了“最热门20部电影”等榜单，内容依据电影下载的数量自动更新，法院认为这是在传播引诱他人侵权的信息。❷

“美国票房前20名电影”和“最热门20部电影”虽然都是被告设计的榜单，但其产生和作用明显不同，在判断它们是否具有引

---

❶ Supra note 2, at 2781.

❷ Supra note 18, p26.

诱侵权性质这一问题上不应对两者等同视之。前者是由被告设计并人工更新，被告还对相关作品的上传行为加以技术引导，该榜单的作用实际上就是为了让用户上传这些电影，将其认定为具有引诱他人侵权的性质并无不妥。但是，后者反映的则是某些电影被下载的数量这一客观事实，其内容完全基于用户的行为产生，被告对榜单中的内容并未进行人工接触，也未像前者那样对用户进行技术诱导。而且，设立此种榜单在现实中也是许多信息定位网站所采取的做法。尽管这一榜单中的电影极有可能是受版权保护的作品，由此来认定被告未尽监管义务或者推定其应知直接侵权行为尚可，但将其作为被告具有引诱他人侵权故意的证明则显得牵强。

(2) 反版权言论。

被告网站论坛上有标题为“我盗版，故我在”等反版权性质的内容，而且 Fung 本人也在论坛上散布“侵犯版权也不一定是偷”和“他们谴责我们是贼……但我们……不是始作俑者”等言论，法院认为这也是在引诱他人侵权。❶

毫无疑问，上述言论明显反映出发言者的“反版权”态度，但这并不能证明他一定实施了侵权行为或者意在引诱他人实施侵权行为，更不能由此来认定他承担侵权责任。具体来讲，被告网站论坛上反版权信息的标题是由用户自行选定，而且这些标题并不必然会引诱用户上传或下载作品，网站也没有权利去排斥反对版权保护的声音。被告作为网站的经营者也有表达自己对版权制度观点的权利，不能简单地将其言论等同于其行为。仅凭论坛上留言的标题和经营者反版权的言论来推定被告具有引诱他人侵权意图的观点值得商榷。

需要提及的另外一个问题是，如果当事人撤除了法院所认定的引诱侵权信息，也不能够继续从事提供原涉案设备或服务的行为。

---

❶ Supra note 18, p27.

这是因为，这些信息的影响不会因为被撤除而立刻消失，原有设备或服务在市场上的传播仍然会基于这些信息的“余震”而继续诱发直接侵权行为。在 Grokster V 案中，审理法院就明确指出，“一旦市场被引诱者的侵权激励信息所促发，即使引诱者不再传播促发侵权的信息，侵权行为也会因此而产生……Morpheus 软件与以前引诱侵权信息间的关系意味着，如果 StreamCast 公司继续传播该软件，此种行为自身就构成了引诱”❶。

2. 技术特征诱发侵权

在 Grokster 案中，技术特征是美国最高法院判断被告是否具有引诱他人侵权故意的一个考虑因素（非独立因素），但该案所称的技术特征主要是指 Grokster 公司不采取过滤措施，未积极排除和防止侵权性使用作品行为的发生，而不是针对涉案的 P2P 技术本身。❷ 这反映出，美国最高法院在适用引诱侵权责任时谨慎地在版权保护与技术发展之间寻找平衡，在保护版权人利益的同时，尽量避免对技术的发展和应用造成不当妨碍。

在 Fung 案中，法院在适用引诱侵权责任时却将打击的矛头直接指向了技术本身。法院认为：被告作为种子搜索网站，其网站上的“种子文件”被下载到用户计算机后，会自动产生信息流，允许用户从其他用户计算机中下载共享文件，被告还使用了“蛛网”技术，从一些知名的侵权站点（如海盗湾）获取种子文件；结合案件的其他因素来看，这些都构成引诱侵权。❸ 很明显，法院完全是从种子搜索网站的技术功能上来推定其具有引诱侵权的基因。虽然它指出这些技术特征并非是认定被告具有引诱侵权故意的独立要素，但按照这种观点，现有“种子”搜索网站的技术恐怕都不符合版权

---

❶ MGM Studios, Inc. v. Grokster, Ltd., 518 F. Supp. 2d 1197 (C. D. Cal 2007), at 1234, 1235.

❷ Supra note 2, at 2781.

❸ Supra note 18, p32, 33.

保护的要求，都会被认为是具有引诱用户侵权的故意。[1]

3. 商业模式依赖于侵权性使用作品

商业模式与用户侵权性使用作品间的关系是法院适用引诱侵权责任时的另一个考虑因素。Grokster 案和 Fung 案都反映出，如果被告的经营依赖于用户点击网页上的广告，就会被认为是从用户侵权行为中获利，就可以成为认定被告具有引诱侵权故意的一个辅助依据。[2] 在 Fung 案中，法院还指出，被告的经营有赖于用户的侵权行为，这种商业模式使其不可能采取过滤措施防止侵权行为的发生。[3] 可以看出，Fung 案的审理法院分析被告商业模式的落脚点仍然在于推定其网站的技术特征根本不符合版权保护的要求。

如前所述，当事人从直接侵权行为中获利在美国是替代侵权责任的一个构成要件。而无论是 Grokster 案还是之后适用引诱侵权责任的网络版权案件，都将其视为引诱侵权责任适用的一个辅助标准。这说明，美国法院在适用引诱侵权责任时也参考了普通法中替代侵权责任的认定标准。

4. 向用户侵权提供帮助

向用户直接侵权行为提供帮助并不是美国最高法院在 Grokster 案中所提出的可以推定当事人具有引诱他人侵权故意的行为，但在 Fung 案中，法院却将此作为认定被告故意引诱他人侵权的一个证明。法院所认定的事例是：一名用户因不知道如何观看所下载的电影而向 Fung 咨询，后者向其提供了如何解压缩和播放视频文件的说明；被告网站论坛里的管理员（moderators）教导用户如何转换 DVD 文件格式，还有一些版主（admins）有权阻止或者移除用户上传的文件。[4]

---

[1] 以 BitTorrent（BT）网络为例对“种子”搜索网站加以说明。使用 BT 网络下载文件，用户首先要安装 BT 性质的软件，然后访问“种子”搜索网站找到相应的“种子文件”（不是真正的“种子”），这些文件内置追踪器（tracker），用户点击这些文件，就可以找到其他用户计算机中真正的“种子”进行下载。

[2] Suprat note 2，at 2781，2782；Supra note 16，p34.

[3] Supra note 18，p34.

[4] Ibid，p28—30.

实际上，美国最高法院在 Grokster 案中特别指出，传播产品所附加的行为，如向用户提供技术帮助或者产品升级本身，都不足以让被告承担责任。[1] 实践中，向用户提供技术帮助目前是网站较为普遍的一种做法，依此推定当事人具有引诱他人侵权的故意实际上是把矛头指向了网站的辅助运行模式。而且，Fung 案审理法院所列举的上述事例也值得推敲。Fung 在论坛上回答用户的提问以及管理员指导用户如何转换 DVD 文件的行为所针对的都是已经发生的下载行为，并不旨在也不必然促发新的上传或下载行为。版主有权阻止或移除用户上传的文件，这是网站通行的做法，也是网站的权利，将其认定为引诱用户侵权明显不妥。

5. 知道直接侵权行为的存在

如前文所述，在版权引诱侵权责任的来源地专利领域，当事人知道直接侵权行为的存在并不是证明专利引诱侵权责任的前提，这种理论在版权领域是否适用目前还较为扑朔迷离。美国最高法院在审理 Grokster 案时并没有对此提出明确的观点，在此后的版权案件看，如果当事人知道直接侵权行为的存在，那么就会为证明当事人具有引诱他人侵权的故意增添了一个有力的砝码。例如在 Limewire 案，审理法院就将 Limewire 知道用户的侵权行为作为证明其具有引诱侵权故意的一个证明。[2] 美国版权领域是否全面引进

---

[1] Supra note 2, at 2780.

[2] 具体证据是：一、在被告内部交流中，LW 经常性地讲其用户通过其系统下载录制品。例如，LW2001 年的一份备忘录中谈到其允许人们交换版权保护的 MP3 文件；2002 的文件中也谈到“现在 Gnutella Network 最为普遍的使用是分享音乐文档，许多是受版权保护的”；其他文件中也讲到“在 P2P 网络上被分享的信息是媒体文件，主要由版权保护的数字录制品所构成”。二、2006 年，LW 实施了一项战略计划 Conversion Plan，把分享未经授权的数字录制品的用户转变成为 LW 在线音乐商店的用户，那个商店卖的是经授权的音乐文档，在那个计划中，LW 公开承认其用户主体是侵权的（1. 25%是铁杆儿的盗版者；2. 25%属于可以改造好的对象；3. 20%属于明知故犯；4. 30%属于投机者）。三、其他证据还包括：1. 用户给公司的 email；2. LW 雇员的一份文件标题是知道侵权，里面收集了相关材料；3. 许多报道通过 LW 及类似 P2P 软件传播侵权作品的新闻资料。2. a. “LW’s awareness of substantial infringement by LimeWire users”，p33.

专利引诱侵权责任认定机制，还是结合版权的特点进行改良变异，至少在当事人知道直接侵权行为的存在是否是证明引诱侵权责任成立的要件这一问题上还不明确。

三、版权引诱侵权责任与“实质性非侵权用途”原则

在Sony案中，美国最高法院在版权领域适用了“实质性非侵权用途”（substantial non-infringing use）原则，即如果某一商品被广泛用于合法、合理的目的，或者说具有实质性非侵权用途，那么提供商品的行为就与出售其他普通商品一样，不构成从属侵权。[1] 这一原则曾经是美国处理有关新类型技术案件的一个重要依据。但在Grokster案中，美国最高法院在提出适用版权引诱侵权责任时特别指出，该责任的适用毋须考虑设备的合法使用情况；同时还指出“不能认为当一个产品具有实质性非侵权用途时，即使事实已经证明了生产者的目的就是为了促使侵权性使用行为的发生，也不让其为他人的直接侵权行为承担侵权责任”[2]。很明显，审理Grokster案的最高法院法官们与他们审理Sony案的前辈看待从属侵权责任的角度不同。引诱侵权责任与“实质性非侵权用途”原则——这两个由美国最高法院所提出的论断之间的关系需要加以明晰。

首先要明确的是，引诱侵权责任在版权领域的适用并不意味着“实质性非侵权用途”原则退出历史舞台，Grokster案并未将前者打入“冷宫”，引诱侵权责任在该案中的适用实际上恰恰是美国最高法院不放弃“实质性非侵权用途”原则的结果。在该案中，美国最高法院强调上诉审法院是“错误地”理解了“实质性非侵权用途”原则，并不是讲该原则已经过时。以Ginsburg为代表的三名

---

[1] Sony Corp. of America v. Universal City Studios，Inc.，464 U. S. 417 (1984)，at 442.

[2] Supra note 2，at 2775，2768.

法官提出，被告的网络主要是被用于侵权性使用，不具有实质性非侵权用途，即使被告没有引诱他人侵权的故意，也不能免予承担责任；并主张对“实质性”的标准进行量化。[1] 但 Breyer 等三名法官不同意这一观点，认为被告的网络能够用于非侵权性使用，已经通过了“实质性非侵权用途”原则测试，如果其没有引诱他人侵权的故意，就不能承担侵权责任；并明确反对将“实质性”标准进行量化，也不赞成对该原则的适用重新进行解释。[2] 正是因为这两种对立的观点，美国最高法院最终是从被告具有引诱他人侵权的故意这一角度来认定其侵权，而绕开了被告所提供的网络服务是否具有天生的侵权基因这一棘手问题。

其次，版权引诱侵权责任与“实质性非侵权用途”原则是从不同的角度看待讼争行为，前者倾向于客观事实，而后者则是侧重被告的主观状态，两者是一个问题的两个方面，并不是“水火不容”的关系。司法实践中，法院在适用引诱侵权责任审理网络版权案件时，也会对涉案的设备或者服务的用途进行分析，只不过不再单独以此作为被告是否承担侵权责任的依据，而是在此基础上结合被告主观上是否具有过错对讼争行为是否构成从属侵权作出判断。美国最高法院在审理 Grokster 案时就指出，原告提出的涉案用户所下载的文件有 90％系版权作品这一证据让其有理由相信“绝大多数用户的下载行为是侵权，因为 1 亿以上的用户已经下载过文件，每月有数十亿的文件被共享，版权侵权规模惊人”[3]。在 Fung 案中，审理法院使用大量笔墨对“种子”搜索网站的用途进行定位，特别指出被告网站上 95％以上的“种子文件”所指向的是受版权保护或极有可能受到保护的作品。[4]

---

[1] Supra note 2，2783-2787.

[2] Supra note 2，2787-2796.

[3] Supra note 2，2772.

[4] Supra note 18，p11，p19.

进一步来讲，确立于网络信息时代之前的“实质性非侵权用途”原则在单独应对网络纠纷时已经显得捉襟见肘，本文结合P2P软件加以说明。首先，P2P软件被用于侵权性使用的情况多还是非侵权性使用的情况多在实践中难以判定并且是充满变数的问题。它不仅可以用来传播受版权保护的作品，也可以用来传播已过版权保护期的作品。以前各大录音公司对P2P软件提供者采取打击的策略，但眼下有些却与P2P软件提供者进行合作，使有些P2P软件成为合法的作品传播途径。[1] 其次，P2P软件被用于侵权还是非侵权用途主要取决于当事人的主观状态，正如是用刀来削苹果还是来割包行窃完全取决于行为人的动机一样。当某一即有非法也有合法用途的工具卷入版权纠纷时，法院应当结合当事人的动机对提供工具的行为进行评判，而不应只是从工具的性能着眼。

相比较Sony案而言，Grokster案中所确立的版权引诱侵权责任反映了最高法院的法官们审理案件视角的变化，但细究起来就会发现，避免因保护版权不当而对技术发展与应用造成妨碍却是法官们所共同遵循的一个原则。Sony案中，法院认定“时间转换”系合理使用并在此基础上适用“实质性非侵权用途”原则，以此来为电视录像技术的应用铺平道路。Grokster案中，法院虽然最终认定被告承担侵权责任，但其根本原因是被告的主观过错，而不是涉案的P2P技术，并没有把打击的矛头指向技术本身。

四、版权引诱侵权责任与“避风港”原则

《美国数字千年版权法》（DMCA）为符合一定条件的网络服

---

[1] iMesh是世界上首个提供合法授权录音制品的P2P服务技术，它于2005年10月正式投入使用。之后，Snocap等P2P软件也与国际唱片业联手，传播经合法授权的音乐作品 see，IFPI 06 digital music report，2006，http：//www.ifpi.org/site-content/library/digital-music-report-2006.pdf.

务提供者设定了“避风港”。[1]“避风港”原则问世后，它与从属侵权责任的关系一直是学界和司法界密切关注的问题。

DMCA为网络服务提供者所设定的“避风港”实际上是对版权人权利所作的限制，进入“避风港”的条件虽然是“免责情形”，但其内容基本是“从属侵权责任”的要件，如果网络服务提供者不符合进入“避风港”的条件，那么通常情况下也就相应地会承担“从属侵权责任”，所以仍然可以将“避风港”看作是网络服务提供者不承担或者有限承担从属侵权责任的情形。“避风港”原则是立法者对网络服务提供者与版权人利益进行平衡的结果，它实际上明确了从属侵权责任在网络空间不适用的情形。但DMCA出台于引诱侵权责任在版权领域正式适用之前，“避风港”原则与引诱侵权责任的关系并非是DMCA出台时立法者所能真正考虑到的问题。

自DMCA出台后，网络服务提供者面对版权人提出的侵权之诉，通常都会向法院提出进入“避风港”的请求，法院一般也都是首先解决网络服务提供者是否能够进入“避风港”的问题，然后再对侵权之诉进行审理。[2]但在Fung案中，审理法院则认为，引诱侵权和“避风港”两者水火不容，前者基于积极的坏的理念，旨在促发侵权，而“避风港”原则是基于被动的好的理念，旨在营造一个合法的网络商务环境，被告引诱侵权责任成立，根本无权进入“避风港”。[3]

有媒体对Fung案审理法院没有对被告是否符合进入“避风

---

[1] 根据《美国版权法》第512（d）条款的规定，信息定位工具提供者进入避风港的前提条件是：1. 实际上不知道所定位的材料或行为侵权；2. 没有意识到能明显推断出侵权行为的事实或情况；3. 在知道或意识到侵权行为后，或者在接到侵权通知后，迅速移除材料或阻止用户对其进行访问；4. 在具有控制侵权行为权力和能力的情况下，未从侵权行为中直接获得经济利益。

[2] 近期较有代表性的两起案件是：IO Group，Inc. v. Veoh Networks，Inc.，Order on Parties' Motions for Summary Judgment，NO. C06 － 03926（N. D. Cal）；Umg Recordings，Inc. v. Veoh Networks Inc. NO. CV 07－5744（C. D. Cal）.

[3] Supra note 18，p43.

港”的条件进行分析提出了质疑。[1] 实际上，该法院对被告能否进入避风港进行了分析，提出被告应当知道用户侵权，在对被告引诱侵权责任的认定时还指出被告从直接侵权行为中获利，这就基本堵住了被告通往“避风港”的通道。但是，法院这种认为引诱侵权责任成立就应当对被告关闭“避风港”的态度，却是将“避风港”原则置于“摆设”的地位。结合目前版权人维权的主要途径来看，“避风港”原则及其所包含的“通知＋移除”机制的命运令人担忧。

DMCA 问世后，版权人针对网络服务提供者可以通过两种途径进行维权：一是向网络服务提供者发出用户侵权通知，要求其移除或屏蔽相关信息（“通知＋移除”机制）；二是起诉网络服务提供者。在第一种维权方式下，版权人只能针对具体作品和特定的侵权嫌疑人提出要求，网络服务提供者则可以依据“避风港”条款不承担或只承担有限的侵权责任。而如果版权人与网络服务提供者对簿公堂并获胜，那么不但可以获得赔偿，还可能打掉涉案网站，使用户侵权的平台消失，从而一劳永逸。目前，美国许多有经济实力的版权人倾向于采取后一种维权方式。但从另外一个角度看，“避风港”和“通知＋移除”机制的设定旨在促进版权保护与技术进步的和谐发展，协调网络服务提供者与版权人利益。在版权人趋于诉讼维权的情况下，结合法院从侵权责任成立直接推定“避风港”关闭的态度来看，“通知＋移除”机制大有被束之高阁的风险，“避风港”原则在现代版权制度中的地位和作用值得研究和思考。

五、结语

网络技术的不断发展对版权制度提出了持续挑战。从专利领域引入引诱侵权责任是美国法院为解决网络版权纠纷所做的积极探索，它使法官们避免了回答技术本身是否侵权这一问题，而是将问

---

[1] “IsoHunt Infringes US Copyright Law：US Court”，http：//www. p2pnet. net/story/32991.

题的焦点置于当事人是否具有引诱侵权的故意上（过错）。但是，引诱侵权责任在美国司法实践中的适用并没有很好地解决版权人与技术提供者间的利益平衡问题，这尤其体现在引诱侵权故意的认定以及与“避风港”原则的关系等方面。妥善协调好版权保护与技术发展的关系，无论是在美国还是在我国，都是解决版权纠纷的重中之重。本文在许多问题上都只是重在指出问题并提出浅显看法，旨在引起学界对有关问题的重视，并抛砖引玉，引出更有价值的观点。

论发明专利创造性的判断方法

管荣齐*

摘要：中国的专利创造性判断方法是在吸收和借鉴美国、欧洲、日本做法的基础上形成的。中国发明专利创造性的判断分两大步骤进行：（1）突出的实质性特点的判断，包括：确定最接近的现有技术，确定发明的区别特征和发明实际解决的技术问题，判断要求保护的发明对本领域的技术人员来说是否显而易见，这与欧洲“问题—解决方法”、日本“容易推想到”方法一一对应和一致，也与美国事实调查的“Graham 分析法”基本一致，并更多地吸收了美国非显而易见性判断的 TSM 测试法中的用词。（2）显著的进步的判断，这是中国特有的，但并不表明中国的发明专利创造性标准更高。

创造性是专利实质条件中主观性最强、最难以把握的特性，为此世界上各个国家都极力推动创造性评价标准的客观化，其主要措施是创造性判断方法的规范化、程序化。但过度客观化又带来新的问题，其结果是降低了创造性标准，造成垃圾专利泛滥。解铃还需系铃人，创造性的主观性和客观化之间矛盾的解决，仍然主要依赖于创造性判断方法的改进和完善。对世界上主要国家和地区发明专利创造性判断方法的分析研究，是重要的基础工程。

---

* 作者单位：天津工业大学文法学院。

一、美国发明专利创造性的判断方法

美国专利创造性的判断，分为两大步骤进行：第一大步骤是事实调查，包括现有技术范围和内容的确定、现有技术与申请专利发明之间区别的查明、相关技术领域一般技术水平的分辨、辅助判断因素的考虑等四个小步骤，其方法是“Graham 分析法”；第二大步骤是非显而易见性判断，其方法是修正后的 TSM 测试法。

（一）事实调查和 Graham 分析法

美国专利创造性判断的事实调查方法，是美国联邦最高法院1966 年 Graham v. John Deere Co. 一案中提出的，因而称为“Graham 分析法”。该案涉及一项用于犁具的弹簧铗的美国发明专利，1953 年授权，专利权人为 Graham，专利号为 2，627，798（以下称作 798 专利）。当碰到土地中的障碍物时，798 专利允许犁具的长柄向上推动；当通过障碍物时，它可以把长柄弹会原位。798 专利是现有技术的组合发明，与 Graham 在 1950 年获得的一个有关弹簧铗的美国第 2，493，811 号专利（以下称作 811 专利）相比，在所有元件的设计上是很相似的，只有两处不同和改进：（1）连接长柄和铰链板之间的 U 形钢筋箍和螺栓在 811 专利中没有出现；（2）长柄的位置被翻了上去，在 811 专利中被放置到了铰链架的上面，夹在了铰链板和上板之间。专利审查员认为，这两处改进都在可以预料的技术之内，远远低于非显而易见的差别，因缺乏创造性而认定 798 专利无效。

美国联邦最高法院 1966 年 Graham v. John Deere Co. 一案，是美国联邦最高法院解释美国专利法第 103 条非显而易见性的第一个判例，也是美国联邦最高法院 2007 年 Ksr International Co. v. Teleflex Inc. 一案之前有关非显而易见性的唯一判例，其重要的法律意义主要在于：提出和确定了非显而易见性判断的事实调查方法，即“Graham 分析法”。该案判决第 5 部分指出：根据美国专利法第 103 条，现有技术的范围和内容有待确定，现有技术与所审查的权利要求之间的区别有待查明，相关技术领域中的一般技术水平有待分辨。在这样的背景下，确定申请专利的主题是显而易见的还是非显而易见的。作为第二位考虑的因素，商业上的成功、长期渴望解决的需求、他人的失败等，可能用来评价申请专利的主题所处的客观环境。作为非显而易见性或显而易见性的标记，以上这些事实调查可能会具有关联性。然而，非显而易见性的判断，如同法官在日常业务中判断过失和故意一样，都要逐案分析和确定。❶

美国联邦最高法院 1966 年 Graham v. John Deere Co. 一案判决中有关非显而易见性判断的事实调查方法的论述，受到美国专利与商标局的充分尊重，在美国专利审查指南中要求审查员按照“Graham 分析法”的 4 个小步骤进行非显而易见性审查。(1) 确定现有技术的范围和内容。在对权利要求和说明书作出最为广义的理解以及确定申请专利发明所属的技术领域的基础上，根据发明主题和公开的技术特征检索现有技术，找出提供技术教导和技术启示的参考文献。这些参考文献可能在申请人所尝试的技术领域，也可能在与申请人所要解决的特定问题相关的技术领域，还可能在与申请人所尝试的不同的技术领域或者与申请人所要解决的特定问题不同的技术领域。(2) 查明现有技术与申请专利发明之间的区别。第一，要把申请专利的发明作为一个整体，从整体上考虑该发明是否显而易见；第二，提取发明的要点或宗旨，不能视为从整体上分析发明的主题；第三，发现问题的原因，是发明主题整体的一部分；第四，申请人指称问题来源的发现，必须提供具体证据；第五，在确定申请专利的发明是否显而易见时，必须首先从整体上描述该发明；第六，现有技术必须从整体上加以考虑，包括不能申请专利的部分。(3) 分辨相关技术领域的一般技术水平。(4) 考虑辅助判断因素，包括商业上的成功、长期渴望解决的需求、他人的失败和预

---

❶ 参见 Graham v. John Deere Co.，383 U.S. 1 (1966)．

料不到的技术效果等。[1]

（二）非显而易见性判断和 TSM 测试法

在事实调查的基础上，如何判断申请专利的发明在整体上是否显而易见呢？美国联邦最高法院没有给出统一的方法，而美国联邦巡回上诉法院普遍适用 TSM 测试法。TSM 测试法，即“教导/启示/动机测试法”（Teachings－Suggestion-Motivation Test），是美国联邦巡回上诉法院 1985 年 Interconnect Planning Corp. v. E Feil 一案中提出的。该案涉及一项多站电话交换系统的改进发明专利，专利权人是 Interconnect 公司，专利号为 31，144（以下称为 144 专利）。美国地区法院以缺乏创造性为由而判定 144 专利无效，美国联邦巡回上诉法院则认为，没有证据证明 144 专利缺乏创造性，因而撤销原判、发回重申。美国联邦巡回上诉法院在该案判决中分析指出，对于多份现有技术参考文献来说，只有当这些文献给出了明确的教导、启示，使所属领域普通技术人员有动机将它们结合起来，才允许以这些参考文献的结合来否定申请专利发明的创造性。据此，由已知元素结合而成的发明，即使没有任何新的、惊人的、预料不到的效果，也可以是非显而易见的；只有当现有技术完全包含了这种结合，并足以使所属领域普通技术人员有动机将他们结合起来，该发明才是显而易见的。[2]

美国联邦巡回上诉法院僵化适用 TSM 测试法，限制了审查员适用其他推理方法证明显而易见性，实质降低了发明专利创造性判断标准。自 1790 年首部美国专利法颁行至 1982 年美国联邦巡回上诉法院建立多达 192 年时间里，美国仅仅授予了大约 400 万项专利权；而自 1982 年美国联邦巡回上诉法院建立至 2007 年美国联邦最

---

[1] 参见 Manual of Examiinng Pricedure of U. S. 2141，2141. 01，2141. 02，2141. 03.

[2] 参见 Interconnect Planning Corporation v. E Feil O V，774 F. 2d 1132，227 U. S. P. Q. 543（Fed. Cir. 1985）.

高法院 KSR 案仅仅 25 年时间里，美国却授予了多达 300 万项专利权。而且，TSM 测试法排斥专利审查员以其知识和能力判断创造性加大了专利审查的工作量和复杂性，造成大量专利申请积压，并有继续恶化之势。[1] 美国联邦巡回上诉法院建立以后专利授权数量激增、专利申请积压严重的根本原因之一，是美国联邦巡回上诉法院适用 TSM 测试法过于严格和教条。美国联邦巡回上诉法院 TSM 测试法要求审查员或无效原告举出存在技术启示的确切证据，并只承认参考文献等书面证据是确切的，审查员或法官不能依赖所属领域普通技术人员的知识和能力作出判断，实质上绕过了所属领域普通技术人员因素，把所属领域普通技术人员的创造能力低估为零，这种认识显然是错误的。

美国联邦最高法院 2007 年 KSR 案的判决，对美国联邦巡回上诉法院 TSM 测试法进行了修正。第一，判断非显而易见性，应该分析权利要求范围延伸到的显而易见的东西；第二，无论相同还是不同技术领域的改进，只要对所属领域普通技术人员来说是可以预料的，则这一改进就是显而易见的；第三，判断已知要素替代或结合发明的非显而易见性，要关注多个专利的相互教导、市场存在的或设计领域已知的需求的影响、所属领域普通技术人员拥有的背景知识；第四，用于判断专利创造性的现有技术的范围，除了专利申请人尝试的领域以及与具体问题相关的领域以外，还包括可能预期的其他领域以及与具体问题不同的领域；第五，赋予所属领域普通技术人员一般创造能力，他能够结合多个专利而获得一定技术启示。[2] 以上这些美国联邦最高法院对美国联邦巡回上诉法院 TSM 测试法的修正，增加了显而易见的情形，提高了创造性要求，对于专利数量快速上升、专利质量严重下降、专利权滥用现象增多等问

---

[1] 参见 Federal Trade Commission of USA. To Promote Innovation: The Proper Balance of Competition and Patent Law and Policy. Chapter 4. 2003.

[2] 参见 Ksr International Co. v. Teleflex Inc. et al. , 82 U. S. P. Q. 2D 1385 (2007).

题，提供了较为有效的解决方法。

二、欧洲发明专利创造性的判断方法

欧洲专利创造性的判断方法，叫做“问题—解决方法”（problem and solution approach），分为三个步骤进行：第一步是决定最接近的现有技术，第二步是确定发明所要解决的客观技术问题，第三步是考虑申请专利的发明，以最接近现有技术和客观技术问题出发来看，对所属领域普通技术人员而言是否显而易见。❶

（一）最接近现有技术的决定

最接近现有技术是指披露申请专利发明的技术特征的结合，并构成通向该发明的最有希望起点的单个对比文件。❷在分辨出某一相关现有技术以后，必须认真考虑的问题是：根据申请专利的发明所公开的信息，所属领域普通技术人员是否有足够理由把这一现有技术作为通向发明的起点。用以评价发明专利创造性的最接近现有技术，是正式的现有技术文献。❸

选择最接近现有技术，首先需要考虑的是，该现有技术与申请专利的发明具有相同的目的、效果，或者至少属于相同或相近的技术领域。在审查实践中，最接近现有技术通常与申请专利的发明具有相同用途，仅需在结构或功能上作出最少的改变就能获得该发明。❹

所要解决的技术问题相似，也是分辨最接近现有技术的标准。在很多情况下，申请专利的发明所要解决的技术问题与最接近现有技术之间存在合理的关联。所属领域普通技术人员不能建立这样一种关联，那么申请专利的发明就具有非显而易见性。把没有相关技

---

❶❷❹ 参见 Guidelines for Examination in the European Patent Office. Part C Chapter IV. 11. 7.

❸ 参见 Case Law of the Boards of Appeal of the European Patent Office. I. D. 3. 1.

术问题的现有技术作为通向发明的起点，是非常致命的错误。[1]

当几个被引用的现有技术文献与申请专利的发明同属于一个技术领域，最接近现有技术是在申请日使所属领域普通技术人员最容易获得申请专利发明的那一个，称为“最有希望的跳板”（most promising springboard）。与最大数量的相同技术特征相比，通常应当更加重视发明主题的设定、初步技术问题的形成、预期的用途和取得的效果。[2]

此外，评价最接近现有技术，必须根据所属领域普通技术人员的眼光，以专利申请日或优先权日为时间标准。[3] 而且，决定最接近现有技术是一个客观而非主观过程，要对现有技术要素的主题、目标和技术特征进行客观对比。[4]

（二）客观技术问题的确定

要客观地确定所要解决的技术问题，就要研究专利申请（或专利）、最接近现有技术以及二者之间的不同技术特征（不论是结构性的还是功能性的），在此基础上从所属领域普通技术人员的角度来确定客观技术问题。

首先，所确定的问题必须是技术问题。所谓“技术问题”，是指改进或完善最接近现有技术，以实现比之更好的技术效果的目标和任务。对于解决技术问题没有任何贡献的特征，无论是独立的还是与其他特征相结合的，都与专利创造性判断无关。申请专利发明的某一特征只对非技术问题的解决有贡献，则这一特征不能用于判断创造性。尽管权利要求的目标需要在非技术领域实现，但从法律的角度来看，该目标可能作为技术问题的一个组成部分，尤其作为一个需要满足的限制条件。比如涉及商业方法或计算机程序的专利

---

[1] 参见 Case Law of the Boards of Appeal of the European Patent Office. I. D. 3. 3.

[2] 参见 Case Law of the Boards of Appeal of the European Patent Office. I. D. 3. 4.

[3] 参见 Guidelines for Examination in the European Patent Office. Part C Chapter IV. 11. 7. 1.

[4] 参见 Case Law of the Boards of Appeal of the European Patent Office. I. D. 3. 1.

申请，如果其中至少一个特征是技术性的，且该技术特征具有非显而易见性，则应当授予专利权。

其次，所确定的技术问题必须是客观技术问题。申请人在专利申请中所描述的技术问题并非客观技术问题，可能需要重新确定。因为客观技术问题需要以客观事实为依据，尤其出现在申请过程中披露的现有技术中，尽管申请人在申请日就知道其发明与现有技术之间的不同，尤其与检索报告中引用的现有技术貌似完全不同。在何种程度上重新确定技术问题，应当根据每一个特定案件的具体情况。原则上发明所能实现的任何技术效果都可以用作重新确定技术问题的依据，但前提是该效果能够从原始申请中获知。如果申请人在申请过程中陈述了新的技术效果，且所属领域普通技术人员能够认识到在原始申请中隐含该效果，则也可以用作重新确定客观技术问题。[1]

（三）非显而易见性的判断

在最接近现有技术和客观技术问题确定以后，如何从所属领域普通技术人员的角度来判断申请专利的发明是否显而易见呢？欧洲专利局提出“可能—会方法”（Could-would approach）。根据该方法，现有技术作为整体是否存在任何技术启示，该技术启示使所属领域普通技术人员面对该客观技术问题时，“会”（would）而不只是“可能”（could）考虑到该技术启示来修改或调整最接近现有技术，使之实现发明内容。判断专利创造性的关键问题，不在于所属领域普通技术人员能否通过适用或改变最接近现有技术而获得申请专利的发明，而是基于解决客观技术问题的期望和作出某些改进的预期，现有技术促使他这样做，而他会否这样做。[2] 技术上的可行

---

[1] 参见 Guidelines for Examination in the European Patent Office. Part C Chapter Ⅳ. 11. 7. 2.

[2] 参见 Guidelines for Examination in the European Patent Office. Part C Chapter Ⅳ. 11. 7. 3.

性或无障碍，只是判断为显而易见的必要条件而非充分条件。

在确定两篇或多篇不同对比文件的结合是否显而易见时，审查员要特别考虑：(1) 对比文件的内容是否可能促使所属领域普通技术人员进行结合。如果两篇对比文件公开的内容在本质上不相容，作为一个整体可能不会结合，则其结合是非显而易见性的。(2) 对比文件是否来自相同、相近或相关的技术领域。(3) 同一对比文件的两个及以上部分结合，对所属领域普通技术人员有合理的基础，则这一结合是显而易见的。(4) 对比文件与公知教科书、标准字典的结合是显而易见的。(5) 两篇对比文件中的一篇包含对另一篇的清楚无误的参考，则其结合是显而易见的。❶

三、日本发明专利创造性的判断方法

日本专利创造性的判断，分为三个步骤进行：第一步是在确定申请专利的发明和一个或多个引用发明后，选择一个最适合用以推断的引用发明；第二步是将申请专利的发明和最适以推断的引用发明比较，阐明二者的相同点和不同点；第三步是在引用发明、公知常识的基础上进行是否容易推想到的判断。所谓“容易推想到”，是指所属领域普通技术人员根据引用发明容易获得申请专利的发明。❷

(一) 最适合引用发明的选择

日本专利创造性判断方法的第一步，同欧洲专利创造性判断的“问题—解决方法”的第一步，即决定最接近的现有技术，两者非常类似。但是，日本专利审查指南没有定义或规定什么是最适合引用发明，也没有具体说明如何选择和使用最适合引用发明，给专利审查员和专利法官留下了较大的自由裁量的空间。

---

❶ 参见 Guidelines for Examination in the European Patent Office. Part C Chapter IV. 11. 8.

❷ 参见日本特許・実用新案審査基準．第Ⅱ部，第 2 章 2.4.

（二）申请专利发明与最适合引用发明之间区别的查明

日本专利创造性判断方法的第二步，同美国专利创造性判断的Graham分析法的第二步：查明现有技术与申请专利发明之间的区别非常类似。虽然日本专利审查指南要求找出申请专利的发明比较最合适引用发明的区别技术特征，但没有要求确定申请专利的发明所要解决的技术问题，而将技术问题的确定放在了第三步。

（三）是否容易推想到的判断

日本专利创造性判断方法的三步，同美国专利创造性判断的第二大步骤和欧洲专利创造性判断的第三步：非显而易见性判断，三者非常类似。在引用发明、公知常识的基础上，进行是否容易推想到的判断，要考虑以下三个方面的因素：

第一，申请专利的发明是否从现有技术、公知常识中选择了最佳材料或者设计的变更，是否为单纯的技术特征的拼凑。如果申请专利的发明是公知材料的最佳选择、数值范围的最优化、均等物的置换、与具体适用的技术相伴随的设计变更以及功能或作用互不关联的要素的结合（单纯的技术特征的拼凑），则该发明在所属领域普通技术人员的一般创造能力范围之内，是所属领域普通技术人员容易推想到的，因不具有创造性而不能授予专利权。

第二，在申请专利发明的内容中是否存在动机。首先，要考虑技术领域的关联性。为解决技术问题而尝试使用相关领域的技术手段，属于所属领域普通技术人员的一般创造能力。其次，要考虑所解决技术问题的共通性。技术问题相同，或者虽然不同但容易推想到，都可以否定申请专利发明的创造性。再次，要考虑作用、功能。如果申请专利的发明与引用发明之间以及引用发明相互之间在功能、作用上相同，则所属领域普通技术人员将会适用、结合引用发明而导出申请专利的发明。最后，要考虑引用发明内容中的技术教导。如果与申请专利的发明有关的引用发明，其内容中存在技术教导，则所属领域普通技术人员将会导出申请专利的发明。

第三，申请专利的发明是否具有有益的技术效果。与引用发明相比的有益的技术效果，是指与引用发明的效果相比，源于申请专利的发明主题的技术效果（如特有的技术效果）是有益的。如果说明书中明确记载了申请专利发明相对于引用发明具有不同性质的或者性质相同但特别优越的技术效果以至于所属领域普通技术人员预料不到，则认为该发明具有创造性。如果说明书中没有明确记载申请专利发明相对于引用发明具有有益的技术效果，但所属领域普通技术人员可以从说明书及其附图推定出来，并在意见陈述书中主张或证实过，则该有益的技术效果应当予以考虑。有益的技术效果常被用于判断选择发明、具有数值限定的发明的创造性。❶

四、中国发明专利创造性的判断方法

中国专利创造性的判断，分为两大步骤进行：第一大步骤是突出的实质性特点的判断，包括第一步，确定最接近的现有技术、确定发明的区别特征和发明实际解决的技术问题、判断要求保护的发明对本领域的技术人员来说是否显而易见等三个步骤；第二大步骤是显著的进步的判断。

（一）突出的实质性特点的判断

判断发明是否具有突出的实质性特点，就是要判断对本领域的技术人员来说，要求保护的发明相对于现有技术是否显而易见。如果要求保护的发明相对于现有技术是显而易见的，则不具有突出的实质性特点；反之，如果对比的结果表明要求保护的发明相对于现有技术是非显而易见的，则具有突出的实质性特点。判断要求保护的发明相对于现有技术是否显而易见，通常可按照以下三个步骤进行：

---

❶ 参见日本特許·实用新案審查基準．第I部，第1章，2.2.2；第II部，第2章，2.5.

第一步，确定最接近的现有技术。最接近的现有技术，是指现有技术中与要求保护的发明最密切相关的一个技术方案，它是判断发明是否具有突出的实质性特点的基础。在专利审查实践中，存在多篇现有技术对比文件时，通常确定的最接近的现有技术是，与要求保护的发明技术领域相同，并且所要解决的技术问题、技术效果或者用途最接近和/或公开了发明的技术特征最多的现有技术，或者虽然与要求保护的发明技术领域不同，但能够实现发明的功能，并且公开发明的技术特征最多的现有技术。在确定最接近的现有技术时，应当首先考虑技术领域相同或相近的现有技术。

第二步，确定发明的区别特征和发明实际解决的技术问题。在审查中应当客观分析并确定发明实际解决的技术问题。为此，首先应当分析要求保护的发明与最接近的现有技术相比有哪些区别技术特征，然后根据该区别特征所能达到的技术效果确定发明实际解决的技术问题。从这个意义上说，发明实际解决的技术问题，是指为获得更好的技术效果而需对最接近的现有技术进行改进的技术任务。

审查过程中，由于审查员所认定的最接近的现有技术可能不同于申请人在说明书中所描述的现有技术，因此，基于最接近的现有技术重新确定的该发明实际解决的技术问题，可能不同于说明书中所描述的技术问题；在这种情况下，应当根据审查员所认定的最接近的现有技术重新确定发明实际解决的技术问题。重新确定的技术问题可能要依据每项发明的具体情况而定。作为一个原则，发明的任何技术效果都可以作为重新确定技术问题的基础，只要本领域的技术人员从该申请说明书中所记载的内容能够得知该技术效果即可。

第三步，判断要求保护的发明对本领域的技术人员来说是否显而易见。在该步骤中，要从最接近的现有技术和发明实际解决的技术问题出发，判断要求保护的发明对本领域的技术人员来说是否显而易见。判断过程中，要确定的是现有技术整体上是否存在某种技术启示，即现有技术中是否给出将上述区别特征应用到该最接近的现有技术以解决其存在的技术问题（即发明实际解决的技术问题）的启示，这种启示会使本领域的技术人员在面对所述技术问题时，有动机改进该最接近的现有技术并获得要求保护的发明。如果现有技术存在这种技术启示，则发明是显而易见的，不具有突出的实质性特点。

下述情况，通常认为现有技术中存在上述技术启示：（1）所述区别特征为公知常识，例如，本领域中解决该重新确定的技术问题的惯用手段，或教科书或者工具书等中披露的解决该重新确定的技术问题的技术手段。（2）所述区别特征为与最接近的现有技术相关的技术手段，例如，同一份对比文件其他部分披露的技术手段，该技术手段在该其他部分所起的作用与该区别特征在要求保护的发明中为解决该重新确定的技术问题所起的作用相同。（3）所述区别特征为另一份对比文件中披露的相关技术手段，该技术手段在该对比文件中所起的作用与该区别特征在要求保护的发明中为解决该重新确定的技术问题所起的作用相同。

（二）显著的进步的判断

在评价发明是否具有显著的进步时，主要应当考虑发明是否具有有益的技术效果。以下情况，通常应当认为发明具有有益的技术效果，具有显著的进步：（1）发明与现有技术相比具有更好的技术效果，例如，质量改善、产量提高、节约能源、防治环境污染等；（2）发明提供了一种技术构思不同的技术方案，其技术效果能够基本上达到现有技术的水平；（3）发明代表某种新技术发展趋势；（4）尽管发明在某些方面有负面效果，但在其他方面具有明显积极的技术效果。❶

❶　参见中国《专利审查指南 2010》第二部分第四章 3.2。

五、发明专利创造性判断方法的比较分析

（一）美国、欧洲、日本、中国发明专利创造性判断方法的比较列表

美国		欧洲		日本		中国	
步骤	内容	步骤	内容	步骤	内容	步骤	内容
事实调查（Graham分析法）	确定现有技术的范围和内容	第一步	决定最接近的现有技术	第一步	选择最适合引用发明	突出的实质性特点的判断	确定最接近的现有技术
	查明现有技术与申请专利发明之间的区别	第二步	确定发明所要解决的客观技术问题	第二步	查明申请专利发明与最适合引用发明之间区别		确定发明的区别特征和发明实际解决的技术问题
	分辨相关技术领域的一般技术水平	第三步	判断对所属领域普通技术人员来说是否显而易见（could-would方法）	第三步	判断所属领域普通技术人员是否容易推想到		判断要求保护的发明对本领域的技术人员来说是否显而易见
非显而易见性判断（TSM测试法）							
—		—		—		显著的进步的判断	

（二）中国与美国发明专利创造性判断方法的比较分析

美国专利创造性判断的Graham分析法确立于1966年，比中国第一版《审查指南》早了20余年，但美国专利创造性判断的TSM测试法确立于20世纪80年代，和中国第一版《审查指南》颁行的时间不相上下。即便如此，中国专利创造性判断方法，是在充分借鉴欧洲专利创造性判断方法的基础上确立的，但在确定非显而易见性上，则更多地吸收了美国专利创造性判断的TSM测试法

中的用词。中国专利创造性判断方法的第一大步骤之第三步，将“现有技术整体上是否存在某种技术启示”解释为：“现有技术中是否给出将上述区别特征应用到该最接近的现有技术以解决其存在的技术问题（即发明实际解决的技术问题）的启示，这种启示会使本领域的技术人员在面对所述技术问题时，有动机改进该最接近的现有技术并获得要求保护的发明。”❶ 从用词上来看，“启示”“教导”“动机”都来源于美国专利创造性判断的 TSM 测试法。

在从结构上看，中国专利创造性判断方法的步骤与美国的基本对应。中国专利创造性判断方法的第一大步骤：突出的实质性特点的判断，其第一步：确定最接近的现有技术，第二步：确定发明的区别特征和发明实际解决的技术问题，同美国专利创造性判断方法的第一大步骤：事实调查，其第一小步。确定现有技术的范围和内容，第二小步：查明现有技术与申请专利发明之间的区别，两两相互对应和一致。中国专利创造性判断方法的第一大步骤之第三步，同美国专利创造性判断方法的第一大步骤之第三步和第二大步骤：非显而易见性判断，也相互对应和一致。中国专利创造性判断方法的第二大步骤：显著的进步的判断，则在美国专利创造性判断方法中找不到对应选项，看似中国专利创造性标准比其他国家和地区更高。而事实上，中国专利创造性之显著的进步的判断，即有益的技术效果的确定，在 2001 年第三版审查指南引入了非显而易见性判断的“三步法”时，就已经降低和弱化。❷ 中国的发明专利的创造性标准，并不比其他国家更高。❸ 国际上普遍采用的“非显而易见”判断方式，实际上是将“突出的实质特点”和“显著的进步”

❶ 参见《专利审查指南 2010》第二部分第四章 . 3. 2. 1. 1。

❷ 参见：国家知识产权局专利局审查业务管理部 . 审查指南修改导读［M］. 北京：知识产权出版社，2002：79.

❸ 李明德 . 知识产权法［M］. 北京：社会科学文献出版社，2007：219.

两部分综合起来考虑的。❶

（三）中国与欧洲发明专利创造性判断方法的比较分析

欧洲专利创造性判断方法是1978年欧洲专利审查指南确立的，比中国第一版《审查指南》早了近10年。不仅如此，中国专利创造性判断方法虽然在确定非显而易见性上更多地吸收了美国专利创造性判断的TSM测试法中的用词，却是在充分借鉴欧洲专利创造性判断方法的基础上确立的。这是因为欧洲专利创造性判断方法吸取了美国的先进做法，适用于不止一个国家，更具有比较和借鉴价值。美、欧比较，欧洲专利创造性判断方法的第一步、第二步以及第三步中对所属领域普通技术人员的技术水平的确定，都属于事实问题，同美国Graham分析法的事实调查对应和一致；欧洲专利创造性判断方法第三步的could-would方法，又同美国TSM测试法对应和一致；相对于美国专利创造性判断方法多依赖经验，欧洲专利创造性判断方法更注重逻辑，体现了大陆法系法学思维中强烈的形式理性。

在从结构上来看，中国专利创造性之突出的实质性特点的判断步骤与欧洲专利创造性判断方法的步骤一一对应和一致。中国专利创造性之突出的实质性特点判断的第一步是确定最接近的现有技术，第二步是确定发明的区别特征和发明实际解决的技术问题，第三步是判断要求保护的发明对本领域的技术人员来说是否显而易见。欧洲专利创造性判断方法的第一步是决定最接近的现有技术，第二步是确定发明所要解决的客观技术问题，第三步是判断对所属领域普通技术人员来说是否显而易见，二者是一一对应和一致的。不仅如此，对于选择发明、组合发明、转用发明以及预料不到的技术效果、长期渴望解决的需求、商业上的成功等，中、欧专利创造性判断方法都给予了类似的关注和考虑。当然，中、欧专利创造性

---

❶ 参见：国家知识产权局条法司．新专利法详解［M］．北京：知识产权出版社，2001：147－148.

判断方法也有不同，一方面在于中国专利创造性之非显而易见性的判断更多地吸收了美国专利创造性判断的TSM测试法中的用词，另一方面中国专利创造性之显著的进步的判断在欧洲专利创造性判断方法中也找不到对应选项。

（四）中国与日本发明专利创造性判断方法的比较分析

日本专利创造性判断方法是1964年专利审查指南确立的，比中国第一版《审查指南》早了20余年。虽然如此，中国专利创造性判断方法是在充分借鉴欧洲专利创造性判断方法、更多地吸收了美国专利创造性判断的TSM测试法中用词的基础上确立的，而日本专利创造性判断方法似乎是美国和欧洲专利创造性判断方法的结合体。日本专利创造性判断方法的第一步、第二步与欧洲专利创造性判断方法的第一步、第二步两两对应和类似，日本专利创造性判断方法的第三步与美国专利创造性判断的TSM测试法类似，并举出美国的一个案例用以说明所要解决的技术问题不同但容易推想到的发明不具有创造性。该案例是201USPQ658，位于日本专利审查指南第二部分第2章2.5（2）②。[1]

在从结构上来看，中国专利创造性之突出的实质性特点的判断步骤与日本专利创造性判断方法的步骤一一对应和一致。中国专利创造性之突出的实质性特点判断的第一步是确定最接近的现有技术，第二步是确定发明的区别特征和发明实际解决的技术问题，第三步是判断要求保护的发明对本领域的技术人员来说是否显而易见；日本专利创造性判断方法的第一步是选择最适合引用发明，第二步是查明申请专利发明与最适合引用发明之间区别，第三步是判断所属领域普通技术人员是否容易推想到，二者是一一对应和一致的。不仅如此，二者都从技术领域、技术问题并参考技术效果来全面分析和整体把握技术方案，并从技术问题出发考虑明示的、暗示的以及所属领域普通技术人员的技术常识等结合动机，在此基础上

[1] 参见日本特許・実用新案審査基準．第II部，第2章，2.5.

进行创造性判断。但二者也存在一定区别，一方面日本专利创造性判断方法的第一步没有说明什么是最适合引用发明以及如何使用它，另一方面日本专利创造性判断方法的第二步未要求确定发明所要解决的技术问题。

六、结论

美国专利创造性的判断，分两大步骤进行：第一大步骤是事实调查，其方法是“Graham 分析法”；第二大步骤是非显而易见性判断，其方法是修正后的 TSM 测试法。Graham 分析法是美国联邦最高法院 1966 年 Graham v. John Deere Co. 一案中提出的，有四个小步骤：（1）确定现有技术的范围和内容；（2）查明现有技术与申请专利发明之间的区别；（3）分辨相关技术领域的一般技术水平；（4）考虑辅助判断因素。TSM 测试法是美国联邦巡回上诉法院 1985 年 Interconnect Planning Corp. v. E Feil 一案中提出的，美国联邦最高法院 2007 年 KSR 案的判决对之进行了修正，增加了显而易见的情形，提高了创造性要求。

欧洲专利创造性的判断方法，叫做“问题—解决方法”，分三个步骤进行：（1）确定最接近的现有技术。用途相同，所要解决的技术问题相似，同属于一个技术领域，容易促使所属领域普通技术人员获得申请专利的发明。（2）确定发明所要解决的客观技术问题。在研究专利申请（或专利）、最接近现有技术以及二者之间的不同技术特征的基础上，从所属领域普通技术人员的角度来确定问题的技术性、客观性。（3）确定发明是否显而易见。根据“可能—会方法”，以最接近现有技术和客观技术问题出发来看，考虑申请专利的发明对所属领域普通技术人员而言是否显而易见。

日本专利创造性的判断，分为三个步骤进行：（1）在多个引用发明中选择一个最适合用以推断的引用发明，同欧洲“问题—解决方法”中决定最接近的现有技术类似。（2）比较申请专利的发明和最适以推断的引用发明之间相同点和不同点，同美国 Graham 分析法中查明现有技术与申请专利发明之间的区别类似。(3) 在引用发明、公知常识的基础上，进行是否容易推想到的判断。主要考虑申请专利的发明是否从现有技术、公知常识中选择了最佳材料或者设计的变更，其内容中是否存在动机，是否具有有益的技术效果。

中国专利创造性的判断，分为两大步骤进行：第一大步骤是突出的实质性特点的判断，包括确定最接近的现有技术、确定发明的区别特征和发明实际解决的技术问题、判断要求保护的发明对本领域的技术人员来说是否显而易见等三个步骤，这与欧洲、日本专利创造性判断方法的步骤一一对应和一致，但在确定非显而易见性上，则更多地吸收了美国专利创造性判断的 TSM 测试法中的用词。第二大步骤是显著的进步的判断，这是中国特有的，但并不表明中国的发明专利创造性标准比美国、欧洲、日本更高。

外观设计专利的侵权判断主体与授权条件判断主体

张晓都*

摘要： 外观设计专利侵权司法审判实践中，如何确定侵权判断主体，亦即侵权判定中的“一般消费者”，一直存在争议。外观设计专利无效审查及随后司法复审程序中，如何确定外观设计专利授权条件判断主体，同样也一直存在争议。本文通过在较完整地介绍美国法院外观设计专利侵权判断主体与授权条件判断主体认定的基础上，针对我国现行外观设计专利相应审查与审判的实际情况，就如何进一步完善我国外观设计专利侵权判断主体与授权判断主体提出具体的建议。

一、美国外观设计专利的侵权判断主体

（一）外观设计专利侵权判断中的普通观察者具体是指被控侵权产品的实际购买者

2008年9月 Egyptian Goddesss v. Swisa 案❷（简称 egyptian 案）以前，美国法院在判定外观设计专利侵权时，首先，根据美国联邦最高法院一百多年前在 Gorham Mfg. Co. v. White 案❸（简称 Gorham 案）中建立起来的普通观察者检测方法，判断被控侵权产品

* 作者单位：上海市高级人民法院知识产权审判庭。

❷ Goodyear Tire & Rubber Co. v. Hercules Tire & Rubber Co., Inc., 162 F. 3d 1113, 1116, (Fed. Cir. 1998).

❸ Gorham Mfg. Co. v. White 81 U. S. 511, 20 L. Ed. 731, 14 Wall. 511 (U. S., 1871).

外观与涉案专利外观设计是否实质相似（故普通观察者检测也被称为实质相似性检测）；其次，在满足了普通观察者检测要求后，再根据联邦巡回上诉法院在 Litton Sys.，Inc. v. Whirlpool Corp. 案[1]（简称 Litton 案）中建立起来的新颖点检测方法，判断被控侵权产品外观是否擅自使用了专利外观设计区别于在先外观设计的新颖点。如果普通观察者检测要求与新颖点检测要求同时满足，则专利侵权指控成立；但只要其中的一项检测要求没有满足，专利侵权指控就不能成立。

美国联邦最高法院在 Gorham 案中建立的普通观察者检测的具体内容为：如果在给予一个购买者通常会给予的注意力的普通观察者眼里，两个外观设计实质上相同，如果它们相似到如此的程度，以至于欺骗了观察者，诱导他以为是前一外观设计产品而购买了后一外观设计产品，那么，后一外观设计就构成了对受专利保护的前一外观设计的侵害。

美国联邦巡回上诉法院在 Litton 案中确立的新颖点检测的具体内容是：被控侵权产品必须擅自使用了将专利外观设计从在先外观设计中区别开来的该专利外观设计的新颖点。[2]

由于新颖点检测适用在一些情况下会产生争议，适用会存在困难，2008 年 9 月，美国联邦巡回上诉法院通过 Egyptian 案重新调整了外观设计专利的侵权判定标准，将分离的普通观察者检测与新颖点检测两步检测合并为一项检测，即熟悉在先外观设计的普通观察者检测。熟悉在先外观设计的普通观察者检测的具体内容，借用最高法院在 Gorham 案中的语言来表述就是：对于熟悉在先外观设计的购买者来说，被控侵权产品外观是否会被认为与本案专利外观设计如此的相似，以至于本案专利设计与被控侵权产品外观之间的相似会欺骗购买者，

---

[1] Litton Systems，Inc. v. Whirlpool Corp. 728 F. 2d 1423，221 U. S. P. Q. 97 (Fed. Cir. 1984).

[2] 美国外观设计专利侵权判定标准的详细情况参见“美国外观设计专利侵权判定标准”，载：张晓都．专利侵权判定［M］．北京：法律出版社，2008.

诱导他以为是前一外观设计产品而购买了后一外观设计产品。[1]

可以看出，在美国，不管是标准调整前的普通观察者检测还是标准调整后的熟悉在先外观设计的普通观察者检测，外观设计专利侵权判断的主体均是普通观察者。但进一步，外观设计专利侵权判定中的普通观察者又具体是指什么呢？

在Gorham案中，针对下级法院认为外观设计专利侵权的检测不是根据普通观察者视觉的观点，最高法院认为，下级法院这样的检测法会毁掉国会外观设计专利法案所意图给予的所有保护。如果采纳下级法院的观点，外观设计专利侵权行为就不可能存在，因为基于人类才智所生产的外观设计产品不可能在所有细节上如此地与另一件外观设计产品完全相同，以至于一位专家不能将他们区别开来，因此，专家不是是否混淆的判断者。产品的外观设计赋予产品新颖的外观，如果产品的购买者混淆，被诱导去购买他认为是专利产品但却并非专利产品时，专利权人就遭受了损失，专利权所给予专利权人的市场竞争优势就遭到了破坏。

可见，根据美国最高法院在Gorham案中的观点，外观设计专利侵权判定中，“普通观察者”是指产品的实际购买者，而非该产品领域内的“专家”。但产品的实际购买者到底是专利产品的实际购买者，还是被控侵权产品的实际购买者呢？美国法院认为，该产品的实际购买者应当是被控侵权产品的实际购买者。

通常情况下，专利产品的实际购买者与被控侵权产品的实际购买者是相同的，普通观察者检测中的普通观察者无论是专利产品的实际购买者还是被控侵权产品的实际购买者，判断下来是否侵权的结果相同。但如果专利产品与被控侵权产品的范围不一致时，则需要进一步明确侵权判断的主体到底是专利产品的实际购买者，还是被控侵权产品的实际购买者。在Goodyear Tire & Rubber Co _v _

---

[1] 美国外观设计专利侵权判定标准调整的详细情况，参见：张晓都．美国外观设计专利侵权判定标准的新变化［J］．中国发明与专利，2009（3）．

Hercules Tire & Rubber Co 案（简称 Goodyear 案）[1] 中，美国联邦巡回上诉法院明确认定，普通观察者检测中的普通观察者应当是被控侵权产品的实际购买者。Goodyear's 的第 349080 号专利是关于轮胎面（tire tread）的外观设计专利，其图示如下：

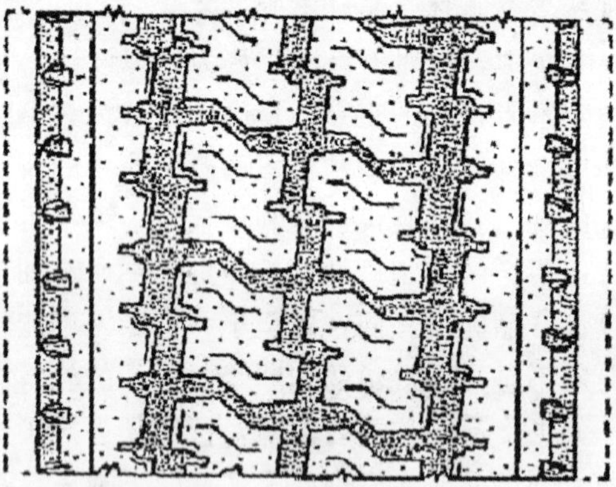

Hercules 翻新生产如下的卡车轮胎：

---

[1] Goodyear Tire & Rubber Co. v. Hercules Tire & Rubber Co.，162 F. 3d 1113，48 U. S. P. Q. 2d (BNA) 1767 (Fed. Cir. 1998).

Goodyear 指控 Hercules 侵犯其专利权。地区法院判决侵权指控不能成立。Goodyear 向联邦巡回上诉法院提起上诉。

Goodyear 认为，地区法院将“轮胎”（tire）解释为卡车轮胎是错误的。第 349080 号专利没有提及任何种类的轮胎，也没有限制轮胎面设计的使用范围，“轮胎”（tire）应解释为包括任何种类的轮胎才是正确的。Goodyear 说，由于地区法院将“轮胎”（tire）解释为卡车轮胎，地区法院由此错误地选择卡车轮胎的购买者作为侵权判断中的“普通观察者”。Goodyear 争辩说，一般轮胎的购买者的辨别力要更差一些，相对于卡车轮胎的购买者，一般轮胎的购买者更适合充当普通观察者。地区法院由于其权利要求解释错误的引导，错误地认定不构成侵权。

联邦巡回上诉法院认为，其同意第 349080 号专利没有限制于卡车轮胎的意见，专利文件及授权审查过程中均无该项限制的存在。但是，外观设计专利侵权判断中观察者的确定与权利要求的解释无关。侵权判断中的混淆是从被控侵权产品通常购买者的眼光来进行评判的。

联邦巡回上诉法院认为，在 Gorham 案中，最高法院反对以外观设计领域的专家来检测外观设计的相似性，相反，认为外观设计的相似性应当由具有通常敏锐力的普通观察者，以通常理解力对使用有外观设计的产品进行审查来进行检测。后一类人才是具有新颖外观产品的主要购买者，如果这些人被误导，被诱导去购买他认为是专利产品但却并非专利产品时，专利权人就遭受了损失，专利权所给予专利权人的市场竞争优势就遭到了破坏。

该标准考查的是前述购买者是否会由于被控侵权产品的相似外观设计而被误导，以为其购买产品的外观设计就是专利外观设计。因此，问题就集中在提供销售的实际产品及该产品的普通购买者上。本案中，被控侵权轮胎是卡车轮胎，地区法院认定购买卡车轮胎的普通卡车司机或者卡车运营者为本案侵权判断中的普通观察者是正确的。

（二）如果外观设计专利产品是组成最终产品的零部件，则普通观察者具体是被控侵权零部件产品的实际购买者，而非终端产品的实际购买者

如果外观设计专利产品不是最终产品，而是最终产品的组成部分，是组成最终产品的零部件，相应被控侵权产品也就是终端产品的零部件。在这样的情况下，外观设计侵权判断中，普通观察者是指被控侵权零部件产品的实际购买者，而非包含有被控侵权零部件的终端产品的实际购买者。

Arminak and Associates，Inc. v. Saint-Gobain Calmar，Inc. 案[1]（简称 Arminak 案）中，Calmar 与 Arminak 均从事将扳柄式喷头（trigger sprayer）销售给家用液体产品生产商的商人。扳柄式喷头是一种安装在液体瓶盖顶部的装置，液体瓶盖上有一管子从扳柄式喷头延伸到液体瓶的液体中。当使用者将该喷头装置的扳柄向后压时，瓶里的液体就被吸到管子中，并从该装置的喷嘴以飞沫或者雾状方式喷出。位于扳柄构造上方的喷头装置喷嘴后方的上部被称为喷嘴罩（the shroud），它通常由塑性模具压制而成。

1997 年，美国专利商标局授予 Calmar 两项关于扳柄式喷头喷嘴罩的外观设计专利权，专利号分别为第 381581 号和第 733602 号。随后，Calmar 生产了体现第 381581 号外观设计专利的产品（被称为“ERGO”）。2004 年，Arminak 开始销售带有被控侵权外观喷嘴罩的“AA”喷头。

Calmar 认为，本案中，购买安装有喷嘴罩终端产品的终端产品购买者才是合适的普通观察者。如果认为普通观察者是安装有喷嘴罩的终端产品的购买者，那么，该购买者更有可能会认为被控侵权外观与本案专利外观之间实质相似，以至于误将 Arminak“AA”喷头的喷嘴罩认同为是本案的专利外观设计。

---

[1] Arminak and Associates，Inc. v. Saint-Gobain Calmar，Inc.，501 F.3d 1314，1321，1323-24，84 U.S.P.Q.2d 1258，1262，(Fed. Cir. 2007).

地区法院不同意Calmar关于本案中观察喷头喷嘴罩的普通观察者是终端消费者的意见，认为应当是为制造终端产品而购买扳柄式喷头构件的购买者。本案证据清楚表明，Calmar从未直接将其专利产品出售给终端消费者。本案中，如果普通观察者是喷头的商业购买者或者工业购买者，那么，根据本案记录在案的不争事实，这样的购买者不会认为被控侵权喷嘴罩与专利外观设计实质相似，因而也不会误将Arminak“AA”喷头的喷嘴罩认同为是本案的专利外观设计。

联邦巡回上诉法院认为，为装配终端产品，喷头喷嘴罩的商业性购买者的确在“使用”喷嘴罩——将扳柄式喷头构件与瓶子、瓶盖、瓶中的液体以及瓶上的标签装配组合为终端产品。因此，本案中，专利外观设计与被控侵权外观产品的购买者是将部件组装为终端产品的购买部件的购买者。

因此，联邦巡回上诉法院同意地区法院关于本案中，喷嘴罩外观设计的普通观察者是经营活动中，将部件瓶子、盖子、喷雾管、液体、标签以及盖子上的扳柄式喷头组装为终端产品的喷嘴罩的购买者。在这里，专利外观设计仅是喷头装置的喷嘴罩。联邦巡回上诉法院认为，本案中，如地区法院认定一样，普通观察者是为制造最终产品的购买扳柄式喷头元件的经营性购买者，而不是组装了扳柄式喷头的终端产品的购买者。

二、美国外观设计专利授权条件的判断主体

（一）外观设计专利新颖性条件的判断主体是外观设计专利产品的购买者

根据美国专利法的规定，产品外观设计可以获得专利保护，其条件是申请专利的产品外观设计要具有装饰性、新颖性与非显而易见性（即创造性）。装饰性条件主要与外观设计专利的保护客体相关，装饰性或者主要是装饰性的产品外观设计才是外观设计专利保护的客体。在申请专利的产品外观设计是外观设计专利保护对象（即属于外观设计专利保护客体）的前提条件下，外观设计专利申

请要获得专利授权，申请专利的产品外观设计还需要具备新颖性和非显而易见性。

在美国，外观设计专利申请的新颖性判断标准与外观设计侵权判断标准是一致的。例如，在 Bernhardt，L. L. C. v. Collezione Europa USA，Inc. 案中❶，联邦巡回上诉法院认为，为确定是否存在专利侵权，比较的过程需要同时满足普通观察者检测与新颖点检测。首先，法院必须解释外观设计专利保护范围，其次，事实发现者（即普通观察者）必须根据"普通观察者检测"与"新颖性点检测"比较专利外观设计与被控侵权产品。在确定外观设计专利是否有效时，检测方式是一样的。因此，为了依据专利法第 102 条（b）项（即美国专利法关于新颖性的规定）规定的在先公开使用使一项外观设计专利无效时，事实发现者必须根据普通观察者检测与新颖性点检测比较专利外观设计与在先公开使用的外观设计。

由于美国联邦巡回上诉法院在 gyptian 案中调整了外观设计专利侵权判断标准，为使新颖性判断标准与侵权判断标准相一致，美国联邦巡回上诉法院通过 International Seaway Trading Corp. v. Walgreens Corp. 案❷，对外观设计新颖性的判断标准也作了相应的调整。在该案中，联邦巡回上诉法院认为，侵权与新颖性遵循同样检测方法的规则已确立了一百多年。最高法院及本院的先例均坚持认为侵权与新颖性判断应遵循同样的判断标准，在 egyptian 案中，我们认为普通观察者检测是判断是否存在侵权的唯一检测，因此，我们现在认为普通观察者检测也是判断是否具有新颖性的唯一检测。这样做，我们可以阻止侵权分析与新颖性分析之间出现不一致，我们将继续保持这种已确立起来的保持侵权与新颖性判断标准

❶ Bernhardt，L. L. C. v. Collezione Europa USA，Inc.，386 F. 3d 1371，1378，72 U. S. P. Q. 2d（BNA）1901，1906－07（Fed. Cir. 2004）.

❷ International Seaway Trading Corp. v. Walgreens Corp.，2009 WL 4842608，＊4 ＊5（Fed. Cir. 2009）.

相一致的良好传统。

从以上的介绍可以知道，美国外观设计专利授权条件中新颖性的判断主体与外观设计专利侵权判断主体是相同的，均为普通观察者。就侵权判断来说，该普通观察者具体是指被控侵权产品的实际购买者。就新颖性判断来说，依据标准与侵权判断相一致的精神，该普通观察者应当是外观设计专利产品（或者申请专利的外观设计产品）的购买者。当然，在外观设计专利侵权与新颖性判断中，2008 年 9 月 Egyptian 案以前，相应的普通观察者为相应产品的普通购买者，而 2008 年 9 月 Egyptian 案以后，相应普通观察者则为熟悉相关在先外观设计的相应产品的普通购买者。

（二）外观设计专利非显而易见性条件的判断主体是所属产品外观设计领域的普通设计人员

在美国，外观设计要获得专利授权，申请专利的产品外观设计还必须具备非显而易见性。外观设计专利申请具有非显而易见性，是指对于所属产品外观设计领域的普通设计人员来说，申请专利的外观设计相对于所属及相类似外观设计领域的在先外观设计来说，是非显而易见的。彼如，在 Durling v. Spectrum Furniture Co.，Inc. 案中[1]，联邦巡回上诉法院认为，判断一项装饰性外观设计是否具有非显而易见性的核心问题，是对于外观设计产品所属领域的普通设计人员来说，该外观设计是否是显而易见的。由此可见，在美国，外观设计非显而易见性授权条件的判断主体是所属产品外观设计领域的普通设计人员。

三、我国外观设计专利侵权判断主体及其进一步完善的建议

根据 2008 年《专利法》第三次修改后第 59 条第 2 款的规定，

---

[1] Durling v. Spectrum Furniture Co.，Inc.，101 F. 3d 100，103，40 U. S. P. Q. 2d 1788 (Fed. Cir. 1996).

外观设计专利权的保护范围“以表示在图片或者照片中的该产品的外观设计为准”，这与之前的《专利法》中规定外观设计专利权的保护范围“以表示在图片或者照片中的该外观设计专利产品为准”相比，措词更加准确。因为，外观设计专利保护的客体不是产品本身，而是产品的外观设计，产品只是外观设计的载体。

一直以来，司法实践中外观设计专利的具体侵权判定标准是被控侵权产品外观与涉案专利外观设计相同或者相近似。2009年12月，最高人民法院在《关于审理侵犯专利权纠纷案件应用法律若干问题的解释》第8条中正式以司法解释的方式明确规定外观设计专利侵权认定的标准是被控侵权产品外观与涉案专利外观设计相同或者相近似，该司法解释第11条第3款还规定“被诉侵权设计与授权外观设计在整体视觉效果上无差异的，人民法院应当认定两者相同；在整体视觉效果上无实质性差异的，应当认定两者近似”。在外观设计专利侵权判定的标准上，以往司法实践中的判定标准与现在司法解释规定判定标准是一致的，该判定标准与美国外观设计侵权判定中的相同或者实质性相似标准也是一致的。

尽管我国与美国一样，认为判断外观设计相同或者相近似（相同或者实质性相似）的判断主体是一般消费者（普通消费者），但在如何具体确定一般消费者问题上，我国司法实践中却一直存在争议。

2001年，北京市高级人民法院在其制定的《专利侵权判定若干问题的意见（试行）》中规定：

进行外观设计专利侵权判定，即判断被控侵权产品与外观设计专利产品是否构成相同或者相近似，应当以普通消费者的审美观察能力为标准，不应当以该外观设计专利所属领域的专业技术人员的审美观察能力为标准。普通消费者作为一个特殊消费群体，是指该外观设计专利同类产品或者类似产品的购买群体或者使用群体。

如果产品的购买者与产品的使用者相同，不管以该产品的购买者作为一般消费者，还是以该产品的使用者作为一般消费者，作为判断外观设计是否相同或者相近似的一般消费者都是一样的。但如果产品的购买者与产品的使用者不相同，则是以该产品的购买者作为一般消费者，还是应当该产品的使用者作为一般消费者，就会成为一个问题。而不同的一般消费者，对外观设计是否相同或者相近似判断所得的结论就会不一样，是否构成侵权就可能会得出不同的结论。

宁波燎原工业股份有限公司（简称燎原公司）诉扬州市现代照明电器有限公司（简称现代公司）外观设计专利侵权纠纷案[1]中，燎原公司是名称为“腾飞形高压钠灯路灯（1号）”外观设计专利的专利权人，燎原公司指控现代公司生产并安装在海南省儋州市中兴大街等路段上的路灯侵犯其外观设计专利权。一审法院认为，“从主视角度看，被控侵权产品与涉案专利均呈鸟翼形，顶部与水平方向基本平行，底部与水平方向约呈45度角。从仰视角度看，涉案专利呈狭长勺形，被控侵权产品呈细长勺形。涉案专利的设计要点在于其顶部与底部曲线相结合所呈现出的鸟翼形效果。虽然被控侵权产品底部弧度大于涉案专利设计，但从整体而言，在普通消费者施以一般注意力的情况下，两者的视觉效果基本一致，易产生混淆。同时，涉案外观设计专利产品为路灯，在安装完毕处于正常工作状态，一般消费者通常可见的仅是其主视图及仰视图，而俯视图、左右视图等均非易见状态，因此在比对时应着重就主视图、仰视图进行对比”。二审法院也同样认为，“对比被控侵权产品与涉案外观设计专利，首先，两者在整体上均呈现为鸟翼形，属整体设计风格一致。其次，由于路灯的功能性特点，决定了一般消费者（即行人）对其外观的认识与把握大多来源于实际安装使用状态下其所呈现的外观特征。而在安装使用状态下，行人对路灯外观的感知主要是来源于在仰视及带有一定角度的主视状态下的视觉效果，因此，仰视图及主视图系进行路灯类外观设计专利侵权判断的比对重

---

[1] 江苏省高级人民法院（2007）苏民三终字第0061号。

点”。在该案中，一、二审法院均认为外观设计专利侵权判断的一般消费者是马路上的行人，是路灯的“使用人”，而非路灯的购买者。本案认定马路上的行人为一般消费者，由于行人距灯火有一定的距离，行人对被控侵权路灯外观与涉案专利路灯外观之间差异的辨别力相对较差，在视觉效果上容易将被控侵权路灯与涉案专利路灯混淆，从而被控侵权路灯外观被认定为与涉案专利外观设计相近似。但如果本案认定路灯的购买者才是侵权判定中的一般消费者，由于路灯的购买者可以近距离接触路灯，购买者对被控侵权路灯外观与涉案专利路灯外观之间差异的辨别力相对也会强一些，本案就有可能会认定被控侵权路灯外观与涉案专利外观设计不相近似，从而不构成侵权。

2009 年 12 月，最高人民法院在《关于审理侵犯专利权纠纷案件应用法律若干问题的解释》第 10 条中规定，人民法院应当以外观设计专利产品的一般消费者的知识水平和认知能力，判断外观设计是否相同或者近似。

该司法解释仍然没有明确在产品的购买者与产品的使用者不一致时，到底是以该产品的购买者作为一般消费者，还是应当以该产品的使用者为一般消费者。而在最高人民法院司法解释之前，北京市高级人民法院在其于 2008 年 10 月制定的《关于审理外观设计专利案件的若干指导意见（试行）》第 16 条中规定，“一般消费者是指该外观设计专利同类产品或者类似产品物理效用的享用者”。

笔者认为，将外观设计专利侵权判断的主体亦即一般消费者界定为专利产品（专利同类产品或者类似产品）的物理效用享有者是不恰当的。应当借鉴美国的经验，将外观设计专利侵权判断中的一般消费者界定为被控侵权产品的实际购买者。

之所以构成外观设计专利侵权，其原因就在于被控侵权产品的实际购买者在产品外观视觉效果上将被控侵权产品与外观设计专利产品相混淆，误将被控侵权产品当作专利产品加以购买，从而使外观设计专利权人的产品市场份额受到侵占，市场经济利益受到损害。如果被控侵权产品物理效用的享用者对是否购买被控侵权产品没有决定权，被控侵权产品物理效用的享用者是否会在视觉效果上混淆被控侵权产品与外观设计专利产品，对外观设计专利权人专利产品的市场份额、市场利益来说，就不会产生影响，因此，将被控侵权产品物理效用的享用者作为外观设计侵权判定的主体是不恰当的。在前面介绍路灯侵权案例中，马路上的行人是否会认为被控侵权路灯外观与涉案专利外观设计相同或者相近似，与涉案外观设计专利权人专利路灯的市场利益是否遭到侵害并不相干。

当然，如果产品的物理效用享用者与产品的实际购买者相同（很多情况下确实如此）时，以产品的物理效用享用者作为侵权判定的一般消费者，与以产品的实际购买者作为侵权判定的一般消费者，实际上是同一判断主体，但基于前面叙述的理由，该主体之所以能充当侵权判断主体是因为他是产品的实际购买者，而非因为他是产品物理效用的享用者。

最高人民法院的司法解释说外观设计专利侵权判断的主体是“外观设计专利产品”的一般消费者也不够准确，应当界定为是被控侵权产品的一般消费者（即被控侵权产品的实际购买者）更恰当一些。理由如同前面介绍的美国联邦巡回上诉法院在 Goodyear 案中所论证。

另外，如果专利外观设计产品是中间产品而非最终产品，外观设计专利侵权判断的主体即一般消费者应当是被控侵犯该外观设计专利权的中间产品的实际购买者，而非组装了被控侵权中间产品的最终产品的实际购买者。因为，被控侵权中间产品的实际购买者在视觉效果上在被控侵权中间产品与专利外观设计产品之间产生了混淆，才会导致被控侵权人侵占专利权人的产品市场份额、损害专利权人的市场经济利益。这也正是美国联邦巡回上诉法院在 Arminak 案中所持的观点。尽管北京高级人民法院认为一般消费者是外观设计专利同类产品或者类似产品物理效用的享用者，但对于中间产品的外观设计专利，北京高级人民法院也认为“外观设计产品是中间产品的，其实际购买者即制造商为一般消费者”。[1]

总之，笔者认为，外观设计专利侵权判定中的一般消费者应当是被控侵权产品的实际购买者，而非外观设计专利产品物理效用的享用者；当外观设计专利产品是中间产品时，外观设计专利侵权判定中的一般消费者应当是被控侵权中间产品的实际购买者，而非最终产品的实际购买者。

四、我国外观设计专利授权条件判断主体及其进一步完善的建议

1984 年制定的《专利法》第 23 条规定的外观设计专利授权条件为“授予专利权的外观设计，应当同申请日以前在国内外出版物上公开发表过或者国内公开使用过的外观设计不相同或者不相近似”。1992 年第一次修改《专利法》时，外观设计专利的授权条件没有发生变化。由此可见，从专利法立法开始到第一次修改，我国《专利法》中对于外观设计专利的授权条件均只规定了新颖性或者说相当于新颖性的要求，而没有规定创造性或者相当于创造性的要求。

根据《审查指南 1993》的规定，判断外观设计是否相同或者相近似的判断主体是一般购买者。该《审查指南 1993》解释说，一般购买者是“指一般知识领域的人员，而不是指专家或专业技术人员。有些相近似的产品的细微差别，专业人员能很容易地辨别出来，而一般的购买者往往会忽略掉”。

2000 年，《专利法》第二次修改时，外观设计专利的授权条件修改为“授予专利权的外观设计，应当同申请日以前在国内外出版物上公开发表过或者国内公开使用过的外观设计不相同和不相近似，并不得与他人在先取得的合法权利相冲突”。根据国家知识产

[1] 北京市高级人民法院民三庭．审理外观设计专利案件几个问题的意见［M］//中国知识产权审判研究，北京：人民法院出版社，2009：314.

权局条法司的介绍，将外观设计专利授权条件中的“不相同或者不相近似”修订为“不相同和不相近似”的原因在于：相应外观设计专利授权条件的立法本意是要求被授予专利权的外观设计应当同申请日以前公开发表过或者公开使用过的外观设计既不相同，也不相近似，然而采用“或者”一词来连接“不相同”和“不相近似”，其字面上表达的含义则是符合二者之中的任何一项即满足了要求，与立法原意产生了偏差，在实践中也带来了分歧。为了解决这一问题，将其修改为“不相同和不相近似”。❶

《专利法》第二次修改后，外观设计专利的授权条件仍然只有新颖性要求。与《专利法》第二次修改相配套的《审查指南 2001》对外观设计是否相同或者相近似的判断主体作了重新定义。《审查指南 2001》规定：

在判断外观设计是否相同或者相近似时，以外观设计产品的一般消费者（简称一般消费者）是否容易混淆为判断标准。也就是说，将一般消费者作为判断外观设计是否相同或者相近似的判断主体。所谓一般消费者是指一种假想的人，他具有下列特点。

（1）知识水平和认知能力。

一般消费者具有一般的知识水平和认知能力，能够辨认产品的形状、图案以及色彩，他对被比外观设计产品的同类或者相近类产品的外观设计状况有常识性的了解。

（2）不考虑的因素。

一般消费者在购买被比外观设计产品时，仅以被比外观设计产品具有的要素作为辨认是否为同一产品的因素，不会注意和分辨其他产品包含的其他要素，不会注意和分辨产品的大小、材料、功能、技术性能和内部结构等因素。设计的构思方法、设计者的观念

---

❶ 国家知识产权局条法司．《中华人民共和国专利法》修改条文的逐条说明［M］//专利法研究 2000，北京：知识产权出版社，2000：47.

以及产品的图案中所使用的题材和文字的含义都不是一般消费者所考虑的因素。

(3) 一般注意力。

判断主体是一般消费者，而不是专家或者专业设计人员，他以一般注意力分辨产品的外观设计，使用时不易见到的部位的外观以及不具有一般美学意义的部位的外观和要素设计不会给其留下视觉印象，他不会注意到产品的形状、图案以及色彩的微小变化。

对于为什么规定“一般消费者在购买被比外观设计产品时，仅以被比外观设计产品具有的要素作为辨认是否为同一产品的因素，不会注意和分辨其他产品包含的其他要素”，国家知识产权局的专家对此作了详尽地解释：

“例如，在先设计是一种形状和图案设计，在后的外观设计专利是形状设计，其形状与在先设计的形状相同或者相近似，一般消费者是否将两者混淆？该专利是否应当宣告无效？

由于在后的专利与在先设计的形状相同或者相近似，而且没有自己的特有设计，这种专利理应被宣告无效。然而，人一般意义上讲，由于在先设计中有图案，而该专利没有图案，现实中的消费者不会将两者混淆。这里引发出一个原则性的问题：能否用消费者是否混淆作为判断相同或者相近似的标准？从我国外观设计立法以及行政执法和司法实践来看，如果像日本那样从设计者角度出发以创造性作为判断的标准，没有法律上的依据，所以，只有采用消费者是否混淆这种标准。那么，如何解释上述矛盾？出路只有一条，即对消费者进行定义，用一种具有特定概念的消费者作为判断的工具进行判断。限定‘一般消费者在购买被比外观设计产品时，仅以被比外观设计产品具有的要素作为辨认是否为同一产品的因素，不会注意和分辨其他产品包含的其他要素’即可解决该问题。该限定内容归类为消费者不考虑的因素。在上述例子中，由于该专利只有形状设计，所以该专利产品的一般消费者只注意和分辨产品的形状，

而不会注意和分辨产品的图案，从而该一般消费者会将两者混淆”。❶

由此我们可以理解，《审查指南 2001》对一般消费者作如此限定，原因在于当时我国专利法中对外观设计专利授权条件只有新颖性要求，如果以通常的一般消费者（亦即通常的申请专利的外观设计产品的购买者）为判断主体，在如所举例子的情况下，一般消费者得出的结论是消费者不会混淆，申请专利的外观设计具有新颖性，应当被授权专利权。但在这种情况下，授予专利权又明显是不合理的，因为相对于在先外观设计，申请专利的外观设计明显过于简单。然而，专利法中对外观设计专利又没有关于创造性的要求，于是，《审查指南 2001》便借助对一般消费者的特别限定来适当修正外观设计专利授权标准过于低下的局面。

然而，在适用上述《审查指南 2001》定义的一般消费者过程中，北京高级人民法院认为，符合该《审查指南 2001》定义的一般消费者已经不是“一般消费者”，而只能是“普通专业设计人员”，为此，北京市高级人民法院给专利复审委员会发出司法建议函，明确建议将外观设计相近似性的判断主体改为“本领域普通设计人员”。

国家知识产权局于 2003 年 5 月 8 日以“国知发法函字〔2003〕64 号”复函致北京市高级人民法院，阐述了《审查指南 2001》采用“一般消费者”而非“本领域普通设计人员”作为外观设计相同相近似性判断主体的缘由。复函坚持采纳“一般消费者”作为外观设计判断主体的主要理由是：我国发明、实用新型创造性判断时采用本领域普通技术人员为判断主体。美、日、欧盟的一些国家外观设计法中在判断创造性时才引入“普通专业设计人员”的概念，这些国家在新颖性或相近似性判断上，均未采用甚至明确排除采用专

❶ 国家知识产权局专利局审查业务管理部．审查指南修改导读［M］．北京：知识产权出版社，2002：215.

业设计人员作为判断主体，而采用诸如“普通观察者”“一般消费者”或者“用户”的概念。目前外观设计的授权条件只有不相同和不相近似，无创造性要求，因此判断主体为一般消费者。如果在相近似判断中引入专业设计人员作为判断主体，而保留以是否误认作为判断标准，则可能使授权标准降低到专业设计人员都难以辨别两者之间的差异以致产生误认，从而使外观设计相近似标准几乎等同于相同的标准。在外观设计审查中，需要引入一个可以代表普通消费者一般共性的假想的人，以统一审查员之间对相近似判断的掌握尺度，这与在发明、实用新型创造性判断中引入假想的本领域普通技术人员的概念的作用是相同的。《审查指南 2001》所定义的判断主体虽然与现实生活中人们所熟悉的消费者之间有所差异，但其与“普通专业设计人员”之间的差异则更为明显。

复函同时表示将对有关判断主体的定义作进一步斟酌，使其更易为公众理解和接受。其后国家知识产权局于 2004 年 5 月 26 日发布了第 1 号审查指南公报，以适应上述“更易为公众理解和接受”的要求。[1]

除个别文字修订外，《审查指南 2006》对于外观设计是否相同或者相近似的判断主体的规定与上述修改内容完全一致。《审查指南 2006》的相应规定为：

在判断外观设计是否相同或相近似时，应当基于被比设计产品的一般消费者的知识水平和认知能力进行评价。

不同类别的被比设计产品具有不同的消费群体。作为某类外观设计产品的一般消费者应当具备下列特点：

（1）对被比设计产品的同类或者相近类产品的外观设计状况具有常识性的了解。例如，对于汽车，其一般消费者应当对市场上销售的汽车以及诸如大众媒体中常见的汽车广告中所披露的信息等有

---

[1] 转引自国家知识产权局学术研究课题《外观设计相同和相近似判断主体研究》（2007 年）。

所了解。

（2）对外观设计产品之间在形状、图案以及色彩上的差别具有一定的分辨力，但不会注意到产品的形状、图案以及色彩的微小变化。

笔者赞同国家知识产权局的观点，在专利法对外观设计专利授权只要求新颖性的情况下，如果以外观设计产品所属领域的普通设计人员为授权判断主体，由于相对于一般消费者，普通设计人员更能分辨两项外观设计之间的差别与不同，同样的两项外观设计之间，普通设计人员相比一般消费者，更有可能认为它们之间不相同，更不会因为它们之间存在相似之处而将两者混淆，这实际上是进一步降低了外观设计专利的授权标准。外观设计专利授权只要求新颖性，就已经不合理了，如果还要将授权判断主体调整为普通设计人员，授权标准就更低了，事实上的授权条件就更不合理了。

笔者认为，《审查指南 2001》限定“一般消费者在购买被比外观设计产品时，仅以被比外观设计产品具有的要素作为辨认是否为同一产品的因素，不会注意和分辨其他产品包含的其他要素”，在当时的外观设计专利授权条件下，有其合理性，可以避免前面国家知识产权局专家举例所出现的不合理现象。遗憾的是，该项限定在前面所说的《审查指南 2006》修改中删除了。[1]

总之，在外观设计专利授权条件只有新颖性要求的情况下，外观设计是否相同或相近似的判断主体应当是一般消费者，而不是普通设计人员。但又如何具体确定一般消费者呢？“路灯（飞船形）”

---

[1] 当然，或许在个别特定情况下，该限定也可能会产生不合理的结果。例如，在国家知识产权局专家所举的例子中，假设某一产品在先外观设计是一种由形状和图案构成的设计，在后申请专利的该产品外观只由在先外观设计中除去图案留下形状而构成，但如果从在先外观设计中除去图案使得该产品外观产生了意想不到的视觉效果，对所属领域的普通设计人员来说需要付出创造性劳动才能实现，在这种情况下，不授权专利权，就又不合理了。

外观设计专利无效宣告案[1]就是这方面颇有影响的也很有争议的典型案例。

宁波帅康灯具股份有限公司（简称帅康灯具公司）2002年4月4日就“路灯（飞船形）”外观设计向国家知识产权局专利局申请专利，该申请于2002年8月21日公告授权。戴小明以第01343627.9号外观设计专利公报作为对比文件，请求专利复审委员会宣告“路灯（飞船形）”外观设计专利无效。

专利复审委员会在分析了本案专利与对比文件的相同与区别之处后认为，通常情况下，路灯是安装在电线杆顶部的，与公众距离较远，因此对路灯类产品应适用整体观察、综合判断的方法进行对比。在本案中，由于两者产品设计形状近似，在路灯外形以弧线形设计为主的情况下，弧线曲率的差异，不构成产品外观的显著区别。两者的区别点尚不足以使两产品外观形状产生明显差异，应属于局部细微差别。因本案专利与对比文件专利产品类别相同，形状相近似，整体视觉效果差异不大，在使用状态下公众很容易将二者混淆，本案专利与对比文件属于相近似的外观设计。据此，专利复审委员会于2004年9月8日作出第6335号决定，宣告本案专利权无效。

北京市第一中级人民法院认为，本案所涉及的为路灯类产品，具有关注此类产品的心理状态并具有一定的知识水平和认知能力的一般消费者，应当是这类产品的购买者、安装以及维护人员。专利复审委员会在对本案专利和对比文件进行相同或相近似性判断时，以没有任何限定的“公众”作为判断主体是错误的。实际生活中，虽然路灯除了具有照明功能外，还具有一定装饰功能，但由于类似于本案专利和对比文件的路灯产品是安装于几米高的电线杆的顶部，通常情况下或者因与公众距离较远，或者因路灯与公众所处的明显的高低位置关系而不便观察，故公众对于这类采用较为

---

[1] 北京市高级人民法院（2005）高行终字第337号行政判决书。

传统的上部为灯罩，灯罩内设有灯泡的路灯产品一般不会施以注意。如果以公众作为判断本案专利与对比文件外观设计是否相同或相近似的判断主体就使得判断缺乏准确性与客观性，从而使判断失去意义。鉴于判断主体的不同必将导致该判断主体的知识水平和认知能力以及判断原则等方面的差异并最终影响判断结果，故北京市第一中级人民法院判决撤销专利复审委员会的无效宣告决定，并判令专利复审委员会重新就本案外观设计作出无效宣告请求审查决定。

北京市高级人民法院认为，本案专利产品是路灯，属于公共服务设施，消费者是对在使用状态下的路灯进行观察和欣赏。在界定路灯类产品的一般消费者的时候，应当注重该类产品的使用状态。路灯的最终使用者及路灯功能的享用者显然是不特定的过往行人，并非仅仅是专门从事路灯的制造、销售、购买、安装及维修人员。专利复审委员会将判断本案外观设计专利与对比文件是否相同或相近似的判断主体确定为过往行人，即“公众”，并无不当。从本案比较的客体而言，路灯产品的设计空间并未受到限制，本案专利与对比文件在使用状态下反映的主视图整体设计之间差别并不明显，局部细微的差异不足以影响视觉效果，容易使消费者对两个产品产生混淆和误认，本案专利与对比文件之间属于相近似的外观设计。据此，北京市高级人民法院于2005年12月19日二审判决撤销一审判决，维持专利复审委员会的无效宣告决定有效。

上述案例中，北京高院、专利复审委员会与北京一中院得出不同的结论的原因就在于外观设计是否相同或者相近似的判断主体不同。北京高院和专利复审委员会认为，判断外观设计是否相同或者相近似的主体应当是路灯下的过往行人，而北京一中则认为，判断主体应当是路灯的购买者、安装以及维护人员。

笔者认为，如同美国法院的传统，外观设计专利的侵权判定标准与新颖性判定标准应当保持一致。在判断申请专利的外观设计与在先外观设计是否相同或者相近似时，应当以申请外观设计专利产品的一般消费者的眼光来进行评判，外观设计专利产品的一般消费者应当是指外观设计产品的购买者。如果以此观点来看，前面所述案例中，以马路上的行人作为外观设计相同或者相近似的判断者是不恰当的，此处的判断者应当是路灯的购买者。北京一中院所说的路灯的安装以及维护人员也不应当被认定为是该案外观设计是否相同或者相近似的判断者。❶

另外，笔者也认为，按照外观设计专利的侵权判定标准与新颖性判定标准应当保持一致的原则，如果申请外观设计专利的产品是中间产品时，则判断该申请专利的外观设计是否具有新疑性（申请专利的外观设计与在先外观设计是否相或者相近似）的一般消费者应当是申请外观设计专利中间产品的购买者，而非组装有中间产品的最终产品的购买者。

2008 年，《专利法》第三次修改时，外观设计专利的授权条件作了重大修改，修改后的《专利法》第 23 条规定：

授予专利权的外观设计，应当不属于现有设计；也没有任何单位或者个人就同样的外观设计在申请日以前向国务院专利行政部门提出过申请，并记载在申请日以后公告的专利文件中。

---

❶ 尽管笔者不同意专利复审委员会及北京高院认定马路上的行人（即路灯物理效用的享用者）为判断外观设计是否相同或者相近似的一般消费者，但笔者却在结果意义上认同专利复审委员会及北京高院关于本案外观设计专利权应被宣告无效的结论。原因在于，如果以专利产品的购买者作为一般消费者，由于专利产品的购买者相对于马路上的行人对于路灯外观辨别的能力更强一些，专利产品的购买者更可能认为本案专利外观设计与在先外观设计既不相同也不相近似，从而使本案外观设计专利有可能不会被无效掉。出现这样结果的原因是由于当时我国专利法对外观设计专利授权只有新颖性（不相同和不相近似）要求，而没有创造性或者相当于创造性的要求。本案以马路上的行人为一般消费者，在实际效果上相当于提高了外观设计专利的授权标准。但这样的提高方式是不恰当的，在理论难以自圆自说。另外，如在前面介绍的路灯侵权案，在外观设计专利侵权案中，如果以马路上的行人作为一般消费者，则是降低了侵权判定标准，损害了社会公共利益。

授予专利权的外观设计与现有设计或者现有设计特征的组合相比，应当具有明显区别。

授予专利权的外观设计不得与他人在申请日以前已经取得的合法权利相冲突。本法所称现有设计，是指申请日以前在国内外为公众所知的设计。

由此，第三次修改后的专利法明确规定了外观设计专利授权的新颖性条件和明显区别性条件（为叙述简便，笔者如此称之）。

根据《专利审查指南2010》的解释，不属于现有设计，是指在现有设计中，既没有与涉案专利相同的外观设计，也没有与涉案专利实质相同的外观设计。在涉案专利申请日以前任何单位或者个人向专利局提出并且在申请日以后（含申请日）公告的同样的外观设计专利申请，称为抵触申请。其中，同样的外观设计是指外观设计相同或者实质相同。

由此可见，外观设计新颖性的判断与以前的外观设计相同或者相近似的判断基本相当。明显区别性则是新增加的条件，增加该授权条件目的是提高外观设计专利的授权标准，该明显区别性大体上相当于创造性。

根据《专利审查指南2010》的规定，外观设计专利授权条件的新颖性与明显区别性条件的判断主体相同，均是涉案专利产品的一般消费者。《专利审查指南2010》的规定：

在判断外观设计是否符合《专利法》第23条第1款、第2款规定时，应当基于涉案专利产品的一般消费者的知识水平和认知能力进行评价。

不同种类的产品具有不同的消费者群体。作为某种类外观设计产品的一般消费者应当具备下列特点：

（1）对涉案专利申请日之前相同种类或者相近种类产品的外观设计及其常用设计手法具有常识性的了解。例如，对于汽车，其一般消费者应当对市场上销售的汽车以及诸如大众媒体中常见的汽车广告中所披露的信息等有所了解。

常用设计手法包括设计的转用、拼合、替换等类型。

(2) 对外观设计产品之间在形状、图案以及色彩上的区别具有一定的分辨力，但不会注意到产品的形状、图案以及色彩的微小变化。

外观设计专利授权明显区别性条件的增加，在一定程度上克服了以前外观设计专利授权标准过低的情况，无疑是非常重要的。

在外观设计专利授权条件包括新颖性与明显区别性条件下，笔者认为，新颖性条件的判断主体仍然应当是一般消费者。如前面所述，具体来说，在判断申请专利的外观设计与在先外观设计是否相同或者实质相同时，一般消费者应当是指申请专利的外观设计产品的购买者；如果申请外观设计专利的产品是中间产品时，则判断该申请专利的外观设计是否与在先外观设计是否相或者实质相同的一般消费者应当是申请外观设计专利的中间产品的购买者。

专利法新增加了外观设计专利授权的明显区别性要求，明显区别性使得被授予专利权的外观设计不只是与现有设计不相同或者不实质相同，而要有明显的区别，从而使专利垄断权的获得具有社会正当性，也更加有利于维护产品外观设计领域的正常竞争秩序。

发明专利的创造性授权条件要求是对一项要获得专利权的发明在技术水平方面提出的要求。如果一项发明与现有技术相比只是显而易见的或只是非实质性的、简单的区别，就不应该获得专利这种垄断权。否则就会专利太多太滥而束缚产业部门的竞争自由，不利于鼓励人们去从事更高水平的技术创造。

外观设计专利授权要求明显区别性条件，目的同样也在于防止外观设计专利太多太滥而束缚产品外观设计领域的竞争自由，鼓励人们在更高水平的基础上去从事产品外观设计的创作活动。

我国外观设计专利授权新增加的明显区别性要求与美国外观设计授权的创造性要求大体相当，美国是以所属产品外观设计领域的普通设计人员来判断申请专利的产品外观设计是否具有创造性（非显而易见性）。相应地，在我国，判断申请专利的外观设计是否与现有设计或者现有设计特征的组合相比具有明显区别的判断主体也应当是申请专利的外观设计产品所属领域的普通设计人员，而非申请专利的外观设计产品的一般消费者。《专利审查指南2010》将明显区别性的判断主体与新颖性的判断主体混同，认为明显区别性的判断主体仍然是申请专利的外观设计产品的一般消费者，是不恰当的。

美国宣告式判决案件的受理条件及对我国的借鉴意义

——以确认不侵犯专利权案件为视角[*]

郭　莹[**]　闫文军[**]

摘要：美国法院按照《宣告式判决法》的规定受理宣告式判决案件，其中包括确认不侵犯专利权案件。美国法院在审理确认不侵犯专利权案件时，不断总结确认这类案件的受理条件。近年来，美国法院放松了确认不侵犯专利权案件的受理标准，使提起确认不侵犯专利权案件更容易。我国最高人民法院在2009年颁布的司法解释严格了确认不侵犯专利权案件的受理标准，使提起确认不侵犯专利权案件更困难。我们应借鉴美国的经验，使侵犯不侵犯专利权案件的受理标准更合理。

引言

美国的地区法院在1919年就承认了宣告救济。1934年美国颁布了《宣告式判决法》。确认不侵犯专利权诉讼属于宣告式判决，其中受理条件是这类案件的重要问题。美国最高法院在2007年的MedImmune案件中推翻了先前联邦巡回上诉法院建立的宣告式判决的“诉讼的合理怀疑”的标准。MedImmune案之后的美国的宣告式判决逐渐采用该案建立的新的标准，给宣告式判决诉讼的原告提供了更多的救济。我国2002年才承认确认不侵犯专利权诉讼，

---

* 本文的写作得到中国科学院院长基金资助。

** 作者单位：中国科学院研究生院。

相比之下，我国确认不侵犯专利权诉讼的产生时间较短，有关诉讼的一些问题，如性质、管辖、受理条件、与行政处理的关系等，还处于争议阶段。

本文就以美国的专利案件为视角，介绍美国宣告式判决的受理条件变迁及影响，探讨我国确认不侵犯专利权之诉的受理条件。

一、美国宣告式判决概述

宣告式判决（Declaratory Judgment），是指权利或其他法律关系处于不稳定状态的一方当事人可以对造成此种不稳定状态的当事人提出宣告诉讼，通过宣告权利或法律关系来结束此种不稳定状态的一类诉讼。宣告式判决是一种诉讼机制，该机制可以使对权利或法律关系感到不安的当事人得到司法裁判。❶ 在英美国家一般称为宣告式判决，而在大陆法系国家称为确认之诉。

美国州法院第一次承认宣告救济是在 1919 年。1934 年，国会就颁布了《宣告式判决法》。《宣告式判决法》规定："美国的任何法院，在它管辖权之内的实质的争议的案件中，基于提出的合适的诉讼，可以宣告寻求这种宣告判决的任何利益当事人的权利和其他法律关系，无论是否有进一步的救济。"❷

《宣告式判决法》的目的是终止不确定性或争议。因为宣告式判决的性质和目的，宣告式判决并非可以适用于一切案件。当很多商业纠纷在当事人之间确实有实质的争议，才使一方当事人有权提出该诉讼。宣告救济适合于在采取将来的诉讼之前，一方当事人需要法院

---

❶ Edwin Borchard, Declaratory Judgments 2527 (2d ed. 1941).

❷ 28 U.S.C. 2201 (2004): "In a case of actual controversy within its jurisdiction... any court of the United States, upon the filing of an appropriate pleading, may declare the rights and other legal relations of any interested party seeking such a declaration, whether or not further relief is or could be sought."

的裁判，此裁判将给予不确定或不安全中的一方当事人诉讼救济。[1]

一个最常见和最无争议的适用宣告式判决的例子是在专利案件中。专利权人联系潜在侵权人，要求或主张停止侵权或是要求与潜在的侵权人达成许可协议。这时，潜在的侵权人有可能按照专利权人的要求采取了相应的行动，没有认识到专利存有争议。另一方面，如果在被通知潜在的侵权之后，他继续进行现在可以称之为“故意侵权”的行为，潜在侵权人面临着增加的赔偿和代理费。潜在的侵权人现在处于不确定性状态，并且在潜在的侵权人和专利权人之间有争议。专利权人也许不会很快地提出诉讼，但是，也许会继续提出要求，从而导致损害发生。宣告式判决法正是为这种情况提供救济。

二、美国宣告式判决案件的受理条件变迁

宣告式判决法平衡着两个不能并存的政策，即通过拒绝宣告式判决的受理节约有限的司法资源和允许受威胁的一方当事人得到他的权利和义务的尽早裁判。[2] 在专利案件中，宣告式判决的受理条件平衡着专利权人和潜在侵权人的利益。对于专利权人和被控专利侵权人而言，专利诉讼都是高风险行为，因此何时、何种情况下受理宣告式判决非常关键，这也就涉及了宣告式判决受理条件问题。

（一）MedImmune 案之前的受理条件

宣告式判决法要求宣告式判决诉讼满足与宪法第 3 条要求的联邦司法管辖的传统诉讼一样的“案件或争议”的标准。[3] 而联邦宪

---

[1] Amer. Household Products, Inc. v. Evans Manufacturing, Inc., 139 F. Supp. 2d 1235, 1239 (N. D. Al. 2001).

[2] Greg Halsey, There Is a Pink Elephant at Our Patent Negotiation, and His Name Is Declaratory Judgment, 46 San Diego L. Rev. 247 (2009).

[3] Jennifer R. Saionz, Declaratory Judgment Actions in Patent Cases: The Federal Circuit's Response to MedImmune v. Genentech, 23 BERKELEY TECH. L. J. 161, 161 (2008).

法第 3 条之下的“案件或争议”在联邦《宣告式判决法》的具体体现就是“实质的争议”，因此，决定是否有“实质的争议”是决定当事人是否有权提出诉讼的关键。

1. “实质的争议”（Actual Controversy）

在 1937 年的 Aetna 案❶中，美国最高法院首次确定了宣告式判决法中所谓的“实质的争议”（Actual Controversy）的含义，将“实质的争议”局限于宪法第 3 条描述的争议的意思。最高法院认为：“争议必须是确定的和具体的，触及有相对法律利益的当事人的法律关系。”

在 1941 年的 Maryland 案❷中，美国最高法院进一步界定了“实质的争议”的含义。最高法院声明，在立法意义之内的存在的“实质的争议”依赖于“基于所有情况，主张的事实是否表明在有相对法律利益的当事人之间，有一个实质的争议，该争议有足够紧急性和真实性使宣告式判决的颁布有正当理由。”❸ 最高法院第一次注意到，要确定“实质的争议”很困难，因为在抽象的问题和“争议”之间需要有一个程度的差别。

Aetna 案和之后的案件没有在哪些符合宣告式判决的要求和哪些不符合要求之间画一条明确的界限。❹ 但是这些案件至少明确了“实质的争议”的含义，将“实质的争议”限制在宪法第 3 条“争议或案件”之中。

2. “诉讼的合理怀疑”标准

基于以上最高法院的指导，联邦巡回上诉法院在专利案件的审理中，逐渐形成了两部分“诉讼合理怀疑”标准（two-part “reasonable

---

❶ Aetna Life Insurance Co. v. Haworth, 300 U. S. 227 (1937).

❷ Maryland Casualty Co. v. Pacific Coal & Oil Co., 312 U. S. 270 (1941).

❸ Maryland Casualty Co. v. Pacific Coal & Oil Co., 312 U. S. 270 (1941); see also Arrowhead Indus. Water, Inc. v. Ecolochem, Inc., 846 F. 2d 731 (Fed. Cir. 1988); see also EMC Corp. v. Norand Corp., 89 F. 3d 807, 810 (Fed. Cir. 1996).

❹ Thomas 法官的观点。

apprehension of suit” test）来决定是否存在“实质的争议”。第一部分，法院要考虑专利权人的行为是否对宣告式判决原告一方产生了诉讼的合理怀疑；第二部分，法院要考虑宣告式判决的原告是否有专利权人主张的潜在的侵权行为或是否为此潜在的侵权行为做充分的准备。

（1）诉讼的合理怀疑。

“诉讼的合理怀疑”标准第一部分需要考虑专利权人的行为，法院客观的分析专利权人的行为是否使宣告式判决诉讼的原告产生诉讼的合理怀疑。虽然诉讼的合理怀疑的最好的证据来自于诉讼威胁的表达形式，但是合理怀疑“也许包含在微妙的行为中，假如这个行为就专利权人而言‘上升到足以确定的实施他的专利的意图’”。[1] 另外，专利权人的许可或者是正在许可协商中的没有更多内容的要约，是不足以满足宣告式判决的受理条件。然而，任何时候，当事人在关于专利权协商的过程中很可能产生诉讼。实施专利的威胁是专利权人讨价还价的筹码。

通常，仅仅是专利权人的许可要约或者主张潜在侵权行为“落入”，“被包含”或是“运行在”它的专利中，不能达到“实质的争议”的水平。然而，专利权人必须谨慎地与潜在侵权人协商。专利权人必须展示它协商的力量和使潜在侵权人相信他有一个强有力的案件对付侵权，但是专利权人不能制造矛盾。而潜在侵权人必须通过收集足够的证据显示诉讼的合理怀疑，并使法院相信实质争议的存在。

（2）潜在侵权行为。

宣告式判决的原告必须参与一个实际的制造、销售或者使用行为或者是必须有一个为这些活动的有目的的准备。证明侵权指控的制造、销售、使用行为通常是直截了当的，但是证明为这些行为的

---

[1] Steve Seidenberg，Judgment Day：SanDisk Decision Opens the Door to Increased Patent Litigation，Inside Counsel，Aug. 2007，at 20，22.

准备比较困难。

潜在侵权行为的“准备”涉及宣告式判决诉讼的“紧急性”和“真实性”分析。“紧急性”分析涉及提出诉状的时间和将进行潜在侵权行为的时间，二者之间的期间越长，案件就越有可能缺乏必要的紧急性。关于“真实性”的分析，法院将考虑宣告式判决的原告主张的侵权的产品在提交诉状的时候，是否实质地确定，并与潜在的侵权行为有关。当宣告式判决的被告的专利还没有争议的时候，宣告式判决的原告不能满足法院的“真实性”要求。

（二）MedImmune 案的受理条件

1. 案情简介

1997 年，MedImmune（医学免疫公司）和 Genentech（基因科技公司）[1] 达成了专利许可协议，该许可协议中包含有一个已经确定的专利和正在申请的专利，就是之后案件中提及的 Cabilly I 和 Cabilly II 专利。2001 年，当协议中正在申请的专利获得 Cabilly II 专利权后，基因科技公司以信件的方式通知医学免疫公司，称医学免疫公司的 Synagis 产品包含在 Cabilly II 专利的权利要求中，而且依据 1997 年的许可协议，主张医学免疫公司欠基因科技公司许可费用。

医学免疫公司坚信 Cabilly II 专利是无效的和不可执行的，并认为 Synagis 产品没有侵犯 Cabilly II 专利权。但医学免疫公司考虑到这明显是一封威胁信，假如医学免疫公司不支付许可费，那么基因科技公司将强制执行专利、终止许可协议，并提出侵权诉讼。这些行为会导致医学免疫公司因“故意侵权”而支付三倍赔偿和代理费，而且禁止其销售利润占公司总利润 80％的 Synagis 产品。因此，基于保护自己的商业利益，医学免疫公司向基因科技公司支付

[1] 下文均称医学免疫公司和基因科技公司。

了许可费，之后提起了专利无效和不侵权的宣告式判决诉讼。[1]

加利福尼亚的地方法院认为不符合受理条件而驳回了宣告式判决。联邦巡回上诉法院依据自己先前的Gen-Probe判例确认了地区法院的驳回处理。2007年，案件上诉到了联邦最高法院，最高法院推翻了下级法院的判决，并将案件发回重审。

2. 案件争议焦点

本案中，法院的争议主要在于联邦宪法第3条对联邦法院“案件”和“争议”的限制，反映在宣告式判决法中的“实质的争议”上，是否需要专利被许可人在寻求宣告基础专利无效、不可执行或不侵权的宣告式判决救济之前终止协议或违约？[2]

以Scalia法官为首的最高法院的八位法官认为，不需要被许可人在提出宣告式判决诉讼之前违约或是终止许可协议。因为：

（1）一项要求宣告式判决的原告摧毁大型建筑，拿农场打赌的规则，正如本案中的情况——在寻求宣告式判决救济之前，冒着3倍赔偿和损失80%的商业利润的风险，在第三条中得不到支持。

（2）在许可协议中，被许可人对于支付尚未请求无效的专利许可费的承诺不等同于承诺不再质疑专利的效力。

（3）很难理解在有即使诉讼的情况下，合同的一方当事人不能在质疑专利有效性的同时继续依合同谋取利益。

Thomas法官持反对意见，他认为在被许可人医学免疫公司提出宣告式判决诉讼之前，要求违反协议或是终止协议才存在“实质的争

---

[1] MEDIMMUNE, INC., Petitioner v. GENENTECH, INC., et al. NO. 05－608, 549 U. S. 118; 127 S. Ct. 764; 166 L. Ed. 2d 604; 2007 U. S LEXIS 1003; 75 U. S. L. W. 4034; 81 U. S. P. Q. 2D (BNA) 1225; 2007－1 Trade Cas. (CCH) P75, 543; 20 Fla. L. Weekly Fed. S 27.

[2] MEDIMMUNE, INC., Petitioner v. GENENTECH, INC., et al. NO. 05－608, 549 U. S. 118; 127 S. Ct. 764; 166 L. Ed. 2d 604; 2007 U. S LEXIS 1003; 75 U. S. L. W. 4034; 81 U. S. P. Q. 2D (BNA) 1225; 2007－1 Trade Cas. (CCH) P75, 543; 20 Fla. L. Weekly Fed. S 27.

议”，但是上诉人继续支付许可费，争端不再适合司法解决。换句话说，医学免疫公司支付许可费的行为，消除了即时诉讼的威胁。因此他认为此案不应该受理。他坚持认为，医学免疫公司的专利无效的主张是专利侵权诉讼中的一个抗辩理由，而不是一个独立的诉讼。[1]

3. 联邦最高法院的决定

最终，为了证明多数人的观点，最高法院从 Maryland 案中重新阐明受理条件，并批判了联邦法院确定的两部分“诉讼的合理怀疑”标准。最高法院认为，决定宣告式判决是否存在，法院必须考虑争议的相关程度，把受理的门槛放在一个稍微适中的程度。相反，联邦巡回上诉法院的“两步检验法”[2] 代表了更加僵化的方法，仅仅当有一个冒犯的法律行为时，才有争议存在。

在 MedImmune 案判决的第 11 条脚注中，法院写到：“……‘诉讼的合理怀疑’标准也与最高法院的 Aetna 判例和 Maryland 判例相矛盾。而且‘诉讼的合理怀疑’标准也与 Cardinal 判例[3]呈现紧张关系。”

据此，MedImmune 案的判决使没有实质违约或者终止许可协议的被控侵权人更容易地得到宣告式判决的救济。最高法院认为，在决定是否有“实质的争议”的时候，要考虑“所有的情况”。

（三）MedImmune 案之后的案件对新标准的适用

在 2007 年 SanDisk 案件中，STM 联系 SanDisk，邀请开一个讨论交叉许可的会议。在会议上，STM 不断地重复提到一些 SanDisk 的销售行为是“未经许可的行为”，但 STM 表明，没有计划起诉 SanDisk。这之后，SanDisk 提出了宣告式判决诉讼。地区法院在免疫公司案件判决之前受理这个案件，适用即将被推翻的两

---

[1] Jennifer R. Saionz，Declaratory Judgment Actions in Patent Cases：The Federal Circuit's Response to MedImmune v. Genentech，23 Berkeley Tech. L. J. 161（2008）.

[2] 此处的“两步检验法”是上述的诉讼的合理怀疑”标准中采用的两部分分析。

[3] Cardinal Chemical Co. v. Morton Int'l，Inc. 508 U. S. 83，98（1993）.

部分“诉讼的合理怀疑”标准，认为不符合受理条件，不应该受理，驳回了诉讼。在MedImmune案之后，该案上诉到联邦巡回上诉法院，联邦巡回上诉法院推翻了地区法院的驳回裁判。联邦巡回上诉法院认为，即便没有先前的判例要求的专利权人的行为引起的诉讼的合理怀疑，只要专利权人主张关于一方当事人的具体行为的权利，当事人主张他有权利进行该行为，将产生联邦宪法第3条规定的“案件或争议”❶。联邦巡回上诉法院还认为STM不起诉SanDisk的承诺没有消除可受理的争议，因为STM的行为暗示“又准备并愿意”实施专利。因为当与SanDisk被控侵权行为结合起来，STM的行为很有可能引起诉讼的合理怀疑。

至此，SanDisk案依据最高法院的判决，废止了两部“诉讼的合理怀疑“标准，并采用与在MedImmune案中论证的Maryland判例相近的标准。

SanDisk案件之后三天，联邦巡回上诉法院在Teva/Novartis案中表明了自己的观点。在这个案件中，Novartis拥有与它的产品Famvir相关的五个专利，其中一个专利是针对在药物（泛昔洛韦）的活性成分，而其他四个专利是针对用这个药物的治疗方法专利。所有的五个专利都被Novartis列在FDA的橙皮书❷上。Teva研发了一个泛昔洛韦的仿制药，而且在2004年提交了新药申请。Novartis起诉Teva专利侵权，但是仅涉及973活性成分专利。之

---

❶ Sandisk Corp., 480 F. 3d at 1381.

❷ 1984年Hatch-Waxman Act法案要求FDA发表出版所有经安全性和有效性评价标准的药品名单，并按月更新内容。FDA出版了《经治疗等同性评价批准的药品》。因为此书的书皮颜色为橙红色，因此俗称“橙皮书”（Orange Book）。“橙皮书”不但列出了包括处方药和非处方药的所有被FDA批准的药品，还列出了个个品牌药品的所有申报各项专利以及FDA给予的行政保护信息。仿制药的申请可根据“橙皮书”所列药品专利和保护期情况决定申报时间和类别。“橙皮书”的药品名单由四部分组成：（1）经治疗等同性评价批准的处方药；（2）已批准了的在FDA非处方专论集以外的，经新药申请（NDA）或简化新药申请（ANDA）程序上市的非处方药（OTC）；（3）由FDA生物制品评审和研究中心管理的药品；（4）历年累积的非市场活跃药品类。

后，Teva 对 Novartis 的其他四个方法专利提出了宣告式判决诉讼。适用 MedImmune 案之前的 Teva v. Pfizer 中的“诉讼的合理怀疑”标准，地区法院驳回了宣告式判决诉讼。联邦巡回上诉法院推翻了地方法院的驳回决定。

在 Teva/Novartis 案中，联邦巡回上诉法院明确“诉讼的合理怀疑”标准已经被 MedImmune 案件推翻，现在适用的是在 Maryland 案中产生的标准：即“依据所有的情况，主张的事实，是否表明在有相对法律利益关系的当事人之间有一个实质的争议，该争议足够紧急性和真实性使宣告式判决的颁布有正当的理由。”

在 Teva/Novartis 案中，联邦巡回上诉法院特别强调这语句“依据所有情况”，也许导致“所有情况”的分析。

在 2009 年的 Hewlett 案[1]，联邦巡回上诉法院认为，专利所有人 Acceleron 给 Hewlett 潜在的专利许可的要约没有强调指控侵权，但是此联系就足以使 Hewlett 有权提出宣告式判决诉讼。Hewlett 案的判决非常重要，不仅是因为它又一次确定了“所有情况”标准，更重要的是，联邦巡回上诉法院考虑“Acceleron 是一个专利许可企业，如果不能从许可专利中获利，那么 Acceleron 将不会实施专利”。这就意味着，联邦巡回上诉法院会更支持实质进行买卖专利产品的专利权人，而不是仅仅许可专利的拥有专利的企业。

（四）“所有情况”标准的评价

MedImmune 案和 SanDisk 案之后的案件放宽了宣告式判决诉讼的受理条件以支持潜在的专利侵权人。联邦巡回上诉法院先前的标准都高度强调信件的语调和协商的语气。现在，一封通告信本身就足以证明宣告式判决的管辖存在。

正如 SanDisk 案中 Bryson 法官的意见：“任何一个潜在的许可

---

[1] Hewlett-Packard Co. v. Acceleron LLC，587 F. 3d 1358 (Fed. Cir. 2009).

通知，可能使专利权人面临宣告式判决诉讼。假如被许可人主张他的行为没有落入专利权的范围，任何一个与潜在的被许可人的行为有关的要求支付许可费的要约都将产生第三条的案件或争议”。Bryson 法官进一步指出潜在的被许可人会紧追着专利权人询问其是否认为被许可人的行为在专利范围之内。假如专利权人说不，它将产生一个损害的结果，将使专利权人很难提出故意侵权诉讼，得不到合适的赔偿，而且，因此，将会有效地结束许可协商。假如他说是的或模棱两可的态度，它将满足法院的新标准，将自己置于宣告式判决诉讼中。❶

这样，宣告式判决诉讼受理条件扩大使专利权人处于两难之间，即提出一个专利许可要约，将自己置于面临着费用的风险和依据宣告式判决诉讼的不公平的讨价还价的位置，或是不提出专利许可要约，从不利用授予专利许可人的制造、使用或销售他们的发明的排他性权利的优势。

从而，最高法院的“所有情况”标准可能会导致增加专利权人在于竞争对手协商之前，提出的专利侵权诉讼，从而导致友好的专利许可减少。

当然扩大宣告式判决的受理条件也有积极方面的影响。比较明显的影响就是削弱了“专利怪物”（patent trolls）的力量。一些分析家认为，当专利怪物借故生端的追求许可协议时，宣告式判决宽松的受理条件将削弱专利怪物的权利。❷

---

❶ Philip Nelson and Paul Conover, Patent Notice Letters after the Supreme Court's MedImmune Decision: Prelude To A Deal, Or A License To Sue? 49 Orange County Lawyer 38 (2007).

❷ Greg Halsey, There Is a Pink Elephant at Our Patent Negotiation, and His Name Is Declaratory Judgment, 46 San Diego L. Rev. 247 (2009).

三、我国确认不侵犯专利权之诉的受理条件及借鉴

（一）我国确认不侵犯专利权之诉的受理条件

我国确认不侵犯专利权之诉，是从 2000 年在苏州发生的苏州龙宝生物工程实业公司诉苏州朗力福保健品有限公司确认不侵犯专利权纠纷案开始的。最高人民法院于 2002 年 7 月 12 日就该案件作出批复（［2001］民三他字第 4 号），该批复称："依据《中华人民共和国民事诉讼法》第一百零八条和第一百一十一条的规定，对于符合条件的起诉人民法院应当受理……"最高人民法院的这个批复，明确了受理此类案件的基本受理条件，即需要满足《民事诉讼法》规定的条件。但是，由于受理条件没有细化，如何在与本案不相同的情形下适用仍是一个未解决的问题。

近几年来，在司法实践中，我国的法院受理的确认不侵犯专利权诉讼的案件大致有以下四种情况：第一，专利权人滥发警告信，导致被控侵权人的日常经营活动受到影响，被控侵权人提出确认不侵犯专利权诉讼；[1]第二，专利权人提出专利侵权诉讼后又撤诉的情况下，被控侵权人可提出确认不侵犯专利权之诉；[2]第三，行为人做好了生产准备，请求专利权人确认其相关产品是否侵权，但利权人拒绝回复或在合理期限内未答复；[3]第四，专利权人起诉他人专利侵权后，双方在法院主持下和解或达成调解协议，被控侵权人

---

[1] 目前法院审理的大部分确认不侵犯专利权案件是这种情形：如湖南迪诺制药有限公司诉西安高科陕西金方药业公司确认不侵犯专利权纠纷案（［2008］长中民三初字第 0247 号）、昆明制药集团股份有限公司与黑龙江省珍宝岛制药有限公司确认不侵犯专利权纠纷上诉案（［2004］黑知终字第 8 号）等。

[2] 北京实益拓展科技有限责任公司与陕西三安科技发展有限责任公司确认不侵犯专利权纠纷上诉案（［2009］陕民三终字 12 号）、西安一枝刘制药公司与康缘药业公司确认不侵犯专利权纠纷案等。

[3] 在王寅新诉广州兆鹰五金公司确认不侵犯专利权纠纷案中，法院承认了在这种情况下可以提出确认不侵犯专利权诉讼。

又提起确认不侵权诉讼。[1]

2009 年 4 月 21 日公布的《最高人民法院关于当前经济形势下知识产权审判服务大局若干问题的意见》第 13 条[2]和 2009 年 12 月 21 日通过的《关于审理侵犯专利权纠纷案件应用法律若干问题的解释》第 18 条[3]的规定涉及此类案件的受理条件问题。从《意见》第 13 条可以看出，专利权人没有直接向行为人发送警告信，而以其他方式对行为人造成威胁的情况下，行为人请求专利权人确认其不构成侵权的，专利权人拒绝或合理期限未作答复的，行为人也可以提出确认不侵犯专利权之诉，法院应该受理。从该司法解释第 18 条可以看出，只有在专利权人向被控侵权人或利害关系人发出警告信威胁，并在合理期限内没有撤回警告或是寻求法律救济，被警告人或利害关系人才能提出确认不侵犯专利权之诉。

就我国面前的现状而言，2009 年的《关于审理侵犯专利权纠纷案件应用法律若干问题的解释》第 18 条规定的受理条件只是肯定了上文所述的司法实践中的第一种情况，并且对被控侵权人或利害关系人提出确认不侵犯专利权之诉的时间进行了严格的规定。这也就意味着今后法院只有在满足第 18 条规定的具体条件下才可以

---

[1] 湖南迪诺制药有限公司诉被告西安高科陕西金方药业公司确认不侵犯专利权纠纷案（湖南长沙市中级人民法院［2008］长中民三初字第 0247 号）。

[2] ……除知识产权权利人针对特定主体发出侵权警告且未在合理期限内依法提起诉讼，被警告人可以提起确认不侵权诉讼以外，正在实施或者准备实施投资建厂等经营活动的当事人，受到知识产权权利人以其他方式实施的有关侵犯专利权等的警告或威胁，主动请求该权利人确认其行为不构成侵权，且以合理的方式提供了确认所需的资料和信息，该权利人在合理期限内未作答复或者拒绝确认的，也可以提起确认不侵权诉讼……"

[3] "权利人向他人发出侵犯专利权的警告，被警告人或者利害关系人经书面催告权利人行使诉权，自权利人收到该书面催告之日起一个月内或者自书面催告发出之日起两个月内，权利人不撤回警告也不提起诉讼，被警告人或者利害关系人向人民法院提起请求确认其行为不侵犯专利权的诉讼的，人民法院应当受理。"

受理确认不侵犯专利权之诉。

（二）我国的借鉴

美国宣告式判决诉讼的受理条件的变迁及其产生的一系列影响值得我们思考和借鉴。宣告式判决的受理条件平衡专利权人和被控侵权人之间的利益，既不能过于宽松，也不能过于严格，只有在一个适中的水平，才能使双方的权利、利益得到适当的保护。如果过于严格，那么将限制被控侵权人提出宣告式判决诉讼，从而使双方的权利义务关系仍然处于不确定状态；过于宽松的受理条件，则会大大的减弱了专利权人的排他性权利，难以切实保护专利权人的利益。

另外，宣告式判决案件的受理条件，也是与对专利权人的态度有关系的。如果采用亲专利的政策，则应严格限制提起诉讼的条件。而如果采用保护公共利益的政策，则应宽松提起这种诉讼的条件。美国宣告式判决案件受理条件越来越宽松美国联邦巡回上诉法院自成立以来在很长时间内采取亲专利政策，这样其确立了较为严格的“诉讼的合理怀疑”标准就不足为奇了。近些年来，美国联邦巡回上诉法院的亲专利政策得到了一定的扭转。在专利丛林密布、专利怪物频现的今天，如果保护专利相对人的利益以及社会公共利益成为更应当着重考虑的问题。在这种情况下，应当给专利相对人提供更方便的救济。因此，美国最高法院降低了提起确认不侵权诉讼的受理条件。

我国所处的发展阶段与美国不同，但发展趋势是相同的。我们应综合考虑我国与美国的异同，确定我国确认不侵犯专利权诉讼的受理条件。我国现在的受理条件规定得比较严格。具体而言，仅仅在专利权人直接发送警告信威胁的情况下才可受理确认不侵犯专利权之诉是不足以保护被控侵权人或利害关系人的利益的。这种标准比美国“诉讼的合理怀疑”标准更为严格。当然由于我国管理专利纠纷的法院比较多，法院在案件审理过程中还会受到其他因素的影响，提起确认不侵犯专利权的条件也不宜过于宽松，否则就会出现专利侵权人选择对已有利的法院作出确认不侵权判决以逃避侵权的现象。具体而言，我们应当借鉴美国的“诉讼的合理怀疑”标准，并适当放宽这一标准，只要潜在侵权人确实处于对是侵权不确定和不安的状态，潜在侵权人就可以提起确认不侵权诉讼。

因此，本文认为，2009年4月21日公布的《最高人民法院关于当前经济形势下知识产权审判服务大局若干问题的意见》第13条规定的情形是比较合理的。在这种情况下，也存在“诉讼的合理怀疑”，因为虽然专利权人没有直接威胁正在实施或准备实施投资建厂等经营活动的当事人，但是专利权人的其他的一系列威胁的行为可以使其产生专利权人即将对其进行侵权诉讼的合理怀疑，且生产者主动请求专利权人确定其行为是否侵权，专利权人不予回复或拒绝确认，从而，生产者基于自己的怀疑和保护自己的商业利益而提出确认不侵犯专利权之诉消除这种不确定性是合理的。

综上所述，本文建议将《最高人民法院关于当前经济形势下知识产权审判服务大局若干问题的意见》第13条的规定也纳入司法解释的范畴，与专利权人滥发警告性的情况予以同等对待，这将有利于进一步消除专利法律关系的不稳定性。

四、结论

美国宣告式判决的受理条件从最高法院的“实质的争议”的确定发展到联邦巡回上诉法院的“诉讼的合理怀疑”标准，再到最高法院推翻“诉讼的合理怀疑”标准，重新回到Maryland案中的“所有情况”标准，再到MedImmune案件之后的案件对“所有情况”标准的扩大适用，我们可以看出，受理条件的确定非常关键，这不仅关系双方当事人的法律关系的稳定性，还涉及公众的利益。据此，受理条件应该在适度的范围内才能达到确认不侵犯专利权之诉的目的。借鉴美国的经验，并结合我国的确认不侵犯专利权之诉的司法实践，本文认为，我国的受理条件规定的过于严格，除了现在司法解释中规定的情形外，可以在《最高人民法院关于当前经济形势下知识产权审判服务大局若干问题的意见》第 13 条规定的情况下，也允许当事人提出确认不侵犯专利权之诉，并将该条规定也纳入司法解释。

论美国判例对我国计算机软件专利授权审查标准的借鉴意义

徐家力* 李文娟**

摘要：2010年审结的bilski案不仅影响了美国判例对于计算机程序❶专利审查标准的历史演进，也对世界上许多国家的计算机软件专利授权审查标准产生了巨大影响，我国也是其中之一。我国在计算机专利保护方面曾有学者提出应加大对软件专利保护的力度，另外，我国政府也非常关注软件的专利保护趋势，每年都有大量相关政府研究报告出炉。但是积极学习美国软件的专利保护制度的精神是否正确，这里却存在疑问。本文从美国法院对于计算机软件专利保护的判例沿革开始，追溯总结美国对于计算机程序专利授权的可信审查标准，再结合我国现在《专利法》和《专利审查指南2010》对于计算机软件审查标准的认定，指出美国判例对我国计算机软件专利授权审查标准的借鉴意义。

一、计算机软件成为专利法保护的客体

计算机程序一般也称做软件，自1967年美国IBM公司在计算机行业中率先实现“价格分离”，将计算机程序和硬件分别计价出售以来，不仅促使了软件产业这一高新技术产业的诞生，而且一项新的知识产权客体——软件也应运而生。计算机程序包含大量代码

---

* 作者单位：中国政法大学。

** 作者单位：北京大学法学院。

❶ 计算机程序与计算机软件在本文中同指一个含义，不以区分。

化指令、符号化指令或者符号化语句，从指令或语句的组织结构关系和计算机程序的研发形成过程来看，一项计算机程序大体上体现着三个层次：需求规格层、编码表达层和处理逻辑层。

其中，需求规格层是一种构思，一般产生于程序实际编写之前。针对客户的需求和所要解决的问题，软件开发商会构思出相应的软件，这个软件具有什么功能和需求规格，能够处理解决哪些问题以及处理这些问题的能力指标，就是需求规格层，它是不受著作权法保护的构思。换句话说，著作权法不能限制其他软件开发商以这些功能、需求规格作为软件开发的创作目标，独立地开发具有相同功能的程序产品。同样，它因为没有构成相应的技术方案，而专利法的保护对象是对产品、方法或者其改进所提出的新技术方案，因此也不可能获得专利法的保护。所以，在该程序公开推向市场之前，为避免竞争对手利用，软件开发商将这部分内容作为自己的商业秘密加以保护。

计算机程序的编码表达层就是计算机程序本身，包括源程序和目标程序。它是为了实现客户需求和所要解决的问题而使用计算机编程语言（如 C 语言、C＋＋语言、JAVA 语言等）而编写的程序。该程序能够被一般的程序员读懂知悉，且能被计算机的具体信息处理装置所识别和执行，进而得到客户想要实现的结果。它是一种代码化或称符号化的指令序列，是一种构思的表达，而著作权法的基本原则是保护作品构思的表达。因此，计算机程序的指令序列适于用著作权法来保护。

但是有了满足客户需求的构思，并不意味着这个构思就能够马上表达为最终的计算机程序。软件开发商还需通过一系列设计，制定出该程序的组织结构和处理流程，算法、数据结构、用户界面等，使对特定信息的一系列处理步骤逻辑清晰正确，处理过程流畅通顺，处理结果精准高效，而后才开始根据这一系列设计编写具体程序，该系列设计可称为处理逻辑层。它与硬件联系紧密，具有很强的技术特性，属于技术性设计，对于技术性设计的

保护可以采用专利保护，因此，人们自然将目光转向了专利保护制度。❶

但是由于计算机程序的处理逻辑层包含了很多人们公知的算法或者数学公式，因较易被人们视为一种智力活动的规则，不属于专利制度所保护的客体，因此自20世纪80年代以来，计算机程序的可专利性就引起了包括我国在内世界各国政府、信息产业界、和法律界的普遍重视。

二、美国法院对于计算机软件专利保护的判例沿革

作为软件强国的美国率先对计算机程序采取专利保护，欧盟和日本等也紧随其后，逐步将计算机程序纳入专利制度保护的范围。我国的计算机软件技术发展迅速，技术水平与国外的差距也在逐渐缩小，还产生了一些行业巨头，如百度和腾讯等。近年来，随着国外一些大型的软件跨国公司开始在我国提出计算机软件相关专利申请，我国如何通过专利制度来保护计算机软件发明，保护哪些方面，怎样平衡专利强垄断和有效激励创造，促进我国软件产业的健康发展成为摆在我国立法和司法机构面前的一个难题。在这样的形式下，有学者曾经主张跟随美国软件保护的趋势，加强计算机软件的专利保护力度。但是在2010年美国最高法院对Bilski案的最终判决结果面世后，似乎又像人们传递了这样的一个信息：美国这个曾经为软件专利保护大开方便之门的国家，似乎正在有意将大门遮掩。同时，伴随这一掩门之变而来的美国软件专利审查标准的再次曲折反复，又让人疑问是否还应以美国“马首是瞻”。本文从美国判例法的角度，追寻美国法院对于计算机程序专利保护的历史观点和见解，揭示美国软件专利保护风向标的指向，并结合分析目前我国有关计算机软件的法律规定和审查实务，指出在美国Bilski案

---

❶ 计算机程序三个层次的划分参见：应明，孙彦所．计算机软件的知识产权保护［M］．北京；知识产权出版社，2009：98—106.

后，我国应如何借鉴美国软件专利保护制度，希望能为探索我国计算机软件专利保护的合理路径提供有益参考。

从20世纪60年代到现在，计算机软件的可专利性问题在美国经历了消极排斥、积极探索、进一步开放和有条件限制四个阶段。在这个四个阶段中的每个转化节点上，都有相应的有一个案例在背后推动或者诠释美国法律对于计算机软件专利保护态度的变化，本文将这些著名案例摘取出来，按照时间的先后顺序分别对其加以阐述，从而可以窥见美国判例法对于计算机软件专利保护的历史沿革（见表1）。

表1　美国有关计算机软件专利保护历史沿革

案例名称	涉案当事人	争议主要内容	审理法院	案件进程
Benson案	代理专利局长Gottschalk；专利申请人Benson等	将BCD（二进制编码表示的十进制数）转换成纯二进制数专利申请	CCPA；美国联邦最高法院	被告Benson未被授予专利，上诉至USPTO遭驳回；CCPA撤销驳回；最高法院驳回CCPA决定
Dann案❶	知识产权专员Dann；软件发明人Johnston	关于一种针对银行开立支票或存款现状进行自动追踪记录的系统	CCPA；美国联邦最高法院	被告Johnston未被授予专利，上诉至USPTO遭驳回；CCPA撤销驳回；最高法院驳回CCPA决定

❶ 第一件美国最高法院针对软件专利“显而易见”的判决，参见：洪志勋．美国软件专利“显而易见性”认定要件之发展趋势［J］．科技法律透析，2007（10）．该案是美国早期对商业秘密方法专利的申请代表，但是美国最高法院在审理该案时，却规避了人们最为关注的，软件是否属于可专利性的客体，而是绕了一个弯，判决专利因具有“显而易见性”而不能享有专利权。

续表

案例名称	涉案当事人	争议主要内容	审理法院	案件进程
Flook 案❶	专利商标局代理专员 Flook；专利申请人 Flook；	碳氢化合物的催化过程中一项有关校正警戒极限值的方法	CCPA；美国联邦最高法院	被告 Flook 未被授予专利，上诉至 USPTO 遭驳回；CCPA 撤销驳回；最高法院驳回 CCPA 决定
Freeman 案❷	专利申请人 Freeman	一个连接传统影像打印设备，由电脑控制打印希腊文字和数字系统	CCPA	Freeman 未被授予专利，上诉至 USPTO 遭驳回；CCPA 撤销驳回，认为可授予 Freeman 专利
Abele 案❸	专利申请人 Abele	分析 X 射线分层扫描仪扫描数据、过滤掉最终显示中干扰信号程序	CCPA	Abele 未被授予专利，上诉至 USPTO 遭驳回；CCPA 撤销驳回，认为可授予 Abele 专利
Diehr 案❹	专利商标局专员 Diamond；软件发明人 Diehr	一项涉及计算合成橡胶在铸模中硫化时间的计算机监控系统	CCPA；美国联邦最高法院	被告 Diehr 未被授予专利，上诉至 USPTO 遭驳回；CCPA 撤销驳回；最高法院驳回 CCPA 决定

❶ 该案中美国联邦最高法院强调申请专利中催化过程的所有部分都是常规的，不具有新颖性，继续回避软件是否属于可专利性的客体这一基本问题，被学界称为“新颖性”观点，遭受批评。

❷ 该案是检测计算机程序相关的专利申请——“两步检测法”的开始。

❸ 在经过了 Walter 案对“两步检测法”进行发展后，该案是“两步检测法”的完善，此时“两步检测法”又称为“Freeman-Walter-Abele 检测法”。

❹ 该案被学界认为采用“整体论”原则，最高法院在裁定中强调，对于一项专利申请，在判断其是否具有专利性时，必须把权利要求“作为一个整体来考察”。参见 Diamond v. Diehr，450 U. S. 175 (1981)。

续表

案例名称	涉案当事人	争议主要内容	审理法院	案件进程
Alappat❶	专利申请人 Alappat	将数据转换成一系列数学算法，产生一种平滑的波纹，展示在光栅显示器上的系统	CAFC❷	Alappat 未被授予专利，上诉至 USPTO 遭驳回；CFCA 撤销驳回，认为可授予 Alappat 专利
State Street Bank 案❸	专利无效申请人 State Street 公司；专利权人 Signature 公司	中心辐射型金融服务体系数据处理系统，帮助合伙企业将各自的资金融汇成投资组合	马萨诸塞州地方法院；CAFC；美国联邦最高法院	State Street 公司申请 Signature 公司专利无效，地方法院支持，后 CAFC 撤原判❹，发回重审，最高法院拒发调卷令

---

❶ 没有适用“两步检测法”，美国联邦法院在 Diehr 和 Chakrabarty 案以后就很少适用两步测试法。在 In re Alappat 案联邦法院则非常明确地否定了两步测试法的合理性。因此，In re Schrader 案后美国法院就不再适用两步测试法。See Chad King, Abort, Retry, Fail: Protection For Software-Related Inventions In The Wake Of State Street Bank & Trust Co. v. Signature Financial Group, Inc., 85 Cornell L. Rev. 1118 (2000)。

❷ 1982 年，美国关税与专利上诉法院（CCPA）被美国联邦巡回上诉法院（CAFC）代替。

❸ 在 1998 年 State Street Bank & Trust Co. v. Signature Fin. Group 案以后，计算机程序在美国专利法上取得胜利，几乎突破了专利法在客体问题上的所有传统障碍。参见：崔国斌．专利法上的抽象思想与具体技术——计算机程序算法的客体属性分析[J]．清华大学学报（哲社版），2005（3）．

❹ 该案中 CAFC 指出：“商业方法已经——并且应当—— 享有对其他任何方法（process orm ethod）所适用的可专利性法律要求”，从而否定了商业方法例外原则，乃由此揭开美国商业方法专利保护序幕，参见：刘银良．美国商业方法专利的十年扩张与轮回：从道富案到 Bilski 案的历史考察［J］．知识产权，2010（6）．

续表

案例名称	涉案当事人	争议主要内容	审理法院	案件进程
AT&T 案❶	专利权人 AT&T 公司；专利侵权人 Excel	一个利用计算机协助多长途电话传送者计算用户通话费用和制造账单的系统	拉达瓦州联邦地区法院，CAFC	AT&T 公司诉 Excel 专利侵权，地方法院判决其专利无效，CAFC 认为专利有效
Bilski 案❷	专利申请人 Bilisk	商品的买家和卖家如何才能在能源市场上预防或对冲价格变动风险的商业方法专利	CFCA，美国联邦最高法院	Bilisk 未被授予专利，上诉至 USPTO 遭驳回；最高法院和 CFCA 认为其不具有专利性，但理由不同

以上是美国判例法对于计算软件采取保护的历史沿革，大致经历了“两步检测法”“整体论”“商业方法不例外”“实用性标准”等阶段。第一个案件 Benson 案是“机械转化理论”的开始，在最后一个案件 Bilski 案，最高法院再次确定了该理论作为软件专利授权审查标准之一，中间经过了近年的四十年的时间，美国的判例标准再次回归反复。

在美国法院对于计算机软件专利保护的四个阶段中，消极排斥

❶ Street 和 AT&T 确立计算机程序相关发明的新标准——“该发明是否产生出有用的、具体的、有形的结果”，参见 William C. Rowland，Weiwei Y. Stiltner：《Bilski v. Kappos——关于美国商业方法专利和软件专利的最新评论》，载于中国知识产权网络版，http：//www.chinaipmagazine.com/journal-show.asp？id＝783，最后访问时间：2011 年 1 月 12 日。

❷ 美国联邦最高法院确认 CAFC 援引 Benson，Flook 和 Diehr 案确立了“machine or transfermation”法则，但是指出这并非判别可专利性的唯一标准，最高法院又指出，商业方法专利仍是可专利的主题，包括 Chakrabarty 案在内的既成先例确定，“在第 101 条所规定的宽泛的专利授予原则之外，存在三种例外情况，即‘自然规律、物理现象和抽象概念’。”

阶段的典型代表就是 Benson 案、Dann 案和 Flook 案。在这三个案件中，美国联邦最高法院分别以“该申请没有把这一转换方法限制在任何一项特定的装置或者机械或者任一特定的使用目标范围内，该申请试图先占此方法在任何类型的通用数字计算机中的任何一种使用……既包括已知的也包括未知的把二进制编码表示的十进制数转换成纯二进制数的适用”❶，“只要熟知电脑程序撰写之人可以写出类似权利人所主张的软件系统，或者依据习知的技术有动机写出类似于权利人的软件系统，权利人所主张的软件系统具有显而易见性”❷，“专利只能授予机械地实现自然法则或者数学公式的创新的过程，这种创新的过程不是单纯的算法，应该是新颖而且实用的机械过程。该催化过程的所有部分，包括计算机监控的部分都是众所周知的，有关设置警戒值的应用只是常规的做法……该发明唯一的新颖特征是使用了一个数学公式的工程，而数学公式是不能被授予专利的”❸ 驳回了 CCPA 的判决，否定计算机软件具有专利性。从中还可以看出当时美国法院并未正式面对软件“是否为可专利的主题”这一基本问题，而是以“机械转化”“显而易见”“新颖性”等观点对软件授予专利予以排斥。

接着在 Freeman 案、Walter 案和 Abele 案中，美国法院对于计算机程序发明的可专利性问题进行了积极探索，经过这三个案例，美国法院总结出了“两步检测法”这一判断标准，试图一方面阻止人们通过专利制度独占数学公式或者数学算法，一方面帮助人们走出计算机程序和算法方面的发明不可专利性的误区（认为计算机程序和算法均属于数学计算方法）❹，说明一些包含数学公式或者算法的计算机程序发明在满足一定条件下还是可被授予专利的，

---

❶ See Gottschalk v. Benson，409 U. S. 63，(1972)．

❷ See Dann v. Johnston，425 U. S. 219，(1976)．

❸ See Parker v. Flook，437 U. S. 584，(1978)．

❹ 参见：应明，孙彦所．计算机软件的知识产权保护［M]. 北京：知识产权出版社，2009：98—106.

这时美国对于计算机软件专利保护的大门正在慢慢打开。在影响重大的 Diehr 案发生后，人们得知这样的信息“当一项包含有数学公式的权利要求是将该公式应用于某种机械的机构或者过程，而该机械结构或者过程作为整体起着专利法旨在保护的功能时，是可以被授予专利的”，这种“从整体来考察”的原则，使得许多通过计算机程序来实现的技术进步得到了专利法的肯定，在 Diehr 案后，许多计算机程序相关发明得到了专利授权。

在 Alaphat 等案件过后，计算程序相关发明专利在美国得到进一步开放，慢慢不再适用“两步检测法”，法院也不再全面否定计算机程序的可专利性。到了 State Street Bank 案后，涉及将商业经营方法计算机软件化的发明得到了法院的肯定，法院对商业方法的可专利性的判断彻底否定了“商业方法除外”原则，也彻底废止了以前确立的“两步检测法”，并认为该测试分析法只能用于判断申请中是否只包含了数学方法，而不能判断该发明是否具有实用性。如果一项发明通过执行某种数学演绎法则，产生如投资比例、损益、资产等各项具体而有用的信息时，人们可视为其产生了有用的、具体的与有形的结果，即认为其具有实用性，因而可以认定此发明的软件操作系统是可以作为专利标的。[1] State Street Bank 案确立了对于计算机程序进行可专利判断的“实用性”原则，在 AT&T 案中该原则得以再次确认[2]，从此以后十年，美国有关商业方法的软件专利急剧增长，几乎堆满了美国专利商标局的案桌，在 Sate Sreet Bank 案刚刚审结的 1999 年，美国授予商业方法的专利数量为 717 件，但到了 2009 年，授予商业方法专利数量已经增长为 1956 件，同时企图在商业方法上“淘金”的垃圾专利也迅速增加，还出现了亚马逊公司“一次点击专利”案这样的让人啼笑皆

---

[1] 参见：张平．商业方法专利保护，美国的实践与启示［J］．法商研究，2005（4）．

[2] See 172F. 3d 1352（Fed. Cir. 1999）．

非的司法案例❶。

到了 Bilski 案，美国联邦巡回上诉法院似乎意识到商业方法的申请迅猛之势不得不采取措施制止。而从 Benson 案、Flook 案和 Diehr 案中总结出“machine or transformation”法则并将其作为软件专利的唯一判定标准，企图阻止一些缺乏技术特征的纯粹的商业方法和商业模式获得专利垄断权。但是最高法院却不同意这是唯一的判断法则，在肯定商业方法可专利性的同时以先例“抽象的概念不是专利法保护客体”否定了 Bilski 的专利申请。最高法院这一中庸的裁决广受批评，即退回先例重新确立“machine or transformation”法则，又对“实用性”这一偏颇观点无所突破，也没有限制商业方法的可专利性，所以让知识产权界一些人士大失所望。笔者认为 Bilski 案，是以上十个案例中唯一一个联邦巡回上诉法院判决专利无效的案例，这一判决预示着美国已经进入软件专利保护有条件限制阶段。

三、美国对于计算机程序专利授权的可信审查标准

从美国对于计算机软件四个阶段的判例法历史沿革来看，其软件专利审查标准至今仍然停留在工业时代。从 Benson、Flook 和 Diehr 案确立的，后又运用于 Bilski 案的“machine or transfermation”法则，到 Street 和 AT&T 案中“实用性”原则，Freeman、Walter 和 Abele 案中“两步检测法”，再到 Flook 案中“新颖性”观点，Dann 案中“显而易见”观点。美国所有的软件专利审查标准似乎都存在不足。

首先根据“machine or transformation”法则，只有当计算机程序关联具体的机械设备，或者可以将物体转化成其他状态或其他东西时，才是专利法保护的对象。但是了解计算机的人都知道，是

---

❶ 参见：刘银良．美国商业方法专利的十年扩张与轮回：从道富案到 Bilski 案的历史考察［J］．知识产权，2010（6）．

程序控制计算机的运行，脱离了程序的指挥，计算机就是一堆材料，无法实现任何功能。就像 RICH 法官在 In re Chatfield 中指出的那样："In re Prater 揭示了专利法上的无可争辩的事实和原则——'新的程序使得计算机变成新的机器'"。而且计算机这一物理装置按照程序算法一步一步运行时，是对物理力量的利用。程序运行的每一步骤，都导致计算机处于不同的电子或者磁力状态。程序运行的结果表面上是信息的变化，实际上是物质物理状态的变化。因为信息与载体在物理世界中是密不可分的，对计算机来说"载体就是信息"，信息本身被改变，也就意味着带有信息的载体的物理状态被改变。对此，有学者提供了一种更深层次的解释："在最基础层面的布尔代数（Boolean Algebra）中的"与"（AND）、"或"（OR）功能的实现，都是由串联或者并联的晶体管实现。显然，不同结果的输出，背后对应的元器件的物理状态是不同的。因此，甚至一个输出信号都是物理的"。"所有的方法客体都是思想……计算机程序也可能是一种思想，但是它不是像重力法则式的抽象思想。程序像所有的方法步骤一样，针对具体的物质表象。即使是最抽象的程序也必须有代表"0、1"的电路与之相对应"。[1]因此从极端的角度来说，所有的计算机程序，即使程序代码只有几十行，甚至一两行，也是符合"machine or transformation"法则的，法院再将此法则用于判断计算机程序的可专利性毫无意义。

在 State Street Bank 案和 AT&T 案中确立的"实用性"原则，虽然其取代了机械呆板的"两步检测法"，但是却失去将计算机软件的专利性原则拉回到正常轨道上来的时机。相反"实用性"原则和 Flook 案中"新颖性"观点，Dann 案中的"显而易见性"观点一样，回避了计算机程序是否为专利法客体这一先决问题，绕道去研究专利三性中的"实用性"，将方法发明的客体审查与实用

---

[1] 参见：崔国斌．专利法上的抽象思想与具体技术——计算机程序算法的客体属性分析 [J]．清华大学学报（哲社版），2005 (3)．

性审查混同起来，不分授权标准判定顺序的先后，人为地制造理论上的混乱。因此这一偏颇的观点不具有合理性。

另外，在Bilski案中，最高法院又指出，包括Chakrabarty案在内的既成先例确定，“在第101条所规定的宽泛的专利授予原则之外，存在三种例外情况，即‘自然规律、物理现象和抽象概念’”。最高法院没有否定商业方法的可专利性，但是前提是其不属于三种例外情形中的任意一种。虽然美国最高法院再次将“三种例外情形”抬了出来，但是这一观点毫无创新之处，知识产权人士都清楚，“三种例外情形”一直以来就非专利法保护的客体。

由此，我认为美国到目前为止，并没有获得新的可信的专利主题审查标准，机械时代确立的“machine or transformation”法则，对于现在信息时代的指导作用十分不足；“实用性”原则无逻辑可言；三种例外情形一直是古老的法则，没有创新之处。

四、我国对于计算机程序专利授权的可信审查标准

我国对涉及计算机程序相关发明的专利保护主要借鉴欧洲专利局的做法，这方面的审查标准一直把握得比较严格。根据《中华人民共和国专利法》第25条第1款第（二）项的规定和《专利审查指南2010》第二部分第一章第4.2节中规定，计算机程序本身在我国是不能申请专利保护的，但是计算机程序相关发明能作为专利保护的客体。《专利审查指南2010》第九章“关于涉及计算机程序的发明专利申请审查的若干规定”中对“涉及计算机程序的发明”的定义、专利申请的审查标准、说明书和权利要求书的撰写要求做了具体的规定，并给出了一些审查示例。从审查指南的规定和事例中可以看出，我国对于计算机软件、特别是有关商业方法的计算机软件的审查标准一直是相当严格的，除了与键盘相结合的汉字编码输入法这一小块在专利法上“开了口”，其他的计算机软件几乎还停留在美国消极排斥的阶段，仅在满足“目的是解决技术问题，采

取的是技术手段，获得的是技术效果”，“目的是为了处理一种外部技术数据，采取的是一系列技术处理，获得的是技术数据处理效果”，“目的是为了改善计算机系统内部性能，采取的是对计算机系统各组成部分实施的一系列设置或调整，获得的是计算机系统内部性能改进效果”这三种情况下，涉及计算机程序的发明属于专利保护的客体❶。

五、如何借鉴美国计算机软件专利授权审查标准

“他山之石，可以攻玉”，美国对于计算机软件的可专利性探寻几十年，经验的价值使其成果一直是知识产权学界的标杆，还有一些人言必美国，主张我国的软件专利也应和美国保持一直步调。但是现在看来，虽然经过了积极探索、进一步开放两个阶段，计算机软件专利保护在美国进行得如火如荼，但Bilski案中的掩门之变却昭示其对于软件专利保护的收紧之势。另外，State Street Bank案后，美国本国内的商业方法专利堆积如山，专利钓鱼者、专利掮客者有增无减，对美国法院的批评之声不绝于耳，而美国现在却没有寻找到可信的专利主题审查标准，计算机程序保护专利化处境堪忧。我国在这样的情况下试问还应积极学习美国吗？笔者认为答案是否定的。

虽然我国正面临着巨大的计算机软件专利保护化的政治、经济和产业压力，但还是应该持谨慎的态度对待，虽然计算机程序中的处理逻辑层具有采用专利制度保护的合理性，但是我国可以选择“以静制动”的策略，对于美国计算机软件的专利保护“扬弃”性学习，再根据自身国情，慢慢探寻自己的审查标准。至于是何种审查标准，本文就不再涉及。

---

❶ 参见《专利审查指南2010》关于计算机软件申请原则的审查原则规定和关于对专利法第2条第2款的把握作出的相关规定。

美国《植物专利法》立法启示

李菊丹*

摘要：1930 年《植物专利法》是美国首部也是世界上第一部专门保护有生命发明的知识产权法律，从最初法律草案的酝酿到最终法案的正式颁布，整整经历了半个多世纪。事实证明，《植物专利法》的颁布极大地促进了美国当时果树业和园艺业的发展。本文通过对美国《植物专利法》立法历程的考察，认为美国苗圃业的商业实践、产业利益以及育种技术是影响《植物专利法》出台的关键因素。这对中国目前进行《植物新品种保护条例》的修订具有重要启示，即中国植物育种产业的发展利益才是决定中国植物新品种保护水平的关键因素。

美国是最早将植物新品种纳入知识产权保护的国家。美国现行的植物新品种知识产权保护制度主要由三部分构成：1930 年《植物专利法》(the Plant Patents Act of 1930，PPA)、1970 年《植物品种保护法》(the Plant Variety Protection Act of 1970，PVPA) 和发明专利法 (Patent Statues)。1930 年《植物专利法》主要为无性繁殖的植物，但不包括茎块繁殖的植物提供植物专利保护。1970 年的植物品种保护法主要通过颁发植物品种保护证书为有性繁殖的植物提供类似专利的保护。自 1980 年以后，美国专利局依据最高法院在"Chakrabarty"一案[1]的判决，将发明解释为既包括无生

---

* 作者单位：北京联合大学应用文理学院。

[1] Diamond v. Chakrabarty，444 U.S. 303，206 U.S.P.Q. 193.

命的发明，也包括有生命的发明，如植物发明和生物发明[1]，开始为植物发明提供发明专利（Utility Patent）的保护。1930年《植物专利法》是美国首部也是世界上第一部专门保护有生命物体的知识产权法律。美国从开始酝酿为植物新品种提供知识产权保护到最后《植物专利法》的正式颁布，经历了整整半个多世纪，保护方式和保护对象也几经变化。最后，美国《植物专利法》仅对无性繁殖的植物品种（茎块繁殖的植物除外）提供植物专利保护。美国《植物专利法》为什么会经历如此漫长的立法时间，最后又选择如此狭小的保护对象，其关键原因在于美国种子产业和苗圃产业的利益选择。中国目前正在启动《植物新品种保护条例》（以下简称《条例》）的修订，相信美国《植物专利法》的立法经验对《条例》的修订具有重要的启示。

一、美国为什么要对植物新品种的培育提供知识产权保护

美国在19世纪70年代开始讨论为植物新品种的培育提供知识产权保护，这与美国早期的植物育种状况紧密相关。美国早期的植物育种基本上由农民个人完成，主要通过传统的方法选择和保存具有优良品性的作物品种，农民内部的种子交换活动促成了一批适合大规模种植的优良品种。[2] 19世纪早期，美国联邦政府开始协助农民获得更多的种子和植物品种，并于1839年设立专门机构为农民收集和分配植物新品种，这一机构就是美国专利商标局（the U. S. Patent and Trademark Office，USPTO）的前身。据称到1855年，

---

[1] 李明德．美国知识产权法［M］．北京：法律出版社，2003：49.

[2] Nathan A. Bush，*Jack and the Beanstalk*：*Property Rights in Genetically Modified Plants*，Minnesoda Intellectual Property Review（2002），Report for Congress，Order Code RL31568，September 13，2002，CRS—2。

专利局免费向农民派送种子每年以100万包基数进行计算❶。当时，向农民提供免费种子，也是美国联邦政府鼓励向西移民的一项重要措施。1862年，美国通过两部法律分别创建了农业部和国家农业大学，这一举措强化了联邦政府对于种子的创新和分配的力度。❷

19世纪70年代以后的情况有所不同。私人种子公司出现并逐渐取代政府成为种子创新和分配的主要源泉。❸ 出现这种转变的一个重要原因就是育种技术的发展。在19世纪80年代，美国已有数百家公司从事商业性的种子生产，并一直积极捍卫它们在种子生产和保护方面的权益。同时，一系列与育种相关的商业协会也开始建立。如美国苗圃业协会（the American Association of Nurserymen）在19世纪70年代成立，还有一系列关注特定花卉和水果的联合会成立，如美国玫瑰协会（the American Rose Society）等等。1883年，种子商人成立全美种子贸易联合会（the American Seed Trade Association，ASTA），这是美国最古老的商业组织之一。其使命是为全世界所有与种子产业有关的发展，以及相关产品及服务的销售和自由流通发出有效的声音，促进培育更好的种子，为更好的生活质量生产更好的作物。❹ 这些从事苗圃和种子生产的商人及其联合会是美国推进对植物育种给予法律保护的主要力量。但是，在当时的育种技术条件和法律环境下，苗圃业与种子业有着各自不同的利益诉求，这成为美国1930年《植物专利法》仅对无性方式繁殖的植物提供专利保护的原因之一。

---

❶ John R. Thomas，*Plants*，*Patents*，*and Seed Innovation in the Agricultural Industry*，Report for Congress，Order Code RL31568，September 13，2002，p6.

❷ 同John R. Thomas，p6.

❸ 同John R. Thomas，p3.

❹ 参见http：//www. amseed. com/about. asp，2009年5月26日访问。

二、美国种子业与苗圃业的不同利益诉求

19世纪初，美国种子业和苗圃业都非常微小，经济力量上也微不足道，不存在为植物新品种提供知识产权保护的现实基础。随着农业商业化的不断提高，农作物种子市场不断扩大，种子贸易已占所有作物种子数量的过半，家庭保存种子的数量大大降低。为了增加特定农作物品种的价值和利润，人们既需要通过植物品种的知识来控制和预测相关的生产要素，又需要控制作物品种的差异性。这为种子业和苗圃业的发展提供了机遇，但由于育种技术和处理植物材料类型的不同，导致两者在当时的利益诉求也各不相同。

（一）种子产业致力于争取种子贸易的自由化

我们以ASTA（全美种子贸易联合会）的相关活动来说明19世纪末20世纪初美国种子产业的相关利益及法律诉求。ASTA实际上是一个种子商人联合会，正如其名字暗含的那样，其成员一般称自己为“种子商人”（traders）或者“种植者”（growers），很少甚至从不称自己为“育种者”（breeders）。这是由当时特定的历史条件决定的。因为种子公司限于当时的育种技术根本没有能力从事真正的育种活动，更无法生产出需要或值得专利保护的新品种。但当时美国政府的种子免费发放活动对种子产业的发展产生极大影响，因此，ASTA成立后的首要任务是要求政府停止向农民免费提供种子。该项要求没有立即得到公众和议会的支持，直到1924年，美国农业部才取消免费种子分配项目。其次，ASTA一直反对农民保留种子，致力于通过杂交技术解决农民的留种问题。20世纪初，许多种子公司开始从事种子杂交技术的开发。到了20世纪20～30年代，随着植物育种技术的不断成熟，孟山都、先锋、杜邦及Delta & Pine Land等一批种子公司都先后进入杂交种子市场并获得很大的发展。可以说，种子公司通过杂交育种创造了一个种子市场，因为杂交优势在杂种二代无法得到保障，农民无法通过

留种的方式获得下一季需要的种子，必须重新购买。到1940年，北美种植的玉米90%以上来自杂交种子。[1] 再次，ASTA还致力解决销售掺假种子问题。不诚实种子销售行为在当时的美国非常普遍，几乎损害了整个种子行业的发展。农业部希望通过公布不诚实种子商人的名单来解决这一问题，但没有成功，于是通过制定各州种子法。20世纪20年代就有十个州通过种子法，这些种子法旨在通过规定种质资源的标准、种子标签与命名等来保护农民的利益。但这些州种子法经常被视为是“缺乏考虑和不可执行的”。在20年代末，各州开始重新考虑他们的立法，这使得ASTA的注意力转向起草和推进统一的州立法和联邦种子法律，而不是寻求作物品种的专利保护。据有关学者研究，当时的种子贸易杂志经常讨论运输费用问题、邮政体系之不足、不诚实的种子销售、种子的自由贸易以及出口与商业化方面的困难等问题，但没有就品种保护问题展开讨论。这也从一个侧面反映当时种子产业关注更多的是种子贸易的自由化，而不是种子的知识产权保护。

（二）苗圃产业致力于实现对栽培品种的控制

苗圃业的发展与植物的无性繁殖方式存在密切关系，简单的嫁接与插扦就足以使果树与玫瑰这些植物得以稳定地繁殖。而种子产业则与植物的有性繁殖密切相关。正如Folger和Thomson在1921年写道：“种子选择和杂交促成许多栽培植物的改进和许多新品种的发现，但这种情形并不适用于栽培的果树。从实践来看，所有的果树品种都是偶然发现幼苗的结果”。[2] 苗圃产业的出现就在于其提供具有特异性和稳定性的植物新品种方面有一定的优势。在19世纪早期，美国大部分较大的东部城市都有两到三家苗圃，专门从

---

[1] 参见 http：//en. wikipedia. org/wiki/Pioneer _ Hi-Bred，2009年5月26日访问。

[2] Folger and Thomson，*the Commerical Apple Industry of North America*，at 389（Mamillan）. 参见 Cary Fowle，p626.

事水果和花卉品种的栽培。❶ 这些公司一般通过自己的声誉和已证明的提供一致稳定品种的能力创立商业圈。植物无性繁殖为苗圃公司获得纯种的植物品种提供了便利，一旦确认某一优异品种，便可以无限制地进行繁殖。然而，这也带来了一系列问题。

苗圃公司栽培的果树或园艺植物品种，一旦销售给农民，由于每个人都有能力进行精细的品种交叉与嫁接繁殖，因此获得品种的农民即可以进行大规模繁殖。这将严重威胁苗圃公司的品种市场，但这对于当时的苗圃公司来说，还不是最大的威胁。苗圃公司得到发展是因为他们能以为农民节约近5年培育成本的价格向市场提供唯一的、具有明显不同的苗木品种。有资料表明，20世纪初全美最大的苗圃公司Stark Brothers在1893年曾以6000美元的价格购买了一种美味香甜的原创苹果树（the“original” Delicious apple)，通过无性繁殖，若干年之后，该公司出售了近1500万株苹果树苗。❷

与当时的种子公司不同，苗圃业的竞争不是来自农民，而是来自那些通过合法购买优良品种苗木并进行大规模繁殖并销售的苗木培育人，以及那些出售假冒品种的人。由于果树及园艺植物可以通过简单的插扦技术进行大量繁殖，这意味着大量的竞争者可以涌入市场，并且果树一般要数年后才能结果，苗木出售时根本无法鉴别品种的真伪。这种恶性竞争对于苗木公司来说是致命的，于是，苗圃业开始寻求各种途径维护市场秩序和相关的商业利益。美国苗圃协会的重要使命也在于此。当然，每个苗圃公司也都采取一系列措施来控制相关的品种。如Stark Brothers在购买了红苹果树后，就在其周围竖立高高的篱笆阻止他人获得苹果树的接穗；在品种销售时，与其客户签订合同，要求客户不得繁殖和销售Stark品种。但

---

❶ Cary Fowler，*The Plant Patent Act of* 1930：*A Sociological History of its Creation*，HeinOnline—82 J. Pat. & Trademark off. Society 2000，p625.

❷ 同Cary Fowler，p625，p629.

这些做法并不成功，因为一旦某一品种从某一客户手中“逃走”，与 Stark 没有合同关系的第三人就可以合法繁殖并销售这些品种。因此，苗圃业一直渴望对其发现并栽培的品种获得一种排他控制权，以阻止他人未经允许繁殖和销售，并试图将这种想法付诸于立法行动。

三、苗圃业的努力是《植物专利法》出台的关键

美国最早要求为植物新品种提供专利或商标保护的立法建议是19 世纪 70 年代由苗圃产业（the nursery industry）首先提出[1]，1892 年也有要求为有关植物发明提供专利保护的立法建议[2]。尽管这些保护的想法经常在苗圃协会的会议上讨论，但一直没有就采用何种保护形式达成一致意见。1905 年，在美国育种者协会（the American Breeders’ Association，ABA）第一次会议上，农业部副部长 W. M. Hays 演讲说：“应尽可能设计相关的法律或商业实践以给予私人、动物培育者、种子公司和苗圃公司对他们的新品种享有专利权或特别权益”[3]。但该建议没有得到议会和行政机关的支持。1906 年，议员 Champ Clark 提出“关于为了园艺产品原创者的利益修改美国与专利有关法律的议案”（A Bill to amend the Laws of the United States relating to patents in the interest of the originators of horticultural products），要求新品种名称作为商标进行登记。但部分大园艺公司坚决反对议案通过。因为苗圃业在是否给予品种保护的问题上，形成两派：一是像 Stark 公司这类致力于寻找和获得新改进品种的公司，他们希望能获得对新品种的控制

---

[1] White，*A Century of Service*：*A History of the Nursery Industry Associations of the United State*，at 128，American Association of Nurserymen 1975.

[2] H. R. Rep. No. 5435，52d Cong.，1st Sess.（1892）.

[3] Hays，*Distributing Valuable New Varieties and Breeds*，Proceedings of the first meeting of the American Breeders’ Association held in St. Louis，Mo.，at a62（ABA，1905）. Hays 是 ABA 一个关键的组织者和推动者。

权；而另一些公司经常“盗窃”并销售其他公司栽培的品种，反对相关品种被排他控制。1907 年、1908 年和 1910 年均有相关法案在议会中提出，均未被通过。在欧洲，也有相关法案出现，以法国果树业最为积极，均未获成功。

对植物新品种要求排他性法律保护的立法之所以失败，主要可以归结为下列原因。首先，相关利益集团推动立法的力量不足。议会记录显示这些议案没有被积极推动。苗圃业的行动不太积极并缺乏有效组织，种子公司主要致力于争取种子市场的商业化，而不是获得特定品种的排他权。其次，相关议案没有获得议会、行政机构的支持，特别是农业部的反对态度坚决。自 1862 年以来，美国农业部一直从事资助相关的种子研究项目，以及种子的免费派送项目。农业部认为“任何源于农业部项目研究的植物均不得被专利”❶，专利保护主要是为了吸引风险资本❷，而政府机构不需要专利的保护，无需商业化支出，使用者也不需要专利的保护。再次，当时育种技术无法达到对植物品种授予专利的程度。即使当时最著名的园艺学家和植物育种者路瑟·伯班克（Luther Burbank）”❸在那种环境下也反对为植物品种授予专利保护，其在 1911 年发表的论文“How to Judge Novelties”中论述道：“任何的植物改进都不能获得专利，对此我很乐意。（植物改进）的回报是处在完成工作的愉悦中，以及那些对劳动和必要牺牲一无所知的人和那些对植物的自然创造和栽培一无所知的人的无力的嫉妒之中，这些人与其

---

❶ Donald G. Daus，Plant Patents：*A Potentially Extinct Variety*，2/7 publication April 18， 1967. http：//www. springerlink. com/content/9672785767472408/fulltext. pdf（2009 年 6 月 1 日访问）。

❷ Daus，Donald G.，Bond，Robert T.，and Rose，Shep K. 1966. *Microbiological Plant Patents*. IDEA（Pat. Trdmk. Copyrt. Jour. of Res. Ed. 10：87—100.

❸ 伯班克（Luther Burbank）是美国当时重要的植物学家、园艺学家以及农业科学的先驱，在其 55 年的职业生涯中，培育了 800 多种植物，包括水果、花卉、谷物、草和蔬菜等。

称为抱怨者不如说是小偷。”最后，美国专利法不允许对“自然产物”授予专利权，因为既然是自然产物就不存在所谓的发明行为。这是美国法院在1889年Ex Parte Laimer一案确立“自然产物”规则（the“Product of Nature”Doctrine）。❶

为了更好地争取植物品种获得法律保护，美国苗圃协会（the American Association of Nursery，AAN）在1923年正式转向品种保护问题，并任命一个委员会专门就该问题展开工作。Stark Brothers苗圃公司的Paul Stark被任命为该委员会的主席，积极开展各项准备工作。首先，他们努力获得科学界对法案的支持，代表人物是伯班克和爱迪生。伯班克之前曾经反对植物专利，但后来改变了看法，并向政府游说应当为植物研究提供激励，并认为如不鼓励育种将危害整个园艺业的发展。❷他曾说，“一个人发明的老鼠夹可以获得专利保护，或者一首难听的歌曲可以获得版权保护，但如果一个人给这个世界增添了一种新的水果，这种水果将为世界每年增加数百万的价值，那么在将其名字与这一成果相联系之外，如能得到同样之多的回报，将非常幸运。尽管植物试验工作很大程度上仅仅才抓到一点皮毛，在这一领域还有如此之多的重要工作等待完成，我将很犹豫建议一个年轻人将植物育种作为其终生的事业，不管他多么具有多少天赋和多么具有献身精神，直到美国人采取措施保护他毋庸置疑的权利：从自己的成就中获益。”❸当时最著名的发明家托马斯·爱迪生（Thomas Edison）也支持对植物专利立法，他向议会发了封电报说：“在支持农业发展方面，议会能做的没有比通过法律使植物育种者获得和机械与化学领域的发明者同样地位更具永久价值的了。现在几乎没有育种家。我确信这样的法律

❶ 李剑．植物新品种知识产权保护研究［D］．中国人民大学博士学位论文，2008：42．

❷ H. R. Rep. No. 1129，71st Cong.，2d Sess. 4（1930）（House Report）.

❸ 这封信的摘要曾由Purnell议员在议会上宣读，以回应有些议员对植物专立法案的反对。

将会给我们带来更多的 Luther Burbank 伯班克”❶。经过这样的一些努力，AAN 的活动改变了学界争论的倾向，反对植物专利的声音渐渐消退了。

其次，Stark 及其委员会努力寻求来自政府部门、各种农业协会和工业团体的支持。Stark 安排委员会分别与美国农业部官员、ASTA 以及美国花卉商协会（the Society of American Florists）等接触讨论议案的相关问题❷。委员会花了六个月的时间在华盛顿进行活动，最终获得专利委员会（the Commissioner of Patents）、农业和商业部部长（the Secretaries of Commerce and Agriculture）、农庄（the Grange）以及农业局（the Farm Bureau）等的支持。专利委员会提交给议会的报告陈述了那些从事对人类具有不可估量价值的新的植物改进的人却死于贫困的历史，认为这一法案“对维持公共健康与社会繁荣、促进公共安全与国防建设具有不可估量的价值。最后，植物专利将意味着带给社会公众以更多实际价值的更好的农业产品”❸。当然，现实的情况是，法案的支持者将植物专利法案看作对植物品种进行法律控制，将政府资助逐步排除出育种业以及确保私人利润的一种手段。专利委员会的报告对此是这样陈述的：“今天，植物育种和研究很大程度上依赖于政府资助的政府试验站，或者有限的业余育种者的努力。希望这一法案将为植物育种的私人投资提供一个可靠的基础，并通过私人资金促进植物研究与发明的进步。”❹

再次，为了避免植物专利法案受到的阻碍，Stark 及其委员会充分运用了立法技巧。1930 年年初，Stark 确信 ASTA 已经放弃了植物专利的努力，认为“确立议会承认植物育种者和原创者权利

---

❶ S. Rep. No. 315，71st Cong.，2d Sess. 3 (1930) (Senate Report).

❷ 同 Cary Fowler，p635.

❸ U. S. House of Representatives Committee on Patents，supra note 72，at 3.

❹ Id. at 2.

的原则似乎是明智的。然后，根据经验努力为种子繁殖的植物也提供保护，在基本原则确定的情况下，这一努力将会容易得多。”[1] Paul Stark 议案决定从植物专利的保护范围中删除有性方式（种子）繁殖的植物，诸如谷物和蔬菜等。事实上，法案的保护客体仅覆盖了水果和一些花卉，如玫瑰，土豆和洋姜也没有列入保护范围。专利委员会向参议院代表的报告解释了这一例外，“做出这种例外是由于土豆和洋姜虽属于无性繁殖的植物，但很特别，植物相同的部分既可用作繁殖，也可以用作食物”。[2] 将种子作物和茎块作物从植物专利保护客体中排除成为此次法案获得专利委员会、农庄以及政府各部支持的关键，因为大部分粮食作物均属种子作物。这种删除妥善地处理了来自农民群体对植物专利法案的强烈反对。

法案的支持者们认为，现阶段是为植物获得专利权的最好机会了，因为经过 1929 年的大萧条，行政部门正渴望和打算为农业做点事。正是在这样的大背景下，1930 年 2 月 11 日，来自美国东部的特拉华州（Delaware）的 Hon. J. G. Townsend[3] 和来自印地安那州（Indiana）的 F. S. Purnell 向议会提交了相同的法案，即 Townsend—Purnell 植物专利法案。一些代表质疑了法案的实践性和合宪性，其他人则表达了对粮食作物专利保护的关注。总之，法案的通过基本没有遭到有组织的反对。相关法案经听证和辩论之后，于 1930 年 5 月 12 日通过，1930 年 5 月 23 日胡佛（Hoover）总统签署后生效。

四、《植物专利法》的立法经验及对中国的启示

美国专利制度至少有两大目标：促进思想和发现的披露，鼓励

---

[1] American Seed Trade Association, supra note 57, at 66.

[2] U. S. House of Representatives Committee on Patents, Report to Accompany H. R. 11372. Report No. 1129. April 30. 1930: p6.

[3] Townsend 本人拥有数千亩苹果园和桃园，同时还有几个罐头厂。一段时间，他还曾将一种草莓从田纳西州引进到特拉华州，进行草莓的培育和繁殖工作。

这些思想和发现的商业化利用以提供可消费的产品。Donald G. Daus 认为，从经济学的角度看，后者才是主导性的因素。[1] 只是单纯思想的披露，如果没有商业化的辅助，对经济产生的影响将是很有限的。典型的例子就是盘尼西林（Penicilin），1929 年已经被发现，但是整整十年没有人投资生产。专利的授予就好比给予农民自耕地，将会给它的所有者带来发展的动力。[2] 从《植物专利法》的整个立法过程看，苗圃业就是对专利给予植物品种的保护怀着这样的期望，才执着地坚持了半个多世纪的努力：从 1870 年到 1930 年。可以说，美国 1930 年《植物专利法》与其说美国的立法选择，不如说是美国相关产业的立法选择。

（一）美国《植物专利法》的立法经验

美国 1930 年《植物专利法》的出台，从保护方式的选择到保护范围的调整，是相关各方一系列博弈的结果。纵观整个立法历史，苗圃业的商业实践、产业利益以及育种技术是影响该法案的三项重要因素。

1. 苗圃商商业实践的选择

苗圃业寻求对其栽培植物品种的法律保护，最初并没有考虑专利。在苗圃业发展的初期，苗圃商们[3]主要通过积累的商誉以及被证明的提供统一、稳定植物品种的能力来建立商业交易圈。[4] 随着苗圃市场的扩大，苗圃商们无法光靠商业信誉来维持市场的竞争秩序，于是希望借助商业协会来协调相关的商业利益与竞争秩序。19 世纪 70～80 年代，陆续成立美国苗圃商协会（ANN）、美国果树栽培协会（the American Pomological Society）、花卉商人保护协

---

[1] 同 Donald G. Daus，p389.

[2] Mellin，Hanscom & Hursh，*Plant Patents*，California Avocado Society 1951 Yearbook 36：49～52。同 Donald G. Daus，p389.

[3] 这里指的是发现某一特别品种的原始植物后，经数年培育繁殖，然后出售相关苗木的苗圃商。

[4] 同 Cary Fowler，p 625.

会、美国玫瑰协会、国家菊花协会等众多协会。他们试图通过品种登记制度解决品种控制和不诚实销售行为，AAN 和 ASTA 与美国花卉商协会于 1926 年举行联合会议，最终否定这一方案。苗圃商在实践中也采用商业秘密和合同的方式保护其所有的植物新品种。如，Stark Brothers 在 1893 年购买一株美味红苹果树后，就在周围竖立高高的篱笆阻止他人获得苹果树的接穗。这显然是一种商业秘密的保护方式。销售该苹果树苗时，Stark 与客户签订合同，要求客户不得繁殖和销售 Stark 品种。但这些做法并不成功，无法真正约束那些通过合法手段获得相关品种繁殖材料的第三人进行大规模繁殖和销售相关品种。议员 Champ Clark 在 1906 年曾提交一个议案，要求将新的植物品种名称作为商标进行登记，从而获得商标的保护。这一议案没有获准通过。经过上述尝试，从由商誉建立的商业关系，到品种登记制度、商业秘密保护以及合同约束，再到商标保护，苗圃商们最终选择以专利的方式保护自己"发现"并"培育"的植物新品种，这种保护方式基本达到苗圃商们通过法律控制品种的愿望。

2. 产业利益的选择

美国 1930 年《植物专利法》出台过程，也是美国社会当时各产业利益较量的过程。从 19 世纪 70 年代植物品种保护最初的立法建议到 20 世纪的一系列立法运动，美国苗圃业始终都是要求植物品种保护最为核心的力量。因为苗圃业发展的最大敌人就是因植物品种流失所形成的恶性竞争。当时的种子产业尽管也同苗圃业一道寻求植物品种的法律保护，但他们关注和斗争的焦点是反对农民保存种子和要求种子自由贸易。

法案首先将有性繁殖的植物从保护范围中删除。因为，一旦为农作物新品种提供专利保护将大大增加农业种植的成本，因此农民团体强烈反对植物品种保护立法。1923 年之后，Stark 及其委员会考虑这一情况，决定从法案中删除种子作物。因为主要粮食作物都属于有性繁殖的植物。这一删除基本上解除了来自农业领域的反对。

法案还将土豆等茎块繁殖的植物从保护范围中删除。因为，土豆是美国最重要的粮食作物之一，通过无性方式繁殖。议会当时明显不愿意对土豆授予专利保护，美国农业部也不愿意土豆品种获得专利保护，但专利局则希望土豆可以获得专利保护。1959 年，曾有人试图将土豆撤出植物专利的“排除范围”，但是没有成功。与 1930 年通过植物专利法时的情况相反，专利局支持这种撤除，而农业部反对。正如 Rossman 所指出的那样，在通过《植物专利法》的道路上的妥协，首先是从法案的保护范围中删除种子作物，其次是删除用作食物的茎块作物。❶

法案最初草案包括对“仅仅发现”的植物给予专利保护，一些行政机关和议会提出反对，认为我们的法案似乎旨在“鼓励国民发现由自然产生的品种，也就是通过自然的偶然异体受粉的结果”，法案的宗旨应该是“鼓励植物育种者、苗圃商以及园艺学家”❷。然而那个时代，由于苗圃业很少进行真正的育种，Stark 及其委员会必须关注的是如何使“自然偶然异体受粉的结果”获得专利保护。最后，妥协的结果是允许对发现的植物给予保护，只要发现的不是一种完全的野生植物或者一种长在野外未经培育的植物。1953 年美国专利法进行法典化时，对上述内容作了修订，将未培育状态下发现的植物品种排除出专利保护的范围，规定“发明或发现并以无性方式繁殖任何显著而新颖的植物品种者，包括培育芽变、变异体、杂种，以及新发现秧苗者，但不包括茎块培育的植物和未培育状态下发现的植物，可依据本卷所规定的条件和要求获得专利。本卷与发明专利有关的规定，应适用于植物专利，除非另有规定。”❸

---

❶ 同 Cary Fowler，p641.

❷ Robertson：*Memorandum for Secretary of Commerce R. P lamont*（1930）.

❸ 35 USC 161 Patent for plants.

3. 育种技术的影响

《植物专利法》将有性繁殖的植物排除出植物专利的保护范围，除了由于来自农业领域的强烈反对外，还受到当时育种技术的影响。种子产业之所以对寻求专利保护不甚感兴趣，除了发现立法的阻力外，还由于当时的种子公司很少能培育出真正值得专利保护的新品种，种子的生产很大程度上依靠传统的育种方法（品种的选择与纯化），人工干预植物育种的成分很小。无性繁殖在当时被认为是保持植物纯种的唯一方法，有性繁殖基本上无法保持品种的纯化。另外，20 世纪 20 年代杂交技术的发展不但为种子业提供了发展的新契机，也为种子公司生产的杂交种子提供了一种生物形式的保护。杂交作物的收获材料由于缺乏基因的稳定性而无法直接用于再次耕种，使得农民再次购买种子成为可能。这使得种子公司追求专利保护缺乏必要的商业价值，成为多余。❶ 而对于从事果树和园艺植物繁殖与销售的苗圃公司来说，则基本依靠农民选择和机会芽变的偶然发现获得新品种，然后通过插扦、嫁接等无性繁殖手段进行大规模繁殖和销售。无性繁殖方法为苗圃公司获得统一稳定的植物品种提供了便利，但也为品种的商业化带来致命的缺陷：品种一旦市场公开销售，任何第三人均可轻而易举地利用合法获得的品种植株，进行大规模繁殖和销售，分享原属于品种“原始”苗圃商的商业利益。因此，相对于种子产业来说，苗圃业的发展更依赖对植物品种的控制。商业秘密、合同以及品种名称登记等做法相继被证明无效后，苗圃业只好紧紧抓住“专利”这一植物品种控制的最佳手段了。

（二）立法启示：产业利益推动立法选择

如果将上述三项因素综合起来，会发现推动美国《植物专利法》出台的是美国苗圃业的力量。《植物专利法》的整个立法过程，

---

❶ Fitzgerald, The Business of Breeding: Hybrid Corn in Illinois, 1890—1940. (Cornell University Press 1990).

是美国苗圃业说服、争取并最终获得品种权控制的过程。当然，《植物专利法》也充分反映了当时美国苗圃业的利益诉求，其对美国农业，尤其是果树业和园艺业的商业化促进作用是十分明显的。据研究，当时植物专利授权范围相当集中，大部分植物专利属于苗圃业，大约75%的植物专利属于蔷薇科植物。玫瑰品种的植物专利就达50%左右，其他花卉观赏植物占四分之一，可食用的果树品种（主要是桃树）约占五分之一。[1] 据 Wuesthoff 注意到在《植物专利法》制定以前，在美国销售的玫瑰 90%来自进口，到 1956 年，这一比例下降到 10%。[2] 而在当时，据称向市场提供一种新的玫瑰至少需要 7～10 年，培育及商业化的费用大致为 5 万～10 万美元。[3] 毫无疑问，《植物专利法》确实为美国玫瑰行业的发展提供了动力机制。当然，，由于《植物专利法》的保护范围仅限于无性繁殖的植物，排除茎块繁殖的作物，其能够影响的范围也基本限于果树业和园艺业，对其他领域的促进作用则十分有限，但这是另外的问题。

尽管中国《植物新品种保护条例》至今实施不过才 14 年的时间，但中国植物新品种保护事业所经历的这 14 年，如果从品种权的申请数量和授权数量来看，几乎浓缩了许多欧洲国家近半个世纪的发展历程。与 14 年前的中国相比，有关品种权保护的各种情况均发生了翻天覆地的变化。截至 2011 年 4 月 30 日，农业部共受理品种权申请 8070 件，授权品种数量 3582 件，其中国外植物新品种

---

[1] 相关数据参见 Donald G. Daus：“Plant Patents：A Potentially Extinct Variety”，p392.

[2] Wuesthoff，Freda，1956. Patent of Plant Trans，Chartered Inst. Pat. Agent. 64：B19－34，C13－31. 转引至 Donald G. Daus，p389.

[3] Robb， Harry C. Jr. Plant Patents，Encyc. Of Pat. Prac. And Inv. MGMT.，Reindhold 641－55. 1964. 转引至 Donald G. Daus，p389.

申请513件，荷兰居首位，为198件。[1] 自2004年以来，中国植物品种权年申请量一直位居UPOV成员国第四位[2]，有效品种权量居UPOV成员国前十名。基于这样的背景，《条例》的修订问题被提上日程。尽管美国《植物专利法》的制定距今已有80年，但其立法经验仍值得《条例》修订活动进行借鉴。

首先，应当让中国育种产业及其相关群体成为推动《条例》修订的主要力量。尽管在很多人看来，法律的制定和修订的权力在国家和政府，然而，从美国《植物专利法》的制定历史中，可以看出，尽管相关法律是由美国国会通过，真正主导《植物专利法》制定的则是美国苗圃产业。自TRIPS协议将知识产权保护与国际贸易紧密联系，知识产权除了作为一项激励创新的重要手段，还已成为现代市场竞争的一项重要规则。对于这一规则的制定和修订，参与市场竞争的主体自然最有发言权。中国《条例》修订的启动，意味着中国与植物育种相关的产业及其利益相关方将有机会表达自己的法律诉求，甚至可以将这些法律诉求转化为法定的权利。

其次，中国育种产业及其相关群体应当在了解中国现行植物新品种保护制度以及国际植物新品种保护发展趋势的基础上，考虑国内产业发展的实际情况，以及育种技术的发展情况，积极参与《条例》的修订。一旦启动《条例》的修订，我们必须了解现有制度中哪些是合理的，哪些制度需要调整，还需要设计哪些新的制度安排。同时，我们还必须掌握国际植物新品种保护的发展趋势。尽管中国目前已经加入UPOV1978文本，已经满足TRIPS协议规定的最低义务，但应当看到随着生物育种产业的兴起与发展，以及全球

---

[1] 相关统计数据参看农业部植物新品种保护办公室公布的“1999－2010年品种权申请情况汇总表（2011.4.30）”，http：//www.cnpvp.cn/Detail.aspx？k＝821&itemID＝1.

[2] 相关信息参见农业部植物新品种保护办公室公布的“我国农作物品种权总申请数量已跃居UPOV成员国前4名”（2004年12月1日），http：//www.cnpvp.cn/Detail.aspx？k＝29&itemID＝26.

经济一体化进程的加快，知识产权保护水平，包括植物育种创新的保护水平日益提高。在修订《条例》的过程中，必须充分了解中国育种产业与其他国家之间的实际差距，中国植物新品种的保护水平与美国、欧盟、日本以及UPOV1991之间的实际差距。

再次，中国植物育种产业的发展利益是决定中国植物新品种保护水平的关键因素。在符合中国已经承诺必须履行的国际义务的前提下，在决定《条例》具体制度修订时，必须将中国植物育种产业的发展利益放在首位。比如，是否将品种权的权利内容扩大至授权品种的生产、销售、进口、出口、为繁殖而进行的处理以及存储，是否将品种权的保护对象从现在的繁殖材料扩展收获材料和直接由收获材料制成的产品，是否需要引进实质性派生品种保护规则，是否要对农民权利予以限制，是否应对品种权侵权行为规定更为严格的处罚措施，是否应扩大品种权强制许可的理由以及如何设计植物遗传资源的惠益分享机制等等。尽管《条例》修订绝不限于上述问题，但这些问题却是《条例》修订的关键。对于上述问题的回答，必须取决于中国植物育种产业的发展水平和利益诉求。

浅论导入医药品专利期限延长制度的必要性

陈（白洲） 一新*

摘要：2011年4月底，日本最高法院针对一个医药品专利期限延长的申请案做出了终审判决。其引起了整个日本医药行业的瞩目。本案的焦点在于，日本最高法院认为日本的专利期限延长制度应该是为了延长一种受专利保护的医药品（即完成品的"药剂"）的制度，而不是延长该医药品有效成分的专利期限制度。作者认为本案思维方式可以给尚未导入但应该导入医药品专利期限延长制度的中国的专利法的修改提供一个参考。

一、背景

在医药行业，能被批准上市的新药（具有新的有效成分和作用）是巨额投资和多年的研发的结晶，如果这些新药得不到专利保护的话，制药公司就不可能独占市场从中获得巨额利润，来收回其庞大的投资。可见，受专利权保护的医药在市场上的垄断地位对医药公司是至关重要。表1列举了2007年世界10强制药公司的研发费。

表1❷ 2007年世界10强制药公司研发费统计

	公司名	2007年研发费		公司名	2007年研发费
1	辉瑞	80.9亿美元	4	葛兰素史克	66.5亿美元
2	强生	76.8亿美元	5	诺华	64.3亿美元
3	罗氏	68.8亿美元	6	赛诺菲安万特安进	61.3亿美元

---

* 作者单位：中国社会科学院知识产权中心。

❷ 转载（http：//www.medisearch.co.jp/doukou_kakukaihatuhi.htm）。

续表

	公司名	2007年研发费		公司名	2007年研发费
7	阿斯特拉捷利康	51.6亿美元	9	礼来	34.9亿美元
8	拜耳	48.8亿美元	10	百时美施贵宝	32.8亿美元

对制药公司来说，投入巨额研发成本开发新的有效成分仅仅是开发上市新药的第一步。如果要让含有新的有效成分的医药上市的话，还需要开发符合该有效成分的药剂，还需要通过各国的药监局批准的临床实验等，这些都需要庞大的费用。另一方面，我们也可以看到，一个新药（含有新的有效成分的医药）从研发到上市，其成功的机率按照过去的低分子化合物（有效成分）医药的开发统计数据来说只有11 300分之1（即0.009%）[1]。所以，包括中国在内的世界上大多数国家，都采用知识产权来保护研发出来的新的有效成分，同时，也保护包涵该有效成分的新药（药剂）。

由此我们可以知道上市新药的三个特征，其一，一个具有治疗某种疾病的新的有效成分，就像抗菌素的阿斯匹林一样，不会随时间地推移而失效。其二，即使针对同样的疾病使用含同样有效成分的，也会出现使用不同药剂的必要。其三，每种药剂要上市时必须通过各国的药监局的批准，而药监局批准的对象不是某种有效成分，而是，以该有效成分作为组成分之一的药剂，该药剂可能在有效成分的用量及用法上和其他使用同样有效成分的药剂不同。

对制药公司来说，新药上市必须要通过长时间（数年）的临床实验以及药监局的审批，就有可能面临虽然得到专利保护但是受到药监局的审批的限制而不能销售其新药收回成本的局面，所以，制药公司都会要求弥补被侵蚀的专利保护时间。面对这种要求美国，日本和欧洲各国都引入了医药品专利期限延长制度。确保制药公司

---

[1] 据日本厚生劳动省统计资料（http://www.mhlw.go.jp/shingi/2002/08/dl/s0830－1b1.pdf）.

可以尽量的回收其成本。

另外，对制药公司来说，用知识产权来保护自己的研发成果，不仅仅会瞩目于有效成分，更会重视最终上市的药剂。希望在有效成分和药剂上都得到保护，至少也要得到和市场直接接轨的药剂的保护才能收回巨额投资。所以对制药公司来说，一个国家的知识产权制度所保护的是有效成分还是最终（上市）药剂是至关重要之事。比如，可以调节某种有效成分在体内的被吸收的时间和用量的药剂，就如药物释放系统的药剂是现在医药领域中最为热门的研发对象之一。知识产权对这种药剂是否保护可以左右制药公司对此研发的积极性。在美国，日本等国家，对含有同样的有效成分的不同药剂给予专利保护，所以很多的制药公司就会积极参与研发。但是，在此出现了一个，该药剂即使得到专利的保护的话，是否也能得到专利期限延长的保护的问题。在日本这个问题终于得到了解决。

二、日本最高院判决的简要

在日本的专利制度中设有专利期限延长制度（第 67 条之 2 等）来确保专利人的上述被侵蚀的时间中的专利实施。关于医药专利，日本专利局认为期限延长制度是延长有效成分专利的一次性的制度。按照日本专利局的审查指南的规定，一种受专利保护的新的有效成分不论是以何种药剂的形式被延长后，只要含有和被延长过的同样的有效成分的药剂，即使该药剂的其他成分和前述被延长过的药剂不同，而该不同导致于后者受专利保护的，也不能再次被延长。

但是从上述内容可以得知，制药公司重视药剂的开发，如果不能期限延长的保护，就会失去回收投资的机会。开发新的有效成分需要巨额投资，但是与其相比，使用已知的有效成分开发具有新特征的药剂的研发费用会很低，而且其风险也会大幅降低。在日本新开发的药剂受专利保护歉然没有异议，但是此新型药剂的专利的期限是否可以延长的问题在本最高院判决出台为止是一个在业界的热门话题。本最高院判决给出了一个新型药剂的专利应该是专利的期限延长的对象的结论。其导致于日本专利局不得不修改至今为止的审查指南。

三、在中国对专利期限延长的各种意见

比如中国专利局张清奎部长认为，医药行业是一个比较特殊的产业，这个产业发展的好坏直接关系到公共健康问题。如果需要作调整，必须考虑到多方面的因素。国家在制定或修改相关法律时应达到一种平衡，即一方面要吸引和鼓励企业进行开发；另一方面，在给予企业合理的保护条件下确保这种权利不会被滥用。

另外，根据世卫组织近期的公告显示，知识产权对于保护研发方面所起的作用十分重要，然而对于发展中国家来说，加强知识产权的保护对于这些国家在疾病治疗方面很可能产生阻碍。如何解决两者之间的关系，已经成为一个重要课题。

从我国目前的情况看，一方面，跨国医药企业呼吁国内知识产权的保护尽快完善，另一方面又不得不面对国内制药企业缺乏研发动力，仿制成风的尴尬局面。而知识产权保护政策目前的主要受益方是外资企业。对于拥有专利产品的外资企业来说会带来很大的利益。因此，有关领导表示，在制定这一政策时还需考虑到本国企业是否会面临“出局”的可能性。

四、从日本最高院判决得到的提示

在中国专利延长问题也是一个十分瞩目的问题。中国于1992年的专利法修改扩大了可授予专利的客体，食品、饮料和调味品、药品和用化学方法获得的物质都可以获得专利。同时在2010年的第三次专利法修改时增加了一条，“BOLAR”例外，规定为提供行政审批的信息的需要而制造专利药品、药品机械不视为侵犯专利。但至今没有导入专利期限延长制度。这对法律上的平衡而言不能不

说是处于一种不平衡状态。

但是，从上述日本最高院判决的结果可以看出，如果对新型药剂提供专利以及专利期限延长的保护的话可以促进研发新型药剂的积极性。是一个提供阻止中国制药公司“出局”，促进他们“入局”的一个机会。因为在利用已知的有效成分研发新型药剂不需要巨款的投入也可以降低研发的风险，适合于中国的制药公司。同时可以培养中国的制药公司的研发精神，会引导更多的公司花大量时间与金钱去做基础研究及开发新产品。最终完成中国的经济结构转型。

2011 年是从中国引进化学物质专利算起第 20 年，如果在当年申请了化学物质的专利并获得的专利的中国公司就有可能面临因为没有延长制度而失去市场的垄断地位以及利润的局面。同样我们应该放眼未来，为了保护现在开始研发新型药剂的中国公司的专利我们应该开始讨论导入医药专利期限延长制度了。

日本法院对专利无效的审查

古谷真帆*

摘要：专利是经过行政机关的审批而被授予的。因此，很早以来，像德国承认行政行为的确定力的国家，专利审查机关对授予后的专利的无效单独进行审查，法院无法进行判断。但是，另一方面，我们还知道授予后的专利本身是私权，而且随着时间的推移其价值一般将有减弱。众所周知，日本曾经采用与德国类似的专利无效制度。可是，经过最高法院的判例和专利法的修改，日本开始允许在侵权诉讼中主张专利无效的抗辩，即法院就可以对专利的无效进行审查。通过本文，笔者讨论这一系列变迁的具体情况，并且指出日本目前出现的问题和改革动向，然后拟描述对中国将来的改革的基本的观点。

一、否定法院审查专利无效的时期

以前，根据大审院的判决❶，日本法院在侵权诉讼上无法审查专利无效。该判决否定法院审查专利无效的理由一般认为是行政行为的确定力❷及专利局和法院的职权分配的问题。就是说，赋予专利权的决定是有确定力的行政行为，所以推翻该决定要通过新的行政决定。采用大审院的立场，审理侵权诉讼的法院只能中止诉讼程

---

* 作者单位：中国社会科学院知识产权中心。

❶ 参考大審院明治 37 年 9 月 15 日判決・刑録 10-1678 号，大審院大正 6 年 4 月 23 日判決・民録 23-654 頁等。

❷ 在日本法律上，叫行政行为的“公定力”。

序❶而对待专利无效的问题。那时，无效裁决的审理需要相当长的时间，所以法院选择中止诉讼程序就导致审理长期化的问题。

为了实现专利诉讼的短期审理或充实审理等实际需要而得到合理的结论，并且不通过中止侵权诉讼的审理的方式，日本法院长期以来采用各种各样的理论进行审判。

全部公知是典型的无效理由，下面介绍一下该专利全部公知时，法院采用的几个理论。在下面几个理论当中，限定解释说❷和自由技术抗辩说❸不是直接对无效理由的有无进行判断，所以与大审院的立场不一定有矛盾。相反，其他的三个理论，即无法确定权利要

❶ 日本专利法第 168 条第 2 款规定："诉讼上有必要时，法院在确定审理决定之前可以中止其诉讼程序"的内容。

❷ 限定解释说可以分为广义的限定解释说和狭义的限定解释说。广义的限定解释说，又叫扩大解释否定说，是指即使发现专利是全部公知的事实，但是没有经过无效裁决，那么应当要把该专利视为有效的专利而对待。但是，在解释发明的权利要求范围时，不能对其范围作扩大解释，应当限于作为与权利要求的范围之词句的同一的构成进行解释。对广义的限定解释说有以下的批判：即使解释权利要求依据权利要求的词句，但是被告产品和专利发明也还一致，那么提起侵权诉讼的请求还是被承认。狭义的限定解释说，又叫实施例限定说，这个理论是与广义的限定解释说基本上一样的。其区别在于在狭义的限定解释说上，发明的保护范围决定于比权利要求范围狭隘的实施例，说明书及图纸具体公开的内容。对狭义的限定解释说还是有以下的批判：依据什么样的标准从实施例抽出要对专利的权利要求范围附加的要件，此点不明确。按照从前对权利要求解释的最高法院的判例，就是按照解释权利要求排除公知技术的观点，权利要求范围限于发明当中没有公知的部分。被告产品和实施例同一，还得要认定侵权，对此违反专利法的基本原理。

❸ 自由技术抗辩说，又叫公知技术抗辩说，这种说法没有条文上的根据，是参考德国的法律理论。其内容是，专利权应该赋予超过申请日的技术标准，因此，发现专利侵权之对象技术属于申请时的公知技术，那么依据该专利权对公知技术行使，如停止侵犯等权利，就违反专利法的基本原则。总之，侵权诉讼的被告能够主张涉案产品属于申请时的公知技术的实施，就专利权的效力不应该涉及涉案产品。对自由技术抗辩说也有批判：被告产品和公知技术不是完全一致，而是近似，此时，按照自由技术抗辩说难以作出适当的判断。

求范围说❶，权利滥用说❷，当然无效说❸是在侵权诉讼当中对专利的无效进行判断。此外，除了最后介绍的当然无效说以该专利视为无效为前提，其他的四个理论是以全部公知相关的专利视为有效为前提的。

二、Kilby 判决 ——打开了法院审查专利无效的窗口

虽然，前面所介绍的各种各样的渠道，挑战了法院无法判断专利

❶ 专利是全部公知的专利，专利权人也可以通过订正（修改）程序改善不是全部公知的发明。对权利要求的范围应当附加什么样的要件改善才不属于全部公知的发明，这就是本来只有由专利权人在订正（修改）程序上将决定的。审理侵权诉讼的法院也难于预见订正（修改）程序的结果要附加什么样的要件。所以，这些专利权在发现权利要求之范围是全部公知时，除非经过订正（修改）程序修改为非全部公知的发明之外，无法决定被告产品属于权利范围的事实。因此，依据该专利向法院的请求应当被驳回。有的人批评了无法确定权利要求说只是得到驳回侵权诉讼的诉讼请求的逻辑。

❷ 权利滥用说是指作为权利滥用不允许专利权人行使全部公知的专利权的行为。在工业所有权的领域，以前最高法院有一个商标法的案件，在该案件当中，商标权的行使被认定为权利滥用。但是，该案件不是以商标权无效理由为前提的，除了这个案件没有一个案件对这样的工业所有权的行使作为权利滥用处理不允许。对权利滥用说一般有由下面两个批判。首先，权利滥用原则就是以考虑各个案件的利益衡量得出结论，在专利无效理由时一律认定该权利的行使是权利滥用。这样的判断方法是从某一个事实作出某一个判断的，可以说是定型的判断，不同于权利滥用的个别判断。其次，权利滥用原则一般对越出信义诚实信用原则的权利的行使被适用，该权利的行使是否被认为滥用，还是要考虑各个案件的具体情况的内容而被决定，同时，也应该要考虑权利人的主观性的情况也应该要考虑。在专利的案件上，一般没有考虑这个权利人的主观性问题，依据某一个事实如缺乏新颖性一律适用权利滥用原则是不合理。

❸ 当然无效说，又叫无效抗辩说，是与大审院的判例立场相反，承认专利无效的抗辩。专利权的赋予是行政行为。行政法承认涉及该行政行为的当然无效及涉及以该无效为前提的现在的法律关系相关的诉讼，那么发现该发明具有缺乏专利性的重大而明白的瑕疵，对于侵权诉讼上审理的专利权，当然要承认该专利权的无效。需要指出的是，这个理论认为在侵权诉讼上认定的无效，是只有约束当事人的相对性无效，如果获得绝对性无效还是要通过无效裁决。对当然无效说，有以下几个批判。一般情况下，到了其后的诉讼程序上，才发现审查员在审查时无法发现的公知技术的存在，而该专利是全部公知的。因此，如果对瑕疵的明白性以审查时的资料为标准进行判断，难于认定其明白性。在全部公知的专利发明当中，经过订正（修改）程序缩小其权利要求范围的，就将不构成无效的发明，对这些发明按照当然无效说应该怎样对待？

无效的限制，可是在法律不允许法院审查专利无效的前提下，很难实现专利侵权诉讼的短期审理或充实审理的需要。Kilby 最高法院判决是用于权利滥用理论让审理侵权诉讼的法院直接面对专利无效的问题。

这里首先要指出的是，最高法院在 Kilby 判决当中还是严格按照行政法理论，承认行政机关的特许厅审查专利无效的优越的权限。并且，像本案专利，该专利明确存在无效理由，在请求无效裁决，确定无效裁决决定而确实预见该专利被无效的情况下，以权利滥用的理论而否定专利权人依据该专利实现自己的权利。就是说，依据那样的专利承认停止该发明的实施行为及请求损害赔偿等，实际上，是给予专利权人不当的利益，对实施该发明的人给予不当的利益，违反了平衡理念。同时，最高法院还指出纠纷最好应该在短期内通过一个程序解决。在依据那样的专利提起的诉讼当中，不允许以该专利无效理由为依据主张作为对专利权行使的防御方法，而是通过特许厅的无效裁决确定其审判结果，这就是对没有要求该专利的对世性的无效的当事人勉强采用无效裁决，其做法违反诉讼经济。另外，最高法院还考虑了多人主张的促进专利侵权诉讼的迅速审理[1]的需要。Kilby 判决作出之后，当事人可以根据侵权诉讼以涉案专利明确有无效理由为由主张权利滥用之抗辩，对此法院应当进行判断。[2]

三、法律上承认法院审查专利无效——关于专利无效抗辩的专利法之修改[3]

Kilby 判决作出之后，立法上是否要承认专利无效的抗辩，在

---

[1] 关于本判决之前的与本案有关的判决及诉讼等，高部调查法官在判例解说上作了详细的说明（最判解平成 10 年度版 418 页）。

[2] 关于本判决作出之后到 2001 年的下级法院的判例，可以参考高部调查法官的列举的内容最判解平成 10 年度版 463 页）。

[3] 关于本判决及其后的修改对专利诉讼带来的影响，可以参考［日］市川正巳："特許権侵害訴訟における無効理由の判断"，载于［日］牧野利秋其他编‘知的財産法の理論と実務（2）特許法Ⅱ’新日本法規出版 109 页，［日］清水節："無効の抗弁"，载于［日］飯村敏明＝設楽隆一編‘知的財産関係訴訟’青林書院 119 頁等。

司法制度改革推进最高院及知识产权战略本部上开始进行讨论。2004年，经过两个组织的讨论，决定在专利法上根据Kilby判决设立Kilby新规定，这就是专利法104条之3。当时，是否要纳入Kilby判决作出的"明确要件"，就"专利无效理由是明确存在"有比较大的争论。但是，最后专利法没有纳入"明确要件"，规定法院可以对所有的无效理由进行审理。

专利法104条之3规定："在涉及专利权或者其专用实施权的侵权诉讼上，涉案专利依无效行政程序承认应当被无效，专利权人或者其专用实施权人对另一方当事人无法行使其权利。"❶下面从以下方面对日本专利法第104条第7款的规定进行详细分析。

1. 制度宗旨

关于该条文的制度宗旨，最高法院在2008年4月24日小刀加工装置案上诉判决指出："主张专利的无效，为什么不需要等待确定该专利的无效裁决决定，是因为涉及专利侵权的诉讼最好应该在该侵权诉讼上给予解决，而且给予迅速的解决。"

2. 对104条之3第1款的理解

（1）104条之3第1款的规定。

"涉案专利应当在专利无效程序中被宣告为无效应当被无效"。

（2）无效主张的要件事实及主要事实。

"涉案专利应当在专利无效程序中被宣告为无效应当被无效"是什么样类型的法律要件，是规范性要件还是主要事实。理论上，都可以采用。但是，一般理解为规范性要件。一般认为，决定上述要件的事实的评价根据事实为主要事实（抗辩），评价障碍事实为再抗辩。❷

---

❶ 在2008年4月24日小刀加工装置案件上告审判判决上，① 把104条之3的限制权利行使的抗辩称呼为"无效主张"，② 把否定或者推翻这个抗辩的修改的主张称呼为"对抗主张"，因此今后在日本应当使用这个用语。

❷ 本论文对各个无效原因的主要事实按照［日］清水＝國分论文：特许厅审判部"進步性検討会報告書"进行整理。

(3) 涉及无效主张的举证责任的分配。

关于涉及无效主张举证责任的分配，一般按照民事法律要件分类说的谁主张，谁举证的原则。上面所说，对决定作为“涉案专利应当在专利无效程序中被宣告为无效应当被无效”。被告对此作为抗辩主张，原告对障碍此点的事实，原告作为再抗辩主张。与对修改的对抗主张的关系，下面将讨论。

(4) 无效理由的具体分析。[1]

根据日本专利法 104 条之 3 的规定，审理侵权诉讼的法院可以自行对日本专利无效裁决进行审理而作出判断。日本的制度与美国制度不同，没有对法院程序上能够主张的无效理由设置限制，即在无效裁决上可以审查无效理由和在侵权诉讼程序上可以审理的无效理由应该是相同的。因此，专利法第 123 条第 1～8 款所列的所有的无效理由都作为专利法 104 条之 3 的抗辩进行主张。[2]

下面，对其主张的无效理由主要事项进一步加以分析。

1) 缺乏新颖性。

专利法 29 条第 1 款规定：“除下列发明外，其发明可以获得的专利：

1. 申请专利之前在日本国内或外国已公开的发明；

2. 申请专利之前在日本国内或外国已被公开实施的发明；

3. 申请专利之前在日本国内或外国颁布的刊物上已记载的发明，或者公众经过电机通信线路能够利用的发明。”

日本专利法第 123 条第 2 款规定，违反该规定就可以请求专利无效裁决。这是对包含公知技术（部分公知及全部公知）的专利发明

---

[1] 本论文撰写对法院审理各个无效理由的具体内容，参照了［日］飯村敏明其他：“特許侵害訴訟の審理の迅速化に関する研究（司法研究報告書 54・2 号）”，［日］法曹会，2003 年。

[2] 作为审理对象两者是同一，但是在无效审判只能参酌无效审判终结之前的公知技术，反而审理侵权诉讼的法院可以参酌在侵权诉讼上被提交的公知技术。因此，这个判断标准时的差异引起能够参酌的公知技术范围的差异。

的无效，所谓以缺乏新颖性作为理由进行主张无效的。

为了主张以缺乏新颖性为由的无效理由，嫌疑侵权人对下列三个事项承担举证责任：① 引用例记载的公知发明的内容（以下简称“引用例发明”）；② 引用例发明是公知等事实；③ 原告的专利发明和引用例发明是部分相同（技术常识、周知技术有关的事实等）。❶

对此，作为专利权人的原告，对证明原告专利发明和引用例发明不相同的事实，即对技术常识和周知技术有关的事实等，作为评价障碍事实承担举证责任。

2）缺乏创造性。

日本专利法第 29 条第 2 款规定：“申请专利之前具有在所属技

---

❶ 没有新颖性，可以分为以下三点考虑。

第一是，专利发明是表现所谓 A 之上位概念的技术，A 一切是公知，即限定发明的权利力要求范围也什么都没有剩下；

第二是，专利发明是表现所谓 A 之上位概念的技术，其中包括表现所谓 a、b、c 之下位概念的技术，a 是公知，被告产品是 a；

第三是，专利发明是表现所谓 A 之上位概念的技术，其中包括表现所谓 a、b、c 之下位概念的技术，a 是公知，被告产品是 b。

上面三项，主要是否构成新颖性之事实与否，对法院作出事实认定没有很大障碍。但是，关于法院最后作出什么样的结论，且其此点，与是否有订正之可能性的关系，上面第一和第三点需要分别为考虑。

上面一，即专利发明是表现所谓 A 之上位概念的技术，A 一切是公知，那么与所谓独立专利要件的关系，经过修改也不容易承认，然后对修改没有必要独立专利要件，而存在无效理由，因此可以驳回诉讼请求。

上面二，即专利发明是表现所谓 A 之上位概念的技术，其中包括表现所谓 a、b、c 之下位概念的技术，a 是公知，被告产品是 a，原告作出排除 a 的修改，可以避免专利的无效，但是这样的修改导致不侵权的结论，因此，不问订正程序的有无以权利滥用为理由，可以驳回诉讼请求。

最后，上面第三点，即专利发明是表现所谓 A 之上位概念的技术，其中包括表现所谓 a，b，c 之下位概念的技术，a 是公知，被告产品是 b，原告作出排除 a 的修改，可以避免专利的无效，并且即使没有作出那样的修改，无效理由还是会存在。此点，权利人是否作出排除 a 的修改，是重要的。此时，审理侵权诉讼的法院，对适合上面一或者三，哪一个案件，进行审理及判断。法院若难以判断，不驳回诉讼请求，也可以中止诉讼。

术领域上的普通知识的人根据前款所列的发明容易想到发明的，其发明符合第29条1款规定也不能授予专利。”专利法第123条第2项规定违反该规定就可以请求专利无效裁决。这是对根据公知技术容易想到的专利发明的无效，即所谓以缺乏创造性作为理由进行主张无效。

一般，日本法院对专利的创造性根据下列事项进行判断：

① 认定涉案发明；② 认定跟涉案发明最接近的引用发明（认定主引用发明）；③ 抽出涉案发明和主引用发明的不同点本件发明；④ 判断是否以组合主引用发明和其他技术（副引用发明）为容易想到涉案发明有关的不同点。当事人也按照上列的事项进行主张。这个判断结构，大体可以分为对上述①和②的同一点有关的事实的小组和对上述③和④的不同点的容易想到性有关的事实的小组。❶

“ⅰ　同一点有关的事实

(1) 跟缺乏新颖性作为无效理由的事实和举证责任同样。

ⅱ 主张涉及不同的构成为设计事项等

(1) 只有从公知材料当中选出适当的材料；

(2) 只不过把数字范围变为最适合或正合适的；

(3) 只是等同物的置换；

(4) 只是随着技术之具体适用的设计变更。

从(1)到(4)等，作为评价根据事实，被告承担举证责任。

---

❶ 以缺乏创造性为无效理由，说明书的记载，申请时的文献解释以及这些和专利的关系是重要。在此情况，被告根据说明书的记载，申请时的文件（专利公报，实用新型公报等其他文件）等主张无效，原告对此进行反驳，怎样对这些主张及举证给予评价为确定判断。创造性之判断，上面所指出，难以决定，但是，实际上在侵权诉讼当中，以缺乏创造性为理由驳回诉讼请求的情况不多。但是，没有创造性也有很多情况，如没有新颖性类似的情况，或者在东京高等法院上已有以没有创造性为内容的判决，关于审理侵权诉讼的法院最后需要作出什么样的结论，与订正的可否的关系，与前面在新颖性的一或者三一样，问题还是存在。

ⅲ　主张组合或置换是容易的情况

（引起承认组合或置换是容易的作用的事实等）

（1）副引用发明记载的引用发明的内容；

（2）副引用发明是公知；

（3）主引用发明或副引用发明对其组合或置换的启示；

（4）主引用发明和副引用发明在技术领域上的关联性；

（5）主引用发明和副引用发明的作用及功能的共同性。

关于（1）到（5），作为评价根据事实，被告承担主张举证责任。

（引起否定组合或置换是容易的作用的事实等）

（1）存在阻碍构成的组合或置换的原因

（2）拥有所属领域的普通技术人员没有预见到的效果

关于（1）及（2），作为评价障碍事实，原告的专利权人承担举证责任。”

3）实施可能性要件的违法。

专利法第 36 条第 4 款第 1 号规定：

“前款第 3 号的发明的详细说明的记载要符合下列各项规定。

一、根据经济产业部规则，以所属领域具有普通的知识的人员可以实施其发明为明确而十分记载发明的详细说明。”

专利法第 123 条第 1 款第 4 项规定违反该条款可以请求专利无效裁决。这是根据实施可能性要件的违反而主张无效的。本来，规定实施可能性要件的宗旨是可以从专利制度宗旨来考虑。专利制度是以公开发明为代价授予专利的。那么，专利是在无法视为公开的程度上公开的，不应当授予权利。

根据上面所述的宗旨，公开的程度应当是所述领域的普通技术人员根据说明书或图面记载的发明的实施有关的指点和申请时的技术常识，对产品的发明，可以制造该产品，也可以使用该产品，对方法的发明，可以使用其方法，再说对生产产品方法的发明，根据该方法可以制造有关产品的程度。

嫌疑侵权人对所属技术领域的普通技术人员无法实施该发明的事实作为评价根据事实承担举证责任。然后，对被告主张的事实，原告的专利权人作为评价障碍事实承担举证责任。

对此，不是自己申请专利的原告承担关于记载要件之违法的责任，而是被告承担该责任，以确保公平性及适当性的观点。此点，主要是从规范性的角度评价，即是否“……承认应当被无效”。如果没有，经过法院的综合评价作出结论。实际上，没有对被告带来不公平和不适当的不方便。还有，与上面的立场不同，关于记载要件之违反，还有别的立场，即与行政决定的取消诉讼之分配同样考虑，首先让原告对请求项加以明确，或者可以所属领域的普通技术人员实施专利发明等的事项，进行主张而举证。这些意见的分歧在下面的违反支持要件，违反明确性要件上也同样存在。[1]

4）支持要件的违法。

专利法第 36 条第 6 款第 1 项规定：

“第 2 款的专利权利要求范围的记载要符合下列各项规定：

一、拟获得专利的发明以发明的详细说明的记载为准。”

---

[1] 法院作为无效理由采用说明书等的记载不完整，那时说明书之记载，申请时文献的解释以及那些和专利的关系是重要的。

在此情况下，被告根据说明书的记载，申请时的文件（专利公报，实用新型公报等其他文件）等主张无效，原告对此进行反驳，怎样对这些主张及举证给予评价为确定判断。

法院判断说明书的记载是否有违反要件的，在审理侵权纠纷案件中权利要求范围的确定，有密切的关系。确定专利要求之范围，即使不认为记载不完整，也有情况，对不明确的记载，没有包括不明确的记载而作出限定性解释。

然后，因为意思不明确，所以不能对被告产品是否属于权利要求范围进行判断，也有这样的情况。此点，无效理由的存在即使明确，可以判断的情况也多。理论上，还有审理侵权诉讼的法院直接作出事实认定及判断的情况，但是也有像笔误等可以修改的情况，因此，对修改与否还需要充分地考虑。

总之，法院判断说明书等的记载不完整的，只有经过由法院确定专利权利要求范围，而且经过原告的修改，还是说明书等记载不完整的，才认定该发明的说明书的记载不完整。实际，采用这个无效理由的案例并不多。

专利法第123条第1款第4项规定违反该条款就可以请求专利无效裁决。

这是根据违反要件而主张无效。本来，规定支持要件的宗旨是跟实施可能性要件相同，专利制度是以公开发明为代价授予专利的。那么，专利是在无法视为公开的程度上公开的，不适当授予权利的。根据上面所述的宗旨，公开的程度应当是按照下面的内容为考虑。即，对专利权利要求的范围之记载和说明书的记载作比，专利权利要求的范围所记载的发明是否属于详细说明所记载的发明，而且该发明是否在所属技术领域的普通技术人员根据发明的详细说明之记载可以认识为在解决该发明的问题的范围，或者，没有其记载或启示，该发明也在所属技术领域的普通技术人员参照申请时的技术常可以认识为在解决该发明的问题的范围，对此进行探讨。[1]

嫌疑侵权人在上述结构下对专利权利要求的内容不是记载在说明书的事实作为评价根据事实承担举证责任。然后，对阻碍被告主张的事实，原告的专利权人作为评价障碍事实承担举证责任。

5）明确性要件的违反

专利法法第36条第6款第2项规定：

“第2款的专利权利要求范围的记载要符合下列各项规定：

二、拟获得专利的发明明确。”

专利法第123条1款第4项规定，违反该条款就可以请求专利无效裁决。这是根据明确性要件的违反主张无效的。1994年修改专利法规定了明确性要件有关的规定，这条规定是为了对应技术同样性的观点，消除从前的“记载只有以不能缺乏拟获得专利的发明的构成有关的事项为区分”的要件，代替该规定作为第36条5款再规定：“对每一请求项应当记载所有的为了特定专利申请人拟获得专利的发明，必要的事项”，因此专利法第36条第6款第2项是

---

[1] 参见2005年11月11日的知识产权高等法院的判决（平成17（行ケ）第10042号）。

为了避免发明的范围以功能性表达为不明确的情形而规定的。

按照上面所述的宗旨，判断标准是以说明书或附图记载的发明的实施有关的指点和申请时的技术常识，所属技术领域的普通技术人员在请求项的记载本身不明确时，首先考虑在说明书或附图当中是否存在请求项的语言有关的定义或说明，然后再考虑根据申请时的技术常识，同时利用其定义或说明而解释请求项当中的语言，最后对请求项的记载是否不明确作出判断。

嫌疑侵权人在上述结构下对专利权利要求范围的记载不明确的事实作为评价根据事实承担举证责任。然后，对阻碍被告主张的事实，原告的专利权人作为评价障碍事实承担举证责任。

6）其他的无效理由。

上面的1）乃至5）之外，第123条第1款第1项所规定的违反17之2第3款（专利权利要求的范围及附图的修改）的要件；同第2项所规定的违反第32条（不授予专利权），第38条（共同申请），还有违反第39条第1款乃至第4项（先申请）等；同第3项所规定的违反条约的；同第5项所规定的违反外语书面申请的；同第6项所规定的冒充申请的；同第7项所规定的违反第25条（外国人权利的享有）的专利授予后的违反；同第8项所规定的第126条（修改审判）第1款但书或第3款乃至第5款，违反第134条之2（在专利无效裁决上的订正（修改）的请求）第1款但书的，都可以作为无效理由进行主张。

7）曾经使用专利权利要求的解释应对的无效理由。

专利法第123条第1款所列的无效理由之中，上面所述的1）乃至5）的无效理由，在Kilby最高法院判决或第104条之3的立法之前，是以专利权利要求解释为进行处理的。比如，关于1），即缺乏新颖性，即部分公知的，以排除包含权利要求的公知技术为限制在专利权利要求的语言本身的范围；全部公知的，以附加权利要求没有记载的要件为限制权利要求的范围，或者限制在说明书记载的实施例。

还有，关于2），即缺乏创造性，对缺乏创造性的发明的权利要求解释，审理侵权诉讼的法院是否可以以考虑其创造性的有无为决定该发明的权利要求范围，此点审判界，学界都分为肯定说❶和否定说❷。

此外，3）乃至5）是解释说明书等记载的问题，在审判实务上为了回避根据违反该规定的专利有关的请求，利用限定解释等做法。

3. 专利权利要求解释和专利无效的抗辩的关系

（1）以参酌公知技术作出的限定解释和无效抗辩的关系。

在日本，从最高法院作出Kilby判决到立法机关规定专利法第104条之3的背景，应该有对权利要求解释进行限定解释，比如参照公知技术限定权利要求解释，驳回根据带有无效理由的专利提起的侵权请求。就是说，参酌公知技术，加以专利要求范围未记载的限定，或者专利要求的范围只限于说明书公开的实施例等一系列限定解释的做法不能依据专利权利要求的记载本身直接明确的事项，所以，违反专利要求解释的字面解释的原则。

因此，经过第104条之3的立法，这种特殊的限定解释，可以理解为已经不再需要。所以，权利要求的解释比以前变得更单纯而明确。❸ 据此，考虑公知技术的主张是提出作为第104条之3上的主张，在现在的审判实务当中，也有趋向嫌疑侵权人不是依据专利要求的限定解释进行主张，而是依据第104条之3的无效抗辩进行

---

❶ 见東京地判昭和56年5月18日‘特許管理別冊’昭和56－Ⅰ－154頁，大阪高判昭和58年4月27日‘判例タイムズ’590号74頁等。

❷ 参见大阪高判昭和60年5月28日‘判例タイムズ’590号71頁。大阪地判昭和62年9月30日‘特許管理別冊268’特企227号68頁，［日］村林隆一“公知・均等と損害賠償請求における利用率”，载于‘特許管理’34巻4号454頁等参照。

❸ ［日］設楽隆一：“無効の抗弁導入後の無効審判及び審決取消訴訟のあるべき姿について”，［日］片山英二先生還暦記念論文集‘知的財産法の新しい流れ’295頁等参照。

主张。

但是，理论上参考公知技术限定专利权利要求的解释和第104条之3的抗辩可以并存在，既然规定了第104条之3的条款，也不影响该解释的合法性。比如，以限定专利权利要求为认定被告产品的不侵权，就可以回避本文探讨的日本双轨制的缺陷，对纠纷的一次性解决有利。[1] 尤其是在日本对现有的双轨制的问题没有及时提供适当的措施，以后在审判实务上，又会出现限定专利权利要求的做法。

还有，上面5）所列的无效理由是以解释权利要求为无法应对的无效理由，假如当事人在侵权诉讼上都可以主张这些理由的话，也会出现不当的审理拖延或者跟专利无效裁决之间的判断差异等情况。什么是适当而迅速地审理专利有效性的法律制度，还是今后要讨论的难题。

另外，有的学者还指出参酌公知技术解释权利要求的问题，[2] 因此我们还要讨论何时允许提出根据公知技术的主张，即在解释权利要求的阶段合适，还是作为无效理由合适。还需对现行制度的框架的正当性加以考虑和继续研究。

最后，笔者认为中国对“现有技术抗辩”有关的讨论没有把“参考公知技术而限定专利权利要求的方式”和“抗辩”的方式严格区分。因此，中国对现有技术抗辩有关的讨论也可以参考日本讨论的上述内容。

---

[1] ［日］高林龍：“統合的クレーム解釈論の構築”，［日］中山信弘先生還暦記念‘知的財産法の理論と現代的課題’弘文堂2005年，181頁，［日］大瀬戸豪志：“特許権侵害訴訟におけるクレーム解釈と無効理由の審理判断”，载于‘パテント’Vol63・4页等。

[2] ［日］大渕哲也：“無効原因を包含する特許発明のクレーム解釈に関しての研究”，日本弁理士会中央知的財産研究所編：［日］‘クレーム解釈論’13页等。

四、结论

综上所述，经过 Kilby 判决，审理侵权诉讼的法院还可以对授予后的专利的有效性进行审查。当然，跟以前一样，当事人还可以向特许厅提起专利无效裁决。因此，目前出现了特许厅和法院两个机关对专利有效性的审查同时并行的情况。无论 Kilby 判决，还是专利法的修改，跟依据排除公知部分为间接而面对专利无效不同，都真正面临了专利无效的问题。这可以说是日本改革的收获。但是，现行的日本专利无效制度，即全面的专利无效审查制度带来的问题也不少。日本现行制度的构建不是为了保证专利的质量而设置的，结果只是增加了专利有效性审查的机会。

还有，与其他国家不同，日本专利法承认无效裁决和订正（修改）程序的追溯性效果，因此，侵权诉讼结案之后作出的无效裁决等判断可以推翻侵权诉讼对专利有效性作出的判断，就导致推延作出对专利有效性的最后判断的时间。另外，法院在侵权诉讼上作出的对涉案专利无效的判断和特许厅审判部在专利无效裁决上作出的对涉案专利无效的判断将有不一致的情况。尤其是在法院否定专利无效抗辩之后确定无效裁决时，我们还要考虑民事诉讼法规定的再审的问题。所以，日本目前的制度并不是一个效率高的制度。

为什么日本下了那么多工夫选出了这样效率不高的制度呢？这个应该要回到最高法院作出 Kilby 判决之前围绕日本专利制度的情况。当时，最大的问题是专利无效裁决的迟延及侵权诉讼长期化的问题。无论 Kilby 判决，还有专利法有关的修改就是为了解决那些问题而作出的。可是，在已经实现了专利无效裁决的短期化的情况下，Kilby 判决所要解决的问题就已经不存在了。反而，经过一系列改革制度又导致了以前没有预料到的问题。

因此，目前作为专利制度的紧迫问题，学界、实务界都提出了各个立法建议。比如，2011 年 2 月在特许厅主持的研究会上作出了具体的立法建议。该立法建议是以保留现行两个程序为前提，建议限制无效裁决等作出的审决的确定有关的追溯性效果或限制追溯性效果有关的主张，从而预防以再审为由反复提起诉讼，以及无效裁决的进一步迅速审理等内容。

在中国，只有在专利复审委员会的专利无效宣告程序上可以对授予专利的有效性进行审查。一般认为，审理侵权诉讼的法院无法对授予专利的有效性进行审查。此点，就是很严格遵守德国以前的制度模式。但是，目前中国面临的问题也不少。可是，笔者要指出的是，什么是日本以前 Kilby 判决所要解决的问题。考虑此点，中国专利无效裁决周期平均为 6 个月的制度没有存在以前跟日本制度所要解决的问题。并且，中国最近《专利法》修改引进了现有技术抗辩有关的规定。这一修改对专利审判将带来不少变化。中国还可以等到现有技术抗辩所带来的影响被明确，而决定将来的改革方向。因此，笔者认为中国应该先根据专利宣告无效程序和存在现有技术抗辩的侵权诉讼的框架进一步在专利法上弥补而修改目前存在的问题有关的规定。

论商标近似的判断原则

黄　晖*

摘要：商标近似判断需要以混淆为旨归，结合在先商标的显著程度进行，隔离比对和一般注意力都要求忽略商标间的细枝末节上的差别，将审查的重点放在具有“独立识别作用”的标记上。如果过于强调整体比对，甚至引入整体销售环境不同的概念，则可能使近似认定成为不可能，从而削弱对商标专用权的保护。

我国现行2001年《商标法》第28条、第29条和第52条中都提到“近似商标”的概念，看似平淡无奇，但在实际操作中却常常出现仁者见仁、智者见智的结果，不同的行政主管部门或法院的认识甚至会出现一百八十度的逆转，直接影响商标注册及保护的结果，使得能否成功阻止在后商标的注册或使用变得难于预测。

“近似商标”不仅在我国《商标法》中占有核心地位，同时在TRIPS协议的第16条和欧盟商标条例、商标指令❷中结合“混淆的可能”均有规定，美国商标法虽然没有直接提到“近似商标”，但法院对“混淆的可能”的认定中也有体现。因此，如何判定近似商标，如何认识近似和“混淆的可能”的关系，不仅一直都是

---

* 作者单位：北京万慧达律师事务所。

❷ 《共同体商标条例》，No 40/94，现在已被No 207/2009条例取代，《协调成员国商标立法第一号指令》，89/104，现在已被2008/95/CE指令取代，新的条例和指令只修改了极个别的措辞和序号，实质内容并无变动。

大家十分关心的一个问题，而且也是商标注册与保护中至关重要的一个问题。本文拟结合中外商标立法及司法实践谈一点基本的认识。

为便于论述，本文将首先讨论商标近似的定义，然后讨论商标近似判断的五项原则，最后讨论可能影响混淆判断的其他因素。

一、商标近似的定义

我国《商标法》中没有对商标近似给出定义，只是在《最高人民法院关于审理商标民事纠纷案件适用法律若干问题的解释》（以下称“商标司法解释”）第9条第2款指出，“商标法第五十二条第（一）项规定的商标近似，是指被控侵权的商标与原告的注册商标相比较，其文字的字形、读音、含义或者图形的构图及颜色，或者其各要素组合后的整体结构相似，或者其立体形状、颜色组合近似，易使相关公众对商品的来源产生误认或者认为其来源与原告注册商标的商品有特定的联系”。《最高人民法院关于审理商标授权确权行政案件若干问题的意见》（以下称“授权确权意见”）第14条规定：“人民法院在审理商标授权确权行政案件中判断商品类似和商标近似，可以参照《最高人民法院关于审理商标民事纠纷案件适用法律若干问题的解释》的相关规定。”

欧盟商标条例和商标指令在立法理由中则特别指出，必须结合混淆的可能来解释近似的概念；考虑到混淆的可能构成保护的特殊条件，而其认定取决于多种因素，尤其取决于商标在市场上的认知程度，商标同使用或注册的标记可能产生的联想，商标与标记及商品或服务间近似的程度。

从上面的规定可以看出，商标近似和商品类似都不是一个孤立的概念，只有放在是否产生混淆的框架里才能得到真正的理解。正像诗经《诗经·国风·周南·桃夭》所言：桃之夭夭，灼灼其华……桃之夭夭，宜其家室……桃之夭夭，其叶蓁蓁。“夭夭”是一个总的主观印象，实际需要体现在“其华” “其实”和“其叶”上。[1]

那么什么是“混淆的可能”呢？欧盟法院在Canon一案[2]中对“混淆的可能”是这么定义的：消费者真的认为商品或服务来自同一厂商或经济上有关联的厂商。欧盟法院后来在Verdial一案[3]中又进一步断言，混淆必须基于商标相同近似和商品相同类似。由此可见，商标近似是混淆的必要条件，但不是充分条件。

从上面的司法解释看，不同种类的商标，近似判断的重点也不一样：就文字商标而言，主要看字形、读音、含义是否近似，下面我们还会看到音、形、义三者的权重在不同种类的商品是不同的；图形商标主要看构图及颜色是否近似，构图接近、颜色接近就可能构成近似商标；各要素组合后的商标，主要看整体结构是否相似；立体商标主要形状是否近似；颜色组合商标，则是看组合是否近似。还有一种比较特殊的情况，就是文字与图形构成近似，例如飞马图形和文字Pegasus就被美国法院[4]认为近似。

二、判断商标近似的五个原则

“商标司法解释”第10条要求，人民法院依据《商标法》第52条第（一）项的规定，认定商标相同或者近似按照以下原则进行：① 以相关公众的一般注意力为标准；② 既要进行对商标的整体比对，又要进行对商标主要部分的比对，比对应当在比对对象隔离的状态下分别进行；③ 判断商标是否近似，应当考虑请求保护注册商标的显著性和知名度。这些原则可以具体分为以下五个原则分别讨论。

---

[1] 钱钟书．管锥编［M］．北京：中华书局，1986：71．

[2] C—39/97，Canon，第17段。

[3] C—106/03 P，Verdial，第51段。

[4] Mobil Oil Corp. v. Petroleum Corp.（1987）．

（一）判断商标是否近似，应当考虑请求保护注册商标的显著性和知名度

从最高人民法院“商标司法解释”第10条的措辞看，判断商标是否近似，应当考虑请求保护注册商标而不是在后商标的显著性和知名度，《最高人民法院关于当前经济形势下知识产权审判服务大局若干问题的意见》（以下称“服务大局意见”）第6条中重申了这一思想：“认定商品类似和商标近似要考虑请求保护的注册商标的显著程度和市场知名度，对于显著性越强和市场知名度越高的注册商标，给予其范围越宽和强度越大的保护，以激励市场竞争的优胜者，净化市场环境，遏制不正当搭车、模仿行为”。欧盟法院在Puma案[1]中也提出显著性越强保护越强的思路。

需要说明的是，上述解释和意见明确将所要考虑的显著性和知名度指向“请求保护的注册商标”或者说在先注册商标的显著性和知名度，而我国实行全面的实质审查制度，不能起到识别或区别作用的标志是不能获得注册的，反而言之，商标获得注册则说明该商标已经具有基本的显著性。事实上，《澳门商标法》第217条就有关于“商标之注册构成具有新颖性……之法律推定”的明文规定。因此，实际操作中需要注意的是，一方面如果商标获得比普通显著性还强的显著性，自然可以获得更强的保护，另一方面也不能因此随意抬高保护门槛，将已经具备基本显著性的商标排除在外。

根据我国《商标法》第8条规定，“任何能够将自然人、法人或者其他组织的商品与他人的商品区别开的可视性标志，包括文字、图形、字母、数字、三维标志和颜色组合，以及上述要素的组合，均可以作为商标申请注册”，也就是说，商标既可以由组合要素组成，也可以由单一要素组成。由于两者的显著性判断标准存在较大差别，或者说两者注册以后对各要素本身的显著性推定效力存

---

[1] C-251/95，Sabel，第24段。

在较大差别，下面我们将分别讨论。

1. 组合要素商标的显著性

早期的商标通常都是图文组合的商标，例如现存最完整的北宋商标——白兔商标就是一个典型的图文组合的商标，根据商标法，对于这样的商标，实行的是整体判断法，这从我国《商标法》第11条的措辞即可看出，因为只有那些“仅有本商品的通用名称、图形、型号的标志，或仅仅直接表示商品的质量、主要原料、功能、用途、重量、数量及其他特点的标志或其他缺乏显著特征的标志”才不能获得注册。

因此，就组合商标而言，其保护更多地着眼于整体，也就是说，即使其中包含一个或几个缺乏显著性的元素，乃至任何一个元素都不具有显著性，但只要包含一个具有显著性的要素，或者在组合后整体上具有显著性，也不妨碍其获得注册和保护。当然，尽管法律并未限制组合商标的组成要素数量，但如果过于复杂、互相毫无关联，实际也会影响该商标的识别力。例如《澳门商标法》第204条就有“在同一申请内不得提出一项以上之注册申请”的单一性要求。

实际操作中，很多企业出于经济方面的考虑，即使单纯的文字和图形都是可以单独注册，还是常常将文字图形组合在一起申请。在后面我们将会看到，这样组合以后的商标，即使在保护上也许能对抗单独的文字或类似的组合，但比较单独注册的单一要素商标，在显著性的初步证明力上还是会有区别。

需要注意的是，即使单纯的文字商标，也会有一个组合的问题，正如欧盟法院在 Postkantoor 一案[1]中指出的那样，如果组合词汇的各要素具有叙述性，原则上简单将其拼凑组合在一起并不能产生显著性，除非组合以后的新词与原有各要素印象差距足够大，或者组合后的新词已进入常用语言并取得独特的不同于其要素的含

---

[1] C-363/99，Postkantoor，第100段。

义，则另当别论。

颜色可能赋予某些图形或形状特殊的效果。具体说来，和颜色有关的组合商标包括“颜色组合商标”以及“指定颜色的组合商标”，两者在实践中常常容易混淆，但正像《澳门商标法》第199条中规定的那样，虽然单独的颜色不受保护，但“以独特及显著方式互相配搭之颜色或与图形、文字或其他要素配合使用之颜色除外”，而前一种商标正是颜色组合商标，后一种商标则是指定颜色的组合商标，两者产生显著性的重点显然不同。对于指定颜色的组合商标，商标法新加坡条约、《马德里协定》和议定书❶都允许将颜色作为显著特征特别指明。

形状也可以和图形或文字乃至颜色组合使用，事实上，这种组合商标的主要识别作用还是来源于文字或图形，当然组合产生的特殊效果仍然可能具备区别作用。因此，大多数的商标主管机关都会放宽对这种组合后的立体商标的审查，欧共体内部市场协调局局长1998年4月8日在关于立体商标审查的第2/98号通知中规定，内部市场协调局会驳回仅是以标准或普通的容器（瓶子、盒子等），或商品标准或通常的外形作为立体商标的注册申请。当立体商标包括其他部分（文字、图形或颜色），并且这些其他部分单独或与立体外形组合在一起使立体商标足以注册时，内部市场协调局不会对申请予以驳回。它还说，这种组合的立体商标的公告或注册，并不能表明，内部市场协调已认定此立体商标外形本身是可注册的。

2. 单一要素商标的显著性

虽然上面提到企业有时喜欢注册组合商标，但应该说越来越多的企业已经开始意识到，真正要想获得某一要素的保护，必须单独注册该要素，所谓“少即是多”(less is more)。单一要素商标由于

---

❶ 见商标法新加坡条约第3条一（一）(12)，商标国际注册《马德里协定》第3条三及商标国际注册马德里协定有关议定书第三条三。

只含有文字、图形或字母、数字、三维标志等单一要素，必须具备相应的显著性才能获得注册和保护，举例来说，纯粹的“长城”文字，或“长城”图形，乃至单纯的数字、字母、三维标志，都必须证明自身的显著性，否则就不能注册。

比较而言，单一要素的商标必须证明自身的显著性，不能像组合商标通过组合产生显著性，要求相对更纯粹，也就是说必须通过和商品保持足够的距离才能产生显著性。我们知道，商标的基本功能在于识别，一个标志之所以能够起到识别的作用，根据心理学的基本原理，主要取决于该标志与背景可能形成的反差，反差越大，被相关公众看做识别标志的可能性就越高，商标法意义上的显著性也就越强。因此，在 Lloyd 一案❶中，欧盟法院也将“是否含有描述商品或服务的成分”作为衡量商标显著性的一个主要因素。美国法院❷一般将商标按照显著性强弱分成五种，依次为臆造商标、任意商标、暗示商标、叙述商标、通用商标。前两种属于强商标，第三种属于弱商标，第四种如无“第二含义”不受保护，第五种则永远不受保护。

《授权确权意见》第 9 条区分描述性标志和暗示性标志的做法与美国的分类也颇为吻合，它指出，如果某标志只是或者主要是描述、说明所使用商品的质量、主要原料、功能、用途、重量、数量、产地等特点，应当认定其不具有显著特征。标志或者其构成要素暗示商品的特点，但不影响其识别商品来源功能的，不属于上述情形。也就是说暗示性标志的显著性大于描述性标志。因此，单纯因为商标不是臆造词汇就认为其属于弱商标的说法是不成立的，因为任意商标毕竟占到商标总量的一大半。

一些特别的形状，以及包装乃至商品本身的形状都有可能构成

---

❶ C-342/97，Lloyd，第 23 段。

❷ Abercrombie Fitch Company v. Hunting World Incorporated，537 F. 2d 4（2d Cir. 1976）.

商标。第一种情况实际与普通商标并无太大区别，例如劳斯莱斯的小飞人，Jaguar的美洲虎，注册时可以立即产生显著性。商品包装或其本身的形状一般不容易被认为是区别性标志，美国最高法院在Two Pesos和Wal-Mart两案中明确了餐馆装潢可以具有内在显著性，但商品本身的形状则必须经过使用获得显著性后才能受到保护。但我国商标审判中也有直接承认其具有内在显著性的判例，例如费列罗的巧克力包装[1]以及之宝的打火机外形[2]。需要注意的是，表现立体形状的图形，必须特别注明是立体三维标志，否则从法律上将还是二维商标，例如在伟哥商标案[3]中，蓝色菱形药片其实只是一个平面图形商标，而不是真正的立体注册商标。

有一些图形或形状本身的显著性可能较弱，但使用在商品的特定位置上，也可能显得很特别。例如阿迪达斯的三条杠商标，当它出现在鞋帮、袖边或裤边时，则会被相关消费者认为很特别。根据世界知识产权注册商标常设委员会达成的共识，表现位置商标时，可以借助虚线表示不要求专用权的商品外形，用实线表示具体的位置。

不受任何具体形状的限制的单独颜色作为颜色的极致，能否作为商标在各国存在争议，我国《商标法》没有将单纯的颜色列入可以注册的标志范围，澳门商标法明文排除单色注册，美国通过最高法院的Qualitex一案[4]对单色商标的注册开了绿灯，当然也附加了只有经过使用取得显著性的条件，欧盟商标法原则上也允许单色商标注册，但实际操作中也是需要提交使用产生显著性的证据才可能予以保护。[5]

---

[1] 北京第一中级人民法院（2007）一中行初字第815号。

[2] 北京第一中级人民法院（2007）一中行初字第1299号。

[3] 最高人民法院（2009）民申字第268号。

[4] Qualitex Co. v. Jacobson Products Co., Inc. 514 U. S. 159 (1995).

[5] C-104/01，Libertel，第55段；C-49/02，Heidelberger Bauchemie，第39段。

3. 后天使用产生的商标显著性

如果单一元素的标志过于简单或复杂，或与其背景——商品不能形成足够的距离，也没有通过组合产生整体显著性，获得保护的唯一途径就是经过长期大量使用，培养消费者等相关公众的熟悉程度，慢慢意识并接受该标志可以作为商品来源的事实。例如在宣传时使用™标志突出标明，在一定程度上就有助于加速这一进程。

雀巢公司申请的美极鲜（Maggi）棕色方形细颈瓶就是一个纯粹的瓶形，而不是贴附商标标签的组合商标，当时商标局驳回就是认为其不具备显著性，但商评委考虑到该瓶形经过使用已经具备基本的独立的识别功能，最终决定接受其注册。

需要指出的是，证明单独要素的外形具有显著性，首先遇到的问题是，企业一般情况下不太可能只使用单独的裸瓶或单色销售，实际使用时都是和文字、图形商标一同出现，这个时候如何认定该外形的显著性到底是基于本身的识别功能，还是依附于相关的文字呢？

还是以雀巢公司在欧盟法院的案例[1]为例，该公司有一款巧克力的商标是 Kit Kat，对应的中文商标是“奇巧”，该款巧克力的经典广告是 Have a break，Have a Kit Kat！（翻译过来“休闲一刻，奇巧一刻”），由于雀巢从来没有单独使用 Have a break，被告因此质疑该口号取得显著性的可能，但欧盟法院最后认为，即使和其他商标连用也并不影响该商标取得显著性。正因为这个原因，美国商标法允许对于放弃部分专用权的商标以及在辅簿注册的商标，在证明放弃部分的显著性之后，仍然可以重新提出注册申请并获通过。[2]

因此，证明单一元素的显著性就不能只提供组合使用的证据，

---

[1] C-353/03，Have a break，第 30 段。

[2] 美国《兰哈姆商标法》第 6 条，第 27 条。

最直观的证据应该是去掉相关文字或图形商标之后，相关公众还能认出或指明商品的出处，与特定的生产厂家联系起来。如果能提供相关公众看到即使结合其他商标还能辨别的证据，就更加具有说服力。这种情况其实与某些企业在不同国家销售时使用当地文字产生的不同版本类似，如“可口可乐”或“和路雪”在各国的文字商标虽各不相同，但也并不妨碍它们的图形商标，例如飘带、心形图乃至瓶形却能被大家包括不懂当地文字的人都认识。

需要补充的是，还有一种取得特别显著性的形态，就是使用形成系列商标，也就是说，同时使用若干个具有共同的前缀或后缀的商标，可能会强化该共同部分的显著性，进而使这一部分也可能获得单独保护。

4. 后天使用不当可能削弱显著性

即使申请注册时某一标志具备注册所需的显著性要求，但如果后天使用不当，包括自身使用不当或放任他人使用不当，致使商标显著性出现退化，也可能会影响到商标的保护强度和范围。因此，考虑显著性也要动态地进行。

（二）以相关公众的一般注意力为标准

这是判断商标近似的一个十分重要的原则，因为任何标志如果加以特别注意，则会纤毫毕现，任何细小的差别都不会放过，认定近似会十分困难。因此在《澳门商标法》第 215 条特别规定“图样、名称、图形或读音与注册商标相近，并容易使消费者产生误解或混淆，或具有使人与先前注册之商标相联系之风险，以致消费者只有在细心审查或对比后方可区分”。

当然，正如欧盟法院在 Lloyd 一案[1]中特别指出的那样，“普通消费者对于不同种类的商品的注意力水平也会变化”，因此，在比对时需要根据商品不同的种类以及销售时不同的条件，这对于平衡音、形、义三者之间的权重就很有帮助。

---

[1] C-342/97，Lloyd，第 26 段。

首先，价格高低肯定会影响消费者的注意力水平，汽车购买人显然比牙膏购买人具有更强的注意力。其次，只卖给专业消费者的商品可能会比普通商品更容易获得高水平的注意力。最后，商品或服务的购买方式会影响视觉、听觉或概念认知的相对比重：对通过口头方式下单购买的商品，如饮料或经常通过收音机进行广告的商品，如清洁剂或有时是因朋友推荐而购买的商品，听觉的认知会占主导；反过来，对在商店货架上被选购或从目录中被选中的商品或者通过其他任何消费者可以进行视觉观察的方式挑选的商品，视觉的认知会占主导，如服装类产品就是如此。

（三）比对应当在比对对象隔离的状态下分别进行

隔离比对也是对一般注意力的一个重要补充，正如在 Lloyd 案[1]中，欧盟法院特别强调的那样，“消费者很少有机会直接对比两个商标，而只能借助于记忆中不完整的形象进行”。

例如，乔丹案[2]中“双方圆圈图案中运动员持球左右手不同（福建乔丹在右手、晋江阳新在左手），圆圈内下方中标注的字母不同（福建乔丹为“QIAODAN”、晋江阳新为“SPORT”），标注商品来源的文字有所不同（福建乔丹为“乔丹运动休闲鞋”及其英文、晋江阳新为“香港乔丹（国际）鞋业公司”“香港乔丹（国际）鞋业公司监制”及其英文），但最高人民法院在判决中并未过多考虑这些细微的差别，而是直接认定“进行隔离观察，双方鞋盒装潢的主要设计内容并无显著差异，其中有关不同之处均属于细微、非引人注目的变化，普通购买者施以一般注意力不易区分”。

同样的，最高人民法院在乐卡克一案[3]中指出，“被控标志与乐卡克公司的该两项商标均为一公鸡侧面图案，公鸡均呈朝左昂首挺胸站立姿态，均由鸡冠、鸡头、鸡身、鸡尾、鸡腿组成，公鸡外

---

[1] C-342/97，Lloyd，第 26 段。

[2] 最高人民法院（2002）民三终字第 9 号。

[3] 最高人民法院（2010）民申字第 869 号。

围轮廓、各个组成部分构成图、布局基本一致，虽被控标志与乐卡克公司的注册商标在鸡眼、鸡嘴、鸡冠、鸡尾等部位存在一些差异，但这些都是局部的，细微的不同，以相关公众的一般注意力，难以注意上述差别”。

因此，不完整的比对所产生的自然的结果就是两个标记的相同部分，相对于差别部分，更容易被记住。“比同不比异”也可以说是隔离比对原则的一个自然的延伸。

（四）要进行对商标的整体比对

所谓整体比对，其实也是一般注意力下隔离比对的另一个自然的结果，欧盟法院在 Puma 一案中[1]有专门论述，主要意思是，“在对混淆的可能的整体认定中，商标在有关商品或服务的普通消费者心目中的印象具有决定性的意义。普通消费者通常是将商标作为一个整体看待，而不会拆分成各个细节分析”。这一思想是欧盟法院审理商标案件的主要指导思想。

主要看整体而不是看细节的思想，首先体现在相同商标的比对上。我们可以首先在司法解释中关于相同商标的定义得到印证，商标民事司法解释规定“二者在视觉上基本无差别”即可认定为相同，《最高人民法院、最高人民检察院关于办理侵犯知识产权刑事案件具体应用法律若干问题的解释（一）》第 8 条的规定更进一层，称“相同的商标”，是指与被假冒的注册商标完全相同，或者与被假冒的注册商标“在视觉上基本无差别、足以对公众产生误导”的商标。2011 年的《关于办理侵犯知识产权刑事案件适用法律若干问题的意见》对此又作了进一步的例解，认为改变注册商标的字体、字母大小写或者文字横竖排列，与注册商标之间仅有细微差别的；以及改变注册商标的文字、字母、数字等之间的间距，不影响体现注册商标显著特征的；以及改变注册商标颜色的都可以认为是相同商标。简而言之，两个商标仅仅是大小、字体、横竖排列、间

---

[1] C-251/95，Sabel，第 23 段。

距的差别并不足以改变商标的近似乃至相同判断。

上述规定在《澳门商标法》第224条关于商标的不可变更性的解释中也可得到印证，即在无损商标识别之情况下，商标不可更改的规定不适用于“仅对商标之比例、商标之铸造、雕刻或复制所用之材料及其颜色方面产生影响之简单变化，但颜色之简单变化则仅限于未就颜色作为商标之其中一个特征作出明确要求之情况”。

需要指出的是，上面这些规定就颜色而言只限于黑白注册商标，而不包括指明特定颜色为显著特征的彩色商标。在注册商标已经指定颜色的情况下，被告使用了其他颜色，就不能当然再认为是相同商标了。以麦当劳红底黄字的现行商标为例，由于颜色是商标显著性的组成部分，一旦改为绿底黄字，就不能认为是相同商标。同样的道理，摩托罗拉拆分后的商标一红一蓝，有意用来区别两种不同业务，这时就不能简单认为商标形状相同，商标也自然相同。同样的，如果特定的字体如果构成商标的识别特征，那么他人使用相同文字但不涉及特定字形的，也不宜认定为相同商标。

商标近似的判断亦然，对于整体注册的商标，其显著性可能会体现在整体结构和组合上，这时他人即使在细节上有所不同，也可能产生整体近似。具体到文字比对，除了分别考虑其外形、发音以及含义上的近似程度，还需要进行综合比较。就汉字商标而言，汉字以象形文字为主，同时存在大量的形声字，正如训诂学中常说的“同形同宗，同音意通”那样，外形和发音在文字商标的近似判断中无疑都有十分重要的作用。而且就汉字而言，外形近似的重要性甚至超过读音近似的意义，这是因为汉语发音有限，近音字乃至同音字非常多，读音相同即判近似的打击面可能过宽，当年“恒生”和“恒升”的纠纷即源于此。

就西方的拼音文字而言，可能正好和汉字相反，即读音胜过外形，因此欧盟法院在Lloyd一案[1]中就认为，两个商标只有发音上

---

[1] C-342/97，Lloyd，第28段。

的近似，也不排除存在混淆的可能。当然，欧盟法院也不愿意绝对化，它在 Zirh 一案中[1]进一步认为，相似性必须基于对标志的全面审查，根据视觉、听觉和观念三个层面的认知综合判断。仅仅是听觉相似，但视觉或观念不同的话，商标仍可能不近似。欧盟法院在 Picasso 一案中[2]，进一步指出，如果两个商标中有一个的含义清楚明确，且能被消费者直接感知，则含义上的差别也可以抵消外形和发音上的近似。而且，正如上面所言，还应当考虑商品种类，以及实际使用时赋予音、形、义的不同权重。

至于图形商标，其近似判断类似于版权或外观设计的近似判断，主要是看图形构成是否近似，而图形的朝向，例如耐克商标的钩向左向右并不重要，乔丹手的左右也并不重要，因为左看右看都一样。正如橱窗上的图形，尽管进出商场看到的图形会呈镜像反转，但并不改变其为同一图形和事物，露天电影正反两面的人也显然是在看同一部电影，除非该朝向是商标所有人刻意选择固定并经消费者接受认可的。

就指定颜色的组合商标而言，如果他人连同颜色一同仿冒，认定近似相对就会容易很多，因为取材于现实事物的商标出现巧合的可能相对比较大，但使用同样的颜色，尤其是与该商品乃至该事物无关的颜色就是一个认定近似的有力证据。

判断商标近似的时候能否将整体比对扩展到“整体销售环境”呢？从最高人民法院的“费列罗”一案[3]看，答案是否定的，即不应当考虑外在的使用因素：“由于 FERRERO ROCHER 巧克力使用的包装、装潢的整体形象具有区别商品来源的显著特征，蒙特莎公司在其巧克力商品上使用的包装、装潢与 FERRERO ROCHER 巧克力特有包装、装潢又达到在视觉上非常近似的程度，即使双方

---

[1] C-206/04 P，ZIRH，第 22、35—36 段。

[2] C-361/04，Picasso，第 20 段。

[3] 最高人民法院（2006）民三提字第 3 号。

商品存在价格、质量、口味、消费层次等方面的差异和厂商名称、商标不同等因素，仍不免使相关公众易于误认金莎 TRESOR DORE 巧克力与 FERRERO ROCHER 巧克力存在某种经济上的联系”。

事实上，一旦考虑具体的销售环境，那么越是在地摊上出售名牌手表，越是公然声称自己是在售卖假货，甚至直接将 Fake 标在商品上，就越不可能混淆，商标专用权实际就越不可能保护了。如果真要考虑所谓的“整体销售环境”，最高人民法院关于权利冲突的司法解释中[1]关于禁止“他人超出核定商品的范围或者以改变显著特征、拆分、组合等方式使用的注册商标”的规定就会变得无关紧要了。

无怪乎欧盟法院在 Arsenal 案中认为[2]，即使在出售时由于悬挂了免责的告示，出售以后其他消费者仍有可能将“Arsenal”认为是帽子的出处。

对于购买时不易看见的外形而言，情况可能会更复杂一些。最高人民法院在“伟哥”一案中[3]认为，虽然被告生产的药片形状与颜色与原告注册的立体商标相同或相近似，但被告药片的包装为不透明材料，并在包装上明显标注被告商标及名称，起到了表明商品来源和生产者的作用，消费者在购买该药品时并不能据此识别该药片的外部形态，不会与原告涉案的立体商标相混淆，不构成侵权。

但这个案件由于基本事实有误，间接也影响了近似的判断。所谓事实有误，主要是说该案涉及商标并不是三维的立体商标，而是二维表现是立体图样，因此商标局在审查时应该并未作为立体商标

---

[1] 《最高人民法院关于审理注册商标、企业名称与在先权利冲突的民事纠纷案件若干问题的规定》第 1 条。

[2] C-206/01，Arsenal，第 57 段。

[3] 最高人民法院（2009）民申字第 268 号。

审查，其自身的显著性应该也并未经受专门的审查。更进一步说，如果当时确有审查，该商标就应该提交使用取得显著性的证据，但正如本案审理中指出的那样，消费者在购买时并不能见到该药片的形状，因此也难以证明消费者根据药片形状购买产品的结论。

当然，购买后、服用前见到的药片形状是否应该纳入显著性以及近似判断，也是一个有趣的问题。事实上，购买时没有注意到的商标不等于说就不能在其他场合发挥作用，例如电梯并非用于购买者一人识别，所有乘坐电梯的人都会注意到电梯的商标；常用药品也可能被家庭成员误用；服装穿上后也会被其他人注意。将商标的作用局限在购买阶段可能并不符合实际生活。

（五）要进行对商标主要部分的比对

欧盟法院在 Puma 案❶一再强调，对有关商标视觉、听觉及含义上的近似的整体认定，必须建立在商标产生的全部印象上，尤其需要考虑它们的显著和主要成分。欧盟法院在 Matrazen 一案❷中进一步阐发了要部比对的重要性，即“复杂商标在相关公众的记忆中产生的全部印象，在某些情况下可能由某个或几个元素主导”。我国最高人民法院在乔丹案中❸也具体审查了要部问题，即“通过整体观察，圆圈图案和含有“乔丹”字样的商品来源标注是双方装潢最显著、最醒目的部分，最容易引起购买者的注意，构成双方鞋盒装潢的主要设计内容，即各自装潢的主要部分”。

要部比对在一定意义上解决了或避免了过于坚持整体比对可能造成的机械或僵化的后果，但也产生了一些逻辑上的问题：一个是某个商标到底可以只有一个要部还是可以有几个要部？如果只有一个要部，在图文组合商标的情况下，到底文字是要部，还是图形是要部？如果文字和图形都是要部，如何进行要部比对？因为在引入

---

❶ C-251/95，Sabel，第 23 段。

❷ C-3/03 P，Matratzen，第 32 段。

❸ 最高人民法院（2002）民三终字第 9 号。

要部比对的概念时，为了保留整体比对的最高地位，欧盟法院在Limoncelo一案中❶也一再强调，只有当其他元素都处于忽略不计的地步，比对才可以仅就主要部分进行。但在有多个要部时，这种比对显然不符合其他要素可以忽略不计的条件。

更有甚者，某一普通平凡的商标被另外一个著名的商标所挟持，相比之下，另外一个著名商标显然更有理由成为要部，严格遵循其他因素必须忽略不计才能比较的原则，则近似认定将变得不可能。因此，在Thomson Life一案❷中，欧盟法院不得不承认，真正需要考虑的是，在先商标即使与著名商标拼合，是否还能继续起到“独立识别作用”(independent distinctive role)，如果回答是肯定的，就不必纠缠该在先商标是否是主要部分，也无需计较著名商标是否可以忽略不计。Life既然在Thomson life里显然可见，就应该予以保护。

那么，独立识别作用是否可以与整体判断协调一致呢？答案是肯定的，协调的前提就是要看是否形成了一个真正的新的整体。例如“三明”加“明治”合成的“三明治”就完全是一个新的整体；EAT（吃）加上H形成HEAT（热），HEAT加上W形成WHEAT（麦），含义就完全不同；同样的，dragon（龙）和fly（苍蝇）组合后也形成了一个全新的dragonfly（蜻蜓）。简单地说，就是看米是否已经和水熬成糜或粥，从而形成一个新的不可分的整体（Whole indivisible）。

否则，正像欧盟法院担忧的那样，在先商标面对显著性或知名度更强的著名商标的攫取，将变得无险可守、听凭摆布。这也进一步说明，在先商标的独立识别作用，不能因为进行所谓的整体比对，因而陷入被淹没的危险。更不用说整体比对发展为整体环境比对。事实上，能够得出某一商标具有独立识别作用，其实也正是全

---

❶ C-334/07 P, OHIM/Shaker, 第42段。

❷ C-120/04, Medion AG, Thomson life, 第33—36段。

面考虑其他元素的识别作用之后整体得出的一个结论，与整体比对原则并无本质冲突，因为说到底，只要还能剥离出具有独立识别作用的元素，就说明不存在一个真正意义上的整体，也无所谓整体比对。这和肖像权保护是同样的道理，不能说只有单人照才能保护，合影就不管。真正适当的标准应该是看在照片中是否还能认出本人，只有合影人数过多，难以辨识每一个成员，才可以不再一一保护个体的肖像。

《澳门商标法》第215条提出“文盲说”，实际也表明在判断图形或形状的近似时不应该考虑文字的不同，或者说应该过滤掉文字的影响。该条规定具体是，使用构成他人先前注册商标部分之虚拟名称，或以相应颜色、文字排列、奖章及嘉奖而仅使用上述商标之产品之包装或外层之外部设计，以致文盲者不能将之与其他由拥有被正当使用之商标之人所采用之颜色、文字排列、奖章及嘉奖相区分，均构成部分复制或仿制商标。这和外观设计近似比对中应当去除文字要素是一个道理。

反观前面提到的雀巢美极鲜酱油瓶案❶，法院虽然承认该商标的显著性，但认为商标本身所具有的显著性较弱，并且因为被告不是将棕色方形瓶作为商标使用，而是作为包装物使用，因此进行比对时，必须结合被告酱油产品的包装装潢及商标整体能够被消费者看到的所有部分，与涉案注册商标进行比对，最后得出不混淆的结论。但这样实际是把商标以外的其他因素包括被告商标、企业名称等纳入比对范围，原告注册纯粹的棕色方形瓶就变得没有意义了，因为任何人都不会只使用不带商标的包装瓶。

三、可能影响商标近似判断的其他因素

1. 共存是否对近似有影响

在后商标的使用原则上是不纳入近似判断的考察范围的，否则

---

❶ 广东省高级人民法院（2010）粤高法民三终字第418号。

就无所谓“反向假冒”了。因为即使在后商标做得比在先商标的规模还要大，除了说明侵权行为恶劣以外，并不能减轻其侵权责任。事实上，国务院、最高人民法院从来都是将“反复侵权、群体性侵权以及大规模假冒、盗版等行为”列为专项行动的重点打击对象。[1]事实上，规模大的侵权可能产生反方向的混淆，美国的Bigfoot案和我国的“蓝色风暴”案就是实际的案例。很能想象，在先商标默默无闻，在后商标规模巨大的情况会构成侵权行为，而当在先商标的规模也很巨大时反而不构成侵权。

在一个涉及牛仔裤兜的显著性判断的Levi's案[2]中，欧盟法院强调应该将关键时间点置于侵权开始的时候，否则无异允许在后使用人通过主张自己一手造成的显著性弱化来使自己从侵权行为中受益。

两个商标由于实际经营的地域不同、规模不同，在市场上可能会出现同时存在的局面。《欧盟商标指令》第9条首先从容忍或者说懈怠的角度规定了相应的法律后果。也就是说，在先商标所有人在其知晓的情况下，连续五年容忍在该成员国注册的在后商标使用的，该所有人不得以在先商标为由，就在后商标已使用的商品或服务，申请在后商标无效或反对其使用，除非在后商标是依恶意申请的。判断是否构成容忍，欧盟商标指令实际列举了若干实质性条件：一个是在后商标必须是获得注册的商标，一个是在后商标必须实际使用并为在先商标所知悉，一个是在先商标所有人无所作为躺在权利上睡觉，最后一个是在后商标必须是善意注册。成就五年容忍的条件，并不一定表明两个商标不再近似或不再混淆，只是说这样的情况下再禁止在后商标使用会导致极不公平的情况出现，因此

---

[1] 2008年《国务院关于国家知识产权战略纲要》（国发〔2008〕18号）第47条；《最高人民法院关于贯彻实施国家知识产权战略若干问题的意见》（法发［2009］16号）第5条。

[2] C-145/05，Levis strauss & Co.，第18段。

需要法律的强力迫使双方共存。

另一种情况是，时间也许不满五年，也可能超过五年，总之在后商标的使用没有遇到在先商标的挑战，即使在先商标所有人并不知情，倘若双方的确相安无事，也并不排除“混淆的可能”会发生一定的变化。欧盟法院在 Carbonell 一案[1]中就指出，虽然不能排除在一定市场上两个商标的共存，结合其他因素，有助于削弱相关公众的混淆的可能，但共存应该是一种“和平共处”，由于该案中双方多年来关于近似的争议不断，双方的关系远谈不上“和平共处”，一个重要的条件也因此远不成就。

当然，争议双方还可以通过签订共存协议解决纠纷，但一来共存协议通常是有地域限制的，一国主管机关显然无权以争议双方在其他一些国家共存，就强迫双方在该国共存，因为不像专利允许强制许可，TRIPS 协议第 21 条明确禁止商标的强制许可；二来协议的效力在不同审查制度的国家的效力也是不同的，例如，在不实行主动在先权审查的国家，只要在先权利人不提出异议或无效申请，主管部门就无权质疑在后商标的有效性。但在像我国或美国这样的主动审查国家，共存协议就不能具有天然优先的效力，主管部门还是有责任审查共存协议是否足以避免混淆、欺骗或错误的发生。

2. 在后使用人的善意、恶意有何区别

在确定销售者的赔偿责任时，《商标法》第 56 条的确允许“销售不知道是侵犯注册商标专用权的商品，能证明该商品是自己合法取得的并说明提供者的，不承担赔偿责任”。在确定法定赔偿时，商标司法解释第 16 条也的确允许将“侵权行为的性质”作为酌定的一个因素，但反过来正说明在侵权定性上恰恰不应该考虑在后使用人的主观状态。其实早在“老槽坊”一案[2]，最高人民法院就明确指出，“根据商标法的规定，商标使用人是否有意模仿注册商标，

---

[1] C-498/07 P，Carbonell，第 82—83 段。

[2] 最高人民法院民事判决书（2001）民三终字第 9 号。

不是人民法院判断商标是否构成近似，是否侵犯商标专用权的唯一标准”。

那么，在后使用人的主观状态是否完全不能考虑呢？应该说，正像上面一号指令在规定容忍的法律后果时就把善意作为一个必要的条件。而最高人民法院服务大局意见第10条实际也是这样处理历史遗留问题的：“对于因历史原因造成的注册商标与企业名称的权利冲突，当事人不具有恶意的，应当视案件具体情况，在考虑历史因素和使用现状的基础上，公平合理地解决冲突，不宜简单地认定构成商标侵权或者不正当竞争”。

因此，如果在后使用人一开始就知道在先商标的存在，甚至收到过在先商标所有人的警告，甚至承诺不再使用，则不可能主张其使用属于善意。

3. 注册与侵权判断标准有无区别

我们在开篇即提到商标近似的概念不仅出现在《商标法》第52条，也出现在第28条，第29条并暗含在第30条、第15条、第16条、第31条之中。授权确权意见也明确授权案件中对近似的判断需要与侵权案件的标准一致。因此，一方面，如果商标侵权案件中已经认定侵权，反过来也会有助于授权程序中的近似认定。另一方面，由于新申请的商标有可能完全没有使用，授权审查时的近似判断显然只能更抽象地进行，当商标的近似性结论成立导致该商标被驳回注册时，显然不能因为我们转入侵权案件商标近似的判断，就可以发生改变，或者再进行一次侵权意义上的近似判断，从而推翻授权程序中所作的近似判断。

实际中可能会有使用相同标记最后不判侵权的实例，如欧盟法院在欧宝模型车一案[1]中认为虽然商品相同，模型车上也使用了相同的欧宝图形商标，但消费者不会将模型车格栅上出现的商标认为是在区别模型车的产源，故混淆不存在、侵权不成立。但并不能反

---

[1] C-48/05，Opel，第44段。

过来说，他人也可以在模型车上注册欧宝商标，或者说欧宝商标因此就不相同近似了。至于他人在叙述性词汇的固有含义上合理使用，虽然不发生混淆也不构成侵权，但也不意味着他人也可以注册该标志。

综上所述，商标近似的判断固然不能脱离混淆进行，但毕竟和混淆还是两个不同的概念。因为混淆归根到底是指向产源，即认为两个产品来源于同一企业或有经济关联的企业，而不是标记本身。标记近似，既可能在结合其他因素之后产生混淆，也可能由于其他因素不成就，例如商品完全不类似而不至于混淆，但这并不能反过来说商标不近似，商标近似只是混淆发生的一个因素而已。

当然，在判断标志之间近似时，是外形近似重要，还是发音近似重要，抑或含义近似重要；是更多的重整体，还是看要部，或者看是否具有“独立区别作用”；是看普通消费者的一般注意力，还是看专业人员的特别注意力，都要经过具体的权衡考量。因此，最终也的确可能出现，同样两个商标，由于使用在不同的商品，或者由于商标本身的知名度不同，造成最后的近似判断不同。正像钱钟书先生归纳的阐释学的原理一样，商标近似及混淆的判断也应该“积小以明大，而又举大以贯小；推本以至末，而又探本以穷末；交互往复，庶几乎义解圆足而免于偏枯”[1]。

---

[1] 参见：钱钟书．管锥编［M］．北京：中华书局，1986：171．

未注册商标保护与商标权使用取得制

董炳和*

摘要：为制止商标抢注，我国《商标法》在2001年修改时增加了一条即第31条。该条为未注册商标提供了比较充分的保护，使在先的使用可以在注册程序中对抗在后的申请。在现行商标权注册取得制度下，除驰名商标外，未注册商标不具有禁止他人使用的效力。要使未注册商标具有一般意义上的商标权，就必须改变我国现行的商标权注册取得制，而转向商标权使用取得制。但这种制度转向在我国既缺少必要性，也不具有可行性。通过反不正当竞争法保护未注册商标，远比改变商标权取得制度更为可行。

早在2001年修改《商标法》之前，商标抢注问题即引起过广泛的关注和讨论，最终在立法上体现为现行《商标法》第31条。这一规定虽然可以有效地制止商标抢注，但并未授予未注册商标以实体权利。在当前讨论《商标法》第三次修改之际，有一种比较强烈的呼声，即要求改变我国现在采用的商标权注册取得制，以加强对未注册商标的保护，使未注册商标也享有一般意义上的商标权。未注册商标需要得到更强的保护，但是否需要通过改变我国采用已久的商标权注册取得制来实现，笔者认为，值得审慎对待，特撰此文，以求教于学界大方。

* 作者单位：苏州大学王健法学院。

一、现行商标法对未注册商标的保护

在2001年修改之前，《商标法》对未注册商标的保护显然是很不够的，只有第27条勉强[1]算得上是对未注册商标的保护。现行《商标法》对未注册商标的保护，首先体现在《商标法》第31条上。

《商标法》第31条是2001年修改时增加的一个条款，该条规定："申请商标注册不得损害他人现有的在先权利，也不得以不正当手段抢先注册他人已经使用并有一定影响的商标。"立法语言清楚表明，一个未注册商标要享受第31条的保护，"有一定影响"是必要条件。一个商标是否"有一定影响"，需要在具体案件中由主管机关根据案件事实加以认定。不过，就本文所要讨论的主题而言，那些要求保护的未注册商标通常都"有一定影响"。没有一定影响或没有任何影响的商标，受请求保护的各种成本以及潜在法律风险的制约，商标拥有人或实际使用人在通常情况下也不会主张保护。因此，在讨论《商标法》第31条对未注册商标的保护时，我们甚至可以忽略"有一定影响"的要求。笔者认为，真正需要关注的是第31条对未注册商标所提供的保护，即"不得以不正当手段抢先注册"。由此可见，《商标法》第31条所提供的保护并非直接针对那些"有一定影响"的未注册商标本身，也不是纯粹属于时间序位上的"抢先"，而是抢先注册所使用的"不正当手段"。因此，

---

[1] 1993年修改的《商标法》第27条第1款规定："已经注册的商标，违反本法第八条规定的，或者是以欺骗手段或者其他不正当手段取得注册的，由商标局撤销该注册商标；其他单位或者个人可以请求商标评审委员会裁定撤销该注册商标。"此处的"以欺骗手段或者其他不正当手段取得注册"通常被解释为包括了现行《商标法》第31条所规定的"以不正当手段抢先注册他人已经使用并有一定影响的商标"。这种解释虽然已被商标注册及相关司法实践所接受，但2001年《商标法》修改时增加了第31条但在第41条第1款中依然保留了原第27条第一款的表述，表明这里的"以欺骗手段或者其他不正当手段取得注册"并不包括商标抢注。

抢注者应当具有主观恶意，即以不正当手段抢注他人商标。[1] 换言之，如果抢注者注册时所采用的手段是“正当”的，即不应受到第31条的禁止。

对于那些违反第31条但已获准注册的商标，商标所有人或者利害关系人可以根据第41条第2款的规定请求商标评审委员会裁定撤销该注册商标。

除第31条外，《商标法》第13条第1款对未注册商标提供了一种特殊的保护机制。如果一个未注册商标达到了驰名的程度，就可以享受该款的保护，“不予注册并禁止使用”。限于本文之目的，笔者就不对未注册的驰名商标的保护问题展开讨论。

二、商标权取得制度对未注册商标保护的影响

就一般意义而言，商标权取得制度主要有两种：注册取得制和使用取得制，亦称注册原则和使用原则。在注册取得制之下，谁最先申请商标注册，商标权就授予谁；[2] 商标注册是一种行政法律行为，通过注册，商标所有人即取得了商标权。[3] 在使用取得制之下，谁首先使用该商标，商标权就属于谁；[4] 办理商标注册手续仅能从法律上起到申请和宣示的作用，但起不到确定商标权归属谁的作用。[5] 因此，在不同取得制度之下，商标在先使用所具有的法律意义是不同的，未注册商标所受到的保护也是不相同的。

与绝大多数国家一样，我国实行的是商标权注册取得制。根据《商标法》第3条的规定，经商标核准注册的商标为注册商标，商标注册人享有商标专用权，受法律保护。在此意义上，未注册商标是不享有专用权的，这从《商标法》第七章的标题“注册商标专用

---

[1] 徐玉麟．中华人民共和国商标法释义［M］．北京：中国法制出版社，2002：91.

[2][3] 张序九．商标法教程（第三版）［M］．北京：法律出版社，1997：54.

[4][5] 张序九．商标法教程（第三版）［M］．北京：法律出版社，1997：43.

权的保护”上也可以看得出来。因此，在我国现行《商标法》之下，一个未注册商标除非已经达到了驰名的程度，否则并不享有商标法意义上的专用权，其所有人既不能根据《商标法》第 52 条的规定提起侵权诉讼或主张，也不能像《商标法》第 13 条、第 15 条和第 16 条所规定的那样，禁止他人使用。需要说明的是，《商标法》第 29 条规定“同一天申请的，初步审定并公告使用在先的商标，驳回其他人的申请，不予公告”，仅仅意味着在同一天申请的情况下使用的先后决定了商标局审定公告的次序，并不表明在先的使用成为商标权产生的依据。

很显然，由于注册取得制之下商标权产生的依据是注册而不是使用，因而未注册商标在通常情况下并不享有专用权，其所有人也就不能根据商标法来禁止他人未经其许可的使用。如果未注册商标所有人获得了禁止他人使用的权利，那就意味着未注册商标也享有了专用权。在此情况下，所谓的商标专用权注册取得制事实上已被瓦解。换个角度来说，在维持商标专用权注册取得制不变的情况下，未注册商标在商标法上所获得的保护只能是非常有限的。而在使用取得制之下，商标的注册通常只是对已产生的商标权的确认和宣示，而不是商标权产生的依据，因而最先使用的人很自然地享有了商标权，不但可以对抗他人随后提出的注册申请或获得的注册，而且还可以禁止他人的使用，无论是作为注册商标还是未注册商标。由此可见，商标权使用取得制能够为未注册商标提供更加全面的、更加充分的保护。

就我国而言，《商标法》2001 年修改时增加了第 31 条，为未注册商标提供了保护，使未注册商标的所有人可以有效制止以不正当手段进行的抢注，但并没有像《商标法》第 13 条第 1 款那样，赋予商标所有人禁止他人使用的权利。因此，要进一步提高未注册商标的保护水平，使其所有人享有一般意义上的商标权或禁止权，就不可避免地要对商标权注册取得制进行突破。根据笔者所掌握的信息，学者们建议的突破方向无非有两个：一是全面转向商标权使用取得制，二是兼采商标权注册取得和使用取得两种制度，即所谓“注册＋使用”制度或以注册取得制为主、以使用取得制为辅。关于全面转向商标权使用取得制的问题，本文第三部分将作更详尽地讨论，这里重点讨论兼采注册取得制和使用取得制的问题。

从表面看，兼采注册取得制和使用取得制似乎可以各取两种制度的长处弥补各自的不足。但是，如果注册和使用都可以取得商标权的话，就某个特定的商标而言，一旦注册人和使用人不是同一个人，两个商标权之间就会处于冲突状态，哪一个在效力上优越便成为不可回避的问题。如果因在先使用而取得的商标权不足以对抗或否定因在后注册而取得的商标权的话，注册的效力就优于使用的效力。即便像有论者所建议的那样，“取得商标权应当同时满足实际使用和商标注册两个要件，商标的实际使用是获得商标权的实质要件，商标注册是取得商标权的形式要求”，[1] 也只不过是把实际使用作为核准注册的必要条件而已，未注册商标是否能依据在先的使用而取得商标权，依然不得而知。如果以注册取得制为主，以使用取得为辅，实际上与我国现行的做法并无实质性区别，只不过是把《商标法》第13条关于未注册驰名商标的保护扩大适用到“有一定影响”的未注册商标罢了。如此一来，驰名商标特别保护制度恐怕就要发生根本性改变。其中的利弊得失，不难判断。因此，笔者认为，兼采注册取得制和使用取得制的主张或做法，是不可取的，也是难以操作的。未注册商标保护问题只能在注册取得制或使用取得制之下进行讨论。

三、制度转向应考虑的因素

关于注册取得制与使用取得制的优劣比较，许多学者已经进行过非常深入、细致的研究，限于本文主题，不再加以论述。就未注

---

[1] 邓宏光．我们凭什么取得商标——商标权取得模式的中间道路［J］．环球法律评论，2009（5）．

册商标而言，使用取得制所给予的保护水平，是注册取得制所不能及的。在使用取得制之下，只有使用才是商标权的来源和依据，在先的使用人通过实际使用取得了商标权，可以对抗在后的注册和使用。

因此，如果要进一步提高未注册商标在商标法体系内的保护水平，在商标权注册取得制之下的操作空间并不太大，出路似乎只有一条：从商标权注册取得制改为使用取得制。这条路是否行得通，主要取决于两个方面的论证：必要性和可行性。

对于采用使用取得制的必要性论证，笔者认为，至少应考虑以下三个因素：

首先是未注册商标保护的现状。如前所述，《商标法》对未注册商标的保护是有限的，未注册商标并不享有专用权。但是，这并不意味着未注册商标的所有人缺少必要的法律手段禁止他人的使用。按照最高人民法院关于反不正当竞争法司法解释的精神，《反不正当竞争法》第5条第（二）项中的“知名商品特有的名称、包装、装潢”实际上被当作为未注册商标来看待的。[1] 另外，根据来自网络的信息，正在进行中的反不正当竞争法修改规定经营者不得擅自使用他人在先使用的为相关公众知悉的商标。在此情况下是否还有必要在商标法框架内提高未注册商标的保护水平，当不无疑问。

需要考虑的第二个因素是未注册商标保护的最终界限在哪里，尤其是未注册商标保护与驰名商标特别保护的分界线。早在1883年巴黎公约中，驰名商标就受到特别保护，TRIPS协定进一步扩大了驰名商标保护的范围，提升了驰名商标保护的水平。未注册商标通常经过实际使用在市场上具有了一定的影响或知名度，但“一定”并不等于驰名商标所要求的“熟知”，因而使未注册商标保护与驰名商标特别保护之间保持一定的“距离”是很有必要的。同时，一个驰名商标是否属于注册商标，对其所受到的保护也是有一

---

[1] 参见反不正当竞争法司法解释第2条、第4条和第5条。

定的影响的。因此，全面采用使用取得制所影响的不仅仅是注册商标的效力及保护，还包括驰名商标的保护。

需要考虑的第三个因素是未注册商标存在的原因，尤其是法律制度方面的原因。现行《商标法》自 1982 年制定以来即奉行自愿注册原则，除少数几种商品必须使用注册商标外，商标所有人可以自由决定是否将其使用的商标申请注册。而且，除了《商标法》第 11 条第 1 款规定的不得作为商标注册的标志需要经过使用以外，无论使用过的商标还是没有使用过的商标，都可以申请并获得注册。因此，在没有申请注册的情况下将商标投入实际使用，并且在使用以后（甚至在具有一定影响以后）仍然不申请商标注册，非出于法律上的强制或阻碍，完全是出于商标所有人的自由意志。现行《商标法》实施已近三十年，许多未注册商标的所有人仍然无视“需要取得商标专用权的，应当向商标局申请商品商标注册”的规定，坚持使用未注册商标而不向商标局申请注册，被看成是对其自身利益的漠视或放弃，似不为过。

对于可行性论证，笔者认为，至少应考虑以下两个方面的因素：

一方面，我国自 1982 年以来即奉行商标权注册取得制，在此之前也没有真正意义上的商标法律传统，采用商标权使用取得制无疑可以算作法律制度的“移植”，对于被“移植”过来的法律制度的原生法律环境的考察，是确保“移植”后的法律制度与新的法律环境具有良好适应性的必要步骤。尽管商标权使用取得制或许并非普通法系国家所首创，也非普通法系国家所独有，但当今固守商标权使用取得制的国家主要是美国。美国坚持商标权使用取得制，与其普通法传统是密不可分的。正如有学者所指出的那样，“根据普通法的方法，一个商标的所有权是通过其在商业上的使用，亦即向公众销售附有该商标之商品或者服务而获得的。”[1] 甚至有学者将

---

[1] 威廉·M. 兰德斯，理查德·A. 波斯纳. 知识产权法的经济结构［M］. 金海军，译. 北京：北京大学出版社，2005：230.

注册商标制度与普通法传统联系在一起。[1] 同时，美国现行商标法（Lanham Act）关于商标侵权的第46条第a款（美国法典第15编第1125条第a款）通常被认为属于反不正当竞争性质，美国的一些商标法学者也经常将商标法与反不正当竞争相提并论。[2] 而我国作为一个继受大陆法传统的国家，既无普通法传统，也将商标法和反不正当竞争法作了明确的划分。

另一方面，由于商标权使用取得制下使用是取得商标权的主要依据，无论商标注册与否，商标所有人不但可以在商标注册程序中主张其商标权，在普通的民事诉讼中也可以主张商标权，这就意味着法院对商标权的存在与否及其效力范围拥有广泛的权力，美国的联邦法院在任何涉及注册商标的诉讼中都可以对注册商标的有效性进行裁判，其判决结果对专利商标局具有约束力。在我国现行司法体制之下，法院并不具有如此广泛的权力。而且，如果允许法院在商标侵权民事诉讼中对注册商标的有效性作出裁判，法院在专利侵权民事诉讼中对专利的有效性也应拥有裁判权。这在我国现行司法体制之下究竟有多大可行性，不无疑问。

此外，如果采用商标权使用取得制，一些商标法上的相关或配套制度，如商标的转让、许可使用以及质押等，都需要作出适应性的调整。否则，在商标法体系之内，就会出现许多矛盾和不协调的地方。

四、结论

在综合考虑上述各方面的因素之后，笔者认为，即使完全不考虑不同商标权取得制度之间的利弊得失，为保护未注册商标之目的

---

[1] 彭道敦与李雪菁称：“普通法上的假冒侵权是注册商标制度的最初来源。注册商标制度从中得到启发，确定其保护标准，甚至安排其架构。”参见：彭道敦，李雪菁．普通法视角下的知识产权［M］．谢琳，译．北京：法律出版社，2010：15．

[2] 最具有代表性的是美国著名商标法专家 McCarthy 的名作“McCarthy on Trademarks and Unfair Competition”。

而改变我国实行已久的商标权注册取得制度，其必要性和可行性都存在着很大疑问。商标法已经赋予了未注册商标充分的程序对抗权，未注册商标的“专用权”问题应在商标法之外来解决，修改反不正当竞争法以制止对有一定影响的未注册商标的仿冒行为，比在商标法上授予未注册商标专用权，在我国现行法律环境下更具有可行性。

论英国仿冒法中的商誉

李　艳*

摘要： 英国仿冒法从欺诈侵权理论发展到财产权保护理论，营业的商誉被确定为可保护的财产权。商誉在英国仿冒法构成要件中居于核心地位。英国仿冒法中商誉的概念，商誉的主体——经营者，商誉的产生、商誉的地域性和商誉的共有中确定的规则对我国的反不正当竞争法和商标法中的相关内容的制定具有重要的启示作用。

英国仿冒法的历史发展过程堪为英国普通法发展历史的典型例证。与普通法一样，仿冒法也是基于无数单个典型判例的判决而总结出一套普通法原则。仿冒法的发展历程大体可以分为两个阶段，即欺诈侵权理论主导阶段和财产权保护理论主导阶段。第一阶段，从 16 世纪仿冒法起源到 20 世纪初，这一阶段被称为欺诈侵权理论主导的时期。仿冒是由于经营者欺诈消费者进而使其他经营者受到损害的侵权行为。这一时期仿冒被认为是由于被告主观上存在欺诈而引起的侵权行为，这种欺诈即构成了欺骗侵权。1842 年，仿冒的概念首次在 Perry v. Truefitt 案❷中被明确界定。19 世纪末，随着衡平法的介入，衡平法院授予禁令，禁止被告不诚实的行为，仿冒保护财产权的特性逐渐显现出来，但是衡平法院最初并没有拒绝证明恶意，而是希望证明被告的持续性的欺骗行为与欺诈等同。1873 年颁布的英国司法法实现了衡平法与普通法的融合，欺诈的

---

* 作者单位：西北政法大学。

❷ [1842] 6 Beav. 66；49 E. R. 749.

重要性逐渐减弱。仿冒发展的第二个阶段从 20 世纪初至今，这一阶段被称为财产权保护理论主导的时期。欺诈作为仿冒的构成要件彻底消失。1915 年的 Spalding v. Gamage 案[1]确立了仿冒保护商誉财产权的原则，同时也构建了现代仿冒法的理论框架。20 世纪 70 年代的 Advocaat 案[2]确立了现代仿冒的概念，提出仿冒构成的五要件。随后的 JIF[3] 案将仿冒构成要件简化为三项，构建了所谓的经典三要件即商誉、虚假表示和损害。至此，现代仿冒法的体系构建基本完成，并延续至今。仿冒法一直遵循经典三要件为核心的体系发展，虽然新的仿冒类型不断出现，但是基本都可以通过经典三要件得以确认并被吸纳其中。

仿冒法发展的最重要的一步是 Parker 法官确立的仿冒的理论基础。Parker 法官在 1915 年 Spalding v. Gamage 一案中的精彩论述成为现代仿冒法的基础。Parker 法官论述了确立商誉作为财产权的原则。他认为理论界出现了各种不同的对这种权利本质的认识的观点，更通常的看法是这种权利是一种财产权。这个观点很自然地要求回答就什么享有财产权。一些学者认为财产权存在于被告不当使用的商标、商号或包装上。其他人认为财产权存在于可能被虚假表示行为侵害的营业或商誉中。Parker 法官明确表示反对前一种观点，如果被侵害的是一种权利，就是一种财产权。他认为有充足的理由支持后一个观点。首先，使用商标、商号或包装不能穷尽所有的虚假表示行为。如果 A 虚假地说，“我所出售的商品是 B 的商品”，这里并不存在对商标、商号或商品外观的侵权，除非用到了 B 的姓名。如果 A 虚假地说“这些是 B 的具有特别质量的商品”，而且实际上确实是 B 的商品，这时根本没有姓名侵权。其

[1] ［1915］32 R. P. C. 273，H. L.

[2] Erven Warnink B. V. v. J. Townnend & Sons（hull）Ltd. ［1979］A. C. 731；［1979］2 All E. R. 927；［1980］R. P. C. 31（H. L.）.

[3] Reckitt & Colman Products Ltd. v Borden Inc［1990］RPC 341.

次，很难说明一个人可以对描述性的词语享有财产，例如在Reddaway案中的驼绒，因为任何经营者都可以使用驼绒这个词语。只要他的使用没有构成欺骗。即使在商标法的语境下，这种财产的所有人在本质上享有的权利是很短暂的，并且只有在公众看来或特别的公众看来这种描述性的词语具有显著性时，财产权才存在。

从以上的分析可以看出，Spalding v. Gamage一案解释了仿冒法是对一种财产权的保护，而该财产权指的是原告对于其营业中蕴含的商誉，此种观点具有极大的创造性。商誉早已被确定为一种法律的财产形式，它的定义是“在商业习惯中一种吸引人的力量”，这意味着它可能被仿冒中的虚假表示的类型所损害。一旦仿冒法被确定保护的是一种财产权，法院就可毫不困难地抛弃将欺诈作为构成要件的观念。在普通法经济侵权种类中，仿冒成为一种须承担严格责任的侵权行为。

仿冒的基本构成要件被确定为一种损害原告商誉的虚假表示行为。“仿冒诉讼对财产权侵犯的救济不是存在于对商标、商号或商品外观不当使用的制止，而是存在于对将自己的商品作为他人商品的虚假表示行为对他人商誉造成侵害的制止。”[1] 仿冒诉讼保护的财产权是原告的作为一个整体的商誉。仿冒不直接保护商业名称、商标或其他标记，[2] 也不确认它们的财产权地位，这与1994年《商标法》商标侵权诉讼不同。当然，广义的商标概念在仿冒诉讼中很重要，因为虚假表示行为的基本构成要件往往依据原告所声称的标记是否具有商标的意义，如果是的话，使用相类似的标记就构成虚假表示行为。但是仿冒诉讼保护的权利性质仍然是一种“与所

---

[1] Diplock法官在Star Industrial Co. Ltd，v. Yap Kwee Kor［1976］F. S. R. 256，269（P. C.）案中的论述。

[2] Payton&Co. v. Snelling，Lampard&Co.［1899］17 R. P. C. 48at P. 55（C. A.）affirmed［1901］A. C. 308；17R. P. C. 628（H. L.）.

使用的商标相联系的商誉或营业上的财产权”,[1] 而不是商标本身的商誉的保护。“一方面,除了商标法以外,没有人可以对词汇或名称享有垄断性权利。另一方面,没有人有权通过使用词汇或名称将他的商品表示为另一人的而使该人的商誉受到损害。如果被授予保护财产权,并非词汇或名称所具有的财产权,而是在使用中被侵害的商誉中的财产权”。[2]

因为仿冒通常表现为被告对原告的商业名称、商标或商品外观的错误使用,原告好像在商标上具有特别的商誉。但是仿冒并非限于此类情况,虚假表示行为不必表现为对于商誉可能所附着的显著性商标的错误使用。

仿冒诉讼所保护的是原告就营业的商誉所享有的权利。损害是诉讼的关键点,如果没有对商誉的损害,仿冒诉讼就不可能胜诉。虽然在仿冒诉讼的定义中明确要求原告是一个经营者,因为原告如果不是经营者,则他的任何商誉都不可能受到损害。如果原告没有从事任何的经营活动,他不能就仿冒起诉。再者,如果原告从事经营活动,他必须同时证明他作为经营者受到了损害。即使原告是经营者,但是如果他所受到的损害没有达到法定的损害程度,依然无法满足仿冒诉讼对于原告经营者身份的要求。

仿冒诉讼所要求的经营者的概念非常广泛。对于经营者没有明确的定义。但是如果从商品或服务中获得收入的人一般被认为是经营者。不需要原告以赢利为目的的经营。根据仿冒法原则,经营者可以被广泛地解释并可包括从事专业的、艺术的或文学的职业的人。包括作家、卡通作者、表演者等。如果原告看似在从事经营活动,但是有可能不具备成为经营者的条件。在 borough of Morecambe

---

[1] Diplock 法官在 Star Industrial Co. Ltd. v. Yap Kwee Kor [1976] F. S. R. 256, 271 (P. C.) 案中的论述。

[2] Parker 法官在 Burberry v. J. C. Cording & Co. Ltd. [1909] 26 R. P. C. 693 案中的论述。

and Heysham v. Mecca ltd.[1]案中，原告是 Morecambe 的当地政府，进行名为大英国小姐的选美宣传活动。决赛的门票是收费的，但是原告并不从中获得利益。原告的目的是吸引度假者到 Morecambe 度假，从而带动本地经济。被告在和原告合作了一段时间之后，自行组织名为英国小姐的选美比赛。原告起诉被告使用相同名称组织选美比赛，构成仿冒。法院判决原告败诉，没有被授予临时禁令。法官认为原告虽然没有从比赛中获利，但是他可能会因比赛由于被告的模仿而受到损害，因为原告为比赛投入了大量的资金。但是比赛最终是为了 Morecambe 的纳税人获益，而不是使当地政府直接受益，因此原告由于不具有经营者的资格而败诉。

商誉一般由贸易产生，只要具有经营活动就足够了。商誉产生的最早案例发生在 19 世纪的 Maxwell v. Hogg 案。原告为一本叫"Belgravia"的杂志大量地做广告。在推出第一期之前，被告匆匆推出同样名称的"Belgravia"杂志。上诉法院作出判决，认为原告在推出第一期之前对此名称不享有权利，因为被告先推出了第一期。事实上是被告不诚实，因为被告知道原告已经做了广告，仍然推出自己的杂志。但是法院仍然判决原告败诉，因为原告没有在经营中产生商誉。该案说明只靠广告不能获得商誉。早期的案例表明营业在提起诉讼之前必须真实地开始，因此被告在原告之前进入市场可以免责。

一些具有国际知名度的原告在管辖权范围内没有营业，希望将声誉等同于商誉，并由单纯的声誉可以提起诉讼。有些判例支持他们这种要求，即阻止被告商业性使用原告的著名的有吸引力的商标。但是目前的主流观点是管辖权范围内的商誉不等同于声誉。百威啤酒案[2]就说明这一点。应该指出的是，1994 年商标法 56 条

---

[1] [1962] R. P. C. 145 (interlocutory); [1966] R. P. C. 423 (Trial).

[2] Anheuser-Busch Inc. v. . Budejovicky Budvar N. P. [1984] F. S. R. 413 (C. A.).

(2) 规定单纯依靠声誉就可以获得禁令救济防止混淆，只要原告的商标是驰名的。

商誉只有在管辖权范围内方可适用仿冒诉讼。案例法并未明确外国经营者必须在英国有营业地，还是只需要具有顾客。有些案例要求必须有经营活动。权威观点认为商誉在特性方面是区域性的，如果营业在几个国家开展，那么商誉就附着在每一个营业上。[1] 商誉的判定是一个事实和程度问题。问题简化为原告是否在管辖权范围内有顾客。在 NishikaCorp v. Goodchild 案[2]中，原告在香港和北美销售照相机，原告在英国就此款照相机注册了商标，并且打算在英国进行照相机的销售业务。被告合法地进口了原告在国外生产的此款照相机并且在英国销售。但是他们不诚实地表示，这批相机是原告销售的或者得到原告的许可进行的销售。原告提起仿冒之诉并且要求给被告颁发临时禁令。该案的焦点在于原告是否在英国具有足够的商誉来获得临时禁令的救济。判决认为，证据充分表明被告具有虚假表示的行为，被告的行为使原告产生了足够的商誉。被告的行为部分是合法的，因为他出售的的确是原告的商品。同时被告的行为构成虚假表示，因为他虚假表示为自己就是原告或者原告的被许可人。被告的合法行为对于原告具有构成经营的重要意义。一个外国生产者没有在英国营业，但是他的商品在英国销售，就在他所使用的商标或商号上产生了可以保护的商誉，而这种商誉是制造者的还是进口商的则只是一个事实问题。因此被告的行为构成仿冒并被禁令禁止。

遵循上述规则，在管辖权范围内的消费者可以在国外获得原告的商品或服务。如果商誉在本质上是吸引顾客的一种力量，那么应该由消费者来决定。原告必须做的是表明他们与消费者具有商业联

---

[1] Diplock 法官在 Star Industrial Co ltd v. Yap kwee Kor [1976] F. S. R. 256P. C. 案中的论述。

[2] [1990] F. S. R. 371.

系，消费者成为商誉的一部分，无论经营地在哪里。只要管辖权范围内具有消费者，该经营者就在管辖权范围内享有商誉。如果消费者作为旅行者旅行，正好使用了原告的商品或服务，不足以在管辖权范围内享有商誉。基于这样的分析，超越地理区域形成商誉就变得很困难。当某个英国人与一个外国人通过协议在本国进行商品的销售和制造，使用的是该外国人的商标，协议终止时必须确定谁有权对该商标享有商誉。在 Manus（A/B）v. R. J. fullwood and Bland Ltd 案❶中，原告是一家制造制奶机瑞典公司，使用的商标是 MANUS，被告和其继承者在本国是原告唯一的进口商。在协议中原告允许被告从 1940 年起销售以 MANUS 为商标的机器。当原告在国内的专利到期时，被告声称拥有该商标。法院判决 MANUS 商标所含的商誉属于原告，原告有权禁止被告使用。MANUS 这个商标作为来源于外国的商标而在本国有名。该案虽然被告在英国一直使用作为外国人的原告的商标，但是商标上所附着的商誉却是原告享有的，当商标使用合同到期时，应该由原告继续享有商誉。

英国第一个关于商誉共有的案例是 Bollinger v Costa Brava Wine Co. Ltd 案❷（又名香槟案）。在该案中，法国著名的盛产葡萄酒的香槟地区的生产者向英格兰和威尔士供应葡萄酒。原告是进口并销售该地区葡萄酒作坊酿制的香槟酒的进口商，代表法国香槟作坊起诉，被告是在伦敦经营葡萄酒和白酒的经销商，将出售的西班牙葡萄酒描述为西班牙香槟。原告认为被告的行为会使消费者认为“西班牙香槟”酒来源于原告，构成仿冒。香槟作坊因为被告的行为受到了损害，要求禁令救济。在诉讼中，法官发现被告使用 Spanish Champagne 可能会导致对酒的生产不了解的人误认为该酒就是他们经常需要购买的知名度很高的酒商供应的酒，并且授予了

❶ ［1949］66 R. P. C. 71（C. A.）.

❷ ［1960］Ch. 262；［1959］3 All E. R. 800；［1969］R. P. C.

禁令。法官判决每一个出口香槟的公司都对于香槟这个词汇的错误使用具有共有的提起诉讼的权利。该案被 Sherry 案[1]和 Whisky 案[2]所遵从，并被上议院的 Advocaat 案所认可。在英国，Champagne 案[3]、sherry 案[4]和 Whisky 案被称为饮料系列案。在这些案件中，商品是某一限定地区的天然产品，可以说产品的品质主要归因于来源地的优势。一般来说，以上所有的案例都表明原告有权在商品上附着 Champagne 或者 sherry 或者 Whisky 名称从而可以共享商誉。就这个意义上来说，商誉是共有的，虽然必须有前提条件，即商誉不能在任何意义上被分割并且不能阻止任何符合客观标准的新来者加入分享这种商誉。但是这种分析必须是在历史的趋势促使仿冒保护的是与特别的名称或标记相联系的商誉时才有意义。当仿冒确认保护的是原告在营业中作为一个整体的商誉时，被告使用不是原告排他的名称或标记而形成的虚假表示也就成立了。每一个香槟制造作坊都具有自己的商誉，部分是由于香槟自身的声誉，部分是自身的努力。其他经营者错误使用香槟名称的行为是对商誉中原告财产权的损害，这种商誉是原告自己的而无须与其他人分享。

英国仿冒法中商誉概念是判定仿冒的基础，用商誉的理念可以解释很多复杂的问题，英国的仿冒法自始至终贯穿商誉的概念。英国仿冒法中商誉的概念是指将品牌、声誉和营业利益相互联系在一起，并且具有吸引消费者购买商品的特点。在英国，商誉的财产权

---

[1] Vine Products Ltd. vMackenzie &Co. Ltd. [1969] R. P. C. 1; [1968] F. S. R. 625.

[2] Walker (John) &Sons Ltd. vHenry Ost&Co. Ltd. [1970] 1 WL. R. 917; [1970] 2 All E. R. 106; [1970] R. P. C. 489; Walker (John) &Sons Ltd v. Douglas McGibbon &Co. [1975] R. P. C. 506.

[3] Bollinger v. Costa Brava Wine Co, Ltd. [1960] Ch, 262; [1959] 3 All E. R. 800; [1960] R. P. C. 116.

[4] Vine Products Ltd. v. Mackenzie &Co. Ltd. [1969] R. P. C. 1; [1968] F. S. R. 625.

的属性最初是在 Spalding v. Gamage 中案确立的。该案阐明，仿冒是将甲方的商品虚假表示为乙方的商品从而对乙方商誉造成损害的行为，由此确立了仿冒法要对营业中蕴涵的商誉作为财产权进行保护的司法理念，明确指出仿冒诉讼应是对商誉财产权侵权的诉求，而不是针对所使用的商标、商号或商品外观的不当使用的诉求。在其后的案例中，仿冒诉讼保护商誉财产权这一基础理论得到推广应用，最终成为仿冒法核心理论。商誉以与营业相关联为存在条件。商誉成为一种财产权，只有通过法院诉讼才能被司法确定。虽然商誉附着在商标上，商标内含有商誉，但是英国仿冒法的意图是保护商誉本身而非作为商誉载体的商标符号，固然载体与内涵往往密不可分。对于不承载商誉的商标不应给予法律保护，借此有利于鼓励营业者诚实劳动，预防投机者通过商标抢注谋取暴利。

在英国，仿冒诉讼的原告必须是一个经营者，但是经营者的范围却非常广泛，并没有明确的定义。一般认为从商品或服务中获得收入的人即被认为是经营者。经营者可以被广泛的解释为包括从事专业的、艺术的或文学职业的人。例如有作家、卡通作者、表演者等，而不需要经营者以营利为目的的经营。如果原告是贸易或专门组织成员的代表，即使是非营利性的，仍然和贸易公司一样可以提起仿冒诉讼。慈善机构即使不是处于获利的目的，也会从事贸易或经营。例如许多公立学校靠慈善机构的资助经营，而且慈善机构也会收取对历史性建筑的参观费，以便维修之用。即使是非经营性的慈善机构的商誉被商业性的不当使用，也会受到仿冒诉讼的保护。可见经营者的范围不限于以营利为目的的经营的人，只要是与经营活动相关的自然人和法人或其他组织，都被英国仿冒法纳入经营者的范围而受到保护。

我国关于经营者的规定体现在《反不正当竞争法》第 2 条第 3 款，即“本法所称的经营者，是指从事商品经营或者营利性服务的法人，其他经营组织和个人”。经营活动是指独立的、以营利为目的、具有一定持续性的市场经济行为。[1] 从这款的含义上看，经营者的范围仅适用于依法成立、具有经营资格的法人、其他经济组织和个人的行为。这一条款的经营者与英国仿冒法中所指的经营者不同。由于现行的《反不正当竞争法》规定的经营者的定义较为狭窄，在司法实践中，市场竞争实践的主体已经远远超出该法所定义的经营者的资格，出现下述问题，如高等院校、医院等传统的非营利性机构[2]，没有取得经营资格的个人[3]能否适用《反不正当竞争法》。针对这样的情形，法院一般通过扩大解释的方法，认定这些主体是经营者并适用《反不正当竞争法》来处理。例如，在中国药科大学诉江苏福瑞科技有限公司案中，法院认为中国药科大学的附属企业从事营利行为，而附属企业的利润是交与中国药科大学支配，所以中国药科大学是间接的经营者。在湖南王跃文诉河北王跃文不正当竞争纠纷案中，法院认定文化市场是新兴市场，作者的作品是一种商品，那么作家就是市场经营者。从司法实践来看，我国经营者的范围实际上非常广泛，但慈善组织依然没有包括在内。随着我国经济的发展，各种慈善组织得到国家和社会的大力支持而发展壮大，慈善组织发生被仿冒的可能性增加。如果在一定的条件下将慈善组织认定为经营者，将有利于保护慈善组织的合法利益。鉴于我国不是判例法国家，通过判例对立法的扩大解释不能对其他案件有约束力。因此，建议在修改《反不正当竞争法》时应该扩大经营者的范围，包括实际参与竞争或者影响竞争的任何人。

英国系列饮料案的判决涉及商誉共有问题。以香槟案为例，许

---

[1] 邵建东，方小敏．案说反不正当竞争法［M］．北京：知识产权出版社，2008：30.

[2] “中国药科大学诉江苏福瑞科技有限公司案”载《最高人民法院公报》2005 年第 6 期；“宜昌市妇幼保健院诉宜昌市工商局案”载《最高人民法院公报》2001 年第 4 期。

[3] “湖南王跃文诉河北王跃文不正当竞争纠纷案”，载《最高人民法院公报》2005 年第 10 期。

多公司制造和出口香槟，并在这类酒上使用同一名称香槟。这就是说，这些公司对附着在香槟名称上的酒共有商誉。商誉是一个不可分割的整体，只要符合客观标准，就可以成为商誉的共有人。每一个香槟制造者都拥有自己的商誉，部分来自于香槟名称，部分来自自己的努力。当他人的虚假表示行为侵犯了香槟制造者的商誉时，香槟制造者可以选择单独起诉或联合起诉。共有商誉的概念对于解决地理标志的保护问题具有一定的启示意义。我国依据 TPIPS 协议的规定，积极保护地理标志。《商标法》第 16 条对地理标志的定义如下：地理标志是指标示某商品来源于某地区，该商品的特定质量、信誉或者其他特征，主要由该地区的自然因素或者人文因素所决定的标志。但是关于如何保护地理标志，没有具体的条文规定。英国仿冒法上的商誉共有的思路可资借鉴。对于使用同一个地理标志的人可以当作整体的商誉保护。当受到仿冒时，每一个商誉共有人可以独立起诉或联合其他共有人起诉，这样，使仿冒诉讼具可操作性，更利于保护商誉的共有人。

保护诚实的商誉共有使用者必须与保护公众利益保持平衡。仿冒法的基本原则是保护商誉的所有者的同时保护消费者不受误导，这两个原则在多数情况下是一致的。但是在实际生活中，当诚实的商誉的共有使用者和消费者之间常常存在利益冲突。例如两个同姓名的人分别经营某一业务，成为营业商誉的共有人，但是消费者会因为混淆两者的营业而受到损害。在澳大利亚的判例和成文法中，也面临协调这两者利益的难题。有判例认为，如果能让消费者知晓有两个合法的利益主体存在，就不构成仿冒。这种观点与澳大利亚《1974 年商业实践法》相悖，根据该法第 52 条的规定，被诉侵权者不能以共有商誉抗辩。面对经营者和消费者利益冲突时该如何取舍这一问题在我国也存在。本文认为，以保护诚实经营者的商誉优先，因为经营者对商誉的共有是客观存在的，也是合法的。但是若属共有商誉，经营者也负有使消费者知晓的义务。商誉的共有人应该通过各自使用相互区别的标志或者发布声明的方式，使消费者了解共有商誉主体的存在。同样，个人可以诚实地使用自己的姓名实施营业，但是必须履行如实告知的义务，防止借用其他同一姓名者的商誉，这样就可以解决经营者和消费者利益冲突的问题。

在英国，商誉的所有权与商标联系在一起。按照英国判例总结出的原则，仿冒法所保护的是营业上的商誉，而不是保护商标本身。但是商誉与商标密不可分。尤其在判定商誉的所有权时，拥有商誉所有权，即意味着该方的商标具有显著性。反之亦然，商标的显著性是判定商誉的一种有力事实证据。在仿冒案件中，当被告的虚假表示行为是以使用与原告相同或相似的商标为表现方式的情况下，原告若需证明他具有商誉，只需证明他使用的商标具有显著性即可。商誉的所有权范围广泛，商标的显著性只是判断是否具有商誉的一种特征，但是商誉也可以不必附着在商标上而存在。

在我国法律理论界甚至立法层面上，往往过于强调商标的作用而忽视商标背后隐藏的深层次问题。我国一部分理论界学者将知识产权分为两大类，一类是商业标记所享有的权利，例如商标权，另一类是创造性智力成果权，如著作权和专利权。根据这样的划分，商标是一种商业性标记，那商标权就是商业性标记所享有的权利。按照这种逻辑，商标所有人在自己的商标获准注册之后，无论是否实际使用，都可以宣称自己拥有绝对的商标权。而商标主管部门也可以一再强调，“商标注册”就是商标授权，注册商标的专用权是由商标主管部门赋予的。[1] 根据我国的商标注册主义，商标注册产生绝对的商标权。只要注册商标就具有对抗一切非注册商标的权利。绝对的注册制使保护商标这种商业标记成为唯一的目的，而不求商标被保护的根本。我们从商标法的起源——英国仿冒法可以看出，商标保护的真正目的在于保护营业者的商誉，而强调商标的显著性只不过是判定商誉的一种简便的手段。这就是说，商标的使用

---

[1] 李明德：《文学先生著〈商标使用和商标保护〉一书序言》参见 http://www.iolaw.org.cn/showArticle.asp?id=2297.

只是手段，而根本在于保护商誉。根据英国仿冒法，通过虚假表示行为对经营者的商誉造成损害即构成仿冒，而不论商标是否注册。就英国的成文商标法而言，商标侵权是根据仿冒之诉来判定的。

根据上述理念，在我国，无论是《注册商标法》还是《反不正当竞争法》第5条的规定，都没有充分考虑保护经营者的商誉。商标所承载的商誉，应通过营业而获得。根据《商标法》第51条的规定，某一具体的商标，只有在与特定的商品或者服务发生联系，并且提供给消费者的时候，才有可能获得消费者的积极评价，从而积累和增加与之相关的商誉。[1] 但实际并非如此。就我国注册商标来说，只要注册就可以获得商标权，使用获得商誉无从体现。缺乏商誉的商标因为注册即可获得商标权行政行为背离了保护经营者和消费者的利益的立法宗旨。根据我国《商标法》第29条的规定，注册商标的专用权，以核准注册的商标和核定使用的商品为限。两个或者两个以上的商标注册申请人，在同一种商品或者类似商品上，以相同或者近似的商标申请注册的，初步审定并公告申请在先的商标；同一天申请的，初步审定并公告使用在先的商标，驳回其他人的申请，不予公告。以上的条款并没有要求以使用获得商标权。因此，这种商标注册主义造成了商标抢注现象非常普遍，从而鼓励了商业投机行为，甚至纵容了投机者对诚实营业者正当财产权——商誉的不合理侵夺。

英国仿冒法对商标侵权是仿冒行为的确认，表明商标侵权适用的标准与仿冒之诉应该一致。商标侵权的认定标准决定于商标上承载的商誉。作为一种特殊的不正当竞争行为，商标侵权是通过使用与他人相同或者相似的商标，使消费者造成购买上的混淆，达到对他人商誉损害的目的。使消费者混淆，应被视为英国仿冒法上仿冒规定的本质特征。但是从我国的《商标法》的规定来看，《商标法》

---

[1] 李明德：文学先生著《商标使用和商标保护》一书序言，参见 http://www.iolaw.org.cn/showArticle.asp?id=2297.

第 52 条[1]强调的只要对他人的商标进行相同或者相似的使用就构成商标侵权，这样的判定方式有违英美商标法法理。依据英美商标法如果没有构成消费者的混淆，也就意味着没有对经营者的商誉构成损害，那么就不构成商标侵权。从保护商誉的角度出发，明确规定商标侵权的认定标准是消费者混淆的可能性，这一点非常必要。[2] 有人认为《反不正当竞争法》第 5 条第 1 款规定的假冒注册商标，与英美商标法规定的商标侵权含义完全相同。这实际上是对英美商标法假冒[3]含义的误解。英美商标法假冒与仿冒同义，是指将自己的商品或服务虚假表示为他人的商品或者服务，体现出使消费者混淆的内涵。在注册主义指导下制定的我国现行《注册商标法》《反不正当竞争法》有关仿冒问题的法律规定，既不符合社会主义国家在分配制度上坚持按劳分配为主的原则，也不符合以满足最大多数人的利益和需要为取向的价值原则，同时也无法满足全球经济一体化的现实需要。因此有必要借鉴英美法系仿冒法中“商誉”概念，从考虑保护经营者的商誉出发对现行《注册商标法》《反不正当竞争法》进行适当修订。

---

[1] 该条的内容是“有下列行为之一的，均属侵犯注册商标专用权：（一）未经商标注册人的许可，在同一种商品或者类似商品上使用与其注册商标相同或者近似的商标的；（二）销售侵犯注册商标专用权的商品的；（三）伪造、擅自制造他人注册商标标识或者销售伪造、擅自制造的注册商标标识的；（四）未经商标注册人同意，更换其注册商标并将该更换商标的商品又投入市场的；（五）给他人的注册商标专用权造成其他损害的。”

[2] 李明德：文学先生著《商标使用和商标保护》一书序言，http://www.iolaw.org.cn/showArticle.asp? id=2297.

[3] 假冒与仿冒都是对于英国法中的 passing off，含义基本相同。

网络商标侵权的法律规制

李阁霞[*]

摘要：伴随着电子商务的发展，网络商标侵权案件越来越多，形式也越来越多样化，其中，侵权主体的不确定性、侵权证据获取的不易性、侵权行为地的不确定性及网络服务商侵权责任认定的复杂性等是当前网络商标侵权领域亟待解决的问题。对网络商标侵权行为的法律规制，也正是围绕这些问题予以探讨的。

近几年，伴随着电子商务的蓬勃发展，网络商标侵权案件也逐渐增多。而且，由于电子商务的虚拟性、无纸性及空间的不受限制性等特点，与传统的商标侵权案件相比，网络商标侵权案件表现出了一些新的特点，这也为商标侵权的判定和法律规制提出了一些新的要求，本文试图通过对网络商标侵权案件的表现形式及特点的分析，提出解决这些问题的具体办法。

一、网络商标侵权的表现形式

综合来看，涉及网络商标侵权的情形主要包括如下几种：

因为我国《商标法》主要为注册商标提供保护，对于未注册商标，除非其构成驰名商标，否则很难通过《商标法》主张权利，而只能通过《反不正当竞争法》来获得救济，所以，上述几种情形所提到的商标，如果没有特别指明，都是指注册商标。

其中，网上销售侵犯商标权的商品，是目前最为常见的一种侵

---

* 作者单位：烟台大学知识产权研究院。

权形式。2011年5月9日，奢侈品零售商路易威登（Louis Vuitton，LV）公司在拉斯维加斯向美国内华达州地方法院提起诉讼，将182家网站运营商告上法庭，理由是销售假冒商品和侵犯其商标权。[1] 由于奢侈品所代表的地位和品位在许多人心目中有着极强的吸引力，所以，网络上这类商品的销售也异常火爆。在淘宝网上输入"LV"字样，立刻会出现十几万商品条目，[2] 在eBay上则有五万多。[3] 这些商品的价格，从几百元甚至几十元到上万元不等。毫无疑问，这里面充斥着大量的假冒注册商标的商品。这些商品的卖家，有的声称自己是"正品行货"，有的则承认自己是仿版，比如在上述路易威登的被告名单中，一家叫做"工厂包（bagsfactory）"的网站就公开声称自己销售的是仿造和假冒的名包（Replica Bags，Gucci Replica and Fake Louis Vuitton Handbags）。[4] 这种侵权形式，除了以电子商务作为媒介之外，与传统的商标假冒侵权无甚分别。而在自己的商品或服务上使用与他人商标相同或近似的标志，或者将他人商标作为企业名称或商品的包装或装潢使用，也与这种情形相类似。

网上涉及商标平行进口的情形主要是指，销售者通过网络平台销售的商品是标注真实商标的商品，即所谓"真品"，但该商品的销售并未经商标权人或独占被许可人的许可，比如网上的各种国外"代购"。这种行为是否构成商标侵权，涉及商标平行进口的合法性问题，所以不能一概而论。

将与他人商标相同或近似的名称注册为域名，也是网络商标侵

---

[1] http：//www.vegasinc.com/news/2011/may/10/louis-vuitton-files-suit-las-vegas-against-182-web/，2011－5－22访问。

[2] http：//s.taobao.com/search? q＝LV&keyword＝&commend＝all&ssid＝s5-e&search_type＝item&atype＝&tracelog＝&sourceId＝tb.index，2011－5－22访问。

[3] http：//shop.ebay.com/i.html? _from＝R40&_trksid＝p5197.m570.l1313&_nkw＝LV&_sacat＝See-All-Categories，2011－5－22访问。

[4] http：//www.bagsfactory.net/，2011－5－22访问。

权较为常见的一种形式。中国内地最早的一起所谓域名抢注案件发生于2000年2月，宝洁公司诉晨铉公司“域名抢注”不正当竞争案。[1] 该案虽以“不正当竞争”为由提起诉讼，但原告仍是基于其享有的商标权而胜诉的。虽然该案的判决结果颇有争议，但它为类似案件的审理提供了一个早期范本。随后出现的许多案件，法院多以商标侵权或不正当竞争作为判决依据。

在搜索引擎中为侵权商品或侵犯商标权网站提供链接，其所指向的被诉侵权对象通常是搜索引擎服务的提供商，比如百度、GOOGLE等。面对海量的互联网信息，消费者通常会选择通过关键字搜索来指引自己迅速便捷地找到相关产品。所以，搜索引擎服务商顺势推出了“竞价排名”策略，吸引商家购买排名靠前的位置。这就会使某些侵害他人商标权的商家通过竞价排名，反而在权利人之前被搜索到，从而指引消费者访问其网站，达到不正当竞争的目的。比如上海大众搬场物流公司诉百度公司商标侵权和不正当竞争案，即是这种侵权行为的典型表现，[2] 法院在判决中认定搜索引擎服务商与构成商标侵权的第三方网站共同侵权。

为侵犯他人商标权的商业行为提供交易平台，这主要是指向诸如淘宝网、eBay网等这样一些仅为电子商务提供交易平台，本身并不直接参与商品经营的网站经营者。目前电子商务，尤其是B2C和C2C模式的电子商务，多是在这样的平台上完成，普通消费者也习惯于在这样的平台上寻找卖家，完成交易。前文已经介绍过，在这样的网络平台上，在相关规制措施尚未完备的情况下，商标侵权行为必然会大量存在，这就产生这样一个问题：在其网站注册的经营者涉嫌商标侵权时，网站服务商是否也构成商标侵权？其是否

---

[1] http://www.people.com.cn/GB/channel5/28/20001009/263723.html，2011－5－22访问。

[2] http://ipr.chinacourt.org/public/detail_sfws.php?id=25720，2011－5－22访问。

有义务对注册的经营者的经营行为进行审查和规制？这在下文中将予以探讨。

二、网络商标侵权的特点

网络商标侵权的特点，其实是与电子商务的特点密不可分的。电子商务的虚拟性、无纸性、便捷性和低成本性等特点，使得越来越多的商家以及个人将其作为商业交往的首选，这也使得这个领域的商标侵权具有了与传统侵权不同的一些特点：

首先，侵权主体的不确定性。这是由电子商务的虚拟性所决定的。在传统商业领域，商标侵权的主体通常很容易确定，因为这类主体会有固定的经营场所，可以比较容易找到侵权人和侵权商品的所在地。而网络的虚拟性则为相关信息的获取增加了难度。许多网上店铺在注册时并未提交真实信息，一旦侵权行为发生，权利人往往没有办法找到侵权人。

其次，侵权证据获取的不易性。网上交易由卖家通过一个个动态网页展示商品，买家则根据网页的展示来购买相应商品；而且，这种商品交易通常并不提供发票等购货凭证，所以，一旦发现商标侵权，除非相关的动态网页的链接依然存在，否则商标权人很难通过购买到的商品来指证对方侵权。

再次，侵权行为地的不确定性。这也是由网络的特性所决定的。根据《民事诉讼法》的规定，审理侵权案件，由被告住所地或侵权行为地法院管辖。最高人民法院《关于审理商标民事纠纷案件适用法律若干问题的解释》第 6 条规定：“因侵犯注册商标专用权行为提起的民事诉讼，由商标法第十三条、第五十二条所规定侵权行为的实施地、侵权商品的储藏地或者查封扣押地、被告住所地人民法院管辖。”但网络商标侵权的行为地如何确定，则并无相关规定。

最后，网络服务提供者侵权认定的复杂性。网络服务商在与商标侵权有关的电子商务中扮演的角色通常有如下几种：其一，为他人的商业行为提供交易平台，如前文提到的淘宝网、eBay网等；其二，既为他人的商业行为提供交易平台，其自身也从事直接的电子商务，如卓越网、当当网、京东商城等类似网站；其三，为他人网站提供搜索引擎的链接服务，如百度、GOOGLE等。在不同的情形下，一旦发生商标侵权行为，网络服务提供者是否应该承担侵权责任，以及应该承担什么样的侵权责任，这在理论和实务上也都存有争议。

三、网络商标侵权的法律规制

对网络商标侵权行为进行规制，应该结合网络商标侵权的特点，分别不同的情况，一一进行探讨。

（一）确定侵权主体

网络的虚拟性导致大量的电子商务是在虚拟的ID之间进行，许多网上店铺的经营者，尤其是个人，在申请注册时并未提交真实的注册信息，这样，一旦发生商标侵权行为，商标权人就很难找到侵权主体，自然就没有办法起诉。

为了解决这一问题，2010年6月1日，国家工商行政管理总局发布了《网络商品交易及有关服务行为管理暂行办法》（简称《暂行办法》），明确规定："已经工商行政管理部门登记注册并领取营业执照的法人、其他经济组织或者个体工商户，通过网络从事商品交易及有关服务行为的，应当在其网站主页面或者从事经营活动的网页醒目位置公开营业执照登载的信息或者其营业执照的电子链接标识。""通过网络从事商品交易及有关服务行为的自然人，应当向提供网络交易平台服务的经营者提出申请，提交其姓名和地址等真实身份信息。具备登记注册条件的，依法办理工商登记注册。"也就是说，自该《暂行办法》于2010年7月1日实施后，电子商务的经营者必须提供准确的注册信息。而且，为了确保这一规定的实施，该办法还规定："提供网络交易平台服务的经营者应当对申请通过网络交易平台提供商品或者服务的法人、其他经济组织或者自然人的经营主体身份进行审查。”“提供网络交易平台服务的经营者应当对暂不具备工商登记注册条件，申请通过网络交易平台提供商品或者服务的自然人的真实身份信息进行审查和登记，建立登记档案并定期核实更新。核发证明个人身份信息真实合法的标记，加载在其从事商品交易或者服务活动的网页上。”对于违反上述规定的，责令限期改正，逾期不改正的，处以行政罚款。

《暂行办法》的出台，对于在网络商标侵权案件中确定侵权主体，具有重要意义。不过，有这样一个问题，即如何确保网上商品经营者提供的信息是真实准确的？虽然要求从事电子商务的经营者提供真实信息，但众所周知，这类信息是可以造假的，如果经营者提供的是假的注册信息，则被侵权人仍然很难找到真正的侵权主体，而这种情况并不少见。目前对这类行为的规制一般是通过两种方式：第一，网络域名的实名注册；第二，网络交易平台提供者的审查。

对于那些自己申请域名开通网站，进行网上电子交易的经营者，在申请域名登记时都会被要求提供真实信息注册，这样一旦发生诸如商标侵权之类的行为，可以很快认定侵权主体。根据《中国互联网络域名管理办法》，“域名注册申请者应当遵守国家有关互联网络的法律、行政法规和规章，遵守域名注册管理机构制定的域名注册相关规定，并提交真实、准确、完整的域名注册信息（第二十条）”。2003 年 3 月，互联网域名分配与管理机构（ICANN）通过了新的“域名注册信息提醒政策”（Whois Data Reminder Policy）要求域名持有者必须确保所有信息的真实、准确，如果域名持有者拒不更新或提供不实域名注册信息，注册商可注销域名。[1] 这一规定可以限制域名持有者以虚假信息注册，一旦发生商标侵权，也容易确定侵权主体。

对于在第三方网络交易平台上开通网上店铺进行商品交易的经

---

[1] http：//www.icann.org/en/registrars/wdrp.htm，2011－5－26 访问。

营者，其注册信息的真实与否，是由第三方网络服务商进行审查的。以淘宝网为例，在淘宝网发布信息的用户均需先注册为淘宝网会员，如会员需在淘宝网站上出售物品，还需进行个人认证或商家认证，淘宝网要求会员填写真实姓名、证件号码、交易联系地址及电话，并提供证件，获得实名认证后的会员方可在淘宝网上发布交易信息。淘宝网还通过支付宝的实名认证来确保卖家注册信息的真实性：卖家需要有实名登记的银行卡，淘宝网可通过与其合作的银行系统认证注册者的身份。[1] 在银行实行开户实名制之后，这样的认证方式可以最大限度保证注册信息的真实性。

（二）搜集侵权证据及确定侵权行为地

由于网络交易的即时性和网页的动态性，所以一旦遇到商标侵权，权利人在搜集证据时往往就会遇到困难，尤其是在侵权人意识到侵权行为被发现时，如果其及时删除相关页面及链接，则权利人很难取得对方侵权的证据。在这种情况下，及时对销售涉及侵权商品的网页及链接进行公证取证，就非常有必要。除此之外，可以用实际购买的方式进行取证，保留对方的发货凭证，最好是发票，这也可以作为对方商标侵权的证据。不过后一种方式通常无法判断侵权主体的销售数量及营利数额，而在第一种取证方式中，经营者的销售数额一般都会呈现在动态网页中，这样比较容易判定侵权者侵权责任的大小。所以，建议商标权人，如果想就网络商标侵权行为获得合理的救济，就应该密切监视相关网站，尽量采取第一种方式取证。

收集侵权证据后，在起诉对方侵权时，根据《最高人民法院关于审理商标民事纠纷案件适用法律若干问题的解释》，可以向侵权行为实施地、侵权商品的储藏地或者查封扣押地、被告住所地法院起诉。网络商品交易的特点，使得侵权商品的储藏地很难找到，更不用说查封扣押地了。至于被告，则很有可能来自国外，所以，网

---

[1] http：//a. taobao. com/detail/2011/01/18/437772/1. php，2011－5－27 访问。

络商标侵权案件的权利人，通常更倾向于选择侵权地法院起诉。而如何确定侵权地法院，《商标法》及相关法律法规中并无明确规定。笔者认为可以参照网络著作权侵权案件对侵权行为地的认定。最高人民法院《关于审理涉及计算机网络著作权纠纷案件适用法律若干问题的解释》中规定："网络著作权侵权纠纷案件由侵权行为地或者被告住所地人民法院管辖。侵权行为地包括实施被诉侵权行为的网络服务器、计算机终端等设备所在地。"按照这一解释，如果是在某一计算机终端购买了侵权产品，则该计算机终端设备所在地法院，即可作为侵权行为地法院，受理相关案件。前述路易威登公司之所以在内华达州法院起诉 182 家网站运营商，其理由正是上述被告在内华达州销售了侵权商品。[1] 不过，有学者认为，只有当某个侵权结果发生地具有管辖意义上的确定的特殊指向性时，才可作为管辖的连接点，如果其从理论上可以任意指向全部法域，则与管辖制度设立的初衷是相违背的。[2] 而我国针对网络知识产权侵权所确立的连接点，确实容易导致任何地点的法院均有管辖权，所以，原告通常只会选择原告所在地法院起诉。建议最高人民法院应就网络侵权的侵权行为地的确定，出台一个统一的司法解释，这有助于在该类案件的受理中，确定一个明确的管辖标准。

（三）网络服务提供者侵权责任的认定

首先，对于那些本身不提供商品交易，而只是为经营者提供交易平台的网络服务商而言，其主要责任在于审查注册者的注册信息的真实性，并对其诚信经营进行监管。《网络商品交易及有关服务行为管理暂行办法》明确规定："提供网络交易平台服务的经营者应当采取必要手段保护注册商标专用权、企业名称权等权利，对权

---

[1] http：//www. vegasinc. com/news/2011/may/10/louis-vuitton-files-suit-las-vegas-against-182-web/，2011－5－27 访问。

[2] 张新宝．互联网上的侵权问题研究［M］．北京：中国人民大学出版社，2003：95.

利人有证据证明网络交易平台内的经营者实施侵犯其注册商标专用权、企业名称权等权利的行为或者实施损害其合法权益的不正当竞争行为的，应当依照《侵权责任法》采取必要措施。”《侵权责任法》第36条规定：“网络用户、网络服务提供者利用网络侵害他人民事权益的，应当承担侵权责任。网络用户利用网络服务实施侵权行为的，被侵权人有权通知网络服务提供者采取删除、屏蔽、断开链接等必要措施。网络服务提供者接到通知后未及时采取必要措施的，对损害的扩大部分与该网络用户承担连带责任。网络服务提供者知道网络用户利用其网络服务侵害他人民事权益，未采取必要措施的，与该网络用户承担连带责任。”

根据上述规定，对于只提供商品交易平台的网络服务商而言，只有在明知或应知其平台内的经营者实施了侵害他人商标权的行为而不采取必要措施时，才会被认定应当承担侵权责任，因为这类服务商通常不会采取直接的针对他人商标权的侵权行为。所谓“必要措施”，一般包括删除、屏蔽、断开链接等行为。在这方面，服务商的具体操作规程大致相同。

应该说，对于该类网络服务商，这样的责任认定是较为合理的。因为像淘宝、eBay这样的网站，其涉及的商品大概有几亿种，而且关键的是其并不直接参与商品经营，所以没有办法控制商品来源，也无法知晓经营者销售的商品是否为获得合法授权的商品，如果对其课以更严格的责任，则这类网站根本没有办法存续下去，这与电子商务的发展趋势是背道而驰的。所以，通常只有在权利人提供了确切的侵权证据，并要求网络服务商采取必要措施而后者未采取时，其才会与经营者构成共同侵权。这在法院的相关判决中也有所体现，比如在衣念公司诉淘宝及其网店经营者的系列诉讼中，法院即认为，“被告淘宝公司收到原告的侵权投诉后，对原告提供的证据进行了初步审查，根据原告的要求暂时保留了涉嫌侵权的商品信息链接，并提供了被告的身份信息。待原告提起诉讼后，被告淘宝公司即删除了相应的商品信息链接。”“被告淘宝公司作为网络服务提供者已经尽到其应负的合理注意义务。”所以，法院判决淘宝公司不构成侵权，不承担侵权责任。[1]

值得注意的是，在这样的案件当中，原告要确定被告的主体资格，通常都要依赖交易平台服务商提供的信息，否则无法确定侵权主体。那么，服务商是否有义务向权利人提交其注册用户的真实信息呢？目前并无相关法律对此作出明确规定。虽然在相关案件中，服务商一般都应原告的请求，将注册商户的真实信息提供给了原告，但是，如果服务商出于保护注册用户隐私等考虑，拒不提供注册商户真实信息，商标权人是否有权要求其提供呢？答案是否定的。的确，服务商对于在其平台上的交易行为的合法性负有监管职责，但是，这并不意味着它有义务将违法商户的信息透露给权利人，只要其尽到了侵权法上所要求的注意义务，就不构成侵权，也不承担侵权责任。那么，在这种情况下，权利人就会遇到前文提到的侵权主体的不确定性。只是这样一来，权利人是否就没有办法寻求诉讼上的救济了呢？其实还有一个方法可以帮助权利人确定侵权主体的真实信息，那就是寻求行政执法部门的帮助。根据国家工商总局的《暂行办法》，“提供网络交易平台服务的经营者应当积极协助工商行政管理部门查处网上违法经营行为，提供在其网络交易平台内进行违法经营的经营者的登记信息、交易数据备份等资料，不得隐瞒真实情况，不得拒绝或者阻挠行政执法检查”（第 28 条）。所以，如果权利人发现网络商标侵权行为，而交易平台服务商又拒不提供侵权人信息，则其可以请求工商行政部门查处，由行政部门要求服务商提供涉嫌侵权人的真实信息，从而确定起诉对象。

其次，对于既为侵犯他人商标权的商业行为提供交易平台，自身也从事直接的电子商务的网络服务商来说，其扮演的角色的双重性，决定了它在网络商标侵权中承担的责任的双重性。对于其自身

---

[1] http：//ipr. chinacourt. org/public/detail _ sfws. php? id＝39404，2011－5－27 访问。

经营的商品来说，如果涉嫌商标侵权，则按照商标侵权的构成要件，如果满足，则构成侵权，应该承担侵权责任；对于利用其交易平台从事网上商品交易的经营者涉嫌商标侵权的，则服务商是否构成侵权，是否应该承担侵权责任以及所承担的责任大小与前述第一种情形一致，所以此处不再赘述。

最后，对于为侵犯他人商标权的网站提供搜索引擎的链接服务的服务商，则其侵权责任的构成与前述两种情形又有所不同。对于这类服务商来说，是没有办法审查所链接的网站是否销售侵犯商标权的商品的，除非权利人提供确切证据，表明搜索引擎所链接的地址涉嫌商标侵权，在这种情况下，根据《侵权责任法》的规定，服务商才有义务“采取删除、屏蔽、断开链接等必要措施”。如果“接到通知后未及时采取必要措施的，对损害的扩大部分与该网络用户承担连带责任”。另外，如果“网络服务提供者知道网络用户利用其网络服务侵害他人民事权益，未采取必要措施的，与该网络用户承担连带责任”。在大众交通公司诉百度案中，法院认为，“百度网站作为搜索引擎，其主要功能在于提供网站链接以帮助公众在网上搜索、查询信息，其根据网民输入的关键词而在搜索结果中显示出的内容，不能被视为是百度网站自己提供的内容，因此，在本案中，虽然根据两原告输入的关键词，百度网站搜索结果的链接条目中含有‘大众’和‘上海大众搬场物流有限公司’等字样，但这是百度网站作为搜索引擎实现其主要功能的必要手段，同时百度网站的‘竞价排名’服务只起到了影响网页搜索结果中自然排名的作用，也没有证据证明其有为第三方网站实施侵权行为提供便利的主观故意，综上，百度网站不应被认定为直接实施了商标侵权行为。”但是，“与搜索引擎通常采用的自然排名相比，‘竞价排名’服务不仅需要收取费用，还要求用户在注册时必须提交选定的关键词，因此，百度网站有义务也有条件审查用户使用该关键词的合法性，在用户提交的关键词明显存在侵犯他人权利的可能性时，百度网站应当进一步审查用户的相关资质，例如要求用户提交营业执照等证明文件，否则将被推定为主观上存在过错。”所以，法院认为，百度未尽合理的注意义务进而导致了侵犯原告的注册商标的第三方网站在搜索结果中排名靠前或处于显著位置，使网民误以为上述网站系与原告关联的网站，对原告的商誉造成了一定影响，主观上存在过错，客观上帮助了第三方网站实施了商标侵权行为，并造成了损害结果，因此与直接侵权的第三方网站构成共同侵权，应当承担连带民事责任。[1]

根据判决结果，可以看出：第一，法院认为搜索引擎服务商根据关键词提供的搜索结果服务，是实现其技术功能的必要手段，本身不构成侵犯商标权；第二，即便是其“竞价排名”服务，也只是影响搜索结果的排名，服务商主观上也无商标侵权的故意，所以不构成直接侵权；第三，由于“竞价排名”服务需要用户注册时自己提交关键词，而且该服务收取费用，所以服务商在客观上有义务也有条件审查关键词的合法性，如果用户的关键词存在明显侵犯他人商标权的可能性，而服务商未作进一步的真实性审查，就推定其未尽合理注意义务，应该构成共同商标侵权。也就是说，在判断服务商是否构成侵权时，自然搜索和“竞价排名”搜索对服务商的注意义务的要求是不同的，虽然最终的搜索结果只是发生排序上的改变，原因是这种改变更容易导致消费者混淆，从而损害商标权人的商誉。笔者认为，虽然在“竞价排名”服务中，服务商收取费用，并要求用户提交关键词，从而在客观上具有了审查其是否合法的可能性，但这种审查义务不应该不适当地被夸大。与提供交易平台服务的服务商不同，搜索引擎服务商对关键词合法性的审查，应该主要是按照有关职能部门的要求，审查其是否“涉黄涉反”，而商标权作为一种私权，主要还是应该由商标权人来主张，服务商是没有义务审查也没有办法判断用户提交的涉及商标权的资料的真实有效性的，而且正如前文所分析的，实际上也没有义务向权利人提交注

---

[1] http://ipr.chinacourt.org/public/detail_sfws.php?id=25720，2011－5－27访问。

册用户的信息。除非按照《侵权责任法》第36条，当权利人提供确切证据，证明搜索引擎的搜索结果和指向的链接确实侵害商标权，服务商接到通知后未采取删除、屏蔽、断开链接等必要措施的，才能就该侵权行为承担连带责任，而且仅限“损害扩大部分”。

（四）对域名注册损害商标权的认定

将他人商标作为域名注册，这已经不是什么新鲜事了，类似的案例有很多，针对这种现象的相关规定在有关域名的规则中也有所体现。比如根据ICANN1999年颁布的《统一域名争议解决政策》（Uniform Domain Name Dispute Resolution Policy，UDRP）第4条的规定，投诉人向域名争议解决机构提起域名争议解决程序时，必须同时满足三个条件：第一，提起争议的域名与投诉人所持有的商标或服务标记相同或具有误导性的相似；第二，域名持有人对该域名本身并不享有正当的权利或合法的利益；第三，域名持有人对域名的注册和使用均为恶意。至于什么是“恶意注册和使用域名”的行为，则包括但不仅限于以下几类：第一，有证据证明，域名持有人注册或获得域名的主要目的是为了向商标或服务标记的所有者或所有者的竞争者出售、出租或其他任何形式转让域名，以期从中获得注册费用之外的额外收益；第二，根据域名持有人的行为可以证明，域名持有人注册或获得域名的目的是为了阻止商标和服务标记的持有人通过一定形式的域名在互联网络上反映其商标；第三，域名持有人注册域名的主要目的是破坏竞争者的正常业务；第四，域名持有人为了商业目的，通过故意制造与投诉人所持有的商品或服务标记的混淆，以诱使互联网络用户访问域名持有人的网站或者其他联机地址。[1]

美国在其《反域名抢注消费者保护法》（Anticybersquatting Consumer Protection Act）中也针对域名注册与商标侵权作出规

---

[1] 《统一域名争议解决政策》第四条，http：//www.cnnic.net.cn/zcfg/1999nian/201009/t20100915_15509.html，2011－5－30访问。

定，如果要判令被告在与域名注册有关的商标侵权案件中承担责任，则首先，其有从争议所涉商标（包括作为商标保护的个人姓名）中获利的恶意；其次，其注册、交易或使用的域名满足下列条件：第一，在该域名注册之时该商标具有显著性的情况下，该域名与该商标相同或混淆性相似；第二，在域名注册之时该商标为驰名商标（famous mark）的情况下，该域名与该商标相同或混淆性相似或淡化了该商标；或者该域名是受美国法典第 18 编 706 条、第 36 编 220506 条所保护的商标、文字或名称（注：第 18 编 706 条系指对红十字标志的保护；第 36 编并无 220506 条款，根据美国国会的立法说明，系指对奥林匹克委员会等一些体育组织机构所拥有的标志的保护）。[1]

至于如何判断“恶意意图”（bad faith intent），该法列出了九类判断标准。同时规定，如果法院确认该人相信并有合理依据相信对域名的使用是合理使用或者是合法的，则不应被认定为存在“恶意意图”。

2001 年，最高人民法院在其《关于审理涉及计算机网络域名民事纠纷案件适用法律若干问题的解释》第 4 条规定，下述情形构成侵权或不正当竞争：“（一）原告请求保护的民事权益合法有效；（二）被告域名或其主要部分构成对原告驰名商标的复制、模仿、翻译或音译；或者与原告的注册商标、域名等相同或近似，足以造成相关公众的误认；（三）被告对该域名或其主要部分不享有权益，也无注册、使用该域名的正当理由；（四）被告对该域名的注册、使用具有恶意。”属于下列情形之一的，法院应当认定其具有恶意：“（一）为商业目的将他人驰名商标注册为域名的；（二）为商业目的注册、使用与原告的注册商标、域名等相同或近似的域名，故意造成与原告提供的产品、服务或者原告网站的混淆，误导网络用户访问其网站或其他在线站点的；（三）曾要约高价出售、出租或者

---

[1] 唐广良．美国“反网域霸占法”确立的域名争议规则［J］．环球法律评论，2001（1）．

以其他方式转让该域名获取不正当利益的；（四）注册域名后自己并不使用也未准备使用，而有意阻止权利人注册该域名的；（五）具有其他恶意情形的。”所谓“其他恶意情形”，法院根据案件的具体情况，对违反民法诚实信用原则的突出情形，通常可认定为行为人主观上有恶意。[1]“被告举证证明在纠纷发生前其所持有的域名已经获得一定的知名度，且能与原告的注册商标、域名等相区别，或者具有其他情形足以证明其不具有恶意的，人民法院可以不认定被告具有恶意。”[2]

综合上述规定，可以看出，在与商标侵权有关的域名争议案件中，所涉商标是驰名商标还是普通商标，对于案件的审理结果是有不同影响的。根据我国《商标法》规定，对于已注册的驰名商标，是实行跨类保护的，即便是在不相同和不相类似的商品或服务上使用，商标权人也可禁止。但是，这种禁止仅限于他人将与驰名商标相同或类似的标志用在商品或服务上进行商业性使用，对于那些仅仅将驰名商标注册为域名，但并不在其经营的商品或服务上使用该标志的，驰名商标所有人很难依据其商标权受到侵害为由，禁止对方使用，所以，在这种情况下，只能根据反不正当竞争法来限制对方使用。但是，是不是驰名商标，他人就一概不能将其注册为域名而进行商业使用呢？笔者认为，这也要区别不同的情况。在前述宝洁公司诉晨铉公司域名注册不正当竞争案中，法院最终判决被告构成不正当竞争。但原告的商标“Safeguard”本来就有“安全护卫”之意，被告在其网站中所销售的也正是保安护卫类产品，所以仅仅因为其域名与原告的商标一致，而且原告商标被认定为驰名商标，就判定被告构成不正当竞争，这样的判决结果是值得商榷的。这实

---

[1] 蒋志培．中国对网络环境下著作权和商标权的司法保护［J］．信息网络安全，2006（3）．

[2] 《最高人民法院在其关于审理涉及计算机网络域名民事纠纷案件适用法律若干问题的解释》第5条。

际上是将驰名商标所有人的商标权保护范围不适当地扩大了。对于那些通过使用获得第二含义，但其本身有其通常使用含义的文字类商标，在认定是否构成侵权时，应持更为谨慎的态度，否则会造成商标权人将一些普通词汇在所有商业领域中垄断使用的状况，而这必然会损害公共利益。当然，除了上述情形，一般情况下，域名持有人将他人驰名商标作为域名注册使用，要么会构成不正当竞争，要么在构成不正当竞争的同时，侵犯他人商标权（即除了注册域名，还在其网站中销售标注与驰名商标相同或类似标志的商品或服务），这需要法院根据当事人的诉求，分别不同的情况作出判定。也有学者建议，为避免这种情况的发生，可以逐步设立在域名注册时驰名商标的检索，对确实构成侵害驰名商标权的域名予以排除。[1] 这虽然是一个可谓一劳永逸的方法，但鉴于驰名商标的个案认定原则，以及驰名商标发展的动态性，这种方法并不具有实际可操作性，所以仍然要坚持具体案件，具体判定。

在域名争议案件中，当所涉商标是非驰名的普通商标时，商标权人如果要求对方承担侵权责任，则要承担更大的举证责任，比如自己对商标的权利证明和使用程度，商标的显著性，对方的恶意等，在证据确凿的情况下，普通商标所有人是有可能获得支持，从而要求被告承担责任的，但与驰名商标不同，这种保护力度要小得多，而且，商标的创造性程度或者说显著性程度的高低，在这种纠纷中就显得尤为重要。

对于与商标侵权有关的域名争议案件，如果商标权人胜诉，则法院通常会判定没收或注销该域名，或将该域名转让商标的所有人。如果域名注册人或使用人同时侵犯了商标权人的商标，还应根据《商标法》及《侵权责任法》的相关规定，承担商标侵权责任。

（五）网络商标平行进口问题的探讨

所谓商标平行进口，是指在国外生产的带有本国商标的商品，

---

[1] 蒋志培．域名与商标争议处理的比较法研究［J］．中华商标，2000（1）．

未经商标所有人许可而输入本国。[1] 由于我国对进口化妆品、服装、包、首饰等，尤其是一些奢侈品征收高额关税，所以网上产生了许多“代购”店铺，从国外购买该类商品，然后通过电子商务的方式，在网络上销售给买家。这类商品不是假冒商标的商品，但又是未经商标权人或被许可人许可销售的商品，那么，在这种情况下，商标权人或被许可人是否可以主张商标侵权呢？

这个问题涉及我国对商标平行进口的态度。无论是《商标法》还是与此有关的其他法律法规中，对商标的平行进口问题都没有明确涉及。WTO的TRIPS协议也将这一问题留给成员国自己解决。商标权的国内用尽基本上是各国普遍承认的，但对商标权的“国际用尽”，各国看法和规定不一。反对商标权“国际用尽”的，即反对商品的平行进口，其原因一是基于商标权的地域性原则；二是有助于商标权人分割市场，达到利益最大化。除此之外，同一商标权人在不同国家或地区投入的商品，有可能为了适应本国或本地具体情况，而在品质或功能上有所不同，所以，如果允许商品的平行进口，还有可能对商标权人的商誉造成损害，这也是反对商品平行进口的另一原因。赞成商标权的“国际用尽”的，即赞成商品的平行进口，其原因一是商品是由同一商标权人生产或提供的，不存在假冒或来源上的混淆；二是平行进口有利于消费者，消费者可以以较小的代价，获取同质的商品。

我国因为是一个劳动力成本较低、相关产品价格也较低的国家，所以商标平行进口问题并不突出。但在奢侈品行业，这是一个特例，所以平行进口多是针对这类商品的。既然我国相关法律法规中并不禁止商标的平行进口，那么这类行为应予许可。至于是发生在传统商业领域还是发生在电子商务中，性质并没有什么不同。

---

[1] 李明德．知识产权法［M］．北京：社会科学文献出版社，2007：368．

四、结语

网络的特性使得网络商标侵权行为具有了与传统商业模式下商标侵权行为不同的特点，而随着电子商务的蓬勃发展，对这一问题的研究应该是商标法领域的一个重点。本文仅粗浅地探讨了该领域比较突出的几个问题，要对该领域的相关问题作更全面更系统的梳理，还需要今后进一步的、更细致的研究。

美国的竞业禁止协议与商业秘密保护

李明德*

摘要：依据美国的相关法律规定和司法实践，雇主与雇员签订的竞业禁止协议自始无效。只有在保护商业秘密的意义，竞业禁止协议才可以获得法院的认可。同时，在起诉离职员工披露和使用商业秘密的诉讼中，法院总是要求雇主将属于自己的商业秘密与属于员工的知识和技能区别开来，并要求雇主承担举证责任，证明离职员工披露和使用了自己的商业秘密。美国否定竞业禁止协议，谨慎保护雇主商业秘密的做法，有利于员工的自由流动，有利于知识和技能的传播，有利于社会经济的发展。这值得我们认真思考和借鉴。

近年来，我国企业大多与员工签订竞业禁止协议，防止他们在离职后从事相关的竞争活动。一些人甚至认为，这是企业的一项权利。然而，美国商业秘密保护的实践告诉我们，竞业禁止协议只有在维护商业秘密的意义上才是有效的。同时，即使是维护商业秘密的协议，美国法院也会在相关的争讼中作出狭义的解释，进而作出有利于员工自由流动的裁决。显然，了解美国的相关做法，有助于我们重新审视我国的竞业禁止协议与商业秘密保护的关系。

一、竞业禁止协议与商业秘密协议

美国是一个市场经济非常发达的国家。按照自由竞争的原则，

* 作者单位：中国社会科学院知识产权中心。

每一个市场主体都可以就同类产品或者服务，与其他市场主体进行充分的和公平的竞争。这种竞争，也包括人才的竞争。每一个市场主体都可以提供优厚的条件，吸引优秀的技术人员和管理人员，进而提升自己在市场上的竞争地位。同样，拥有各种技能的优秀人才，也可以自由选择适合于自己发展的市场主体，不断地从一个企业流向另一个企业。人才的自由流动，是市场经济和自由竞争的应有之义。

然而，人才的流动，尤其是技术开发人员和高层管理人员的流动，又有可能将属于原有企业的商业秘密带到另一个企业，从而造成商业秘密的流失。在美国的商业活动中，针对雇员离职有可能带来的商业秘密流失，雇主主要通过两类协议加以规范。❶ 第一类是“竞业禁止协议”（Covenants Not to Compete），通常是在雇佣某一员工时签订，要求该员工将来离职后不得与自己竞争。竞业禁止协议通常会界定一定的产业、地域和时间范围，要求雇员将来离职后不得在此范围内与雇主竞争。第二类是“商业秘密协议”（Trade Secret Agreement），通常是在雇员离职时签订，要求雇员离职后不得披露、使用已经掌握的商业秘密。这类协议在必要的时候还会指明具体的商业秘密，以及应当保密的期限。

在美国的司法实践中，禁止或者限制雇员竞争的“竞业禁止协议”，通常得不到法院的支持。这是因为，自由竞争是市场经济的一个基本特征，而禁止或者限制离职的员工与原有雇主展开竞争，显然不符合市场经济的基本原则。例如，在1960年的“Greenburg”一案中，❷ 宾夕法尼亚州上诉法院说：“任何形式的竞业限制，都会在经济上降低雇员的流动性，限制他们择业和维护生计的自由。”

---

❶ Paul Goldstein, *Copyright*, *Patent*, *Trademark and Related State Doctrines*, 2008, p 117－118.

❷ Wexler v. Greenburg, 399 Pa. 569, 125 USPQ 471 (1960).

又如，在1976年的“Strauman”一案中，[1] 纽约州上诉法院也说：

毫无疑问，司法上不赞成这些限制性协议，是基于强有力的公共政策的考虑，即这类协议支持了让一个人丧失生计的做法。事实上，服务、才能和创意的自由流动，以及由此而产生的竞争，是我们经济的前提条件。因此，雇员有权利为了自己利益的最大化，使用他在此前雇佣过程中所获得的技能和知识。不应当有任何限制性的条件去束缚他。

当然，这并不表明竞业禁止协议在商业生活中毫无意义。因为很多竞业禁止协议，尤其是针对技术研发人员和高层管理人员的竞业禁止协议，往往会涉及商业秘密的问题。这样，当“竞业禁止协议”的条款与维护雇主商业秘密一致的时候，就会得到法院的支持。不过在这种情况下，法院总是对竞业禁止协议作出限定性解释，将其效力限定在维护商业秘密的范围内。例如，在1976年的“Strauman”一案中，[2] 纽约州上诉法院即说，“通常说来，限制竞争的负面协议只有在满足合理性要求的程度上，才可以得到实施。”其中的合理性要求，具体所指就是保护商业秘密的必要性。所以，限制性的竞业禁止协议，只有在防止披露和使用商业秘密的程度上，才可以获得执行。

在具体的商业活动中，“竞业禁止协议”的范围通常大于“商业秘密协议”的范围。因为，后者仅仅涉及了商业秘密的问题，而前者则涉及了更为广泛的问题。然而在具体的司法实践中，“竞业禁止协议”与“商业秘密协议”却没有实质的区别。具体说来，“竞业禁止协议”只有在维护商业秘密的意义上，才是有效的。与商业秘密无关的条款，通常会被宣告为无效。而根据商业秘密的特性，一项技术信息或者营业信息，只有对于同行业的竞争者才是有价值的。从这个意义上说，要求离职员工不得与自己竞争，也就在

---

[1][2] Reed, Robert Association, Inc. v. Strauman, 40 N. Y. 2d, 386 N. Y. S. 2d 677 (Court of Appeals of New York, 1976).

很大的程度上维护了雇主的商业秘密。

应该说，在“竞业禁止协议”的效力问题上，加州的做法比较独特，也更能说明这类协议与自由竞争原则的关系。根据加州《营业与职业法典》第16600条：“所有的合同，在限制任何人从事合法职业、贸易和营业的意义上，属于无效。”[1] 这表明，禁止或者限制离职雇员竞争的“竞业禁止协议”，在加州是无效的。这与其他各州的做法形成了鲜明对比。因为在其他各州，法院虽然会对竞业禁止协议给予狭隘的解释，尚没有明确否定其合法性的立法规定。有人认为，加州《营业与职业法典》的这一规定，培育了雇员可以自由流动的氛围，与其他各州的相对不流动形成行了鲜明的对比。与此相应，这一规定也使得加州的雇员具有更大的择业自由和流动性，进而促进了知识的传播、技术的开发和经济的发展。显然，硅谷地区高科技企业的活跃发展，与反对竞业禁止协议的规定，有着密切的关系。[2]

当然，加州《营业与职业法典》第16600条的规定，与商业秘密的保护并不冲突。因为，加州一直通过普通法保护商业秘密，遵从《侵权法重述》和《反不正当竞争法重述》中有关商业秘密保护的规定。同时，加州还在1985年采纳了《统一商业秘密法》，属于较早适用《统一商业秘密法》的州。这样，加州一方面通过《营业与职业法典》的规定，促进人员的自由流动，增强经济的活力。另一方面，加州又通过商业秘密的保护，支持竞业禁止协议中有关商业秘密保护的条款。关于这一点，加州上诉法院在2002年的“Whyte”一案中也有论述。[3] 法院在判决中说，一般说来，加州

---

[1] Business and Professions Code of California, sections 16600.

[2] Ronald Gilson, “The Legal Infrastructure of High Technology Industrial District: Silicon Valley, Route 128, and Covenants Not to Compete”, 74 N. Y. U. L. Rev. 575, 578 (1999).

[3] Whyte v. Schlage Lock Co., 125 Cal. Rptr. 2d 277 (Court of Appeal of Cal., 2002).

《营业与职业法典》第16600条禁止“竞业禁止协议”，保护个人择业自由的权利。这表明，加州的公共政策强烈地倾向于雇员的自由流动。但是，宣告竞业禁止协议无效，与商业秘密的保护并不冲突。法院的判决说：

在将近40年的时间里，加州最高法院一直承认，尽管有《营业与职业法典》第16600条的规定，如果有必要保护雇主的商业秘密，竞业禁止协议仍然可以得到实施。

“Whyte”一案表明，即使是在倡导人员自由流动、反对竞业禁止的加州，如果竞业禁止协议的某些条款是为了保护雇主的商业秘密，仍然可以得到执行。不过，加州首先通过立法规定竞业禁止协议无效，然后又在保护商业秘密的意义上执行其中的一些条款，又清楚表明了立法上和司法上的倾向性。这就是，与商业秘密保护无关的竞业禁止协议，在其原有意义上应当归于无效。

二、保密协议与商业秘密

按照美国的司法实践，雇主与雇员签订的“竞业禁止协议”和“保密协议”，只有在维护商业秘密的意义上才可以获得支持。然而，即使是执行竞业禁止协议中有关商业秘密保护的条款，或者执行离职时的商业秘密协议，仍然会发生保护雇主利益还是保护雇员择业自由的问题。因为，过于宽泛地解释“商业秘密”，仍然会在很大程度上限制雇员的自由流动。

在这种情况下，法院通常会对协议所涉及的“商业秘密”作出狭义的解释，将属于雇主的商业秘密和属于雇员的知识和技能区分开来。通过这样一种解释，法院就在相关的诉讼中进一步贯彻了自由竞争的原则，支持了员工的自由流动。这里仅以宾夕法尼亚州的“Greenburg”一案和纽约州的“Strauman”一案为例进行说明。

在1960年的“Greenburg”一案中，[1] 原告是一家生产保洁化

---

[1] Wexler v. Greenburg, 399 Pa. 569, 125 USPQ 471 (1960).

工产品的公司。本案的被告原来是原告公司的总化工师，负责化工颜料的配制，并开发了若干种保洁化工产品。后来，被告进入另一家竞争公司，继续从事化工颜料的配制和相关产品的开发。于是，原告诉被告侵犯了自己的商业秘密。一审法院经过审理认定，被告在原告公司开发的化学配方属于原告的商业秘密，被告在离职后继续使用相关的化学配方，侵犯了原告的商业秘密。被告不服判决，向宾夕法尼亚州法院提起上诉。

上诉法院在判决中说，在通常的商业秘密诉讼中，是雇主向雇员披露了某项商业秘密，因而雇员承担着保密的义务。而在本案中，则是雇员在其工作过程中，开发了一些化工产品，具有了一些知识。在这种情况下，雇主必须证明自己拥有可以受到保护的商业秘密，雇员承担着保密义务。与此相应，法院也必须确定，相关的信息在什么程度上属于雇主的商业秘密，在什么程度上属于雇员的技能。一方面，雇主的商业秘密应当得到保护。而在另一方面，雇员的才能、技能、聪明，以及雇员的身体和大脑的能力，显然不可能成为雇主的财产。雇员有权利利用和扩张自己的能力，以获取自己的生计。

上诉法院还特别指出，本案被告所处的境遇并非不常见。在电子、化工、导弹和原子能等行业中，有经验的技术人员和专家正在从事研发工作，产生潜在的商业秘密。同时，这些产业中的人才竞争也非常激烈，雇员的流动十分频繁。因此，法庭必须特别留意，本案的判决有可能对目前人才流动模式所产生的负面影响。在这里，相关的判决既不应当限制个人择业和维护生计的自由，也不应当妨碍技术的进步，从而损害公共利益。

在上述分析的基础上，宾夕法尼亚上诉法院进一步论证了商业秘密保护与人才自由流动和促进技术发展的关系。判决说，原告应当完成的举证责任，包括自己确实拥有商业秘密和被告负有保密义务的举证责任，涉及了商业秘密法律的核心问题。一方面，经营者享有制止不正当竞争的权利，可以防止他人窃取自己的商业秘密。

另一方面，个人享有择业自由的权利，从事最适合于自己的职业并由此而获得生计。关于这两方面，人们都可以从社会经济学的角度提出雄辩的论证。

就前者而言，如果在员工离职之后，属于雇主的研发成果或者改进成果不能获得有效的保护，经营者就会丧失积极性，不再资助技术研发或者对现有技术的改进。同时，推动现代社会经济发展的企业，早已不再是传统的“一人企业”。所以，经营者必须将属于秘密的技术信息和经营信息，委托给适当的雇员加以利用。与此相应，在较大的企业中，职责的分解以及由此而来的商业秘密的披露，就是不可避免的。在这种情况下，如果不能有效制止违约而泄密的情形，就不会发生商业秘密的适度披露和运用。

就后者而言，对于离职员工的任何形式的限制，都会降低雇员的流动性，限制雇员择业和维护生计的自由。由于离职员工有可能陷入商业秘密的诉讼，他们在职场上讨价还价的能力也削弱了。非常荒谬的是，尽管他在原有的工作岗位上增加了才能，但却受到限制，难以在更能发挥作用的产业中获得提升。与此相应，由于相关的创意、工艺和方法不能传播，不仅产业的竞争力下降，而且社会经济的发展也会受到损害。在进行了上述两方面的论证之后，上诉法院得出了如下的结论：

如果我们依据英国和美国的相关判决，衡量法律中的敏感点，以确定是倾向于限制某些形式的竞争以保护经营者，还是倾向于保护个人不受限制地选择生计，那么有关的天平必然是大大地倾向于后者。事实上，即使是在某个个人因为明确的未来竞业禁止协议而承担某种风险的时候，本院也总是在考虑雇主保护商业秘密的需要，以及此种限制对于雇员所造成的困难的基础上，谨慎审查限制竞争协议的合理性。

具体到本案，上诉法院认为，被告既没有从事研究工作，也没有进行试验工作，更没有开发出无可争议的属于商业秘密的配方。事实上，被告只是在日常的工作中，对于来自公有领域的化学配方加以改变或者变化。这本身就属于被告的技能和知识，而非属于原告的商业秘密。

上诉法院最后作出裁定说：与此相应，我们裁定，上诉人在披露或者使用他自己开发或者他指导开发的配方时，没有违反委托或者保密关系。相反，我们裁定，在受雇于原告的过程中，这些信息构成了他所获得的技术知识和技能的一个部分，他完全有权利加以使用。

以上是有关“Greenburg”一案的讨论。再来看纽约州上诉法院于1976年判决的“Strauman”一案。在“Strauman”一案中，原告是一家失业法律咨询公司，被告是原告的雇员。原告于1962年雇佣被告时，与被告签订了一份限制竞争的协议，要求被告在离职后不得在纽约市和纽约州的一些县，从事与原告业务相同的商业活动。在职期间，被告业绩突出，连续三次获得提升，最后担任了公司的副总裁。然而在工作了11年之后，被告决定离职，成立自己的关于失业法律的咨询公司，并且在纽约市和纽约州开展相关的业务。于是，原告诉被告侵犯商业秘密，要求法院禁止被告从事相关的业务。一审法院经过审理认为，本案不涉及原告的任何商业秘密，被告不过是原告的一个关键雇员，他从事的工作也不是唯一的或者独特的，以至于不能再与原告进行竞争。然而，一审法院又裁定，被告受雇期间，就征集客户的内部管理获得了一些知识。如果允许被告利用这些知识与原告竞争，也是不公平的，因而禁止被告永远不得与原告竞争。原告不服而提起上诉。

原告在上诉中主张，被告曾经负责自己的内部管理事务，熟知一些敏感的和保密的客户信息，因而不能在新的职业中加以利用。上诉法院则认为，就本案的具体情形而言，初审法院已经查明，不涉及任何商业秘密。正如原告所承认的那样，每一个雇佣了员工的公司，都是失业法律咨询公司的潜在客户。而这些客户的所有信息，甚至包括负责失业事务的联系人姓名，都出现在公开发行的指南上。即使是原告，也是使用这类指南寻求自己的客户。显然，没有任何理由将这类信息纳入商业秘密的范围。与此相应，地方法院禁止被告寻求客户的命令，就是错误的。

原告在上诉中还主张，被告曾经负责自己的内部管理事务，熟知一些商业操作的细节，因而不得从事与自己竞争的活动。上诉法院则认为，在不存在商业秘密的情况下，在被告没有什么违法行为的情况下，法院不应当禁止被告使用他所拥有的有关这个领域的知识和才能。如果作出相反的裁决，就会让所有的公司管理人员，让所有的熟知某一方面业务的人员，成为雇主的人质。上诉法院论证说：

当有关的知识不构成受保护的商业秘密，同时也不存在商业盗窃行为所引发的密谋和违约的时候，我们认为没有任何理由禁止雇员利用可能的机会，实现其潜在的职业和金钱方面的能力。

三、商业秘密与员工自由流动

显然，“Greenburg”和“Strauman”都是从员工自由流动和自由竞争的角度，否定了限制性的竞业禁止协议。当然，这两个案件中的关键点都是，不存在属于雇主的商业秘密。事实上，在确实存在属于雇主的商业秘密的时候，法院也会支持保密协议中的相关条款。第七巡回上诉法院于1995年判决的“PepsiCo”一案，就是这方面的一个典型案件。

在“PepsiCo”一案中，[1]“百事公司”与“快客公司”(Quaker)在运动饮料上存在着激烈的竞争，双方都把1995年作为一个重要的销售年份，并且制订了各自的市场营销计划。本案的被告雷德蒙(Redmond)原来是百事公司加州区域的总经理，参与了百事公司1995年营销计划的制定。1994年10月，“快客公司”提议让雷德蒙担任下属两个公司合并后的首席执行官，雷德蒙于1994年11月10日向百事公司提出辞职。由于担心雷德蒙在新的职位上泄露和

---

[1] PepsiCo, Inc. v. Redmond, 54 F. 3d 1262 (7th cir. 1995) .

使用属于自己的商业秘密，百事公司于1994年11月16日向伊利诺埃联邦地方法院提起诉讼，要求法院下达禁令，雷德蒙不得担任快客公司的新职务，不得披露属于自己的商业秘密。联邦地方法院经过审理，下令被告在1995年5月底以前不得担任快客公司的新职务，并且永远不得使用和披露属于百事公司的商业秘密。被告不服判决，向第七巡回上诉法院提起了上诉。

第七巡回上诉法院首先指出，本案属于伊利诺埃州商业秘密法管辖。根据相关规定，法院可以禁止对于商业秘密的“实际的或者威胁的窃取”（actual or threatened misappropriation）。与此相应，原告要想获得禁令，必须证明确实有商业秘密存在，以及被告窃取或者威胁窃取商业秘密。在这方面，地方法院已经认定，原告关于1995年的市场营销计划，属于原告的商业秘密。同时，被告知晓这些秘密，在其新的职务上将不可避免地会利用原告的商业秘密。例如被告在为新公司制定价格、决定销售渠道和上市新产品的时候，都会不可避免地利用已经存在于记忆中的属于原告的商业秘密。

第七巡回上诉法院还论证说，被告所知悉的属于原告的商业秘密，不同于他在任职期间所获得的一般性知识和技能。事实上，这些销售计划是原告不想让竞争对手知悉的商业秘密，可以让原告处于竞争上的优势地位。同时，原告提出的商业秘密诉讼，也不同于传统的商业秘密案件。在传统案件中，通常是原告具有一项技术秘密或者营业秘密，他人以不正当的手段窃取了相关的秘密。在本案中，原告并未主张“快客公司”偷窃了自己的商业秘密。原告只是主张，被告在新的职务上将不可避免地依据原告的商业秘密，作出相应的市场决定。这样，原本属于原告的商业秘密，就会在事实上帮助“快客公司”占有市场上的优势地位。这类利用他人商业秘密的情形虽然很少发生，但仍然属于商业秘密法律应当规范的情形。

基于以上的分析，第七巡回上诉法院维持了地方法院的判决，要求被告在1995年5月底之前不得担任快客公司的新职务，永远不得披露原告的商业秘密。

值得注意的是，第七巡回上诉法院在“PepsiCo”一案中，讨论“威胁窃取商业秘密”的时候，使用了“不可避免地披露和使用”的术语。具体说来，由于被告雷德蒙已经知悉了属于原告的商业秘密，他在进入“快客公司”承担新职务并作出商业决策的时候，将不可避免地使用原告的商业秘密。按照这个规则，原告只要证明确实存在属于自己的商业秘密，同时又证明被告知悉了相关的商业秘密，就可以依据“不可避免地披露和使用”的规则，要求被告不得从事竞争性活动。与此相应，原告也免除了证明被告“确实使用或者威胁使用”自己商业秘密的责任。显然，这对于离职员工，尤其是在竞争性企业中重新就职的离职员工是不利的。

正是基于这样的考虑，随后的一些典型判例都断然否决了“不可避免地披露和使用”的理论。例如，在 2002 年的“Whyte”一案[1]中，加州上诉法院拒绝适用“不可避免地披露”的理论，认为这个规则创设了一个事实上的“事后的竞业禁止合同”，产生了限制雇员流动的结果，因而违背了加州的法律和政策。

在“Whyte”一案中，原告是一家制锁公司，与柯赛特（Kwikset）公司存在着激烈的竞争。本案的被告怀特（Whyte）原来是原告公司的销售副总裁，曾经签订过保守商业秘密的协议。柯赛特希望被告进入自己的公司，并提出了相应的条件。2000 年 6 月 3 日，被告接受了柯赛特的条件，但直到 6 月 14 日才提出辞职。在此期间，被告参加了原告与客户举行的秘密会议。到了 6 月 25 日，被告担任了柯赛特公司的销售副总裁，与他在原告公司的职位相同。于是，原告在加州法院提起诉讼，要求禁止被告担任柯赛特公司的新职务。一审法院作出了有利于被告的裁定，原告不服判决而提起了

---

[1] Whyte v. Schlage Lock Co. , 125 Cal. Rptr. 2d 277 (Court of Appeal of Cal. , 2002).

上诉。

原告在上诉中提出，本案的事实与“PepsiCo”一案的事实相似，因而要求上诉法院依据“不可避免地披露”的规则，禁止被告担任柯赛特公司的销售副总裁。上诉法院回顾了“PepsiCo”一案的判决，以及在此之后各州法院在“不可避免地披露”这一规则上的立场。具体说来，大多数法院在判决中认可了这一规则，只有少数法院否定了这一规则。还有的法院虽然肯定了这一规则，但又裁定这一规则仅适用于“PepsiCo”一案的具体案情。上诉法院认为，少数法院否定这一规则的判决，正确地平衡了雇员自由流动的竞争政策与商业秘密保护的关系。上诉法院说：

不可避免地披露理论，允许雇主在没有证明前雇员真实使用或者威胁使用商业秘密的情况下，仅仅推论（反过来依据情节证据）该雇员在新职业上将不可避免使用他或她所知晓的商业秘密，从而禁止前雇员从事新的职业。其结果不仅是禁止使用商业秘密，而且限制了就业……。

由不可避免披露理论所强加的竞业禁止，其主要弊病在于事后的特征：在雇佣合同签订之后强加了竞业禁止协议，从而在未经雇员同意的情形下改变了雇佣关系。就像本案一样，在存在一个保密协议的情形下，不可避免地披露理论将保密协议转换成了竞业禁止协议。或者，正如另一个联邦法院所指出的那样，“法庭不应当允许原告以事后竞业禁止协议的方式，利用不可避免地披露理论，禁止雇员为他或她所选择的雇主工作”。

加州上诉法院还特别指出，在本案中，无论是原告还是被告，都反对竞业禁止协议。与此相应，法院也不应当通过不可避免地披露理论，在当事人的头上强加一个竞业禁止协议。

此外，在2004年的“LeJeune”一案[1]中，马里兰上诉法院也明确否定了“不可避免地披露理论”，认为不符合马里兰州采纳的

---

[1] LeJeune v. Coin Acceptors, Inc., 381 Md. 288 (Md. 2004).

"统一商业秘密法"。在该案中，原告是一家硬币兑换机的生产厂商，被告是原告的雇员，负责产品的推销。自 2003 年 5 月开始，被告与原告的主要竞争对手马斯（Mars）公司接触，寻求新的工作机会。到了 2003 年 7 月 7 日，被告与马斯公司签订了雇佣合同，但仍然留在原告公司内，直到 7 月 14 日才离职。在此期间，被告复制了原告计算机中的一些文件，包括制造成本和销售价格的文档以及一些其他纸质文件。当原告发现以后，于 7 月 24 日向马里兰州的一家县法院提起了诉讼。一审法院经过审理认定，被告窃取了原告的商业秘密。不过，一审法院在裁定中没有以"威胁使用"作为依据下达禁令，而是引用了"不可避免地披露"理论。

在被告提起的上诉中，马里兰州上诉法院肯定了地方法院关于被告窃取原告商业秘密的裁定，但认为一审法院依据"不可避免地披露理论"下达禁令不当。上诉法院回顾了确立这一规则的"PepsiCo"一案，以及否定这一规则的"Whyte"一案，认为后者的判决具有说服力。上诉法院说：

马里兰州的政策与加州的政策相似，赞同雇员的流动。在这方面，Coinco（原告）与 LeJuene（被告）没有签订保密协议和竞业禁止协议。如果在本案中承认"不可避免地披露"，就会让原告在没有与被告谈判竞业禁止协议和保密协议的情况下获得好处，干预被告与马斯公司的雇佣关系。此外，接受这个理论，也有可能让法院仅仅依据某人接触了商业秘密，推论某种程度的不可避免的披露。基于这些理由，我们得出结论，根据马里兰州的统一商业秘密法，不可避免地披露理论不能作为判给原告禁令救济的依据。

大体说来，在美国商业秘密保护的司法实践中，支持雇员的自由流动，限制甚至否定竞业禁止协议，是一个基本的倾向。到了 1995 年第 7 巡回上诉法院判决的"PepsiCo"一案，确立了"不可避免地披露"的理论，在特定的案件事实中，天平似乎倒向了拥有商业秘密的雇主。然而，随后的"Whyte"和"LeJuene"等判例，不仅否定了"不可避免地披露"理论，而且重申了雇员自由流动的原则。

四、对于我国的启示

在美国的商业生活中，每年都有成千上万的员工从一个企业流动到另一个企业。在这中间，不乏带走原来雇主的商业秘密并且在后一个企业中披露和使用的情形。似乎，针对离职雇员的商业秘密诉讼应当很多。然而在事实上，这类诉讼却很少发生。相关的证据也表明，此类诉讼不可能大幅度增长。[1]

反观我国，员工的自由流动远远没有达到美国的程度，但是有关员工离职和由此而产生的商业秘密的诉讼，却在不断增加。一些企业不仅动用民事和行政程序，甚至动用刑事程序追究离职员工侵犯商业秘密的责任。在这方面，中国堪称世界上对于商业秘密保护最强有力的国家。基于美国有关竞业禁止协议和商业秘密保护的做法，我们应当思考以下几个问题。

第一，按照美国的做法，雇主一般不愿意针对雇员提起竞业禁止协议的诉讼。因为法院通常会宣告竞业禁止协议无效，从而使得雇主陷于妨碍自由竞争、妨碍员工自由流动的境地。然而在中国，雇主与雇员签订的竞业禁止协议，似乎被赋予了合法的地位。通过美国的相关做法，我们应当认识到，限制员工自由流动的竞业禁止协议，应当是无效的。员工的自由流动，有利于知识和技能的传播，有利于社会经济和文化的发展。

第二，按照美国的做法，即使是在商业秘密协议或者竞业禁止协议等同于保密协议的情况下，雇主也不太愿意提起针对离职雇员的诉讼。因为，雇主必须在相关的诉讼中证明，有关的信息是自己的商业秘密，而非员工的技能和知识。而在中国，雇主往往轻易提起商业秘密的诉讼，甚至武断主张员工在职期间获得的技能和知

---

[1] Paul Goldstein, *Copyright*, *Patent*, *Trademark and Related State Doctrines*, 2008, p 117－118.

识，都是自己的商业秘密。而在相关的司法实践和行政执法程序中，也很少详细区分，哪些是属于雇主的商业秘密，哪些是属于员工的技能和知识。在这里，我们应当认真借鉴美国的做法，将员工获得的技能和知识排除在商业秘密的范围之外。

第三，按照美国的做法，即使雇主可以证明有关的信息是自己的商业秘密，他还必须进一步证明，离职员工确实或者威胁披露和使用相关的商业秘密。而在中国，雇主大多泛泛而论地指控离职雇员披露和使用了自己的商业秘密，通常不做深入的举证。一些企业界人士和专家学者，甚至提出了“举证责任倒置”的说法，要求离职雇员证明自己没有披露或者使用前雇主的商业秘密。显然，这种做法一方面大大降低了雇主维护商业秘密的责任，另一方面又方便了一些雇主以侵犯商业秘密为借口，或者惩治离职员工，或者打击竞争对手。

第四，按照美国的做法，很多雇主不愿意提起商业秘密的诉讼，担心在诉讼过程中暴露自己的商业秘密。然而在中国，一些雇主为了获悉竞争对手的商业秘密，甚至主动要求行政机关和公安机关介入，以此探听被告的商业秘密。应当说，这是一种利用诉讼程序进行不正当竞争的做法，值得我们的公安部门和工商行政执法部门警惕。

反向工程与商业秘密法律保护

宋建宝*

摘要：反向工程是重要的研究手段和常用方法，不同类型的反向工程对商业秘密法律保护构成的影响不尽相同。但是反向工程与典型的侵占商业秘密行为之间存在着根本的区别。反向工程与商业秘密法律保护的道德论并不相悖，也足以支持商业秘密法律保护的经济论。对于反向工程进行限制的合同条款，一般也不应当给予认可和支持。

一、反向工程的概念及类型

反向工程（reverse engineering）是相对于工程（engineering）或正向工程而言的。正向工程是指运用科学原理设计出或开发出机器、设备、仪器或制造方法等的活动过程，因此正向工程以科学原理为出发点，以机器、设备、仪器或制造方法等为终点。反向工程则是从现有的机器、设备、仪器或制造方法等探求科学原理的活动过程，因此反向工程以机器、设备、仪器或制造方法等为出发点，以科学原理为终点。例如对于机械设备来说，通过拆解机器，就可以了解该机器的结构和组成、零部件的形状、零部件之间的连接方式等，这样就可以掌握该机器的工作原理，完成反向工程。现代反向工程的手段包括化学分析、电子扫描等，例如采用化学分析手段分析某一物质的组成，利用电子扫描手段得到某一产品零部件的形状、尺寸等。在软件工程领域，反汇编或反编译则是常用的反向工

* 作者单位：国家科学技术部知识产权中心。

程手段。

反向工程可能是纯粹出于求知欲望的好奇心理，例如对于学术研究和教学工作来说，反向工程常常是重要的研究手段和常用方法，在信息科学领域尤其如此。但是企业在经营过程中实施的反向工程往往带有强烈的商业动机。根据反向工程的目的，反向工程大体可以分为以下几种情况。

第一类就是求知型的反向工程。如前所述，实施反向工程的行为人纯粹是出于求知欲望的好奇心理，对现有产品进行反向工程，了解现有产品运用的科学原理，然后用于自己的学术研究或通过教学传授给学生。对于商业秘密法律保护来说，这种类型的反向工程实质上就是行为人获得并公开披露有关商业秘密的行为。这种类型的反向工程往往直接导致有关的商业秘密丧失其秘密性，使原先的商业秘密成为不能再获得商业秘密法律保护的公共领域内的信息。

第二类就是模仿型的反向工程。行为人实施反向工程的目的就是为了了解现有机器、设备、仪器等的技术信息，然后自行制造出与现有机器、设备、仪器等相同的机器、设备、仪器。例如，一家公司购买到其竞争对手制造的机器后，对该机器进行拆解，然后对机器的全部零部件进行测绘，最后根据测绘图纸制造出与竞争对手几乎完全相同的产品。出于竞争需要，实施反向工程的行为人往往也会采取合理保密措施来保护通过反向工程获得的有关信息。因此，对于商业秘密法律保护来说，这种类型的反向工程实质上就是竞争对手获得并直接使用有关商业秘密的行为。这种类型的反向工程虽然不会直接造成有关的商业秘密丧失其秘密性，但是却直接削弱了原商业秘密持有人的竞争优势，并往往使那些实施反向工程的行为人获得竞争优势。

第三类是创新型的反向工程。在这种情况下，实施反向工程的行为人通过反向工程，分析现有产品，然后设计或开发出新产品，或者改进现有的产品。这种类型的反向工程只是行为人了解现有技术，丰富其自身知识的途径而已。出于竞争需要，实施反向工程的行为人往往也会采取一些保密措施来保护通过反向工程获得的有关信息。对于商业秘密法律保护来说，这种类型的反向工程实质上就是竞争对手获得并间接使用有关商业秘密的行为。这种类型的反向工程与模仿型的反向工程极为类似，虽然不会直接造成有关的商业秘密丧失其秘密性，但是却直接削弱了原商业秘密持有人的竞争优势，并往往使那些实施反向工程的行为人获得竞争优势。

第四类是侵权分析型的反向工程。一些知识产权所有人为了判断竞争对手生产的产品是否侵犯其知识产权，往往会购买竞争对手的产品，然后对购买到的产品实施反向工程。通过对竞争对手的产品实施反向工程，有关知识产权的权利人可以既快速又廉价地获得竞争对手实施侵权行为的证据。对于商业秘密法律保护来说，这种类型的反向工程实质上就是竞争对手之间仅仅获得对方的相关商业秘密的行为，通常既不会披露相关的商业秘密，也不会使用相关的商业秘密。

另外，对于信息技术领域来说，还存在一种特殊目的的反向工程，就是为了实现产品之间或系统之间的兼容（compatibility）或互操作（interoperability）而实施的反向工程。在信息技术产业中，不同公司的软件之间、硬件之间以及软件与硬件之间的兼容性或互操作性对各自产品的市场开拓至关重要，而兼容信息或互操作信息则是实现产品或系统之间互操作的桥梁。一家公司的产品要想与另一家公司的产品实现互操作，只有得到该公司产品的互操作信息，并以此为基础进行产品开发，最终才能实现两家公司产品的互操作。虽然一些开发商会公开其产品的兼容信息或互操作信息，但是也有一些开发商不公开其产品的兼容信息或互操作信息，甚至还故意采取一些措施来保密那些兼容信息或互操作信息。通过对产品实施反向工程，有时能够获得需要的兼容信息或互操作信息，但有时也可能无法获得有关信息。例如在 Microsoft 案[1]中，Microsoft

[1] Commission Decision of 24.03.2004（Case COMP/C—3/37.792 Microsoft）.

公司拒绝向 SUN 公司等竞争对手披露工作组服务器操作系统（work group server operating system）软件的互操作信息，致使 SUN 公司等竞争对手的工作组服务器操作系统软件与 Microsoft 公司的工作组服务器操作系统软件之间无法实现互操作，并且 SUN 公司等竞争对手的工作组服务器操作系统软件与 Microsoft 公司的个人计算机视窗操作系统（Windows PC operating system）软件也无法实现互操作。由于产品与产品之间可能是替代关系，例如 Microsoft 公司的工作组服务器操作系统软件与 SUN 公司就工作组服务器操作系统软件，也可能不是替代关系，例如 SUN 公司的工作组服务器操作系统软件与 Microsoft 公司的个人计算机视窗操作系统软件。因此实施反向工程的行为人与商业秘密持有人之间有时存在直接的竞争关系，有时并不存在直接的竞争关系。对于商业秘密法律保护来说，这种类型的反向工程只是获得并间接使用有关的商业秘密。在实践中，这种类型的反向工程一般不会导致原有的商业秘密丧失其秘密性，但是对原商业秘密持有人的竞争优势的影响却不能一概而论。对于存在替代关系的产品来说，这种类型的反向工程显然削弱了原商业秘密持有人的竞争优势；而对于存在非替代关系的产品来说，这种类型的反向工程却实质上增强了原商业秘密持有人的竞争优势。

二、反向工程与商业秘密法律保护的实践

TRIPS 协议第 39 条（1）只是将商业秘密法律保护列为《巴黎公约》第 10 条之二所规定的制止不公平竞争的内容之一，并且 TRIPS 协议第 39 条（2）也直接表明商业秘密持有人就其商业秘密不享有绝对的财产权。对于未经许可披露或使用商业秘密的行为，当且仅当这些行为违背了诚实商业做法时才给予制止。TRIPS 协议之脚注 10 也解释道，至少诸如违反合同、违反保密义务和引诱违反合同或保密义务的行为应当视为不诚实的商业做法。但是 TRIPS 协议本身根本就没有提及反向工程问题，既没有将反向工

程明确规定为违背诚实的商业做法，也没有将反向工程明确规定为诚实的商业做法。另外，TRIPS 协议也没有规定那些需要耗费大量资金、人力和时间通过反向工程才能获得的信息是否属于商业秘密。因此可以说，对于商业秘密的反向工程问题，TRIPS 协议没有作出任何规定，而是将这一问题留给了世界贸易组织的成员通过其国内法去自行决定。

反向工程是发现商业秘密的正当手段，这在美国已经被普遍接受。例如在 Chicago Lock Co. v. Fanberg 案[1]中，美国第九巡回上诉法院明确了商业秘密法律保护与反向工程之间的关系问题。在该案中，原告是一家高档锁具的制造商，对其制造的锁具的钥匙码采取了保密措施，并且原告也没有将这些锁具的钥匙码披露给修锁匠。如果购买原告锁具的人不慎丢了钥匙，那么他必须从原告处订购新钥匙。当然，另外一种比较可行的办法就是让修锁匠撬开锁具，找到该锁具的钥匙的规格。久而久之，修锁匠们就收集到了一些有关原告制造的锁具的钥匙码信息。本案被告就收集到了这些信息，并且在一本书中还公开了这些信息。审理该案的初审法院认为，被告的行为实际上就是一种通过不正当手段获取商业秘密的行为。上诉法院则认为，反向工程是发现商业秘密的合法手段，否则本案将创造出一种新型的知识产权，并且该类型的知识产权已经被联邦的专利法所先占。[2] 美国联邦最高法院在后来的 Bonito Boats, Inc. v. Thunder Craft Boats, Inc. 案[3]中还详细讨论了商业秘密法律保护中允许反向工程的政策考量。在 Bonito Boats, Inc. v. Thunder Craft Boats, Inc. 案中，被告通过直接浇铸的方法复制了原告不受专利保护的船体外壳。该案实际上涉及反不正当竞争法律保护是否应当禁止那些复制不受知识产权保护的产品的行为。考虑到保护创

---

[1] *Chicago Lock Co. v. Fanberg*, 676 F. 2d 400 (C. A. 9 1982).

[2] *Id.* at 405.

[3] *Bonito Boats, Inc. v. Thunder Craft Boats, Inc.*, 489 U. S. 141 (1989).

新和模仿自由之间的平衡，美国联邦最高法院认为：模仿自由是知识产权保护的必然结果。如果反不正当竞争法律保护不考虑专利法内在的高标准的保护要求，那么专利法制度将受到破坏。模仿是创新的重要组成部分，特别是反向工程，往往带来技术的重大进步。[1]

三、反向工程与商业秘密法律保护之评析

反向工程与典型的侵占商业秘密行为之间存在着根本的区别。与侵占雇主商业秘密的雇员相比，实施反向工程的行为人在公开市场上购买到了产品并实施了反向工程，但是他并不承担任何保密义务；与工业间谍相比，实施反向工程的行为人并没有通过非法手段侵入到竞争对手的私有空间，只是“侵入”了竞争对手已经公开销售的产品的内部。

从商业秘密法律保护的道德论来看，反向工程并不违背一般的商业伦理和诚实的商业做法。很多行业都将反向工程看做普通的和正常的做法。反向工程是不是符合一般道德的做法，或者说是不是符合一般诚实的做法，目前尚不明确。但是，反向工程是不诚实的商业做法，对于这一点，在很多行业内没有被普遍接受。实施反向工程的行为人与雇员不同，雇员必须善意地、诚实地履行其基于雇佣关系产生的保密义务，但是实施反向工程的行为人并不承担这样的保密义务。虽然知识产权可以优先于传统的财产所有权，但是对于商业秘密法律保护来说，这种限制的正当性基础就在于有关的行为违背了诚实的商业做法，而反向工程并没有违背诚实的商业做法。因此，反向工程与商业秘密法律保护的道德论并不相悖。

从商业秘密法律保护的经济论来看，反向工程也具有经济上的合理性。商业秘密法律保护商业秘密持有人的商业秘密不被他人侵占，就是要使商业秘密持有人能够收回其开发成本，尤其是要确保

[1] *Id.* at 146.

商业秘密持有人在市场上的领先时间（head time）。对于大多数行业来说，尤其是传统的制造产业和新兴的软件产业，反向工程往往是既耗财又费时的过程。这就是说，即使竞争对手通过反向工程获得了有关的商业秘密，那么商业秘密持有人仍然能够收回其开发成本，并确保市场上的领先时间。也许会有人指出，对于那些相对容易且低成本就可以通过反向工程获得的商业秘密来说，如果商业秘密法律保护允许反向工程，那么商业秘密持有人也许很难收回其开发成本，并且也不能保证其市场领先时间。但是根据商业秘密法律构成中“不容易获得”的秘密性标准，这样的信息也许不能满足商业秘密法律保护所要求的秘密性标准，因此不能获得商业秘密法律保护。由此可得，反向工程也足以支持商业秘密法律保护的经济论。

当前，国际上反不正竞争法律保护领域正在就是否禁止简单模仿（slavish copy）展开激烈的争论，并且禁止简单模仿成为趋势。对于商业秘密法律保护领域来说，如果也禁止简单模仿，那么当前最为常见的反向工程将不再被允许。代表公共利益的反向工程与代表私人利益的商业秘密法律保护之间应当如何进行平衡，集成电路布图设计法律保护领域关于反向工程的做法也许值得借鉴。根据《华盛顿条约》，针对集成电路布图设计专有权的保护，目前的做法就是允许对公开销售的集成电路芯片进行反向工程，但是不得直接复制该集成电路芯片的布图设计。如果将这种做法移植到商业秘密法律保护领域，那就是虽然可以通过反向工程探求产品中的有关商业秘密，但是不得直接使用通过反向工程获得的商业秘密。

四、禁止反向工程条款的法律效力

如前所述，虽然反向工程对于社会公众来说具有积极的意义，但是对商业秘密持有人却恰恰相反，因此商业秘密持有人就会想尽一切办法来限制或禁止相关人员就其产品实施反向工程。在反向工程属于获取商业秘密的正当手段的情况下，商业秘密持有人是否有权以合同条款的形式禁止反向工程，这就是通常所说的禁止反向工程条款的法律效力。在 K&G Oil & Tool Service Co. v. G&G Fishing Tool Service 案[1]中，法院认为，为了保护工具中的商业秘密，禁止拆解工具的合同条款是有效的。但是在 Vault Corp. v. Quaid Software Ltd. 案[2]中，审理该案的上诉法院却拒绝认可大宗货物销售中禁止反向工程条款的法律效力，并且驳回了原告以被告违反禁止反向工程约定为由提出的侵占商业秘密的诉讼请求。在该案中，被告 Quaid 公司对原告 Vault 公司的"Prolok"软件实施了反向工程，开发出了能够绕开 Vault 公司"Prolok"软件的著作权保护范围的"Ramkey"软件。原告 Vault 公司诉称，Quaid 公司违反了"Prolok"软件开封许可协议（shrinkwrap license）中禁止反向工程的约定，因此 Quaid 公司侵占了 Vault 公司在"Prolok"软件中的商业秘密。审理该案的美国联邦第五巡回上诉法院认为，开封许可协议中禁止反向工程的约定与联邦著作权法律政策相抵触，应当优先适用联邦著作权法，因此 Quaid 公司的反向工程行为并没有违反州的商业秘密法。

前文提及的 Microsoft 案虽然不涉及禁止反向工程条款的效力问题，但是该案的处理结果却告诉我们：在商业秘密持有人具有市场支配地位时，禁止反向工程条款不仅不具有法律执行力，即竞争对手可以实施反向工程，而且出于产业发展的需要，竞争对手还可以要求商业秘密持有人直接披露有关的商业秘密。在该案中，欧盟委员会经审理后认为，Microsoft 公司拒绝披露的互操作信息具有一定的商业价值，应当获得商业秘密法律保护，但是共享此类信息、促进市场竞争更为重要。虽然强行要求 Microsoft 公司披露其互操作信息会对该公司的创新积极性产生负面影响，但是考虑到披

---

[1] *K&G Oil & Tool Service Co. v. G&G Fishing Tool Service*, 314 S. W. 2d 782, at 785—86.

[2] *Vault Corp. v. Quaid Software Ltd.*, 847 F. 2d 255 (5th Cir. 1988)

露互操作信息对促进整个产业技术发展、提高产业创新水平的正面作用，负面影响就显得不足为道了。另外，占有市场支配地位的公司虽然没有义务保证其产品的互操作性，但是拒绝提供产品的互操作信息可以使其市场支配力能够轻易地从占有支配地位的产品市场延伸到另一个产品市场，这就可能构成滥用市场支配地位。

虽然关于禁止反向工程条款法律效力的判例不多，但是有相当数量的学者认为法院不应当执行此类合同条款。例如 David McGowan 教授以软件产业为例，认为如果承认禁止反向工程条款具有法律执行力，那么将造成软件产业中标准产品之间的转化变得非常缓慢，并且还会妨碍新产品的创作。❶ 由于未来竞争性产品的创作代表着公共利益，因此如果承认禁止反向工程条款具有法律执行力，那么公共利益势必就会受到影响。由于反向工程有助于信息扩散，并且反向工程也并没有完全剥夺商业秘密持有人收回其开发成本的机会，因此从市场竞争的角度考虑，反向工程至少应当成为降低标准化产品之间转换成本的重要途径。

五、反向工程对商业秘密法律保护的影响

商业秘密持有人以外的其他人通过反向工程获得与有关商业秘密相同或实质相似的信息，虽然这些行为不构成侵占商业秘密行为，但是这些行为也不必然就导致原商业秘密持有人的商业秘密丧失法律保护。这主要取决于商业秘密持有人以外的其他人通过反向工程获得有关信息以后所实施的行为。如果他们将所获得的有关信息进行了公开披露，那么有关信息因不再具有商业秘密法律保护所要求的秘密性而不再符合商业秘密的法律构成要件，因此该信息不再是商业秘密，不能再获得商业秘密法律保护。相反地，如果商业

---

❶ David McGowan, "D. Free Contracting, Fair Competition, and Article 2B: Some Reflections on Federal Competition Policy, Information Transactions, and 'Aggressive Neutrality'", *Berkeley Tech. L. J.* 13: 1173 (1998).

秘密持有人以外的其他人通过反向工程获得与商业秘密相同或实质相似的信息以后，采取了合理的保密措施，那么该信息将继续属于商业秘密，仍然可以获得商业秘密法律保护。在这种情况下，如果每个商业秘密持有人都采取了合理的保密措施，使有关信息在所属行业仍然不为普遍知悉，也不被容易地获得，那么这些商业秘密持有人将分别且独立地拥有各自的商业秘密。

日本关于商业秘密构成要件的认定

陈爱华*

摘要：根据日本法律的规定，商业秘密必须要满足“非公知性”“有用性”及“管理性”三个基本构成要件，本文主要结合大阪地裁关于“陶瓷电容器积层机的电子数据”一案的判决来解析在日本司法实践中对商业秘密上述三个要件的规定。判断“非公知性”要件时，日本法院主要考虑“秘密信息的相对性和整体性”；判断“有用性”要件时，日本法院则考虑其经济价值性和公序良俗性；判断“管理性”要件时，日本法院从是否控制接触信息、是否规定保密义务以及是否对商业秘密进行区分三方面进行考虑。而上述三个要件的内容实质上都没有超出 TRIPS 协议对商业秘密的规定。

进入知识经济时代，知识产权，特别是商业秘密在企业中的重要地位可以说是日益显著。它是企业赖以生存发展的核心竞争力，是企业产生竞争优势的无形资产，能够给企业带来巨大的经济效益。TRIPS 协议第 39 条对商业秘密保护做了专门的规定，并明确把商业秘密纳入了知识产权的保护范围。根据日本《不正当竞争防止法》第 2 条第 6 款规定：“本法所称商业秘密，指作为秘密管理的生产方法、销售方法以及其他对经营活动有用的技术上或者经营上未被公知的信息。”据此规定，商业秘密的构成要件是：非公知性、有用性及管理性。本文将结合大阪地裁平成 15 年 2 月 27 日关

---

* 作者单位：重庆大学经济与工商管理学院。

于“陶瓷电容器积层机等的电子数据事件”一案，来逐条分析日本法在对商业秘密构成要件上的理解。

一、案情回顾

原告株式会社 New Cleat（以下简称原告公司）成立于 1988 年 5 月 12 日，是一家专门生产销售陶瓷电容器积层机及印刷机的公司。被告 A 和被告 B 曾就职于株式会社 New Cleat，并在该公司中负责绘制陶瓷电容器积层机及印刷机等各种机器的组装图及零部件图，还负责各种机器组装后的调试工作。两被告同时于 1999 年 8 月 27 日辞职。被告株式会社公司 City Japan（以下称被告公司）成立于 1997 年 11 月 7 日，当时的业务范围为土木工程及园林的设计、施工、承接以及咨询。1999 年 9 月，其工商登记的业务范围追加了“电子零部件制造机械的租赁、租借、咨询”。同月，雇佣被告 A 与 B 进行陶瓷电容器积层机及印刷机的设计、并进行制造和销售。原告公司所主张的商业秘密是 6000 张陶瓷电容器积层机及印刷机的设计图，这些信息以电子文档的方式储存在硬盘以及 CAD（Computer Aided Design）之中，是原告公司从 1988 年创业以来所有的设计图片的总和。后来，原告公司发现已经成为被告公司职员的被告 B 于 1999 年 10 月分别向坂本工机株式会社（以下简称坂本工机）和 New Matic 公司订制陶瓷电容器积层机的零部件球状螺丝和空气轴，并通过传真将球状螺丝和空气轴的图纸发送给坂本工机和 New Matic 公司。坂本工机和 New Maitc 公司的负责人在收到该订单后，将其交给了原告公司。原告公司发现该球状螺丝和空气轴从没有任何独自的创新，与原告公司的技术设计完全相同，而且图纸上所记载的技术信息内容已经超越了技术人员经验或者头脑记忆的范围。另外，原告公司职工曾目击被告在 1999 年 8 月 24 日曾经用笔记本电脑长时间接续公司主机进行操作，8 月 25 日将该笔记本电脑带回自己家中。原告公司向三被告提起了诉讼，诉称被告 A 和被告 B 以不正当手段获取该商业秘密的电子文档，并将这些电子文档披露给现在的雇主被告公司，被告公司在明知道这些信息是通过不正当的手段获得而进行使用，三被告侵犯了其商业秘密。

二、"非公知性"要件

在本案中，对于商业秘密的非公知性构成要件，原告公司主张：该信息是原告创业以来所有设计图的总和，合计约6000张。为了使陶瓷电容器积层机及印刷机能够正常运转，一般从多种通用零部件中选择合适的，并对选定的零部件施以加工成规定的形状和尺寸后使用，涉案电子文档中包括了这些零部件的形状、尺寸、以及相关的加工内容等技术信息。这些技术信息是原告长期的独自开发而积累下来的，没有在任何出版物中公开，不属于公众所知悉的信息，具有秘密性。

而被告则主张，属于原告公司的陶瓷电容器积层机及印刷机在其销售时，其大部分都没有签订保密协议，关于这些技术信息可以通过反向工程获知，可以推断该信息已经处于不特定人可能得知的状态，属于公知信息。原告公司的NCG-3000陶瓷电容器积层机的原型是印染机，其运作原理与印染机相同。而印染机技术已经在明治大正时代公开，所以，原告的陶瓷电容器积层机的技术是已经被常识化的公知技术。另外，陶瓷电容器积层机在原告公司成立之前就存在，对此也有192件专利公开该技术。原告所主张的陶瓷电容器积层机并不是独特的装置，只要是本领域人员就可以容易的制造获得。原告代表以前在印染机及陶瓷电容器积层机制造企业工作，根据当时学习所得的知识制作了"NCG-3000"。实际上，只要3个月的时间就可以完成对此的基本设计。原告的专利申请中，也公开涉案的技术内容，这些内容不应该再被作为商业秘密。除此之外，原告公司2000年4月4日针对三被告的诉前禁令申请书中，图1公开了陶瓷电容器积层机（NCG-3000）的整体图，图3公开压着装置的组装图等。据此，原告公司所主张的涉案电子信息，不满足非公知性要件。

日本学者看来，在认知非公知性的要件上，可以针对秘密信息将所有人划分为两个集团，即知悉信息的内部集团与不知悉信息的外部集团。信息的所有者，知悉信息内容；被透露者也知悉信息内容。要使信息的秘密性能够成立，需要满足两个条件，即：内部集团的人员采取措施阻止向外部人员透露相关信息的行为，还需要采取措施阻止外部集团的人员探知信息的行为[1]。信息必须要依存于某项载体，该载体可以是人也可以是物。他人需要知晓该信息可以通过两种手段，即通过内部人员透露或者获得信息的载体。信息的载体可以有以下多种方式：如，公开发布记载有信息的诸如书籍、宣传册等纸质材料，或者 CD-ROM 等电子载体；通过载有秘密信息的产品的公开使用的情况；或者登陆将记录有信息的电子载体（计算机的硬件或者服务器）的情况。一旦外部人员知晓了该信息内容，那么外部集团与内部集团的状态便自此消失。通常说来，否定“非公知性”的情况有，通过公开出版物的公开和通过公开使用的公开这两种情况。

在日本以往非公知性未被认可的大多数判例中，大都是由于所主张的商业秘密信息属于公开出版物中已经公开的内容。关于公开使用的公开，日本学者认为一个秘密信息有可能实际体现在某一产品上，随着产品在市场上的公开销售，该秘密信息也随之公开。所以，通过对产品进行分解，解剖所得到的产品的构造、成分、制造方法等信息，也正称之为通过反向工程所得到的信息，可以使该信息丧失秘密性。当然，即便产品在市场上公开销售，如果通过反向工程不能够获得信息，仍然维持其秘密性。日本将反向工程分为以下几种情形：第一，如经过反向工程掌握了秘密的人，将其作为秘密管理时，则不能说是为人所公知；第二，虽实施反向工程但在短

[1] 永野周志，砂田太士，播磨洋平．营业秘密与竞业回避义务的法务［M］．日本：株式会社 KYOSEI，2008：46．

期内很难掌握其耐久度、成本价格的，不能认为是已被公知；第三，如果产品售出后经分析很容易发现秘密的，则自该产品售出后，该消息即为已被公知❶。

也就是说，所谓“不被公知”，是指不特定的人如果不使用不正当的手段，就不能得知的状态。这里包括只有商业秘密所有人知悉的情况，而且也包括其他人也知悉同样的商业秘密的情况（存在复数的商业秘密的所有者），只要不为同行业的人普遍熟知，即处于“不被公知”的状态之中。那么针对本案中，6000张关于陶瓷电容器积层机及印刷机的设计图纸上，记载的不仅仅通用零部件的信息，根据原告说明，而是为了其能够正常运作，从多个通用产品中选用合适的，并对选定的零部件按照所定的形状、尺寸进行独自的加工，记载了各个零部件的形状、尺寸、选材以及加工的技术信息，这是原告长期开发积累而得，没有在任何出版物中公开过。针对这一点被告的主张是，这些信息通过对原告销售的陶瓷电容器积层机及印刷机反向工程，结合以往的公知领域的知识和专利公开常识，可以得知该信息的具体内容。

这里值得说明的是，信息的非公知性是否成为商业秘密的必要条件，也是最重要的条件之一。根据“谁主张，谁举证”的原则，当商业秘密所有人主张该信息是属于非公众所知悉的内容的时，原本需要对该主张提交证据以证实自己的主张。但是，证明“未被公知”是不能穷尽的，所以要求原告证明自己的信息是“秘密”的事实上不可能。原告需要证明的是自己对该信息采取了合理的保密措施。而被告如果要证明该信息不是秘密，只需要提供证明该信息被公开的证据。于是，证明“非公知性”的举证责任事实上在被告一方。为此，对于被告认为该信息已经通过公开使用造成公开，不符合非公知性要件的主张，被告应该予以证明。

---

❶ 刘金波，朴勇植．日美商业秘密保护法律制度比较研究［J］．中国法学，1994（3）．

被告主张，原告所销售的NCG-3000等陶瓷电容器积层机及印刷机中大部分都没有签订保密条约，这些技术信息可以通过反向工程得知，处于不特定人可能得知的状态，已经进入公知领域。但是，上述涉案电子信息，合计约6000张的陶瓷电容器积层机及印刷机的设计图上记载有，“仅一个机种就有涉及成百上千个零部件的形状、尺寸、选材以及加工的信息，其中包含有制造精密高性能的陶瓷电容器积层机及印刷机的技术信息”。这么庞大的信息量，我们不能说通过反向工程完全不能够将这些信息推算出来，但至少从涉案电子信息的量、内容以及形式来看，即便是通过反向工程能够获得与涉案电子信息相近的信息，可以推定也需要通过专家支付高额的费用、进行长时间的研究分析才能够获得。为此，法院判断原告在没有签订保密协议的状态下，通过公开使用，即销售大量陶瓷电容器积层机及印刷机，不会造成该秘密信息的公开。

试想，如果被告要证明通过反向工程能够获得这些信息，那么提交实施反向工程的过程的证据是具有说服力的。而本案中，被告并未提供相应证据。为此，我们可以看到，虽然在日本法律中，并没有规定需要对反向工程的实施过程进行举证，通常情况下被告只需证实通过反向工程获得的可能性的证据即可，但实际上在其认定过程中，特别是较为复杂的信息内容，如果需要花费大量时间及研发费用，也需要对反向工程的过程进行举证才能够完成举证责任。

至于被告对原告公司的陶瓷电容器积层机的技术，是借用的关于印染机技术的公知技术，且原告公司的陶瓷电容器积层机并非其独特的装置，只要是本领域技术人员谁都可以容易的制成，只需要3个月就可以完成其基本设计的主张；以及在涉案电子信息中的一部分信息已经在专利中公开，不应该作为商业秘密保护的对象的主张，法院认为：“涉案电子信息是有关陶瓷电容器积层机及印刷机的设计图，记载有有关陶瓷电容器积层机及印刷机的各零部件的形状、尺寸、选材以及加工的信息。这些是属于商业秘密的内容。而没有证据显示有关印染机的公知技术是上述信息。另外，《不正当竞争防止法》中，要求商业秘密满足非公知性的条件，但这个并不是要求像专利一样的新颖性和创造性，对于“非公知性”的要求要低得多。所以涉案电子信息只需要满足秘密性、有用性和管理性的要件，至于该技术中所具体表现的技术思想有没有满足专利的新颖性、创造性条件之间并没有关系。加之，这些专利中，并没有公开原告所述商业秘密的内容，但这些专利中并没有公开有关如涉案设计图中的详细的形状等信息，所以涉案电子信息并没有进入公知领域。

从对该案的判决中可以看出，日本法院在认定商业秘密的非公知性的时候，同样考虑到“秘密的相对性”及“秘密的整体性”，除此之外，还特别指出了“非公知性”与专利的新颖性、创造性的不同。关于反向工程可能造成“使用公开”的情形，日本法院会根据反向工程实施的可能性，其难易度等加以综合考虑，如果需要花费高额的费用和长时间的研究才能够得到的信息，仍然满足“非公知性”的要件。

三、“有用性”要件

日本《不正当竞争防止法》中的商业秘密要件之二“有用性”，即指该信息具有经济价值。其中需要满足以下两个条件，第一，通过利用该信息能够带来经济上的利益；第二，利用该信息的行为不会违反公序良俗。日本在1990年修订《不正当竞争防止法》之前，有学者认为只要是具有秘密性的信息都是商业秘密，故企业组织、财务、人事变动等资料都可以作为商业秘密。而依修正后的《不正当竞争防止法》，一项秘密信息是否构成商业秘密，则以其是否具有经济价值为衡量标准。[1]

---

[1] 孔祥俊．反不正当竞争法的适用与完善［M］．北京：法律出版社，1998：415.

（一）该信息能够带来经济上的利益

能够带来经济上的利益，一般分为两种情况。一种情况是该信息是具有“创造性”的信息，会带来“创造性的利益”；另一种情况则是无论该信息有无创造性，利用该信息后，可以减少信息生产的成本。按照这种思路，通常情况下，信息能够带来经济利益的特性都会成立，被否认的情况非常少。在2007年日本最高裁判所公开的《知识产权判例集》中，在判决中否定该信息能够带来经济利益的判例只有东京地裁平成11年7月9日关于“油炸薯条的成本与利润率的经营方法”的判决、东京地裁平成12年12月7日关于“车辆运行管理业经营信息事件”的判决，以及东京地裁平成14年10月1日关于“可丽饼加盟的材料”的判决，这3例。否定信息的经济利益性的主要理由有以下几个：(1) 该信息利用后是否能够获得经济上的利益并不明确；(2) 利用该信息所获得的经济利益，与利用已经处于公共领域的知识，或者比较容易获得的知识所获得的经济利益没有实质上的差异的时候，该信息的经济上的有用性便不成立。

（二）该信息的公序良俗性

在对商业秘密进行保护的时候，如果利用该信息的行为违反相关法令，或者违反社会秩序和社会公德（通称公序良俗），仍然对该信息采取保护措施，则会造成促进违反公序良俗的生产，助长违反公序良俗的行为。所以，违反公序良俗的行为不在商业秘密保护范围之内。

例如，东京地裁平成14年2月14日关于“公共土木工程招标价格信息事件”的判决中，法院认定涉案信息，在地方公共团体实施公共土木工程中，将妨碍公正的招标手续形成标的，危害企业间的公平竞争和地方财政的适当运用等公共利益，违反公序良俗，与不正当竞争防止法的宗旨相违背，为此缺乏商业秘密的“有用性”要件。该判决书中还记载：“《不正当竞争防止法》中的商业秘密是指采取了保密措施的，有助于生产方法、销售方法和其他事业活动的技术或者经营信息，不为公众所知悉（该法 2 条 4 项）。在采取了保密措施的信息中，《不正当竞争防止法》所保护的是对财产、服务的生产、销售、研发等事业活动有用的信息。”这一宗旨就说明了，所保护的信息的范围一定限定在具有社会性意义和必要性的信息范围之内，而不论其所有人采取了什么样的方式进行保护。因此，违反公序良俗的秘密信息，例如公害、逃税、违反劳工法令的秘密信息，不能作为商业秘密保护。❶

本案中，涉案技术信息是用电子信息方式储存的设计图，记载了仅一个机种就有成百上千个零部件的形状、尺寸以及选材和加工等信息，其中展示了生产精密高性能的陶瓷电容器积层机及印刷机的技术信息。并且，通过使用 CAD 软件，还可以高效率地应对个别顾客订单，可以很容易地在短时间内按照顾客的要求制作陶瓷电容器积层机及印刷机。开发该产品花费了原告公司大量的开发费用和开发时间，是原告公司智力努力的结晶。原告公司在 1999 年的销售台数位 33 台，销售额为 9.7 亿日元，在原高公司销售总额的 65%，所以该信息是具有技术上和经营上有创造性价值的信息，另外，涉及的信息没有违反社会公序良俗的内容，为此满足有用性的构成要件。据此，同样日本法院认同了该信息的有用性。

为此，商业秘密必须是在经营活动中具有使用价值的技术上或经营上的信息，所谓使用价值是指信息在经营活动中的使用，或者因使用信息改善了经济效益等情形，只有具有正面经济价值的信息才受保护，对于社会有负面影响的经济价值或者丑闻等无经济价值的信息、不受商业秘密法保护。

四、“管理性”要件

日本《不正当竞争防止法》第 2 条第 6 款中规定：“本法所称商

❶ 参考：徐玲玉．营业秘密的保护［M］．台北三民书局，1993：33．孔祥俊．反不正当竞争法的实用与完善［M］．北京：法律出版社，1998：415．

业秘密，指作为秘密管理的生产方法、销售方法以及其他对经营活动有用的技术上或者经营上未被公知的信息。”其中，“作为秘密管理”则是指构成商业秘密的“管理性”要件。关于管理性要件，日本学者认为可以分为外部管理和内部管理两个方面来分析。首先，外部管理的对象主要是相对于知悉商业秘密的内部人员或者合作者而言，外部的不知悉商业秘密信息的公众。那么所谓外部管理即“控制他人接触信息”。比如，即便没有对外公布调味料的制造方法，如果谁都可以进入调味料的生产车间获取调味料的制造方法的信息，那么该信息就处于不特定的人员随时可能获取的状态，也便视为出于公知状态。也就是说，如果仅仅是将信息的载体不放入容易流通的领域，实际上并不能够阻止外部人员知悉信息内容，所以必须采取“控制他人接触信息”的措施。其次，内部管理的对象主要是指知悉信息负有保密义务的人员。这是因为，“控制接触他人信息”是针对外部人员而言的，但对于需要知晓信息内容的内部人员而言，不能够采取“控制他人接触信息”这一手段，于是，针对被公开信息内容的内部人员而言，只能够采取保密义务来加以控制。为此，作为商业秘密成立要件之一的管理性，在针对内部人员上，则是指“规定保密义务”。

通常说来，外部管理判断相对简单，只要有相应的措施，比如设立门岗，要求进入公司内部的人出示证件等等；都可以视作采取了保密措施。但内部管理是不是只需要“规定保密义务”就满足“管理性”这一要件呢❶？其实仅仅规定保密义务还不能称之为“采取保密措施”，这是因为一个企业在其经营过程中，其内部属于技术信息和经营信息的内容非常多，而并不是所有的技术信息和经营信息都是商业秘密保护的对象，只有对满足“秘密性”与“有用

---

❶ 防止内部人员向外部人员透露信息内容，通常主要是通过内部人员遵守保密规定和义务来进行的。也就是说，如果仅仅只规定内部人员的保密义务，事实上是没有实际效果的。为此，在规定内部人员保密义务的同时，也需要规定对于违反保密义务行为的处罚。一般情况下包括（1）一般性处罚（损害赔偿或者支付违约金）；（2）针对高层管理人员的处罚（降级、解聘或者要求返还退休金等）。但上述两种处罚措施总体来说都是为了内部管理的方法，而不是内部管理的必要条件。

性”要件的信息进行保护才有意义。另外，即便没有公司职员的认可，商业秘密所有人也可以单方面规定商业秘密的保密义务，那么到底哪些信息是属于负有保密义务的信息，就需要商业秘密所有人以明确的具体的方式告知内部人员知晓，加以区分。只有在加以区分的情况之下，才可能视作该秘密信息已经采取了相应的保密措施。比如，在公司的文件归档管理中，通过明确标示哪些文档属于公司内秘密文档。或者，在公司的重要秘密区域规定进出权限等等，都是属于采取保密措施的具体方式，才能够被认为满足了管理性这一商业秘密要件。所以首先需要从一大堆非公知信息中选择特定的信息作为商业秘密进行保护。为此，与内部人员谈及是否采取保密措施的时候，通常会从以下两个方面来考证：第一，是否规定了保密义务；第二，保密的对象是否进行了特定（换言之，有没有使人知晓该信息属于秘密信息）。关于第2条，在日本法院得判例中被称之为“区分商业秘密的具体措施”，也被理解为在针对内部人员是否采取了保密措施的要件之一。也就是说，对商业秘密采取保密措施的要件中，要求该措施具有可识别性。

本案中，涉案电子信息在1999年8月时，集中保存于原告公司的主机的服务器上。当时担任设计业务的，包括被告A、被告B的6名设计人员，以及2位设计助理人员。这些员工使用与公司内部主机相连的电脑进行日常操作，在设计业务需要的范围之内，连线主机查阅保存在服务器上的数据库，为了设计需要有时会将需要的信息取出至各台电脑之中。原告为了预防公司的技术信息泄露，公司内部的主机服务器以及连线的各台电脑没有与外部互联网接通。电子邮件和上网等，使用外部互联网时，都是使用的单独的另外一台电脑，该台电脑没有与公司主机连线。另外，原告公司中，电子数据的保存是使用DAT磁带进行的，只有设计部门的总负责人与销售部门的总负责人才有权限进行保存，保存时需要在主机中输入特定的用户名与密码。保存后，磁带放入设计部门总负责人的办公桌上的文件柜中，并上锁保管。也就是说，公司通过切断与外部互联网的接续和设定保存权限等措施，从而使外部人员无法接触到这些技术秘密信息，在外部管理上做到了“控制他人接触信息”。在原告公司与被告之间是属于雇佣关系，在就业规则中，规定有相关的保密义务，而且从本案电子信息的性质来看，通过上锁，控制接触主机等方式，只要是技术人员就可以容易判断该信息是属于商业秘密。所以，在内部管理上，做到了“规定保密义务”和“具有区分商业秘密的具体措施”。为此，法院认为该信息是满足“管理性”要件。

另外，通常所谓采取保密措施，可以认为是企业基于保护目的对商业秘密必须作出保持秘密的合理努力。日本理论界[1]认为，商业秘密所有人，不仅需要有将商业秘密作为秘密进行管理的意识，还必须有实际的管理行为，即管理的意思必须付诸实施。所谓“合理努力”，一般认为以下事实可作为判断标准[2]：（1）限制接触商业秘密的人数；（2）要求接触商业秘密的人员，办理特定的手续；（3）规定接触秘密的人员未经授权不得使用、披露；（4）告知所接触者，为商业秘密。当然在具体实践中，上述标准的运用，将因接触商业秘密的人员为外部人员或公司内部人员而有所差异。如果外部人员无须任何努力即可接触到商业秘密，或公司内部的任何人员可自由持有或借出含有商业秘密的文件资料，则自然不构成“合理努力”。

综上所述，在该案中法院认定，首先，涉案的电子信息上记载有合计约 6000 张的陶瓷电容器积层机及印刷机的设计图。其中仅一个机种就有涉及成百上千个零部件的形状、尺寸、选材以及加工的信息，其中包含有制造精密高性能的陶瓷电容器积层机及印刷机

---

❶ 盛岗一夫．商業秘密と不正行為［J］．比較法，1992（29）；转引自：刘金波，朴勇植．日美商业秘密保护法律制度比较研究［J］．中国法学，1994（3）．

❷ 张玉瑞．日本反不正当竞争法中的商业秘密保护条款（上）［N］．中国专利报，1998－9－2．

的技术信息，通过对原告陶瓷电容器积层机及印刷机进行反向工程也难以获得与涉案电子信息相同的信息。另外假设通过反向工程能够获得与涉案电子信息相近的信息，可以推定也需要通过专家支付高额的费用、进行长时间的研究分析才能够获得。为此判断原告在没有签订保密协议的状态下，销售大量陶瓷电容器积层机及印刷机，不会造成该信息的公开，满足“非公知性”。其次，除了对生产进行指导外，通过使用CAD软件，该电子信息数据还可以高效率地应对个别顾客订单，可以很容易地在短时间内按照顾客的要求制作陶瓷电容器积层机及印刷机。开发该产品花费了原告公司大量的开发费用和开发时间，是原告公司智力努力的结晶，具有较高的经济价值，满足“有用性”。再次，原告公司对该信息进行了合理管理，公司主机保存这些电子信息，设计者的公司内部电脑与主机相连，在业务需要时调取这些信息，该主机没有与外部互联网相连，而且在数据保存时需要特定的用户名与密码。保存数据的DAT带，放置总负责人的文件柜中并上锁。为此，对于该信息公司采取合理的保密措施，满足“管理性”。综上，原告公司所主张的信息，满足商业秘密的三个构成要件，属于商业秘密，应该受到法律保护。

五、其他原则

尽管《不正当竞争防止法》中规定商业秘密的构成要件的时候，只确定了上述三个内容，但从日本司法实践中还可以看到以下几个原则，在此补充介绍：

（一）人格上独立的信息

根据《营业秘密与竞业回避义务的法务》规定：“人格上独立的信息”是指，该信息一定有相关载体（资料、光盘、图片等），而不是指靠人脑所形成的观念等。也就是说，商业秘密必须与人的头脑是分开的。所以，商业秘密通常是可以用文字、图表、公式等为基本方式来进行说明的信息（日本称之为“形式知”）。换言之，如技能、感觉等用文字、图表、公式等无法表达的这些信息（隐形信息），只用人类的头脑来加以记忆的，只有人是该信息的载体时，那么该信息便不能称之为商业秘密。

日本金泽地方裁判所1968年有关中部制作所的案例中，就明确指出，如果没有“从人格上独立”的信息，不能够被视作商业秘密。该案例中，商业秘密所有人与员工之间的雇佣合同中，存在有“不得泄露”“不得向第三人公开”等保密义务。另外，还规定有“不得提供乳机制造的指导”的义务、“不得利用信息”等禁止利用信息的义务。也就是说，雇员在离退职之后，当该信息仍然是秘密信息的时候，不得使用该商业秘密。“不能向外泄露在职务上所获知的秘密，即原告公司制造机械的方法以及研究课题等有关的一切资料，而且不得（向外）提供乳机的制造方法”。而法院在中部制作所事件（1968）的判决为：“有关竞业回避义务，一般劳动者在雇佣关系存续期间是必须要承担的义务，但在其间所学习到的有关业务知识、经验、技术等与劳动者的人格成为一体的内容，在其离职后个人如何使用属于个人自由，如果没有特殊规定，不应该约束该自由……另外即便依据原告公司所主张的涉案合约，也只是规定被告在原告公司受雇其间必须要遵守的义务，难以解释成为被告退职后禁止其在竞业公司担任职务的特殊约定”❶。为此，在没有特殊规定的情况之下，原告主张的该商业秘密不成立。

考究“人格上的独立性”，一方面是基于“人不能作为私权的客体”这一近代法的一般原则，另外还可以得出商业秘密属于知识产权这一结论。日本学者认为，知识产权制度是确保“信息生产的风险承担者”回收成本机会的制度。而且，确保信息生产成本的回收机会，有以下两种可能性：第一，“信息生产的风险承担者”将该信息垄断使用；第二，通过缔结使用许可合约，合约方交付一定

❶ 引自：中部制作所事件（金泽地判昭和43年3月27日判时522号83页），笔者译。

的使用费以解除使用许可者的信息的独占使用状态。但是，技能等与人格密不可分的信息和“隐形知识”，其内容不能够传递给他人知晓，所以即便信息所有者试图解除独占使用状态，合约方也不能够简单利用该信息。为此，技能等于人格密不可分的信息和“隐形知识”将缺乏缔结使用许可合约的前提条件。换言之，如果非“外部市场交易内部化”或者“外部经济内部化”[1] 的信息，将不能够成为商业秘密。

而仔细分析该原则，仍然没有超出 TRIPS 协议所规定的范围。该原则主要强调了人脑中所记忆的“隐形知识”不能作为商业秘密。而这些“隐形知识”本身，除了所有者之外，其他人并不能够轻易的使用。换言之，仍然没有超出“有用性”要件的范畴。

（二）商业秘密所有者所生产的信息

商业秘密保护制度，与知识产权相同，是确保“信息生产的风险承担者”回收成本机会的制度。所以，如果作为商业秘密所有者行使有关商业秘密的权利的时候，其合理的法定主体应该只能是“信息生产的风险承担者”。为此，法定主体所行使的有关商业秘密的权利的信息，只能限定在主体自己所生产的信息范围内（以下称“主体生产”原则）。东京高裁平成 12 年“汽车拨水处理方法事件”的判决[2]说明了这一原则的适用：“如上述认定事实，本件商品（一）中所使用的拨水加工方法，不是由起诉人自行开发的，也没有证据显示为此付出了相应代价，因此有关起诉人对于本件商品（一）的拨水处理方法，从技术上、经营上都属于起诉人的主张，不予支持。”

汽车拨水处理方法的判决中，起诉人主张商业秘密权利的信息

---

[1] “外部市场交易内部化”“外部经济内部化”是引起外部经济发生的物、信息，通过支付一定的代价可以取得。引自：岩田规久男、微观经济学入门［M］. 日本经济新闻社，1993：411.

[2] 摘自：日本最高裁 HP（汽车拨水处理方法事件）。

"拨水处理方法"，是由第三人开发而得，而起诉人只是从事实上拥有该信息而已。同时，起诉人也没有提供相应的"支付代价"的证据。也就是说"主体生产规则"，是由各个原则所构成的规则，这些原则包括：(1) 行使商业秘密相关权利的法定主体，必须是其准备行使权利的信息的"信息生产的风险承担者"；(2) 如果，行使商业秘密相关权利的主体，并非"信息生产的风险承担者"时，便不能够行使该信息的商业秘密的相关权利；(3) 法定主体 A 所有的信息 X 与法定主体 B 所有的信息 Y 相同时，法定主体 A 不是"信息生产的风险承担者"时，即便信息 X 满足非公知、有实用性和采取了保密措施等要件，在法定主体 B 的公开或者使用信息 Y 的行为，法定主体 A 也不够对于法定主体 B 行使商业秘密的相关权利。

而该要件，主要强调的是一个商业秘密信息有复数的拥有者时，只有通过"付出一定的代价"拥有商业秘密信息的主体，才能够是商业秘密的合法拥有者。这正是 TRIPS 协议中所强调的"反对不劳而获"的思想，所以该要件仍然没有超出 TRIPS 协议所规定的范围。

（三）"不属于一般性常识"原则

在是否是商业秘密所有者自己所生产的信息的判断上，还有一项原则是，该信息不能属于一般性知识。也就是说"即便信息 X 是由法定主体 A 所生产的，但信息 X 属于一般性常识，与现有信息不能够区分开来，那么信息 X 也不能够被认定为商业秘密"东京地裁平成 17 年 2 月 23 日的判决中，原员工在职务中所得到的一般性的与业务相关的知识、经验以及技能等信息，不能作为竞业回避的对象。该判决中还写道"由于在职期间所获得的一般性业务常识、经验及技能，其中经验与技能缺乏从人格上的独立性，所以不能作为商业秘密。……而一般性业务常识，难以说明是使用者自己所生产的信息，即便是一部分内容是使用者自己所生产的，但不能区分与现有技术知识的不同处。……商业秘密只能属于信息生产的风险承担者，与现有信息不能够加以区分的信息，不符合“主体生产”原则，所以，一般性知识不属于商业秘密保护范围之内。”

但该要件实际上也没有超出“非公知性”要件的范畴。如果属于一般性常识，那么对于所属领域的技术人员来讲则是公知的，所以该原则仍然强调的是“非公知性”要件。

根据以上内容，我们得知，在日本关于商业秘密的司法实践过程中，对于商业构成要件的首先要求“秘密性”“有用性”与“管理性”，除此之外，该信息还必须要遵循“与人格分离”原则和“主体生产”原则，且排除是一般常识的情况。然而，仔细分析这些原则，仍然没有超出 TRIPS 协议所规定的范围。

知识产权@ICANN

薛　虹*

摘要： 文章剖析了互联网名称与地址分配机构（ICANN）新增通用顶级域名项目中的商标保护措施，批评了藉全球性的技术管理平台强化知识产权执法的趋势及其引发的问题。通过 ICANN 管理的全球性的互联网域名系统实施的知识产权保护政策可以超越被国际知识产权法秉承的地域性原则及其他权利的限制和例外。ICANN 作为非政府机构，缺乏条约法谈判的正式程序和制衡，其有关商标保护措施的政策的制订容易被有关的利益团体控制和左右，导致政策内容整体失衡和过度。文章认为互联网名称和地址系统作为基本的网络运行资源不应被利用成为知识产权执法和维权的手段，以免造成权利的过度扩张和对他人合法权益的侵犯。

域名系统的全球性和运行性已经被有关国家的执法机构视为知识产权保护的新途经。2011 年 2 月 1 日，美国国土安全部移民与海关执法局（ICE）"没收"了西班牙网站"Rojadirecta. org"的域名，以该域名所在的网站涉嫌提供盗版和假冒商标商品为由，将该域名的强行解析到一个警告不得侵犯知识产权的页面。匪夷所思的是，该域名的运行却已被西班牙法院两次宣称为合法。❷该事件再

---

* 作者单位：北京师范大学法学院。

❷ "http：//www. rojadirecta. org/"整个网站除去由 ICE 出具的扣押令外均无法访问。Rojadirecta 网站服务器不存储任何版权侵权资料，但是其索引链接到互联网上已存在的网站，并且同时索引链接至其他网站上的 . torrent 的文件。该网站的所有人之前已经在西班牙历时三年的法律诉讼中胜诉。

次将美国的“跨国执法”问题推上了风口浪尖。该网站既没有在美国注册，域名服务器也没有在美国托管。该网站与美国法律唯一的“连结点“是其域名注册在通用顶级域“.org”下，而该顶级域名由注册并设立在美国的机构进行管理和运行。如果以此类推，美国政府完全可以通过域名系统在全球范围内实施其国内的知识产权法。

不仅最重要的通用顶级域注册商，例如 Verisign（管理“.com”和“.net”）和 PIR（管理“.org”），而且负责管理整个域名系统的互联网名称与数字地址分配机构（ICANN）都设立在美国，美国均能对其行使行政和司法的管辖。

互联网名称与地址分配机构（ICANN）是一个根据美国加利福尼亚州法律成立的非营利组织。ICANN 负责全球的域名系统的管理、互联网协议地址的分配以及根服务器的运营。为确保互联网资源在全世界范围内的共享，ICANN 建立了一个单一、连贯和全球化的系统来保持所有的互联网域名是唯一且可解析的。ICANN 的作用对于互联网的运行和信息的正常传输非常重要。

ICANN 的核心职能——互联网数字分配机构（IANA）——负责在全球范围内协调由美国政府“授权”的根域名系统、互联网协议地址和其他互联网协议资源。从成立之日起，ICANN 就开始与美国政府保持直接的合同关系。在 2009 年 9 月，ICANN 和美国商务部共同作出了“承诺”，在全球范围内通过 ICANN 这一非政府、非营利的机构，“来实现互联网域名和地址系统技术协调的制度化”。[1]

由于与美国政府的特殊关系，ICANN 在美国执法当局的域名没收活动中保持了沉默，尽管有关的“劫夺”域名解析的行为很可能危及域名系统的安全性和稳定性。与此同时，美国政府和知识产权产

---

[1] 承诺声明见于 http：//www.icann.org/en/documents/affirmation-of-commitments-30sep09-en.htm.

业界正在极力推动 ICANN 设立全球统一措施以保障知识产权利益。

一些 ICANN 的政策已经或即将对全球知识产权保护产生重大影响。统一域名争议解决政策（Uniform Domain Name Dispute Resolution Policy，UDRP）就是最突出的一例。通过域名注册协议，UDRP 得以适用于所有注册于通用顶级域的域名，不分域名持有人的国籍，也不论域名服务器的所在地域。根据 UDRP，商标权人可以向 ICANN 认可的争议解决服务提供者投诉，快速地制止明显的抢注域名、侵权商标的行为。❶

一、新增通用顶级域名项目及其商标保护措施

为了满足成千上万的企业家和团体在现存的有限的通用顶级域（例如“.com”“.net”“.org”等）中选择的需要，ICANN 在近乎十年的技术研发和政策制订之后，终于 2011 年 6 月 20 日中午 12 时正式批准了新增通用顶级域名的项目。网站或电邮地址将可以在许多新的顶级域中应用，如“.music”“.nyc”“.microsoft”，或者由中文、阿拉伯文、俄文或其他语言组成新的通用顶级域名。

知识产权业界不会错过在新增通用顶级域名计划中推行广泛而有力的知识产权执法措施的机会。在有关政策的制订过程中，美国国会举行了许多听证会（例如在 2006 年，2009 年，2010 年等）来确保商标所有人的利益得到充分的重视和保护。❷

---

❶ 世界上的每个域名都以一个顶级域名结尾。一般有两种顶级域：通用顶级域（gTLDs）例如 .tel，.cat 和 .mobi，国家代码顶级域（ccTLDs）例如 .de（德国），.nl（荷兰）和 .co（哥伦比亚）。ccTLDs 用于识别由国际标准化组织所列出的国家或地区。不同于 ccTLDs，gTLDs 称为通用顶级域，其既可作为一般使用也可以由一个特殊的团体使用。截至 2010 年 8 月 30 日，现存的 gTLDs 的完整名单可见于 http：//www.iana. org/domains/root/db/#.

❷ 见于《商标权人要求国会审查新 gTLD 计划的成本和后果》http：//www.cadna. org/en/newsroom/new-gtld-program-costs-review；《ICANN 的首席执行官 Rod Beckstrom 向国会作出回应》http：//domainnamewire. com/2009/06/04/congress-beats-up-icann-part-3/.

新增通用顶级域名项目于 2007 年 10 月被 ICANN 理事会批准，于 2008 年 6 月作了修订。但是有关政策的实施遭到了知识产权业界的杯葛。知识产权业界认为有关的政策文件未能将解决知识产权保护作为该项目的首要问题。因此，在有关的政策制订进程完成之后，ICANN 理事会于 2009 年 3 月决定成立一个实施建议小组（IRT）来寻求以下问题的解决方案：防止商标权侵权、避免消费者混淆和减轻商标权人的维权负担。IRT 成员主要是“在（新增通用顶级域名）《申请指南》草案第 1 版的征求意见期提出解决方案的组织和个人”。[1]值得注意的是，所有这些组织和个人“都建议 ICANN 应该扩展商标执法措施和知识产权全球保护”。[2]在 ICANN 中，代表知识产权业界的组织（IPC）占据了 IRT 的大部分席位。[3]

IRT 在其总结报告中公开声明，其关于商标保护的一系列建议反映了“企业和商标权益的大体观点。”[4]这些建议是从以下五方面展开的，即：

（1）知识产权信息交换中心，全球受保护的商标标志列表以及相关权利保护机制；

（2）统一的快速域名中止机制；

（3）通用顶级域名授权后的争议解决机制；

（4）新增通用顶级域所提出的 Whois 要求；

（5）在新增通用顶级域名字符混淆的判断。

---

❶ ICANN 的理事会决议见于 http：//www. icann. org/en/minutes/resolutions-06mar09. htm＃07.

❷ IPC 是通用域名支持组织（GNSO）的组成部分，是 ICANN 的主要决策机构且包括四个主要群体：注册机构，注册商，商业用户和非商业用户。

❸ 2009 年 3 月 13 日，WIPO 的仲裁和调节中心就新增通用顶级域名的商标保护问题致 ICANN 一封信，见于 http：//www. wipo. int/export/sites/www/amc/en/docs/icann130309. pdf.

❹ IRT 的总结报告见于 http：//www. icann. org/en/topics/new-gtlds/irt-final-report-trademark-protection-29may09-en. pdf.

IRT 广泛而有力的建议受到 ICANN 的互联网用户组织和公众的强烈批评。IRT 建议制订一个全球受保护的商标列表，适用于顶级和第二级域名的注册。然而，“全球受保护商标”是不存在的。[1]在任一国际知识产权条约法中都不存在全球受保护的商标，ICANN 不应制定如此的知识产权保护规则，取消商标权的地域性。IRT 的建议等于推动 ICANN 不仅成为商标执法机构，而且成为商标权事实上的全球“立法机构”。如此的行为不仅超出了 ICANN 的职责和管辖范围，而且也超出了现行的国际知识产权法和商标权固有的地域性限制。[2]

根据 ICANN 的决策，每一个申请的新增通用顶级域名字符串要首先和现存的顶级域名字符、预留的域名和其他申请的字符串进行比较，以防止用户在域名解析系统中混淆和丧失信心。[3]在初始评估中，只涉及视觉相似性审查。然而 IRT 建议将字符相似性审查修订为在初评中还要考虑由字符串造成的听觉和商业印象（含义）混淆。如此一来，商标所有人将可以在相同或相似的新增字符串申请中排除其他竞争者的竞争。IRT 的建议更加明显不合理地损害了非拉丁字符（例如中文、西里尔文或阿拉伯文）申请者的利益。将字符审查扩展到由字符串造成的听觉或含义相似，不可避免地造成主观和武断的判断。而且，对于商标翻译或音译的法律保护必须经过复杂的法律分析，并基于主管机关在各自领域中根据特别

---

[1] IRT 界定“全球受保护的商标”是指在 ICANN 所有的 5 个地区（北美洲、欧洲、拉丁美洲、亚太地区和非洲）都有国家注册的商标。然而，这一标准对于判断一个商标是否全球范围内受保护是武断、而且缺乏法律根据的。

[2] 更多关于 IRT 总结报告的评论和分析见于 http：//wiki. iipl. org. cn/? cat=4.

[3] ICANN 新通用顶级域名最终“申请指南”草案保留了一些域名，例如 ICANN，IETF，Whois 和 www，上述域名不得用于新 gTLD 的字符使用。

法作出的判决。[1] ICANN 无权也无此能力在初始评估中这样做。如若考虑那些由通用术语组成的知名商标，IRT 的建议就更加荒唐。英文词“BOSS”的商标所有人明显无权阻止他人在其他语言中使用同一含义的词语。“含义”（商业印象）标准从未适用于现有的拉丁顶级域，例如，“. biz”不排除与“. com”有着“相似的含义”。ICANN 不应仅仅为了保护商标所有人的利益就对非拉丁顶级域适用双重标准。

尽管 IRT 的建议在一定程度上得以修改，但 ICANN 采纳了其所主张的大部分机制。[2] ICANN 发布其修订的新政策时，[3]我们可以清楚地看出 IRT 对之所造成的影响。例如，新的通用顶级域名的注册运营商必须遵守授权后争议解决政策（PDDRP），即（注册或非注册商标）的权利人可以主张注册运营商管理的相应顶级域中注册的域名侵害了其一个或多个商标的利益。一旦该主张得到支持，则注册运营商必须“采取措施制止注册的域名侵犯商标权”；在极端情况下，措施不力的注册运营商，可能由于被认定为恶意而丧失了管理有关通用顶级域名的地位。[4]但是，有关的判断注册运

---

[1] 例如，《巴黎公约》第 6 条之二规定，本联盟各国承诺，如本国法律允许，应依职权或依有关当事人的请求，对商标注册或使用国主管机关认为在该国已经属于有权享受本公约利益的人所有而驰名、并且用于相同或类似商品的商标构成复制、仿制或翻译，易于产生混淆的商标，拒绝或取消注册，并禁止使用。这些规定，在商标的主要部分构成对上述驰名商标的复制或仿制，易于产生混淆时，也应运用。（黑体字部分为作者所加。）

[2] 由于 IRT 报告争议过大，ICANN 理事会于 2009 年 10 月成立了特殊商标问题团体（STI），再次研判商标保护问题。STI 报告为统一快速中止机制和商标信息交换中心提供了建议。STI 报告于 2009 年 12 月出版。STI 报告见于 http：//www. icann. org/en/announcements/announcement-2-17dec09-en. htm.

[3] ICANN 于 2010 年 11 月 12 日发布了《申请指南》（最终版），其中的商标保护措施包括统一快速中止机制和商标信息交换中心以及授权后的争议解决程序（PDDRP）。见于 http：//icann. org/ en/topics/new-gtlds/comments-5-en. htm.

[4] 商标授权后争议解决程序的最新版本出版于 2010 年 5 月。http：//icann. org/en/topics/new-gtlds/pddrp-clean-28may10-en. pdf.

营商恶意的标准既武断又模糊，而且创立了一种新的注册运营商承担中介责任，迫使他们监管他们系统里所注册的域名。这不仅仅增加了新的注册运营商的负担，还很有可能造成严重的寒蝉效应，迫使注册运营商监督使用域名的网站内容和域名字符串，以此证明他们运营或使用该通用顶级域名是无辜的。

更戏剧性地是，美国商务部在2011年1月28日向ICANN的政府咨询委员会（GAC）提案由政府来管理ICANN新增通用顶级域名项目。美国商务部认为要摒弃ICANN所形成的政策，而采纳由政府咨询委员会（GAC）所提出的政策。[1]虽然在政府咨询委员会（GAC）中，这些提案的立场得到多少支持还有待观察，美国无疑具有强大的影响力。由于ICANN需要于2011年9月与美国商务部续签IANA根服务器运营合同，不能不对美国政府予取予求。

美国商务部的提案是为了确保“商标持有人的利益得以充分尊重，其承担的费用尽可能的减少”。[2]美国商务部提议不仅回到了IRT报告的建议，而且还要走得更远。由IRT设计的统一快速中止机制（URS）为中止侵犯域名注册提供了一个低成本、快速的方法，但是保留域名持有人获得听证的机会或上诉的权利。美国商务部则建议建立一个使得个人和小企业居于劣势的“败诉方支付”的制度。

在IRT的建议中，统一快速中止系统（URS）不会导致一个域名注册的转让或注销。被认定侵犯商标权的域名注册将会被冻

---

[1] ICANN的政府咨询委员会由许多国家的政府机构组成，就政府关心的公共政策问题，特别是ICANN政策和国家法律或国际条约之间产生相互影响的问题上向ICANN提供建议。通常，GAC由近50个国家政府、不同的经济体和多国政府组织（如联合国国际电信联盟，联合国教科文组织和世界知识产权组织）定期参加。http：//gac.icann.org/.

[2] 《政府将关于商标的考虑带到ICANN》2011年1月24日，http：//domainincite.com/governments-to-take-trademark-concerns-to-icann/.

结，并解析到一个特定的错误页面。然而美国商务部提议，统一快速中止系统（URS）允许商标权人直接获得被争议的域名。由于URS是个快速程序，美国商务部的提案将会使之替代统一域名争议解决政策（UDRP）和其他实施机制。

美国商务部建议的“败诉者付费”模式对于域名注册争议也是全新的。一个“败诉者付费”的制度对于域名注册将会产生广泛的寒蝉效应，因为域名持有人将面临支付原告争议解决程序费用的风险。

此外，美国商务部还建议加强商标注册信息交换中心计划，供注册运营商实施的开放注册前的预防机制使用。[1]在其建议中，任何商标注册都可以提交并记录在信息交换中心的数据库中，而不管有关的商标注册是否在相关注册国通过了实质审查。这将显著增加列表中的商标数量但是削减它们的整体质量。该计划同样允许商标权人详细说明可在信息交换中心记录的商标图样设计变化。但是，商标图样设计的变体是否会被视为“混淆性相似”确是个复杂的问题，这需要通过特殊的争议解决程序（例如UDRP）来决定，而不是由商标所有人的主观推测来认定。

美国商务部的计划不仅仅推翻了产生现今的新增通用顶级域名《申请指南》的ICANN整个决策程序，而且背离了ICANN赖以生存的利益相关各方协商合议的决策制度。

二、私力规制，全球实施

ICANN不是一个政府间的条约组织，其政策制订也不按照条约的谈判进程。ICANN自诩发展了一种由利益相关各方自下而上达成共识为基础的新型决策程序，理事会基于各方共识对政策最终决策。如果从结构和表面上看，ICANN确实看上去是由利益相关

---

[1] 新增通用顶级域名注册采用预防机制是为了避免域名抢注行为。当一个通用顶级域名开始注册时，信息交换中心记录的商标将被保留或是被商标权人优先注册。

各方共同管理的机构。ICANN 由十分复杂的支持机构（例如 ccNSO、GNSO、ASO）和咨询委员会（例如 GAC 或 ALAC）组成的。[1]但是事实并不尽然。

正如联合国信息社会世界峰会（WSIS）界定的那样，利益相关各方的治理是指政府、私立机构和市民社会发挥各自作用来发展和适用共同的原则、规范、规则、决策程序并确定互联网的使用和发展计划的过程。[2]

然而 ICANN 日益增长的商标措施和美国政府的干预显示了知识产权利益实际上控制和操纵着决策过程。如果一个利益相关各方共同参与程序被一部分利益相关者操纵、甚至劫持，排斥其他利益相关者参与，那么这种所谓的治理机构和机制就是有明显缺陷的。

ICANN 新增通用顶级域名的商标措施说明，知识产权业界在资源、覆盖面和影响力优势明显，远远非其他利益相关者（尤其是市民社会）可比，而美国政府的权力更是压倒性的。[3]因此，利益相关各方共同参与制度可成为域名系统治理的起点，但是其不能提供全部的解决方案。即使所有的利益相关者团体都参与，利益相关各方结构的设置、利益相关者团体之间的互动和具体的实施步骤都会影响最终的结果。

虽然 ICANN 并不是一个通过国家之间缔结的条约所成立的政府间组织，但是其丰富资源和基于全球共享网络的技术平台而实施的政策，相较于主权国家缔结和实施的条约，影响更为广泛、也更

---

[1] ICANN 的多方利益相关者机构见于 http：//icann.org/en/structure/.

[2] 见于《关于互联网治理的建议的突尼斯议程》第 34 页和第 108 页，http：//www.itu.int/wsis/docs2/tunis/off/6rev1.html。该文件在 16 个段落中提术语“多方利益相关者”，分别是 27 段、37 段、41 段、67 段、72 段、73 段、78 段、80 段、83 段、97 段、98 段、101 段、102 段、105 段、108 段、110 段。

[3] 在 ICANN 中，大企业拥有专业、专职人员作代表来确保它们的需要和观点得到反映和认可；而市民社会是由一些有理想、有想法的志愿者组成的。而这些志愿者有他们自身的全职工作，只能使用他们的业余时间来进行政策的辩论和提交，在时间和精力上都无法与大企业的专业、专职人员抗衡。

为有效。知识产权产业界发现他们可以利用ICANN来全球化他们的知识产权资产，而无需在漫长和艰难的国际谈判过程中进行游说或者在不同司法辖区的知识产权保护机制之间挣扎。ICANN保护知识产权的全球统一的措施比任何以国内法或国际协定为基础的知识产权保护方式要更具成本效益。但是利用ICANN全球性地规制和保护知识产权，是对知识产权固有的地域限制的根本否定和背离。

虽然这种“私力”规制的方式对于知识产权产业而言具有很大的优势，但是它对例如使用互联网的其他利益攸关者的副作用或者负面作用却不能被忽视。正如美国国土安全部的移民和海关执法（ICE）部门对域名的没收忽视了网站所有人可能的抗辩理由（比如剥夺了被没收域名的网站上所登载的合法内容的传播权利）一样，ICANN对商标措施的扩展，可能会破坏知识产权保护的国际平衡，忽视知识产权的法律局限性，禁锢自由言论并损害其他合法权利。

域名系统，从其性质而言，是一个技术系统。而ICANN是一个技术协调组织。将全球技术系统引入到知识产权领域应当受到特别的审视以及国际关注。

专利权拒绝授权可能存在的竞争法上争议

林瑞珠[*]　陈丁章[**]

摘要：过去，台湾地区盘片厂商向“智能财产局”，针对荷商飞利浦（Philips）电子公司所有之CD-R专利，以“申请人曾以合理之商业条件在相当期间内仍不能协议授权时”为由，依“专利法”第76条之规定，提出“特许实施”之申请，并于2004年7月间经智慧财产局准许在案。然，该等问题，一度引起学界、业界（尤其是欧洲商会）争执与讨论，荷商飞利浦（Philips）电子公司更针对该等强制授权案的决定，认为其违反世界贸易组织（WTO）与贸易有关之智慧财产权协议（Agreement on Trade Related Intellectual Property Rights，TRIPS）的规定，向欧盟提出申诉，❸引起欧盟执委会（European Commission）可能向世界贸易组织WTO提出贸易争端解决的紧张。❹

理论上，专利权人是否授权他人实施专利，乃为其财产权之行使自由，但基于法益之调和，法律上仍要求在某些特定情况下，专

* 作者单位：台湾科技大学。

** 台湾承展智权暨商务法律事务所。

❸ *See*，http：//www.wtocenter.org.tw/SmartKMS/fileviewer? id = 86627，visited at 2010/12/20.（中华经济研究院台湾WTO中心WTO电子报，第78期）

❹ 该案飞利浦于2007年1月向欧盟执委会申诉，事件变成国际争端，欧盟一度派遣官员来台调查，但其后台北地区“高等行政法院”于1997年3月13日以95年度诉字第2783号判决“原处分撤销”，回到申请人国硕公司原始申请状态，嗣国硕公司基于种种考虑与飞利浦达成和解，撤回申请，事件暂告落幕，欧盟欧盟执委会（European Commission）始未向世界贸易组织WTO提出贸易争端解决。

利权人负有授权之“义务”。姑且不论前开法律争议中，争议较大的专利法“强制授权”之适用妥适性，值得讨论的乃是该等情形下竞争法是否以及如何介入调和“专利权拒绝授权”之问题。

一般认为专利制度固然有其权利排他的本质，[1]而与竞争法制基于效率观点所试图维护或尽力追求的原子式市场，或有一定之本质上冲突存在。不过，经济上的效率，固为值得维护的社会价值之一，但应非为社会价值的全部甚明，因此，专利制度所能产生鼓励创新发明诱因的价值，如何与其本质上“可能”限制竞争的不利益间取得调和，即是值得讨论的问题。尤其，竞争法所关心的虽非市场力本身，而是市场力滥用，而专利权的本身赋予权利人一种市场力乃为事实，所以专利权人拒绝授权究竟在如何情况下足以构成“市场力滥用”？即为两法域间的执法难题。综上，本文拟讨论专利权人拒绝授权的行为是否以及如何之状况下可以认为具有反竞争性？再则，竞争法对于专利权人拒绝授权的规范，又要如何拿捏？

一、专利制度的价值与竞争法的调和原则

（一）专利制度与竞争法的历史关系

专利权之创设赋予权利人一定内容之排他性权利，多数认为专利制度具有促进、奖掖权利人创新或增进公益之正面价值，甚至，是该等排他性权利创设所由之核心。因此，中国台湾“专利法”第1条规定：“为鼓励、保护、利用发明与创作，以促进产业发展，特制定本法。”即是反应此种立法思维。

至于，竞争法之目的，则是在肯认其所可能带来的资源最佳配置，而可能进以产生的效率与社会福利的前提下，致力于竞争制度的维护，故追求竞争存在（所以防止限制竞争），更维护竞争手段

---

[1] 此本质特性可由我国台湾地区“专利法”56条之规定：“物品专利权人，除本法另有规定者外，专有排除他人未经其同意而制造、为贩卖之要约、贩卖、使用或为上述目的而进口该物品之权。”而赋予专利权人一定期间之排他权，可见一斑。

合乎伦理与公平（所以防止不公平竞争）。

表面观察，专利权既然赋予权利人一定内容之排他性权利，也因此塑造了某种程度的市场力，而竞争法却是要去追求竞争的存在、充分且正当，以求资源妥适配置，自不乐见市场力的集中，两者之间似乎存在矛盾关系❶。所以，两者之间的存在与冲突，一直难以分解。以美国为例，在休曼法（Sherman Act）初期时的联邦最高法院态度，几乎是采取专利权人权利保护优先的观点，❷ 有认为该等逻辑似乎认为专利权制度是反托拉斯法的豁免领域，❸ 因此，论者即不乏据此认为竞争法不应介入专利权之范围。不过，前述执法态度并非恒久，同为美国却又将专利制度所赋予专利权人的排他性权利，独占推定为市场独占，❹ 甚至基于“当然违法”（illegal per se）之执法态度，发展出所谓的“九大违法态样”（Nine No-Nos），❺ 以反托拉斯法积极介入智慧财产权之领域，但事实上，作为专利争讼终局法院的联邦巡回法院，在 Independent

---

❶ See R. Hewitt Pate, Acting Assistant Attorney General, Antitrust Division, U. S. Department of Justice, Antitrust and Intellectual Property, Address before the American Intellectual Property Law Association (Jan. 24, 2003) available at http: // www. usdoj. gov/atr/public/speeches/200701. htm (visited 2011/3/12/).

❷ e. g. E. Bement & Sons. V. National Harrow Co., 186 U. S. 70 (1902); Henry v. A. B. Dick Co., 224 U. S. 1 (1912); U. S. v. Winslow 227 U. S. 202 (1913).

❸ Sheila F. Anthony, Antitrust and Intellectual Property Law: From Adversaries to Partners, 28 AIPLA Q. J. 1, 4—5 (2000).

❹ United States v. Loew's, Inc., 371 U. S. 38, 45—47 (1962); Zenith Radio Corp. v. Hazeltine Research, Inc., 395 U. S. 100, 135 (1969).

❺ “九大违法条款”将下列九种智财权行使行为视为当然违法：(1) 未取得专利权产品的搭售；(2) 强制性的专属性回馈授权(grant-backs)；(3) 限制专利制品购买者的转售行为；(4) 限制被授权人经销专利范围外之产品及服务的自由(即 tie-outs)；(5) 约定于未取得被授权人许可前，授权人不得对第三人授权；(6) 强制性的整批授权(package licensing)；(7) 强制权利金的收取系依与专利制品无合理关连性之销售总额为计算；(8) 限制被授权人销售利用方法专利所生产之无专利产品；(9) 限制被授权人转售价格的决定。

Service Organizations 一案[1]却似乎又有意在限缩反托拉斯法。不过，不论如何，其反复、对立可见一斑。

（二）专利制度与竞争法的调和

不过，前述专利制度的价值中，所谓“促进、奖掖权利人”的说法，[2] 其实本身就带有一种“如何妥适进行资源配置”的思考在内。盖诸如专利权等智慧财产权，事实上具有公共财产（public goods）的性质，该等权利之产出多经投入长期研发，有高固定成本的特色，但研发成果的实施，通常相对较低，属于低边际成本的成本结构，如容许其他人可以无须投入极大的研发成本，而以搭便车（free riders）的方式低价竞争，专利权人非但无法获取创新利益，就连回收研发投入都有问题，因此专利权等智慧财产权的保

---

[1] e. g. In re Independent Service Organizations Antitrust Litigation，203 F. 3d 1322（Fed. Cir. 2000）.

[2] 专利制度对于创新的奖掖究竟系属正面或负面，并非毫无争议，不乏认为专利制度对于科技新知的散布与开放有所妨碍者，相关论述可参 Carl Shapiro，Navigating The Patent Thicket：Cross Licenses，Patent Pools，and Standard-Setting，Innovation Policy and the Economy，Volume I（2001）；亦有以经济分析观察，认为专利制度对于整体经济产出，未有显著贡献者，可参 Griliches Zvi，*Patent Statistics as Economic Indicators：A Survey*，28 J. ECON. LITERATURE 1661，1699（1990），也有评论认为专利权是将权利赋予最先发明人赢家全拿（winner-take-all）式的竞争，会有福利损失者，可参 Lynne Pepall，Daniel J. Richards & Geroge Norman，Industrial Organization：Contemporary Theory and Practice，607（1999）. 唯与其辩论诸专利制度之功过，不如着眼于检讨“可专利性”范围之问题，可参 Rebecca S. Eisenberg，Patents and the Progress of Science：Exclusive Rights and Experimental Use，56 U. Chi. L. Rev. 1017，1017-1018（1989）. 至于实定法上确实明白揭示，肯定专利“激励创新”价值的，则至少可自美国宪法第 1 条第 8 项第 8 款规定（“The Congress shall have power to promote the progress of science and useful arts，by securing for limited times to authors and inventors the exclusive right to their respective writings and discoveries.”）见其端倪。此外，美国联邦最高法院在 *Graham v. John Deere Co.*（383 U. S. 1. 1966）一案中则更进一步揭示提升技术创新或社会福祉是专利法之本质要件（inherent requisites），是专利制度的宪政精神。

障，可以避免搭便车（free riders），进而对创新研发“促进、奖掖”。[❶] 此外，专利权在以“公开”为前提，并在保护期间届满之后，容由公众得以自由接触和利用，所以即便“排他权利存续期间”可能牺牲短期的静态效率（static efficiency），但有最终追求长期的动态效率（dynamic efficiency）的“公共利益”。[❷]

至于竞争法所欲维护的竞争，固有其可能带来的资源最佳配置，而可能进以产生效率与社会福利等的重要意义，但并非社会价值的全部。所以，经济法领域中，法制除了竞争经济，本即存有管制经济的法制空间，也存有与其他法制间需为相互调和的本质问题，因此，中国台湾“公平交易法”才有第46条[❸]、45条[❹]规定之呈现。

换言之，专利制度本身，并非完全毫无考虑经济效益与资源配置等问题，而且，竞争法制也非建构在“竞争效率”凌驾一切社会价值的绝对逻辑，也就是说专利制度与竞争法间并不是一种毫无重迭、互不相干的关系，甚至，更进一步认为智慧财产权法制与竞争法制在鼓励创新、增进效率和消费者福祉上之思维相似，亦即所欲

---

❶ 参照 Lawrence A. Sullivan & Warren S. Grimes, The Law of Antitrust, 809-810 (2000).

❷ 申言之，国家保障智慧财产权之目的，除鼓励个人创新研究之外，更重要之目的系在于透过给予智慧财产权之保障与优待，而得以鼓励个人更乐于将其所创新之成果给予公开，而使得在其所获之保障期间届满后，此一成果得归属于公众所拥有而形成公共财（public good），此一性质亦有别于传统之有体财产权。CATHERIN L. MANN, Symposium On Intellectual Property, *Digital Technology & Electronic Commerce: The Uniform Computer Information Transactions Act And Electronic Commerce: Balancing Issues and Overlapping Jurisdictions in the Global Electronic Marketplace*. The Ucita Example, 8 Wash. U. J. L. & Pol'y at 221, (2002).

❸ 中国台湾“公平交易法”第45条如是规定：“依照著作权法、商标法或专利法行使权利之正当行为，不适用本法之规定。”

❹ 中国台湾“公平交易法”第46条如是规定：“事业关于竞争之行为，另有其他法律规定者，于不抵触本法立法意旨之范围内，优先适用该其他法律之规定。”

达成的共同目标，仅法制手段不同而已。[1] 所以，竞争法与专利权等智慧财产权法制一旦发生规制上的冲突，应是一种调和的问题，并不是零合取舍的游戏，因为，最终决定适用何者，本质上均已某程度考虑相对方之立场与思维。

同以美国为例，在休曼法初期即便"偏惠"专利权的声浪为主流，但也不乏认为专利权与一般权利行使并无不同，应同受反托拉斯法规范的少数意见，[2] 其后，逐步发展的"权利范围理论"，更说明"专利权人在专利权范围外"应受反托拉斯法和专利滥用的规范，[3] 也就是说"专利权是有界线的"，反托拉斯法非全无介入空间。更明确的，1995 年间司法部和联邦交易委员会共同发布之《智慧财产权授权之反托拉斯执法准则》(Antitrust Guidelines for the Licensing of Intellectual Property)[4] 即揭示：(1) 反托拉斯法对于智慧财产权而言，与其他传统财产权并无差异；(2) 任何人不会因为有智慧财产权，而被推定为具备市场力；(3) 针对智慧财产权的反托拉斯违法性判断，以"合理原则"为主，"当然违法"为辅。可见，其态度亦认为专利制度和竞争法间存在有调和而非互斥的空间。

前述美国法上所谓之"权利范围理论"事实上与中国台湾"公平交易法"第 45 条所谓专利权"正当行使"界线之逻辑相似，专利制度与竞争法两者间之实定法上调和的方式，就是类如前述中国

---

[1] Ward S. Bowmann, Patent & Antitrust Law; A Legal & Economic Appraisal, 1 (1973).

[2] U. S. v. Standard Sanitary Mfg. Co., 226 U. S. 20 (1912); Motion Picture Patents Co. v. Universal Film Mfg. Co., 243 U. S. 502, 513 (1917).

[3] Willard K. Tom & Joshua A. Newberg, U. S. Enforcement Approaches to the Antitrust-Intellectual Property Interface, in Robert D. Anderson & Nancy T. Gallini (ed.), Competition Policy and Intellectual Property Rights in the Knowledge-Based Economy, 345 (1998).

[4] U. S. Department of Justice & Federal Trade Commission, Antitrust Guidelines for the Licensing of Intellectual Property, Apr. 6. 1995, § 2.

台湾“公平交易法”（法制体例上兼具有限制竞争与不公平竞争之防止规范）45条“依照著作权法、商标法或专利法行使权利之正当行为，不适用本法之规定”的规定。也就是说，专利权人的权利行使是否会受到竞争法的约制，就是以其是否超越“正当行使”界线而论，以决定竞争法介入的范围。

二、专利权人“拒绝授权”的可能违法样态

如前所述，参照专利制度与竞争法之本质，以及中国台湾“公平交易法”（法制体例上兼具有限制竞争与不公平竞争之防止规范）45条“依照著作权法、商标法或专利法行使权利之正当行为，不适用本法之规定”可知，专利权人的权利行使是否会受到竞争法的约制，就是以其是否超越“正当行使”界线而论。不过，权利的“正当”行使与否，事涉“不确定法律概念”。

关于法律的适用（指行政机关或司法机关，将具体的事件适用到法律上，最后作成一个决定（判决）出来的过程），主要可分为(1)确定事实；(2)解释法律；(3)涵摄；(4)决定法律效果四个部分，[1] 其中将具体案件所确认之事实，“涵摄”于法律构成要件中“不确定法律概念”之部分（“不确定法律概念”是存在于法律条文构成要件中，与“裁量”为法律效果之问题，有本质上之差异[2]），一般认为行政机关有“判断余地”（尤其是以“委员会”等合意体作成之决定），而得限制法院之审查密度[3]。所以，一旦公平交易委员会要认定某一专利权人行使专利权之方式，非属权利的“正当”行使范围，可能被认为是公平交易委员会固有之

[1] 翁岳生．不确定法律概念，判断余地与独占事业之认定［J］．法令月刊，44卷11期。

[2] 裁量与不确定法律概念之区别，向有质的区别说、量的区别说、无区别说之争；本文采德、瑞战后通说认其有本质的不同，其余二者之详述可参：吴庚．行政法之理论与实践［M］．台北：三民书局，1985：115－117．

[3] 陈清秀．行政诉讼之理论与实务［M］．台北：三民书局，1983：97－99．

有“判断余地”，如此一来，将发生一部或全部限制法院于救济程序审查之可能，对于权利人而言，确将面临高度不确定之法律风险。

所以，有必要尽可能把专利权“正当行使”界线藉由比较法上之经验，予以明确化，否则，对于权利的“正当”行使范围之认定过程，如一旦因为“判断余地”理论之容忍，而有适用过松之情事时，恐有遭质疑“剥夺”专利权之虞。

至于中国台湾“公平交易法”第45条之解释，有主张略谓原则上所有的经济活动皆应受“公平交易法”的规范，只有例外对“正当行使”权利行为的明示豁免。❶ 也有主张略认为本条就是处理专利滥用（misuse）之问题（详本文后段说明），也就是把“正当行为”的反面解释为滥用，把权利滥用行为直接适用公平法的相关规定对之处罚。❷ 但不论如何“正当行使”的解释终为核心，本文因此认为，兼采前述二说的见解，并避免竞争法介入专利权执法时发生“不可预见”“不可期待”之结果，执法上可以以“权利授与目的”兼以“权利范围限定”之方式，评断专利权行使正当性。简言之，如专利权人行使专利权之方式，违反专利权授予之目的（例如其作为或不作为，非但无法促进、奖掖权利人创新或增进公益，反因而阻断他人之自由接取（free access）者属之），抑或是以超出“权利范围”方式（诸如以专利池（patent pool）之名义，行专利搭售（tying）之实者属之）强为授权者，均足认属超乎专利权“正当行使”的范围。

---

❶ 谢铭洋．智慧财产权法与公平交易法之关系——以专利权为中心［M］//收录于智慧财产权之基础理论，台北：1997：198.

❷ 参阅：陈家骏，罗怡德．美国反托拉斯法对专利权行使之限制［M］//公平交易法与智能财产权一以专利追索为中心，台北：三民书局：1999：181.

三、专利权的正当行使规制途径——专利权滥用与竞争法的关系

承前讨论，有必要另为区分的，乃是专利权人超乎专利权“正当行使”的范围时，非必然是构成竞争法之违法，其间，尚有一概念与与竞争法之违法为区隔、澄清，就是所谓“专利滥用”[1]。

所谓“专利滥用”，概念上来得比竞争法之违反要广，学者有谓其乃指“若一专利权人以违反反托拉斯法或将专利权扩张至合法保护范围之外等不适当的方式利用其专利，则法院会拒绝准许被侵权者任何专利侵权救济之请求，至于侵权者是否因滥用行为而受有损害则非所问”[2]。如前文所述，美国联邦最高法院，早期对于专利权的保护，实几近于“绝对”之观点，反托拉斯法之法则对专利权人之权利行使本无从置喙，[3] 不过，美国联邦最高法院却在“反托拉斯”以外另辟途径，处理专利权“不当”行使权利之案件，例如，在Motion Picture Patents[4] 专利侵权案中，专利权人涉及所谓专利“搭售”行为，最高法院则未以反托拉斯法对于搭售行为评价，而认为系争案件所应考虑的重点是“该等权利行使方式是否已

---

[1] 一般多以 Morton Salt v. G. S. Suppiger Co.，314 U. S. 488（1942）一案，为指标性案例，盖至该案为止，始较明确区分“专利滥用”与“反托拉斯”案件之不同概念。在 Morton Salt 案中，最高法院明示表示，提出“滥用原则”之抗辩，并无需要求举证到专利权人有违反反托拉斯法之程度，且不需诉诸反托拉斯法之违法性标准，只要求检视专利权人之行为是否为行使或维护其“专利法所授予之权利”所需，是否因此有背公共利益（public pulicy），即足当之，至于反托拉斯法所欲维护之利益，仅为公共利益之一部而已。

[2] 5 DONALD S. CHISUM, CHISUM ON PATENTS § 19.01, at 19－5（1996）（“if a patent owner exploits his patent in an improper manner by violating the antitrust laws or extending the patent beyond its lawful scope, the courts will withhold any remedy for infringement-even against an infringer who is not harmed by the abusive practice”）.

[3] Henry v. A. B. Dick, 224 U. S. at 29－30（1912）.

[4] Motion Picture Patents Co. v. Universal Film Mfg.，243 U. S. 509，514（1917）.

逾越专利权之范围”[1]，其后，在涉及垂直价格限制约定（price-fixing）的Sola Electric案中，法院并未以反托拉斯法认定垂直价格限制的约定为违法，却采被告主张之专利权滥用抗辩即亦属之。[2] 也就是说，在“偏惠专利权的声浪为主流”的“当下”，美国也非放任专利权人行使权利，而有“专利滥用”机制以为抗衡。

前开“专利滥用”（patent misuse）原则之发展，可以说是源自于美国法上固有之“衡平抗辩”思维，[3] 衡平法院一贯的信念即是希望提出诉讼者能确实本于良知（conscience）与善意（good faith），而洁手原则正是为达到此种信念所产生的一种手段。[4] 因此，专权人取得专利独占之利益，其权利之行使如果与公益相反而不当延伸，即被认为以“不洁之手”行使权利。[5]“滥用原则”着眼于专利权人之不当行为（非必然是违法行为），所可能肇致之公益损害，其性质，仅属于积极之抗辩权利（affirmative defense），非属独立存在之请求权，专利滥用的结果虽不必然使专利无效（invalid），但于改正前，将使专利权无法执行（unenforceable）[6]，此点，与反托拉斯之主张为积极诉权（请求赔偿、请求停止），非消极抗辩为二者主要之区别。

四、专利权人“拒绝授权”的可能违法情形

实际上，美国法院判断专利权人是否滥用专利多会进一步考虑

---

[1] Id. at517－518.

[2] Sola Electric Co. v. Jefferson Electric Co.，317 U. S. 173.

[3] U. S. Gypsum Co. v. Nat’l Gypsum Co.，357U. S. 457，465（1957）.

[4] Precision Instrument Mfg. Co. v. Auto. Maint. Mach. Co.，324 U. S. 806，814（1945）.

[5] 5 DONALD S. CHISUM，CHISUM ON PATENTS § 19. 04（1990）.

[6] C. R. Bard，Inc. v. M3 Sys.，Inc.，157 F. 3d. 1340，1372（Fed. Cir. 1998）；B. Braun Med. Inc. v. Abbott Laboratories，124 F. 3d1419，1428（Fed. Cir. 1997）（monetary damages not awarded under a declaratory judgment counterclaim based on patent misuse because patent misuse simply renders the patent unenforceable）.

寓含在反托拉斯法里的原则，甚至以此为重点[1]，两者除功能不同（一为积极诉权，一为消极抗辩）之外，其判断界线已渐模糊，甚至合一。所以，面对专利权人拒绝授权一事，究竟应检视“专利权滥用”如何适用或是如何以竞争法认定其违法性，似乎已不是如此重要（因二者之判断界线已渐模糊）。本文以下讨论，仅将以专利权人拒绝授权时，违反竞争法之可能性作为讨论。

参考1995年间司法部和联邦交易委员会共同发布之“智慧财产权授权之反托拉斯执法准则”[2]（Antitrust Guidelines for the Licensing of Intellectual Property）可知，任何人不会因为有智慧财产权，而被推定为具备市场力，相同的，在中国台湾的“行政院公平交易委员会对于技术授权协议案件之处理原则”第3点中，亦承认“并不因授权人拥有专利或专门技术即推定其在特定市场上具有市场力量（market power）”。所以，专利权人拒绝授权，其结果必然不当然等同于市场力的滥用。再则，在肯认契约自由原则下，出卖人得自由选择交易对象，当然也包括拒绝交易的对象。[3] 所以，只有在拒绝交易的结果，造成反竞争的情况时，竞争法才有介入评价之必要。

本文建议执法上可以以“权利授予目的”兼以“权利范围限定”之方式，评断专利权行使正当性。

专利权之授予，非仅止于私权之赋予，乃寓含一定的公共政策（public policy underlying the patent laws），[4] 参照美国法院之见

---

[1] Is The Patent Misuse Doctrine Obsolete?，110 Harv. L. Rev. 1922，1926（1997）.

[2] “智慧财产权授权之反托拉斯执法准则”揭示了三大原则：（1）智慧财产权的反托拉斯法分析与其他传统财产权并无任何差异；（2）智慧财产权并不会被推定为具备市场力量；（3）智慧财产权的授权可以整合互补的生产要素，因此，通常是有助竞争的。对于违法与否的判断，是以“合理原则”为主，“当然违法”为辅。

[3] United States v. Colgate & Co.，250 U.S. 300，307（1919）.

[4] Richard Calkins，*Patent Law*：*The Impact of the* 1988 *Patent Misuse Reform Act and Noerr-Pennington Doctrine on Misuse Defenses and Antitrust Counterclaims*，38 DRAKE L. REV. 175，181（1989）.

解，该等“公共政策”是源自于美国宪法第1条第8款第8项，也就是美国之所以容许专利独占，就是要实现宪法所欲达成之“促进科学与实用技术的发展”公共利益，[1] 这种公共利益就是学理上所用以支撑专利制度正当性的“促进、奖掖权利人创新或增进公益”；也就是专利权的“权利授与目的”。一旦，专利权人拒绝授权（包括以期待不可能之授权条件，为授权之谈判），而其拒绝授权之结果显不利于“促进、奖掖权利人创新或增进公益”时，则依其情形即可认为有独占力滥用（中国台湾“公平交易法”第10条）、拒绝交易（中国台湾“公平交易法”第19条第2款）或不当交易限制（中国台湾“公平交易法”第19条第6款）之情，盖此时维护专利权人之排他性地位，已失却“促进、奖掖权利人创新或增进公益”的制度政策目的，专利制度与竞争法价值竞合中的“妥适进行资源配置”、避免“搭便车”的正当性已不存在，或是“最终追求长期的动态效率（dynamic efficiency）的利益”亦不可得时，在承认自由竞争之效率与福利产出为政策最适的前提下，竞争法之适时介入，自属理所当然。不过，运用“拒绝授权违反‘权利授与目的’”为由，而容由竞争法介入专利制度，需十分谨慎，盖《巴黎公约》（International Convention for the Protection of Industrial Property）5A虽指出揭示“怠于实施” （failure to work）为专属权滥用（abuses）之一种，隐约含有“专利权人实施义务”之意旨，但并非谓专利权人一定要授权他人实施，实际上，如要认为专利权人拒绝授权导致该等所涉专利失却“促进、奖掖权利人创新或增进公益”的制度政策目的，似乎只有“专利权人不实施，又拒绝授权他人实施”的情形，若然，要认定其“违法”，除了连接《巴黎公约》

---

[1] *Motion Picture Patents Co. v. Universal Film Mfg. Co.*, 243 U. S. 502, 511 (1917) ("… this court has consistently held that the primary purpose of our patent laws... is ' to promote the progress of science and useful arts. '"); Morton Salt Co. v. Suppiger Co., 314 U. S. 488, 492 (1942) .

5A 为支撑外，似乎要面对的是“缔约自由”“财产权绝对”的质疑，操作上应更细腻。

至于专利权的“权利范围限定”指的则是，如果专利权人之权利行使行为，系依据专利法所授予之权能，原则上应豁免于竞争法的适用，反之，竞争法仍有介入余地。这种模式的调和，就类如同德国的限制竞争防止法（GWB）第 17 条第 1 项本文之规定：“有关专利（Patenten）、新型（Gebrauchsmustern）、新式样（Topographien）或新品种保护权（Sortenschutzrecht）之转让或授权契约约款，如系限制受让人、被授权人之营业交易，而该限制已逾越相关法令排他性规定之范围者，应禁止之。”属之。[1] 不过，前述德国的限制竞争防止法（GWB）第 17 条第 1 项规定，是针对“授权契约”内容之规制着眼，性质上与中国台湾“行政院公平交易委员会对于技术授权协议案件之处理原则”[2] 相似，非直接处理“拒绝授权”一事，但其精神应无二致，也就是说，一旦“拒绝授权”之情形（通常是在以期待不可能之授权条件，为授权之谈判未果而无法取得专利授权的情形）实质上“逾越专利权等正当权利之行使范围，违反专利法等保障发明创作之立法意旨”（参照中国台湾“行政院公平交易委员会对于技术授权协议案件之处理原则”第四（一）用语）时，即可依其情形认为有独占力滥用（中国台湾“公平交易法”第 10 条）、拒绝交易（中国台湾“公平交易法”第 19 条第 2 款）或

---

[1] 此外，德国的限制竞争防止法（GWB）第 17 条第 1 项但书则又明示规定，专利（Patenten）、新型（Gebrauchsmustern）、新式样（Topographien）或新品种保护权（Sortenschutzrecht）之转让或授权契约约款如系就“使用方式、范围、技术上之适用范围、数量、领域或时间所为之限制，不属逾越法令之情形。”，第 2 项并另以列举方式，承认不担保技术瑕疵约定、回馈授权约定、权利侵害禁止约款、最低限度使用或最低权利金约定、产品制造者标示约定等即便逾越权利内容，但得例外不受禁止，而且，在不致严重损害市场上竞争得前提下，事业亦得向主管机关申请豁免第 17 条第 1 项之限制。

[2] http：//www.ftc.gov.tw/internet/main/doc/docDetail.aspx？uid＝163&docid＝227.

不当交易限制（中国台湾“公平交易法”第19条第6款）之情。参照美国司法实务，该类典型案例就是在于处理以拒绝授权（交易）为独占力延伸（monopoly leveraging）或阻碍竞争的问题，❶前者典型事例为专利搭售，后者则如专利权人所有的是关键性技术，则一旦该技术构成所谓枢纽设施（essential facility），或是相对人存有高度依赖❷，一旦无法获得授权，即无法参进市场之情形（即欠缺“足够且可期待之偏离可能性”（ausreichende und zumutbare Ausweichm? lichkeiten）作为判断标准）。至于其他事例，包括专利权人为不当权利金之决定，或要求附加其他无关交易之条件为强制、讯息隐匿、限制反诉专利有效性、要求被授权人揭露产销机密等，以至于技术需求一方因“劣势议约地位”终不得放弃授权之请求或商议，形同遭拒绝授权之结果时，竞争法自应认有介入余地。

竞争法的适用，可以导出强制授权的结果，以中国台湾“公平交易法”适用于“飞利浦案”的可能性为例竞争法本身所欲禁止的，系市场力之滥用，而非市场力本身，❸而专利权之行使，并非单然豁免于公平交易法之规范，仅“正当”行使之行为，始足当

❶ Eastman Kodak Co. v. Southern Photo Materials Co.，273 U. S. 359（1927）. United States v. Griffith，334 U. S. 100（1948）.

❷ 要以“依赖性”说明优势地位的滥用，在操作上并不容易处理，德国学说判例迄今承认为依赖性类型有四：“基于产品完整供应之依赖性”“基于匮乏而生之依赖性”“对于特定事业之依赖性”“对于需方之依赖性”。参阅单骥，何之迈，吴秀明．从依赖性理论探讨相对市场优势地位—以公平法立场之研析适用［M］．公平交易委员会委托研究，1999：51. 黄铭杰，相对优势地位滥用与公平交易法之规范，收录于公平交易法之理论与实际—不同意见书，（2002年）。

❸ 这种看法的歧异，早期美国实务上也颇为挣扎，在Standard Oil案和U. S. Steel Corporation案中，法院认为市场力上须伴随排斥竞争的行为才会构成犯罪，但在1940年末，Alcoa案以及A&P等案法院则明显敌视市场力，Douglas法官甚至在Schin Chain Thertres案中，明白表示独占力量，不论其取得为合法或非法，本身即是一种邪恶，详F. M. Scherer，Industrial Market Structure and Economic Performance，Rand Mc. Nally，1980，at 454－465.

之。所以，一旦认为专利权人之拒绝授权，认为“公平交易法”得以介入之余地时，在中国台湾，将有“公平交易法”第 41 条之适用。按“公平交易委员会对于违反本法规定之事业，得限期命其停止、改正其行为或采取必要更正措施，并得处新台币 5 万元以上 25 000 元以下罚锾；逾期仍不停止、改正其行为或未采取必要更正措施者，得继续限期命其停止、改正其行为或采取必要更正措施，并按次连续处新台币 10 万元以上 50 000 元以下罚锾，至停止、改正其行为或采取必要更正措施为止。”“公平交易法”第 41 条所规定，所谓命停止，一般系针对“（违法）行为继续性”之矫正而言，目的在消极地停止行为人之作为；至于命“改正”或命“采取必要更正措施”，则用于针对“（违法）状态继续性”为矫正，目的在命行为事业积极地为一定之作为，以回复竞争利益。至于，专利权之行使如有违反“公平交易法”时，当然亦无例外。

假设荷商飞利浦一案，专利权人的授权架构确实涉及价格滥用，而交易相对人对于技术需求，也确实欠缺“足够且可期待之偏离可能性”，甚至，飞利浦的授权架构又涉及专利搭售等问题，以致于技术需求一方因“劣势议约地位”无法商议、同意授权条件，其结果等同拒绝授权。则前述“公平交易法”第 41 条如何适用，将是有趣的问题。如果，飞利浦的违法情事，客观上仅有以强制其对第三人授权之方式，始得以回复竞争利益时，“公平交易委员会”是否得具体地做成“命授权”之行政处分？意即公平会可否“具体”的指出所谓之“改正”或“必要更正措施”为何，抑或仅得“抽象”地在处分书主文中载记“被处分人因违反公平交易法第 x 条，应处……并应于本处分送达后即采必要之更正措施改正”，而由被处分人自行决定（公平会再行依“公平交易法”第 35 条以及第 41 条之“行政执行罚”监督）？具体言之，乃一旦所谓之命“改正”或命为“必要更正措施”之行政处分内容，业涉及财产权之重大侵害，甚至几近于“征收”时，“公平交易委员会”是否可以跳脱大陆法系根深蒂固的“法律保留”思维？即颇值玩味。盖此种情形下，“公平交易委员会”对于违法行为命为“以‘强制授权’作为‘必要更正措施’”的作法，既已显然严重到侵害专利权人之权利核心事项，如此一来，“公平交易法”第41条本身所规定之“必要更正措施”的用语，是否已“明确”到足以授权主管机关为诸如“强制授权”等激烈之手段，不无检讨余地。

就此争议，如参诸先进国家关于反托拉斯法之执行，多有由主管机关做成一定处分改变事业之现状者，甚至多存有所谓之“非正式程序”，促成违法事业依一定之方式，回复市场之竞争性，因此，如单纯从反托拉斯法之角度或径将先进国家之制度引为法理思考，似无不可。况且，法律保留原则所强调的“国家之行为如涉及限制人民权利之行使者，其要件应以法律明文定之，如授权行政机关发布相关命令或作成处分行为，其规定应具明确性”概念，大体上应是针对构成要件明确性而言，仅与“空白要件”及“不确定法律概念”之容许界线相关，至于事业之行为，既业经认定违反公平交易法（构成要件该当），则所余问题应仅是“法律效果”如何决定而已，应属于“裁量”之问题。因此，只要公平交易委员会之强制授权处分，已合乎做成裁量时之一般行政法上原则（如平等原则、比例原则等），合法性应无疑义。至于，或有质疑“公平交易法”第41条之‘法律效果’中所称‘之‘必要更正措施’乙词并不明确、‘必要’二字赋予行政机关无限裁量空间，人民对于违法效果却无期待可能”云云，[1] 亦非无道理，但此等情事，恐怕是“公平交易法本身为经济法之一环”的本质所致，否则将难以期待“公平交易法”之操作得以维持适度弹性，而达成维持竞争秩序之目的，换言之，诸此仍应为立法上应遵守之比例原则所许，所余问题乃是实务运作上，宜如何透过案例累积或以行政规则等方式，加以行政法上“恣意禁

[1] 此为作者执业过程中，常触及之产业面意见，且在多次交换意见之场合，亦不乏部分实务人士同持此等怀疑见解。

止原则”之作用，建构人民之“法律效果期待可能性”而已。[1]

若然，则公平会是否依“公平交易法”第41条之“之‘必要’更正措施”规定，命权利人为“强制授权”，属于法律效果之“裁量”，且属于职权事项而不需另经申请者。唯公平会如何做成此种处分，意即如何判断“必要性”存否，除程序上本应遵守行政程序法之相关要件外（如权利人之陈述意见等，甚至本即不排除于调查程序中所可能达成之“行政和解”），更重要的是“分寸拿捏”。关于该等处分之做成，涉及专利权核心价值之分享，则本文建议至少应考虑以下各点，以期不会招致“敌视”智慧财产权的争议：

采取“强制授权”应在保护竞争制度及其所衍生之社会、经济利益：盖竞争法所欲保护的，系竞争制度及其衍生之社会、经济利益，非参与竞争之个人，故公平会为“强制授权”不但宜一并考虑对于产业之预期利益以及消费者之福利产出有何影响、利与不利外，不得仅着眼于特定竞争者之救济；

确定竞争利益受影响后，并应判断竞争受影响之程度：权利人违反公平法之态样，可能涉及限制竞争与不正竞争之行为，唯均应考虑“微小不罚原则”（de minimis doctrine）之适用或类推适用。[2]

---

[1] 相类争议，比较法上实已见于欧盟，意即关于第十七号规则第3条（Article 3 of Regulation No 17）条文本身是否得以导引出“强制授权”结论之争执。就此，ECJ认为 Article 3 of Regulation No 17 赋予行政机关相当权限得以处分（order）以终止违法行为。依据 Article 3 of Regulation No 17 作出强制授权的处分如属终止违法行为的唯一方法时（the only way of bringing the infringement to an end），强制授权处分即属合宜（appropriate）. See，Case C－241/91 & C－242/91，RTE & ITP v Commission of the European Communities，at paragraphs 88－94.

[2] “微小不罚”原则，系源自于德国法上强调限制竞争的效果，均须达到“可感觉”的程度，方为限制竞争法所规范，而向来用于规范“政策恶”、“法定恶”的限制竞争法之领域，故“不罚”乃指该行为缺少“效果可感觉”此一“不成文构成要件”时，“并不违法”（严格说，应是构成要件不该当）而言。但如将之类推或借用于违法事实属于“伦理恶”的不正竞争法领域时，“不罚”所指应系“不予处罚”之意，盖“不正”行为只有“有与无”之问题，只是得因其侵害法益之程度或实现性，依比例原则酌以决定处不处罚而已（类似刑法中得减或必减之未遂犯）。

除“强制授权”以外，有无其他矫正竞争秩序之途径：意即做成处分时应注意对于权利人之侵害，应择其最小者为之。但若依除强制授权以外，并无其他途径，则此际公平会之“裁量缩减至零”，倘怠于作成“强制授权”之处分，甚至有违法之虞；

对权利人可能造成之损失是否合乎比例，应否支付补偿金：由于此等强制授权本系来自权利人之“违法”行为，具有处罚之意味，因此，有谓公平会之处分终非必然需以有偿为原则，意即未为补偿之决定，并不构成处分之瑕疵。然此观点，不无深究之必要，盖不论是前揭专利法之特许实施，抑或是此处之“‘必要’更正措施”，基本上均属 TRIPS 协议第 31 条所揭之“Other Use Without Authorization of the Right Holder”，是以，TRIPS 协议第 31 条（h）项下所揭之“权利人需依个案情况，考虑经济价值，受有适当报偿”之原则，即应并予考虑。况且，“公平交易委员会”并无直接涉入私权之争议之权限，介入强制授权本系基于衡量“竞争不利益”之观点，而今，如容其剥夺权利人之“适当报偿”，以为“处罚”，则该等“处罚”所得之“利益”却是直接归属于被授权人（受有免支付权利金之利益），而非归属于（或仅有限、间接归属于）公益，逻辑上亦实难谓合理。因此，解释上应认，“公平交易法”下之强制授权，权利人仍需受有适当报偿，仅该等报偿与被授权人过去因为权利人之违法或滥用行为，所造成之损害间，如何由各该当事人循一般民事争执程序，为抵销之主张或抗辩而已。

五、结论

过去，中国台湾盘片厂商向“智能财产局”，针对荷商飞利浦（Philips）电子公司所有之 CD-R 专利，以“申请人曾以合理之商业条件在相当期间内仍不能协议授权时”为由，依“专利法”第 76 条之规定，提出“特许实施”之申请引起重大争议，但如果荷商飞利浦的拒绝授权或等同拒绝授权的行为，确实容有竞争法介入之空间时，则以竞争法之角度，思索以“强制授权”之手段作为回复竞争或矫正市场之工具，则似乎并非全无法理上之空间与依据。

如此作法，不是基于对于专利权的敌视，而是专利权之行使仍有其正当性之限制，而竞争法之角色即便与专利权法制一直以来多有所折冲，但毕竟仍为现时有效避免滥用之工具。为此，本文提出以上观点，或可作为应对专利权人以滥用立场，拒绝授权之依据。